교육학개론

교육학개론

신재한 지음

이담
Books

머리말

교육은 인간의 삶이 이루어지는 어느 상황에서나 나타나는 현상으로서, 어떤 인간이든 지 자신의 성장을 위해서는 학습을 필요로 하고, 학습이 필요한 상황에서는 어떤 형태로 든 교육이 요구된다.

즉 교육의 가능성은 인간이 성장함에 있어서 외부로부터 영향을 받아 보다 나은 방향 으로 변화할 수 있는 성질을 기본으로 하기 때문에, 성장은 양적·질적 개념을 모두 포함 하며, 신체적·지적·정서적·도덕적·사회적 성장을 포함하는 총체적이라 할 수 있다. 따라서 교육을 학문적 관점, 내용 및 방법적 관점, 운영적 관점, 형태적 관점 등 다양한 측면에서 바라볼 필요가 있다.

이에 본서는 교육을 제대로 이해하고 실천하는 데 필요한 기초적이고 기본적인 소양을 학문적 기초, 교육 내용 및 방법의 기초, 교육의 운영적 기초, 교육의 형태적 기초 등 네 가지 유형으로 소개하였다. 먼저, 제1부 교육의 학문적 기초에서는 본질적 기초, 철학적 기초, 역사적 기초, 심리학적 기초, 사회학적 기초 등을 소개하였고, 제2부 교육 내용 및 방법의 기초에서는 교육목적, 교육과정, 교육방법, 교육공학, 교육평가 등을 소개하였다. 제3부 교육의 운영적 기초에서는 학교 및 학급 경영, 생활지도 및 상담, 교육행정 및 장학, 교육제도 및 법규, 교직과 교사 등을 소개하였고, 제4부 교육의 형태적 기초에서는 가정 교육, 학교교육, 평생교육, 특수교육, 영재교육 등을 소개하였다.

한편, 본서의 장점은 2001년부터 2011년까지 이미 출제된 교육학 임용고사 시험 중에서 가장 많이 출제되는 문항을 장별로 분류하여 제시함으로써 임용고사 시험을 대비하는 예 비교사 및 교육전문직을 준비하는 현직교원에게 많은 도움이 될 것으로 생각한다.

아무쪼록 이번 출판을 통해 사범대학교 및 교육대학교에서 유치원, 초등학교, 중학교, 고등학교 등 임용고사를 준비하는 예비교사들과 교육전문직을 준비하는 교원들에게 본서가 자신의 목표를 달성하고 꿈을 이루는 데 하나의 나침반이 되기를 간절히 소망한다. 끝으로 이 책이 출판되기까지 많은 도움과 지원을 해 주신 한국학술정보(주) 편집부 여러분께 깊이 감사드린다.

2012년 11월
신재한

목 차

교육의 학문적 기초

Ⅰ. 교육의 본질적 기초

1. 교육의 필요성

교육은 인간의 삶이 이루어지는 어느 상황에서나 나타나는 현상으로서, 어떤 인간이든지 자신의 성장을 위해서는 학습을 필요로 하고, 학습이 필요한 상황에서는 어떤 형태로든 교육이 요구되기 때문에, 인간을 학습하는 존재로 일컫는다(이정표 · 권영신, 2008).

특히, 인간은 모든 동물 가운데 성장의 한계에 가장 늦게 도달하고 자립해서 살 수 있는, 능력이 가장 결여된 무능한 존재로 태어나며 다른 사람의 도움 없이는 생존이 불가능하기 때문에, 인간은 다른 사람의 보호와 양육을 필요로 할 뿐만 아니라, 보다 아름답게 살아가기 위해서는 일생 동안 어떤 형태로든지 교육을 필요로 하는 존재라 할 수 있다(이형행, 2007).

프랑스의 '아베롱(Aveyron)의 야상아'와 '늑대 소녀'에 관한 사례는 인간에게 교육이 필요한 이유를 밝히는 데 도움이 된다.

먼저 1977년 남부 프랑스의 아베롱 숲 속에서 12~13세로 추정되는 한 소년이 발견되었는데, 5년 전부터 숲 속을 배회하였고, 거의 야생동물과 같은 수준으로서 발견 당시 소년의 눈은 안정되어 있지 않고, 아무런 표정이 없었으며, 귀는 각종 음향에 무감각하고 병어리 상태로 짐승의 소리를 내었고, 후각 역시 원시적이고 오물이나 향수에 대한 반응은 보이지 않았다. 또한, 소년의 지능은 매우 낮았을 뿐만 아니라, 기억력, 판단력, 사고력도 결여되어 있었고, 인간을 두려워하고 사람들이 있는 곳에서는 발작적인 동작이나 경련을 일으키는 행동을 하였다(이정표 · 권영신, 2008).

아베롱은 발견된 후 국립농아원으로 옮겨지고, 젊은 의사 Itard에 의해 생활에 안정을 주고 사회생활에 흥미를 갖게 하는 일, 강한 자극을 주어 둔해진 감각을 일깨우는 일, 사회적 접촉을 증가시키고, 새로운 욕구나 관념을 만들어 내는 일, 언어를 사용해서 자기의 필요를 표현하게 하는 일, 간단한 심리적 작업을 할 수 있게 만드는 일 등 다섯 가지 교육목표를 설정하고 5년간에 걸쳐 헌신적인 교육을 실시하였다(이형행, 2007).

5년간의 교육을 실시한 결과, 인간은 고유 기능과 감각을 빼앗기게 될 때, 다른 동물에 비해 더 열등한 상태가 되고, 인간의 사회성이나 도덕성은 본래적으로 가지고 태어나는 것이 아니라, 인류 문명 혜택의 결과이며, 인간의 기관 발육이나 언어 습득은 연령이 어릴수록 발달 효과가 크며 적절한 시기에 발달이 되지 않을 경우 비능률적이고 발달 장애를 갖게 된다는 것을 알게 되었다(이정표·권영신, 2008).

결국, '아베롱(Aveyron)의 야상아'에 관한 사례를 통해서 인간은 교육을 통해서만 인간다운 모습으로 성장해 나갈 수 있으며(한상길·김응래·박선환·박숙희·정미경·조금주, 2007), 인간이 인간으로서 생명을 보존할 뿐만 아니라, 인간으로서의 제반 가치를 발휘하며 살아가기 위해서는 반드시 교육이 필요하다는 것을 보여주고 있다(이형행, 2007).

한편, 1920년 인도 늑대 굴에서 발견된 두 명의 늑대 소녀는 발견 당시 음식을 직접 입으로 먹고, 네 발로 걸으며 멀리서 짖는 등 늑대와 비슷한 행동을 보여 교육을 통해 조금씩 말을 배워 나갔지만 한 소녀는 1년 만에 죽었고, 다른 소녀는 야성을 버리지 못하여 9년밖에 살지 못하고 죽어 버렸다.

결국, '늑대 소녀'에 관한 사례를 통해서 인간에게는 교육이 절대적으로 필요하며, 심신의 발달을 위해서는 인간적 환경이 필요하고, 적절한 발달 시기에 따른 적절한 교육이 중요하다는 것을 알 수 있다(이정표·권영신, 2008).

지금까지 살펴본 교육의 필요성 및 중요성을 개인적 차원, 사회적 차원, 문화적 차원, 경제적 차원, 국가적 차원 등 다섯 가지 차원으로 구분하여 살펴보면, <표 Ⅰ-1>과 같이 정리할 수 있다.

〈표 Ⅰ-1〉 교육의 필요성 및 중요성

차원	필요성 및 중요성
개인적 차원	· 개인의 완성 · 전인적 인간의 육성
사회적 차원	· 사회화, 사회 통합, 사회적 충원 · 사회적 지위 결정 · 사회의 현실적인 문제 개선 · 이상적인 사회 건설 · 사회개혁
문화적 차원	· 문화유산의 계승 및 발전 · 문화 전달, 보전, 발전, 창조
경제적 차원	· 인적 자원의 공급 · 경제 성장 · 인간 능력 개발
국가적 차원	· 국가 발전의 토대 · 국가 발전의 원동력

자료: 한은숙·김종두(2008). 『교육학개론』. 교육과학사. 재구성.

2. 교육의 정의

가. 교육의 어원

동양에서 교육이라는 용어가 처음으로 문헌에 등장한 것은 중국의 고전인 맹자(孟子)의 진심편(盡心篇) 중에서 군자유삼락장(君子有三樂章) 속에 나오는 得天下英材 而敎育之 三樂也에서였는데, 군자의 즐거움이 무엇인가에 대한 질문에 맹자는 온 세상의 뛰어난 인재를 얻어 가르치고 기르는 일, 즉 교육하는 일이 군자가 취할 세 가지 즐거움 중 하나라고 답하였다(한은숙·김종두, 2008).

특히, 교육(敎育)에서 한자의 구성을 살펴보면 '교(敎)' 자는 회초리와 매를 가지고 아이를 길들이는 모습을 나타내고, '육(育)' 자는 갓 태어난 아이를 살찌우고 기르는 모습을 나타낸다(김병희·김형구·배재학·이기용·이영애·정길영·최병옥, 2008).

다시 말해 '교(敎)' 자는 윗사람이 모범을 보이면 아랫사람이 이를 본받는다는 의미로서, 윗사람이 모범을 보인다는 것은 교육자가 학습자를 지도하고 모범을 보인다는 뜻이고, '육(育)' 자는 그릇된 자식을 바르게 길러 착한 일을 하도록 한다는 의미이다(이정표·권영신, 2008).

따라서 교육은 윗사람이 아무것도 모르는 어린아이를 가르쳐서 착하게 만드는 것으로 이해할 수 있다(한상길·김응래·박선환·박숙희·정미경·조금주, 2007).

결국, 교육은 미숙한 아이가 착한 아이가 되도록 윗사람이 모범을 보이고 지도하여 아랫사람으로 하여금 모방하고 추종케 한다는 뜻이다(이정표·권영신, 2008). 즉 교육이란 바로 미성숙하고 불완전한 자녀를 지도하고 보호·육성하여 바람직한 사람으로 성장시킨다는 의미로 해석할 수 있다(한은숙·김종두, 2008).

한편, 교육에 대한 서양적 어원은 'education'과 'pedagogy'에서 찾을 수 있다. 먼저 'pedagogy'는 어린이를 이끈다는 의미인 그리스어 paidagögos에서 유래되었는데, paidos(어린이)와 agögos(이끌다)의 합성어인 paidagögos는 귀족 가정의 자녀들을 체육학교나 음악학교 등 공공장소로 데리고 다니면서 교육을 시키기 위해 고용된 가정교사(tutor)로서 이솝 우화의 저자인 이솝이 대표적인 paidagögos이다(한용진·권두승·남현우·오영재·류지헌, 2007).

'education'은 인간의 내재적인 소질과 잠재적인 가능성을 밖으로 끌어내어 발전시킨다는 의미인 라틴어 educo에서 유래되었는데, e(밖으로)와 duco(끌어내다)의 합성어인 educo는 인간의 타고난 잠재적인 능력을 계발할 수 있도록 안내하는 것을 나타낸다(한상길·김응래·박선환·박숙희·정미경·조금주, 2007). 즉 'education'은 인간의 내재적인 소질과 잠재적인 가능성을 밖으로 끌어내어 발전시킨다는 의미를 가지고 있다(이정표·권영신, 2008).

나. 교육의 정의 분류

교육의 개념은 정의에 의해 의미가 분명해지는데, 정의는 단순한 약속이기 때문에, 사실적 진위를 따질 수가 없기 때문에, 정의는 언제나 정의에 의해 진이라고 할 수 있고, 정의 그 자체는 진위가 없기 때문에, 어떤 개념의 뜻을 밝혀 보기 위한 정의는 다양할 수가 있다(이형행, 2007).

일반적으로 교육을 정의하면 규범적 정의와 기술적 정의 등 <표 Ⅰ-2>와 같이 구분할 수 있다.

<표 Ⅰ-2> 교육의 개념 분류(1)

구분	내용
기술적 정의	· 교육활동이 어떻게 이루어지고 있는지 있는 그대로 객관적인 기술 · 교육은 사회가 구성원들에게 바람직하다고 생각되는 자질을 형성시켜 주는 과정 · 교육은 사회의 언어, 제도, 관습, 태도, 신념 등을 사회 구성원에게 습득시키는 과정 · 과학적인 입장에서 교육의 의미를 규정하는 학자 · 전달, 형성, 이끄는 것, 계발시키는 것, 사회화 등의 뜻 · 교육을 무엇을 이루기 위한 수단이나 도구로 규정 · 기능적 정의 · 가치판단은 유보한 채 기능적인 관점에서만 교육을 객관적으로 기술
규범적 정의	· 교육이라고 부를 만한 가치가 있는 것은 무엇인가를 밝힌 후 교육의 의미 정의 · 어떤 활동이 교육적인가를 결정할 수 있는 기준 마련 · Peter의 교육 기준 - 교육적 활동이나 과정은 가치 있는 것 - 교육을 받는 사람의 지식과 지적 안목 확대 - 교육의 과정은 도덕적으로 인정할 수 있는 것 - 배우는 사람은 흥미를 가지고 자발적으로 참여

자료: 한상길·김응래·박선환·박숙희·정미경·조금주(2007). 『교육학개론』. 공동체. 재구성.

좀 더 구체적으로 교육을 정의하면 규범적 정의, 기능적 정의, 조작적 정의 등 <표 Ⅰ-3>과 같이 세 가지로 분류할 수 있다(김병희·김형구·배재학·이기용·이영애·정길영·최병옥, 2008; 한은숙·김종두, 2008; 이형행, 2007).

〈표 Ⅰ-3〉교육의 개념 분류(2)

구분	내용	대표적인 예시
규범적 정의	· 교육을 궁극적 목적과 결부시켜 규정 · 강령적 정의 · 가치 지향적 정의 · 목적론적 정의 · 교육을 인간다운 인간을 형성하는 것으로 보는 입장 · 교육의 가치실현을 위한 교육 자체의 발전에 더 큰 비중을 두는 입장 · '인격완성', '자아실현' 등 내재적 가치의 실현 또는 영원한 진리나 가치 추구 · 교육의 과정이나 실제적 현상을 분석하는 데 도움이 되지 않는 정의 · 교육의 본질적 · 내재적 · 관념론적 가치 중시 · 바람직한 정신 상태나 그 상태에 도달하게 하는 방법이 도덕적으로 타당한 방식으로 해야 한다는 의미	− 교육은 민주적 시민이 갖추어야 할 자질을 함양하는 과정이다 − 교육은 영원한 진리나 가치에의 접근 과정이다 − 교육은 인간을 인간답게 형성하는 과정이다 − 교육은 바람직한 정신 상태를 도덕적으로 온당한 방법으로 의도적으로 실현하는 일이다 − 교육은 가치 있는 삶의 양식으로 입문시키는 활동이다
기능적 정의	· 교육을 무엇을 위한 수단으로 규정 · 교육의 도구적 가치를 중시 · 교육을 국가와 사회의 목적 달성이나 개인의 출세를 위한 수단으로 인식 · 교육 본래의 가치나 의미 훼손될 우려 · 교육의 여러 가지 부조리 현상 초래 · 교육의 과정이나 실제적 현상을 분석하는 데 도움이 되지 않는 정의 · 교육 본래의 가치 실현 소홀 가능성	− 교육은 국가 사회 발전을 위한 수단이다 − 교육은 경제 발전에 필요한 수단이다 − 교육은 사회 문화의 계승 및 발전의 수단이다 − 교육은 신의 뜻을 실현하는 수단이다 − 교육은 개인의 사회적 출세를 위한 수단이다
조작적 정의	· 가치중립적 정의 · 서술적 정의 · 기술적 또는 조작적 견지에서 정의 · 행동주의 심리학자들의 주장 · 교육실제에 포함되는 요인과 활동의 견지에서 교육을 정의 · 인간의 내외적 변화의 설명 원리에 초점을 두어 정의 · 의도성, 계획성 · 인간행동 특성의 변화에 관심 · 자연적인 인간행동의 변화가 아니라, 의도적인 행동 변화에 관심 · 합리적, 과학적, 조작적인 정의 · 교육적인 것과 비교육적인 것을 명확히 구별 · 교육실천가들에게 큰 의미 제공	− 교육은 인간행동 특성을 계획적으로 변화시키는 과정이다

이 외에도 약정적 정의가 있는데, 학문공동체에서 본질적인 의미는 잠정적으로 묻어두고, 약속에 의해 합의한 정의로서, 유명적 정의, 명명적 정의라고도 하며 대표적인 예로 '교수는 교화, 훈련과 이러이러한 차이가 있다' 식으로 정의할 수 있다(김병희 · 김형구 · 배재학 · 이기용 · 이영애 · 정길영 · 최병옥, 2008).

특히, 교육의 개념적 속성을 상황적 접근, 역사적 접근, 학문적 접근 등 세 가지 접근 방식으로 <표 Ⅰ-4>와 같이 정리할 수 있다.

〈표 Ⅰ-4〉 교육의 개념 분류(3)

구분	내용
상황적 접근	· 교육이 이루어지는 상황을 관찰하고 어떤 특성들이 있는가를 알아보는 방법 · 의도성, 계획성, 가치지향성
역사적 접근	· 교육이 역사적으로 변하면서 전개되어 온 역사적 사실을 분석하여 교육에 대한 대표적인 사고유형을 찾아내는 방법 · 교육의 수단적 가치, 교육의 본질적 가치
학문적 접근	· 교육의 대표적인 양상을 몇 가지 학문적 측면에서 드러내어 교육을 정의하는 방법을 이용하는 것 · 행동의 계획적 변화, 지적 안목의 형성, 사회화의 기능

자료: 조영일(2003). 『새로운 접근의 교육학개론』. 교육과학사. 재구성.

한편, 교육의 인격성, 자연성, 사회성, 문화성, 종교성 등 중점을 두는 입장에 따라 <표 Ⅰ-5>와 같이 정리할 수 있다.

〈표 Ⅰ-5〉 교육의 개념 분류(4)

구분	견해	대표 학자
인격성	· 인간이 이상을 향해 인격적으로 완성해 갈 수 있도록 도야하는 활동 · 인격주의, 이상주의, 규범주의 · 자연적이고 동물적인 존재로서의 인간을 하나의 인격체로 완성시키는 작용	Kant Herbart Peters
자연성	· 인간에 대한 사회적 전통이나 외부적·인위적인 영향을 배척하고 개인의 자율적이고 자연적인 발달을 강조하는 자연주의 교육사상에 바탕을 둔 성선설 인간관 · 인간의 자발, 자전을 돕는 조성 작용 · 인간이 가지고 태어나는 잠재 가능성이 충분히 실현되도록 노력하는 활동	Rousseau Ellen Key 맹자 노자
문화성	· 인류가 오랜 역사를 통해 축적해 놓은 지식을 포함한 문화적 유산을 다음 세대에 계승시키고 나아가 이것을 확충, 발전시키게 하는 문화 창조 작용 내지는 문화 번식 작용	Spranger Kerschensteiner Dilthey
사회성	· 교육의 궁극적이며 결정적인 요소를 사회 및 사회생활 법칙 안에서 구하려는 견해 · 다음의 젊은 세대가 지금의 성숙한 세대에 흡수, 동화되어 사회 및 국가의 유지와 개선, 향상 발전을 위해 활동하도록 하는 것 · 자연적 인간을 유능한 사회적 인간으로 형성해 가는 작용 · 사회의 유지, 발전을 가능하게 한다는 입장	Platon Pestalozzi Dewey
종교성	· 인간으로 하여금 신을 믿고 복음을 전하며 그의 생활이 신의 품성과 행위에 드러난 것과 같은 신격화된 생활로 변하게 하는 것	Comenius Frobel Willmann

자료: 김운삼(2003). 『교육학개론』. 창지사. 재구성.

3. 교육의 요소

교육을 하기 위해서는 일정한 의도와 목적을 가지고 교육을 하는 주체(교육자 또는 교사)와 교육을 받는 객체(학생 또는 아동), 교사와 학생이 상호교섭을 통해 가르치고 배우는 교수-학습활동을 할 수 있도록 양자를 연결해 주는 매개체(교육내용 또는 교재)가 필요하다(이정표·권영신, 2008).

따라서 교육활동이 이루어지고 있는 학교에는 반드시 세 가지 요소, 즉 주체, 객체, 매개체가 존재하며 세 가지 요소 중에서 어느 하나라도 빠지게 되면 학교교육은 성립되지 않기 때문에, 교사와 학생, 교재는 학교교육을 이루는 3요소라 할 수 있다(이형행, 2007).

특히, 교육활동이 이루어지기 위해서는 교사, 학생, 교육내용 이외에도 학습 및 강의를 효과적으로 전달할 수 있는 매체, 교육이 이루어질 수 있는 쾌적한 학교 건물이나 시설, 학습 환경 및 조건, 교육기관의 종류 및 특성, 교육행정 체계나 조직, 지역사회의 여건이나 분위기, 사회·정치·경제적 배경 등 다양한 요소들이 복합적으로 갖추어지고 작용해야 한다(이정표·권영신, 2008).

가. 교육의 주체

일반적으로 교육의 주체는 교육을 하는 자로서 가르치는 입장에 있는 사람을 의미하는데, 그 대상은 주로 교사이지만, 경우에 따라서는 부모, 형제, 매스컴, 사회 인사 등이 될 수도 있다(한상길·김응래·박선환·박숙희·정미경·조금주, 2007).

특히, 교육의 주체인 교사는 미성숙자를 이끌어 가는 사람이기 때문에, 교육내용과 교육방법에 대한 전문적인 지식을 가지고 있을 뿐만 아니라, 학습자인 학생을 충분히 이해하고, 교사의 윤리적인 의무도 경시해서는 안 된다(김운삼, 2003).

효과적인 교육을 위해서는 교육시설이나 내적인 합리적인 조직도 중요하지만, 교사의 인격이나 교사의 행동이 무엇보다도 중요하다(한방교 외, 2000).

나. 교육의 객체

교육의 객체는 배우는 사람의 입장에 서 있는 경우로서 주로 학생이며 자녀, 아동, 청소년, 성인학습자 등을 들 수 있다(한상길·김응래·박선환·박숙희·정미경·조금주, 2007).

아동 및 학생은 아직 미숙한 존재로서 완전성을 향해 발달하는 과정에 있는 존재이기 때문에, 학습자의 요구, 필요, 욕구 등이 존중되어야 하며, 학습자의 심리적 발달도 고려해야 할 필요성이 있다(김운삼, 2003).

다. 교육의 매개체

교육의 매개체는 교재, 교육 내용 등 교육의 주체와 객체를 연결하는 역할을 하며 학생의 성장, 발달을 촉진하는 수단적인 기능을 하는 모든 경험적 요소를 의미한다(한상길·김응래·박선환·박숙희·정미경·조금주, 2007).

특히, 교육내용은 넓게 '교육의 재료', 줄여서는 '교재'라고 하며 좁게 교육과정이라고 하는데, 교육자의 입장에서 보면 교육지도상의 재료이고, 피교육자의 입장에서 보면 교육진행상의 재료가 된다(김운삼, 2003).

교육을 효과적으로 실현하기 위해서는 이러한 요소들이 상호작용할 수 있는 장(field), 즉 학교, 학원, 기관, 강습소, 공부방 등과 같은 교육의 장(場)이 필요한데, 이들 간의 관계를 그림으로 도식화하면, [그림 Ⅰ-1]과 같이 나타낼 수 있다.

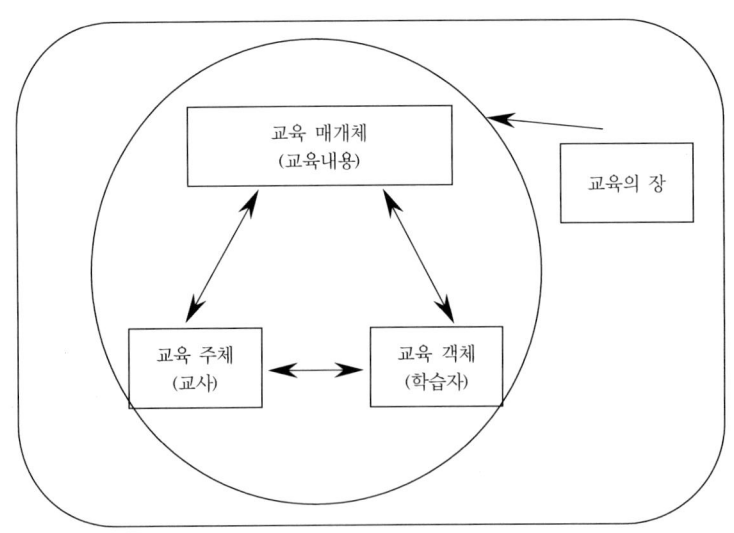

자료: 한상길·김응래·박선환·박숙희·정미경·조금주(2007). 『교육학개론』. 공동체. 재구성.

[그림 Ⅰ-1] 교육의 기본 요소들의 관계

한편, 교육 주체와 교육 객체, 교육목표, 교육내용, 교육방법, 교육평가 등 학교교육의 변화를 연도별로 살펴보면, <표 Ⅰ-6>과 같이 요약할 수 있다.

〈표 Ⅰ-6〉 학교교육의 변화

구분	교육주체	교육객체	교육목표	교육내용	교육방법	교육평가
1900년 이전	교사	학생	인지적 영역 강조	교과중심 교육과정	교수활동 강조	임의평가
1900년~1950년	학생	교사	정의적 영역 강조	경험중심 교육과정	학습활동 강조	규준참조평가
1950년 이후	교사와 학생	·	인지적·정의적 영역 모두 강조	학문중심 교육과정	교수·학습 활동 모두 강조	준거참조평가

자료: 이형행(2007). 『교육학개론』(전정 2판). 양서원. 재구성.

4. 교육의 가능성과 한계

가. 교육의 가능성

교육의 가능성은 인간이 성장함에 있어서 외부로부터 영향을 받아 보다 나은 방향으로 변화할 수 있는 성질을 기본으로 하기 때문에, 성장은 양적·질적 개념을 모두 포함하며, 신체적·지적·정서적·도덕적·사회적 성장을 포함하는 총체적인 것이다(강갑원·박영진·안병환·이경희, 2006).

또한, 교육의 가능성은 잠재 가능성, 가소성, 가능성과 관련된 의미로 쓰이는데, 외부로부터 영향을 받아 변화할 수 있는 성질, 즉 교육에 의해 변화할 수 있는 성질을 의미한다(한은숙·김종두, 2008).

따라서 교육의 관심이 인간의 행동 변화에 있기 때문에, 교육의 가능성은 바로 인간이 얼마나 성장할 수 있느냐에 달려 있다고 할 수 있다(이형행, 2007).

교육의 가능성은 인간적 요인과 환경적 요인에 의해 결정되는데, 그중에서도 인간적 요인은 지적 성장 가능성과 정서적 능력의 성장 가능성이 있으며, 인간의 성장 가능성을 실현시키려고 하는 성장력 또는 스스로 성장하고자 하는 충동인 성장 욕구가 있다(조영일, 2003).

교육의 가능성을 생리·심리학적 입장, 사회존재론적 입장, 인격주의적 입장 등 <표 Ⅰ-7>과 같이 구분하여 정리할 수 있다(한은숙·김종두, 2008; 이정표·권영신, 2008).

<표 Ⅰ-7> 교육의 가능성의 입장

구분	내용
생리·심리학적 입장	-생물학적 신체구조나 기능에 근거 -인간 신체의 지속적이고 반복적인 훈련이나 연습 -근육운동을 의도적으로 통제할 수 있는 가능성과 연습에 의한 숙달의 능력 -반복과 연습에 따라 점차 향상되어 가는 것 -운동기능, 재봉기능, 타자기능, 피아노기능 -학습자 심신의 활동에 일정한 기계적인 습관 또는 경향성을 부여하여 활동방식을 길러 주는 가능성
사회존재론적 입장	-인간을 사회적으로 형성하여 하나의 사회적 존재로서의 집단을 위해 공헌할 뿐만 아니라, 그 과정에서 보람과 만족을 느끼게 하는 존재로 보는 입장 -인간을 사회를 형성하고 사회에 공헌하는 과정에서 보람과 만족을 느끼며 적응하는 변용성을 가진 존재로 보는 입장
인격주의적 입장	-인간을 인격의 자율적인 판단과 자유로운 창조행위를 할 수 있는 존재로 보는 입장

한편, 교육의 가능성에 관한 철학적 관점은 맹자의 성선설, 순자의 성악설, 로크의 백지설 등 <표 Ⅰ-8>에서 찾을 수 있다.

<표 Ⅰ-8> 교육의 가능성에 관한 철학적 관점

구분	내용
성선설	-인간의 타고난 본성은 선하지만, 교육에 의해서만이 선한 행동을 하는 인간으로 양성
성악설	-인간의 본성은 악하지만, 교육에 의해서 악성을 눌러 주면 선한 행동을 하는 인간으로 양성
백지설	-인간의 본성은 선도 악도 아닌 백지 상태로 태어나기 때문에 교육 여하에 따라 선한 행동의 인간 또는 악한 행동의 인간이 될 수 있음

자료: 이정표·권영신(2008). 교육학개론. 교육과학사. 재구성.

나. 교육의 한계

교육의 한계를 인식하는 요인은 지능, 소질, 체질, 체형 등과 같은 개인이 선천적으로 타고난 유전적 영향과 후천적이고 교육적 환경 조건으로 <표 Ⅰ-9>와 같이 구분할 수 있다(한은숙·김종두, 2008; 이정표·권영신, 2008).

<표 Ⅰ-9> 교육의 한계를 인식하는 요인

구분	내용
유전적 요인	-인간의 신체적 기능 또는 정신적 기능의 잠재적 능력 -신체의 강약, 지능의 우열, 정서의 특질, 의지의 강약, 정신 건강 등 -지능의 80%는 유전에 의해 결정(쌍생아 연구)
환경적 요인	-한 개인이 관련을 맺고 있는 인적 환경, 자연 환경, 사회 및 경제 환경, 문화 환경 -개체에게 직접, 간접으로 영향을 주는 모든 자극 -인간은 환경과 상호작용하여 생득적으로 타고난 소질 제한

교육의 본질적 기초 기출문제 풀이

1. 다음의 ㉠과 ㉡에 해당하는 교육의 평등 개념은? <2008. 초등>

> A 군은 고등학교가 없는 도서 지역의 가난한 집안 출신이다. A 군은 육지로 유학을 나가 고등학교에 다닐 수 있는 경제적 형편이 안 되어 걱정이 컸었는데, ㉠ 지방자치단체에서 통학을 위한 배편을 무상으로 지원하게 됨에 따라 집에서 고등학교를 다닐 수 있게 되었다. 더욱이 A 군의 담임교사는 미술에 재능이 있는 A 군이 작은 시골 학교에서 지도를 제대로 받을 수 없는 상황을 안타깝게 여겨, 방과 후 학교에 미술 강사를 초빙하여 지도를 받을 수 있도록 하였다. A 군은 ㉡ 대도시에서 학교를 다닌 학생들 못지않은 미술 실력을 갖춰 M대학의 장학생으로 입학할 수 있게 되었다.

	㉠	㉡
①	기회의 보장적 평등	결과의 평등
②	기회의 허용적 평등	조건의 평등
③	기회의 보장적 평등	조건의 평등
④	기회의 허용적 평등	결과의 평등

【해설】 ㉠은 지리적·사회적 제약의 극복을 통한 보장적 평등에 해당되고 ㉡은 방과 후 학교에 미술 강사를 초빙한 것은 가정배경으로 인한 불이익을 사회가 보상해 줌으로써 배워야 할 것을 배우도록 하는 결과의 평등에 해당된다.

【정답】 ①

2. 고등학교 의무교육제도화에 관한 교사들의 대화내용과 교육평등관을 가장 적절하게 연결한 것은? <2010. 초등>

> 홍 교사: 이제 우리나라 경제수준도 높아지고 했으니, 모든 국민이 고등학교교육을 받을 수 있도록 고등학교 무상의무교육제도를 도입하는 것이 좋을 것 같아요.
> 정 교사: 개인의 고등학교 진학 여부는 국가에서 개입하기보다는 당사자의 능력과 노력에 맡기는 것이 좋지 않을까요?
> 박 교사: 글쎄요. 저는 요즘 같은 사회양극화 시대에서 고등학교 무상의무교육제도 도입에서 한 발 더 나아가, 계층 간 학업성취도의 격차를 좁힐 수 있도록 소외계층 학생을 위한 적극적 배려 정책이 필요하다고 보는데요.

	홍 교사	정 교사	박 교사
①	기회 허용적 평등	조건의 평등	기회 보장적 평등
②	기회 보장적 평등	조건의 평등	결과의 평등

③ 기회 보장적 평등   기회 허용적 평등   결과의 평등
④ 조건의 평등   기회 허용적 평등   기회 보장적 평등
⑤ 조건의 평등   결과의 평등   기회 허용적 평등

【해설】 홍 교사는 무상의무교육을 도입함으로써 경제적·지리적·사회적 제약을 극복하는 보장적 평등관의 입장이고 정 교사는 개인의 능력을 중시하는 능력주의 입장에서 허용적 평등관을 갖고 있다. 박 교사는 소외계층 학생을 위한 배려 정책을 주장하고 있으므로 보상적(결과적) 평등의 입장이다. 결과의 평등에는 학생·계층·지역 간의 격차를 줄이기 위한 노력으로 보충학습지도, 저소득층 위한 보상교육, 농어촌 학생의 대학입시 특별전형 등이 있다.

【정답】 ③

II. 교육의 철학적 기초

1. 교육철학의 개념

철학은 그리스어로 지혜를 사랑하는 학문이라는 의미를 나타내는 것으로 세계관을 공급해 주는 학문이라 할 수 있다(강갑원 외, 2006). 즉 철학은 일반성, 전체성, 궁극성을 탐구하는 학문으로 세계와 삶에 관한 다양한 세부적인 사항을 하나의 포괄적인 전체로 파악하는 데 목적을 두고 있다(김운삼, 2003).

특히, 교육철학의 개념은 교육관으로서의 교육철학, 교육에 대한 응용철학으로서의 교육철학, 교육의 목적과 일반이론으로서의 교육철학 등으로 구분할 수 있다(<표 II-1> 참조).

〈표 II-1〉 교육철학의 개념

구분	내용
교육관으로서의 교육철학	·교육에 대하여 개인이 가지고 있는 견해 ·교육의 전반적인 과정에 대한 이해와 소견
교육에 대한 응용철학으로서의 교육철학	·교육 문제의 해결에 있어서 철학적인 지식과 방법, 기술 등의 적용
교육의 목적과 일반이론으로서의 교육철학	·교육사상가가 가지는 교육에 대한 목적, 방법, 과정 등에 대한 철학적인 접근으로서의 교육철학

자료: 김병희 외(2008). 『교육학개론』. 공동체. 재구성.

종합적으로 정리하면 교육철학은 철학의 여러 기능을 응용해 교육 현상의 여러 가지 문제들을 이성적·합리적·객관적인 관점에서 체계적으로 분석하고 연구하는 학문으로서 철학적인 관점과 수준으로 교육의 의미와 적용을 합리적으로 구하는 교육학의 한 분야를 의미한다(강갑원 외, 2006).

2. 교육철학의 기능

교육철학은 교사의 비판정신과 지적 발전을 자극해 교육의 성장을 촉진시키고, 교육의 본질에 대한 문제에 올바른 세계관을 제공해 주며 교육목적을 확립시키고 교육과정에서의 문제를 이해·판단하는 등 다양한 역할을 하고 있다(강갑원 외, 2006). 이러한 교육철학의 기능은 분석적 기능, 사변적 기능, 평가적 기능, 종합적 기능 등이 있다(<표 II-2> 참조).

〈표 II-2〉 교육철학의 기능

구분	내용
분석적 기능	• 교육현상을 기술하고 설명하는 데 사용되는 언어의 개념을 명확하게 분석하고 규정하는 기능 • 교육적 이론 체계 속에 포함되어 있는 신념과 가정, 가치관이 무엇이고 논리적인 토대가 무엇인지 분석
사변적 기능	• 우주의 본질과 인간의 존재가 무엇인지 밝혀내는 기능 • 교육에 대한 새로운 이론과 설명체계를 구안하여 제시하는 활동 • 교육이론을 형성하고 교육 실천을 위한 제안 제시
평가적 기능	• 어떤 기준이나 준거에 비추어 교육이론이나 설명 체계 또는 교육현실을 평가하는 활동 • 평가기준에 입각하여 교육이론이나 교육실제가 만족스러운 것인지 아닌지를 평가하고 비판하는 기능
종합적 기능	• 교육현상이나 과정을 전체로서 파악하고 부분적인 활동들을 종합적으로 이해하려는 활동 • 다양한 교육이론이나 주장을 전체적으로 검토하고 이를 정합된 체계로서 종합하고자 하는 활동에 대한 평가

자료: 이정표·권영신(2008). 『교육학개론』. 교육과학사. 재구성.

3. 전통적 교육철학의 유형

가. 관념론

관념론에 의하면 우주의 궁극적인 실재가 관념, 정신, 마음에 있기 때문에, 경험하는 물질세계는 정신적 실재의 표상에 불과하며 정신과 마음은 물질보다 우월한 위치에 있다고 밝히고 있다(김병희 외, 2008). 이러한 관념론의 창시자인 플라톤(Platon)은 교육을 현실적인 감각세계의 허상만을 지각할 수 있는 인간으로 하여금 궁극적인 실재인 정신세계의 이데아를 인식할 수 있도록 마음의 눈을 뜨게 하는 것이라고 주장하였다(이정표·권영신, 2008).

특히, 관념론적 입장에서 본 교육의 특징으로 첫째, 절대적인 진리, 궁극적인 실재를 인정하고 둘째, 참과 거짓, 미와 추, 선과 악의 영원성과 보편성을 인정하며 셋째, 이성을 계발하고 넷째, 인간을 윤리적인 존재로 인정하며 끝으로 교육과정은 반드시 체계적이어야 한다는 것이다(강갑원 외, 2006). 또한, 교육을 인간의 마음과 영혼을 단련시키고 계발시켜 절대가치를 깨닫고 절대정의를 실현시키는 인격으로 힘쓰며 이성에 의한 사고와 판단을 중요시 여기고 있다(한은숙·김종두, 2008).

나. 실재론

실재론에 의하면 세계는 인간의 정신이나 마음으로부터 독립해서 객관적으로 존재하기 때문에, 인간의 의식이나 마음과 관계없이 실재가 독립적으로 존재하는 독립성과 우리의 감각적 경험이 실재와 대응하여 실재를 있는 그대로 파악할 수 있는 대응성의 특성을 가지고 있다(이정표·권영신, 2008). 이러한 실재론에서 주장하는 교육의 특징은 첫째, 교육의 목적을 우주의 이치를 깨우치는 핵심적인 지식과 경건한 마음을 갖추게 하는 데 두고 있고 둘째, 교육의 과정을 학생이 진리를 알고 진리를 향유할 수 있는 습관과 경향성을 갖추게 하는 데 초점을 두며 교재가 우선되고 다 같이 배워야 할 중심이 되는 교과과정이며 셋째, 교사는 교과내용을 충분히 알고 있어야 하며 교육활동에서 주도적인 역할을 해야 하고 끝으로 학생은 지식과 기술을 배울 준비를 갖추고 지성을 충분히 계발시켜 우주의 진리를 깨칠 수 있도록 학문적인 훈련을 받아야 한다는 것이다(김병희 외, 2008).

다. 실용주의

실용주의는 철학의 주제보다는 문제해결 방법에 중점을 두고 있기 때문에, 합리적 실험주의, 도구주의, 기능주의라고도 한다. 이러한 실용주의 철학의 기본 사상은 변화에 대한 신념, 진리의 상대성에 대한 신념, 관념의 실행성에 대한 신념, 실험의 우수성에 대한 신념, 경험의 중요성에 대한 신념 등이다(조영일, 2003).

특히, 실용주의의 교육적 특징은 첫째, 교육을 넓은 의미에서 삶을 지속시키는 것으로 보고 둘째, 교육의 목적은 끊임없이 변화·발전하는 학생의 개방성과 융통성을 기르는 데 초점을 두며 셋째, 교육방법은 개인의 욕구와 흥미, 필요에 기초하며 민주적인 방식과 실험에 의한 방법을 강조하고 넷째, 학생은 미성숙자이지만, 수용력과 잠재적인 가능성을 가진 존재이며 끝으로, 경험이 끊임없이 재구성되는 과정으로 교육을 바라보고 있다(김병희 외, 2008).

따라서 교육은 단순히 지식을 가르치고 전달하는 것보다는 지식을 획득하고 적용하고 개선할 수 있는 능력을 길러 주는 일에 보다 중점을 두어야 하며 교사의 역할은 학생들의 경험의 폭을 넓혀 주고 그러한 경험을 재구성할 수 있도록 조력하는 일이다(한은숙·김종두, 2008).

4. 현대 교육철학의 유형

가. 진보주의

진보주의는 20세기 전반기 미국을 대표하는 교육사조로 실용주의 철학, 경험주의, 과학주의 등을 배경으로 아동중심, 생활중심, 경험중심의 교육을 주장하고 있다(강갑원 외, 2006).

특히, 진보주의는 종래의 전통적인 교사 중심의 지식전달 위주 교육을 비판하며 아동 중심적이고 생활 중심적인 교육을 강조한다(이정표·권영신, 2008). 이러한 진보주의 교육의 기본 원리를 살펴보면 첫째, 아동은 자기 경험을 통해서 배우고 둘째, 학습은 아동의 활동, 흥미, 관심에 관련되어야 하며 셋째, 학습과정에 필연적으로 아동은 전인적으로 관계해야 하고 넷째, 아동이 모든 학습활동의 중심이 되어야 하며 다섯째, 바람직한 교육은 민주적인 분위기 속에서 가장 효과적으로 이루어지고 끝으로, 학습은 생활 자체이어야 한다는 것이다(조영일, 2003).

그러나 진보주의 교육은 아동에게 지나친 자유를 부여하고 흥미를 중시한 점, 장래생활에 대한 준비에 소홀한 점, 문제해결에 의한 수업 방식의 비효율성, 특수한 훈련기관으로서의 학교기능의 부족 등의 문제점도 있다(김병희 외, 2008).

나. 항존주의

항존주의는 진리와 원리는 변하지 않아 보편적인 교육의 목적인 진리의 탐구와 보급에 있다고 보았다(김운삼, 2003). 또한, 항존주의는 진보주의를 전면 부정하고 고전적 실재론을 배경으로 진리와 실재의 영원불변성을 강조하고 인간성도 불변하기 때문에, 교육의 원리도 영원불변한 것으로 보았다. 이러한 항존주의의 교육원리는 첫째, 교육은 누구에게나 동일해야 하고 둘째, 교육은 영원불멸의 진리에 인간을 적응시키는 것이며 셋째, 인간은 이성을 가진 존재로서 이를 계발하여 본능과 환경의 제약을 극복해야 하고 넷째, 학생들은 기본적인 교과를 철저히 이수해 진리의 영원성을 이해해야 하며 끝으로 교육은 생활의 복사가 아니라, 생활의 준비라는 것이다(강갑원 외, 2006).

그러나 항존주의는 전인교육에 소홀하고, 지식과 가치의 다양성과 상대성이 요구되는 현대 민주주의 사회에 부적당하며 고전 중심의 인문주의는 지적인 귀족을 배양하는 결과를 초래하는 등의 문제점도 있다(김병희 외, 2008).

다. 본질주의

본질주의는 항존주의와는 달리 진보주의를 전적으로 부정하지 않고 일부분만 부정하였다. 즉 본질주의는 문화를 구성하는 가장 본질적인 것들을 교육을 통해 다음 세대에 계승함으로써 역사를 전진시키는 원동력을 길러 내자는 교육사조이다(김정환, 1990).

따라서 아동 중심과 생활 중심의 진보주의 교육으로 인해 학생들의 기초 학력이 저하되어 교육의 본질로 돌아가자는 본질주의는 관념론과 실재론을 배경으로 교사가 중심이 되어 문화유산 전달이라는 교육의 본질적인 역할을 잘 수행하고 교사의 계획에 의해 훈련과 노력 중심의 전통적인 학교 모습을 유지해야 한다고 주장하였다(김병희 외, 2008). 이러한 본질주의 교육의 기본 원리는 첫째, 학습은 강한 훈련에 기초해야 하고 둘째, 교육의 주도권은 교사에게 있으며 셋째, 문화유산의 계승을 중시하며 끝으로 교육내용은 체계적으로 조직된 교과로 전통적 훈련 방식에 기초해야 한다는 것이다(강갑원 외, 2006).

그러나 본질주의는 지나친 보수성으로 진보성과 창의성을 저해할 수 있으며 자주적이고 비판적인 사고를 발전시키기 어려우며 학생을 수동적인 위치에 두어 참여의식이 결여되고, 사회혁신에 대한 의식을 부족하게 하는 등 교사 중심의 주지주의 교육이 될 가능성이 매우 많다(김병희 외, 2008).

라. 재건주의

재건주의는 진보주의의 장점을 계승하면서 보다 사회 중심적이고 미래지향적이며 사회 발전은 혁신적 과정을 거쳐야 한다고 주장하였다(한은숙·김종두, 2008). 즉 재건주의는 현 상태의 교육과 사회를 개혁하자는 목표 중심의 미래지향적 철학이라 할 수 있다(김운삼, 2003).

특히, 재건주의 교육의 기본 원리는 첫째, 민주사회의 질서를 구상하였고 둘째, 사회적 자아실현 학습을 강조하였으며 셋째, 재건주의 철학에 의거하여 종합적이고 통일된 형태로 교육과정을 설계해야 하며 끝으로 교육의 관리를 위해 교육위원회를 조직하는 것이다(조영일, 2003).

그러나 재건주의 교육은 새로운 사회질서의 회복이 교육의 힘만으로 가능한가에 대한 의문을 가지게 되고 확고한 미래에 대한 설계를 실현시키기 위해 아동을 억압할 가능성이 있으며 행동과학이 지닌 한계점으로 인해 교육에 뚜렷한 시사점을 제시하지 못하며 민주주의 교육 방식의 기대에 대한 의문을 가지도록 하는 등 여러 가지 문제점을 지니고 있다(김병희 외, 2008).

마. 실존주의

실존주의는 관념론과 실재론 등과 같이 논리적인 철학을 추구하기보다는 교육을 개인적인 차원에서 바라보았기 때문에, 어떤 조직된 원리나 규범을 제공하여 그 실천과 결과를 중시하는 것이 아니라, 정신적인 태도를 더욱 중시한다(강갑원 외, 2006). 이러한 실존주의는 교육과정을 인간의 자아실현 도구로 보고, 지식 그 자체는 인간보다 더 중요하지 않으며 진정한 인간관계의 본질로 만남을 주장하였다(한은숙·김종두, 2008).

특히, 실존주의 교육의 기본 원리는 첫째, 학교는 학생과 학생이 서로 만나 자신의 삶과 개인의 선택에 대해 대화하고 토론하는 장소이고 둘째, 대화를 포함한 경험과 감성적·미적·시적인 것을 주제로 교육과정을 구성해야 하며 셋째, 중요한 지식은 인간존재에 대해 이해해야 한다는 것이다(김병희 외, 2008).

그러나 실존주의 교육은 지나치게 개인을 중시하여 개인의 사회성을 경시하고 교육은 비연속적인 원리로 가르치는 것이 아니라, 계속적인 원리로 가르치므로 대중교육에는 적합하지 않다(강갑원 외, 2006).

바. 분석철학

분석철학은 교육에 대한 어떤 구체적인 실천원리들을 제시하기보다는 교육의 개념, 교육의 목적, 인격, 이해, 성장, 경험, 흥미, 동기, 습관 등의 교육에서 사용되고 있는 중요한 개념의 의미가 무엇인지를 밝힘으로써 교육현상에 대한 참다운 이해를 돕기 위한 철학이다(한은숙·김종두, 2008). 이러한 분석철학은 논리적 경험을 중요시하고 언어 분석에 주로 관심을 가진다(조영일, 2003).

특히, 분석철학은 지식의 객관성, 사고의 명확성, 도덕적 합리성, 추리의 일관성과 결정성, 지식의 사실적 타당성과 확실성 등 교육에 많은 기여를 하고 있다(강갑원 외, 2006).

그러나 분석철학은 바람직한 세계관이나 윤리관을 확립하는 데 도움을 주지 못하였고 체험적·가치판단적·역사적·사회적 요소를 배제하였으며 교육의 정의적 요소를 긍정적으로 수용하지 못했다는 문제점을 가지고 있다(조영일, 2003).

사. 포스트모더니즘

포스트모더니즘은 절대주의, 합리주의 과학주의, 권위주의, 전체주의로부터 탈피하여 인간경험의 우연성, 상대성, 불분명함 등을 주장하였다(강갑원 외, 2006). 이러한 포스트모더니즘의 교육은 소서사적(small narratives) 지식관을 제공하고, 다원성과 다양성에 적합한 교육을 요구하며 교육과 인간에 대한 새로운 이해가 필요하고 교육에서 대화와 담론이 중요한 방법이 되어야 한다는 것이다(조영일, 2003).

특히, 포스트모더니즘의 교육은 학생에 대한 전통적인 교육 관점을 수정하여 자유로운 교수방법의 전환을 요구하고 과거 경직된 교육과정을 모두 비판하여 학생 중심의 열린 교육을 주장하였고 현행 교육제도와 체제에 대한 비판의 눈과 정보화 사회에 적합한 교육의 필요성을 제기하였다(강갑원 외, 2006).

그러나 포스트모더니즘은 도덕교육에 대한 방향을 제시하지 못하고, 극단적인 이기주의에 대한 우려, 삶과 윤리에 대한 보편적인 가치관의 부재, 인간 이성의 경시에 따른 혼란과 불완전성, 오랜 역사 속에 형성된 가치와 전통의 해체에 따른 미래의 불확실성, 새로운 사회문화의 재건에 대한 계획의 부족, 기존의 전통과 조화하려는 종합적인 노력의 부족 등 여러 가지 문제점을 가지고 있다(김병희 외, 2008).

교육 내용 및 방법의 기초 기출문제 풀이

1. 다음에 해당하는 피터스(R. S. Peters)의 교육의 개념적 준거는? <2008. 초등>

아무리 좋은 내용이라 하더라도 그것을 학습자의 의지와 자발성이 결여된 방식으로 가르쳐서는 안 된다. 이 점에서 조건화(conditioning)나 세뇌(brainwashing) 등과 같은 방법은 교육이라 부를 수 없다.

① 과정적 준거   ② 규범적 준거
③ 기술적 준거   ④ 인지적 준거

【해설】 규범적 준거는 교육의 목표에 관한 것으로 교육이 내재적 가치를 실현하고자 하는 것이어야 한다고 본다. 인지적 준거는 교육의 내용에 관한 것으로 인간을 인간답게 하기 위해 '지적안 목'을 길러 낼 수 있는 것을 내용으로 해야 한다는 의미이다. 과정적 준거는 교육의 방법에 관한 것으로 이러한 지적 안목을 키우기 위해 학습자의 이해와 자율성을 존중하는 것이어야 한다는 의미이다. 보기는 학습자의 자발성에 기초한 방법을 밝히고 있기 때문에 과정적 준거 에 해당된다.

【정답】 ①

2. 다음의 이론적 관점과 가장 관계가 먼 것은? <2008. 초등>

인간의 마음은 지각, 기억, 상상, 추리, 감정, 의지 등 이름으로 불리는 여러 가지 부소능력(部所 能力)들로 이루어져 있으며, 이것들은 우리 몸의 근육과 마찬가지로 훈련에 의하여 발달될 수 있 다. 고전어나 수학 등과 같은 교과는 이와 같은 부소능력, 곧 마음의 근육을 단련하는 지적 훈련 에 적합한 내용으로 구성되어 있다.

① 형식도야(formal discipline)   ③ 훈련의 전이(transfer of training)
② 능력심리학(faculty psychology)   ④ 지식의 형식(forms of knowledge)

【해설】 형식도야이론은 능력심리학에 기반을 두며, 특정한 교과학습을 통해 지각, 기억, 추리, 감정 등과 같은 정신능력을 함양할 수 있다는 이론으로 교과 선정의 근거가 되며 주로 인문주의자 들이 옹호하였다. 이렇게 형성된 정신능력이 다른 교과나 일상생활에 영향을 미친다는 훈련 의 전이를 주장하였으며 지식의 형식은 피터스와 관련이 있다.

【정답】 ④

3. 다음 명제들을 가장 충실하게 따르는 교육철학은? <2008. 중등>

> ○ 철학은 사변적인 학문인 동시에 실천적인 학문이다.
> ○ 철학의 핵심 과제는 인식과 행위의 가능성과 한계를 엄격하게 따지는 것이다.
> ○ 교육철학은 교육이론과 교육실천에 숨어 있는 이데올로기적 전제를 드러냄으로써 교육의 자율성을 추구한다.

① 비판적 교육철학　　② 실존주의 교육철학
③ 현상학적 교육철학　　④ 해석학적 교육철학

【해설】 과학적 실증주의를 비판하며 등장한 비판철학은 교육현실이나 그와 관련된 의미 부여 체계에 대한 비판적인 검토와 평가를 교육철학의 역할로 간주하며, 교육실천의 개선을 위한 실천학으로서의 성격을 갖는다.

【정답】 ①

4. 피터스(R. S. Peters)가 제시한 교과의 '선험적 정당화(transcendental justification)'에 관한 설명으로 옳지 <u>않은</u> 것은? <2008. 중등>

① 사회적 필요에 의하여 교과의 가치를 확립한다.
② 교과를 배우지 않은 사람은 정당화 문제를 제기할 수 없다.
③ 공적 전통에의 입문이라는 개념과 밀접한 관련을 맺게 된다.
④ 교과의 정당화를 요청한 사람에게 요청의 논리적 가정을 밝혀 준다.

【해설】 '선험적'이라는 말은, 그 말 자체로는 '경험을 초월한다'는 뜻이며, 따라서 선험적 정당화는 개인의 의식적인 사고에 의해 받아들여지는가, 아닌가와 무관하게 성립하는 정당화를 말한다. 따라서 피터스가 관심을 가지고 있는 선험적 정당화는 한 개인의 관심사에 그치는 것이 아니라 지식의 형식이라는 공적 전통 또는 공적 유산에 사람들을 입문시키는 데 있다. 여기서 형식이라는 것은 인간이 지니고 있는 이성적 능력을 바탕으로 경험의 세계를 뛰어넘는 추상적이고 일반화된 틀을 말하는 것이다. 이것 또한 인간의 선험적으로 타고난 이성(인간의 본성)이 있기에 가능한 것이다. 따라서 공적 전통으로서, 문화는 사회적 필요(수단)로서 가치가 확립되기 이전에 그 자체로서 가치로운 것이라고 할 수 있다.
이것은 결국 누군가 교과를 왜 배워야 하며, 어떤 가치가 있느냐고 질문하는 사람들에게 교과는 왜 배워야 하고 그 가치는 어떤 것인지를 논리적으로 설명하는 데 필요한 것이다.

【정답】 ①

5. 현대 교육철학의 특징에 관한 설명으로 옳지 <u>않은</u> 것은? <2009. 중등>

① 분석적 교육철학은 교육의 주요 개념 및 용어에 대한 철학적 분석을 강조한다.
② 실존주의 교육철학은 인간의 본질이 실존에 우선한다고 보고, 인간의 본질을 탐구한다.
③ 포스트모더니즘 교육철학은 진리의 상대성을 주장하며, 다원주의적 입장에 서 있다.
④ 페미니즘 교육철학은 교육에서 상대적으로 소외되어 온 가정의 삶 영역과 여성의 가치 회복을 중시한다.
⑤ 비판적 교육철학은 현대사회의 학교교육에서 나타나는 교육의 불평등과 부정의를 드러내는 데 관심 있다.

【해설】 실존주의는 인간의 주체성 회복과 자아실현적인 인간의 형성을 도모하는 것이 교육의 목적이다. 교사와 학생, 학생 간의 인격적 만남을 중시하고 사람의 어두운 측면 또한 보여 주어 적극적인 삶의 의미를 느끼도록 하였다. 그래서 인간의 본질보다 인간의 실존 자체를 더욱 중히 여겼다.
【정답】 ②

6. 교육에 대한 다음과 같은 관점을 가장 잘 담고 있는 서양 교육사조는? <2009. 중등>

> · 세상은 가장 훌륭한 교과서이다.
> · 감각적 경험이 올바른 지식을 획득하는 통로이다.
> · 고전 공부의 진정한 목적은 현학적 지식의 습득이 아니라 인간의 삶에 대한 이해를 통하여 교육의 현실적 적합성을 추구하는 것이다.
> · 삶의 지혜와 학문적 지식은 구분되어야 하며, 아이에게 실제적 지혜의 기초가 충분히 다져지기 전까지는 학문적 지식에 대한 공부를 보류해야 한다.

① 실학주의(realism)   ② 인문주의(humanism)   ③ 계몽주의(enlightenment)
④ 자연주의(naturalism)   ⑤ 신인문주의(Neo-humanism)

【해설】 17세기에는 자연과학의 발달과 함께 실생활에서의 유용성이 강조되고 자연의 이치와 법칙을 교육에 적응하고자 언어보다는 사물을 중시하여, 즉 감각적인 경험에 의한 교육을 강조하는 실학주의가 등장하였다.
【정답】 ①

7. 포스트모던주의자의 주장과 그 속에 함축된 교육적인 변화요청을 가장 적절하게 짝지은 것은? <2010. 초등>

① 전체성(全體性: totality)에 대한 거부 – 자기 실험과 자기 창조의 윤리에 입각하여 차이를 존중하는 생활지도를 해야 한다.
② 정초주의(定礎主義: foundationalism)에 대한 거부 – 여러 영역으로 세분화된 언어게임을 재통합시켜 줄 형식논리학 교육을 확대해야 한다.
③ 권위주의(權威主義: authoritarianism)에 대한 거부 – 지식교육의 패러다임을 교육(instruction)에서 교화(indoctrination)로 전환해야 한다.
④ 대서사(代書士: grand narratives)에 대한 거부 – 인간해방과 역사의 진보를 교육이념으로 채택함으로써 교육활동의 정당성을 확보해야 한다.
⑤ 본질주의(本質主義: essentialism)에 대한 거부 – 지식의 유한성과 상대성을 극복할 수 있도록 보편적 이성에 기반을 둔 학습을 강화해야 한다.

【해설】 궁극적이고 절대적인 본질이 존재한다는 근대철학의 기본가정과 신념을 정초주의라 한다. 포스트모더니즘은 개개인의 개별성과 주체성, 능동성에 초점을 둔 교육을 지향한다. 권위주의에 대한 거부는 교화보다 교사와 학생의 협동적 노력을 통한 대화가 되어야 한다. 또한 모든 사회, 모든 사람에 적용될 수 있는 대서사를 거부하고 그동안 무시되었던 여성, 인종, 빈민, 아동, 환경문제 등과 같은 소집단과 소서사에 초점을 둔다. 그리고 보편적 이성에 기반을 둔 학습에서 벗어나 창의적 탐구능력을 신장시켜 줄 수 있는 학습을 지향한다.
【정답】 ①

8. 다음은 사이버 가정학습용 콘텐츠 개발에 참여하게 된 교사들의 대화이다. 각 교사들의 화면설계 전략과 밀접하게 관련된 것은? <2010. 초등>

> 김 교사: 학교에 대한 국가의 획일적 통제와 학교의 비효율성이 문제입니다. 수요자의 선택권과 학교 간 경쟁을 강화하고, 민간주도의 교육서비스를 확대해야 합니다.
> 정 교사: 그런 방식은 계급 간 교육 불평등을 더욱 심화시킬 뿐입니다. 교육 불평등을 줄일 수 있는 대책을 세워야 해요. 지배집단의 관점에 치우친 교육과정도 수정해야 하구요.
> 최 교사: 저는 학교교육이 학습자의 자율성을 억압하는 것이 문제라고 생각해요. 누구나 자율적으로 학습할 수 있도록 학교를 '학습 조직망'으로 대체하는 것이 문제해결의 열쇠가 될 수 있을 것 같아요.

	김 교사	정 교사	최 교사
①	신자유주의	신마르크스주의	탈학교론
②	신자유주의	포스트모던주의	생태주의
③	포스트모던주의	신자유주의	탈학교론
④	포스트모던주의	탈학교론	생태주의
⑤	탈학교론	신마르크스주의	생태주의

【해설】 김 교사가 제시한 수요자의 선택과 학교 간 경쟁, 민간주도의 교육서비스 강조는 신자유주의 관점과 관계가 있으며, 정 교사가 제시한 계급 간 교육 불평등 완화는 신마르크스주의와 관계가 있다. 또한 학교를 학습조직망으로 대체하자는 최 교사는 탈학교론과 관계있다.

【정답】 ①

9. 다음과 같은 교육학 연구에 공통적으로 영향을 끼친 철학 사조는? <2010. 중등>

> ○ 아이즈너(E. Eisner)의 교육과정 이론
> ○ 반 마넨(M. van Manen)의 체험적 글쓰기
> ○ 스프래들리(J. Spradley)의 문화기술 연구
> ○ 랑에펠트(M. Langeveld)의 아동의 인간학
> ○ 마이어―드라베(K. Meyer-Drawe)의 학습이론

① 구조주의   ② 실존주의   ③ 비판철학
④ 포스트모더니즘   ⑤ 현상학

【해설】 현상학은 본질에 대한 탐구의 철학으로 순수자아에 의한 객관의 상호작용에 대한 인식으로 나타나는 현상을 탐구하는 철학이다.

【정답】 ⑤

10. 다음은 듀이(J. Dewey)의 …민주주의와 교육…의 내용을 서술한 것이다. ☐에 공통적으로 들어갈 말은? <2010. 중등>

> ☐은/는 어원적으로 볼 때 '사이에 있는 것', 즉 거리가 있는 두 사물을 관련짓는 것을 뜻한다. 교육의 경우에, 두 사물 사이의 메워야 할 거리는 시간적인 것으로 생각할 수 있다. 어떤 것이 발달하는 데 시간이 걸린다는 것은 너무도 자명하다. 그래서 성장에는 시작 단계가 있고 완성 단계가 있으며 그 사이에 밟아야 할 과정, 즉 중간 과정이 있다. 학습의 경우에, 학생이 현재 갖고 있는 능력과 성향이 학습의 출발 단계가 되며, 교사는 최종적으로 도달하게 될 교육목표를 설정한다. 이 두 가지 사이에 있는 ☐이/가 바로 수단(means)인데, 그것은 학생이 어떤 사물에 몰입하는 상태이다. 이 수단을 통해서만 애초에 시작한 교육활동이 만족스러운 최종 결과에 도달하게 된다.

① 경험   ② 흥미   ③ 지력
④ 도야   ⑤ 구성

【해설】 생활이 있는 곳에 활동이 있고, 활동이 있는 곳에 언제나 그 방향이 있는데 흥미는 그 방향이라고 할 수가 있다. 듀이에 의하면 어린이의 활동이 타인의 강요로 부과된 것이 아니라 어린

이 스스로가 세우고 그 의의를 이해하는 것일 때 흥미는 저절로 생기는 것이며, 노력은 스스로 따르는 것이고 훈련은 자율적으로 이뤄지는 것이라고 한다.

【정답】②

11. 다음은 플라톤의 대화편 『프로타고라스』의 일부를 재구성한 것이다. 덕(德)에 관한 소크라테스의 견해에 비추어, 빈칸에 들어갈 가장 적절한 말은? <2011. 초등>

> 소크라테스: 용감한 사람은 어떤 사람입니까?
> 프로타고라스: 적군을 향하여 주저 없이 나아가는 사람이 용감한 사람이지.
> 소크라테스: 그러면 물불 안 가리고 앞으로 돌진하는 사람도 용감한 사람입니까?
> 프로타고라스: 그야 절대 아니지.
> 소크라테스: 그러면 무엇을 향해 나아가는 사람이 용감한 사람입니까? 선(善)의 이상(理想)입니까? 아니면 추한 욕망입니까?
> 프로타고라스: 그야 물론 선의 이상이지.
> 소크라테스: 그러면 (_____)
> 프로타고라스: 그렇지. 무지한 사람은 용감한 사람이 될 수 없다네.

① 용감한 사람은 착한 사람이겠군요?
② 용감한 사람은 대담한 사람이겠군요?
③ 용감한 사람은 무서운 것이 없는 사람이겠군요?
④ 용감한 사람은 선이 무엇인지 아는 사람이겠군요?
⑤ 용감한 사람은 자신의 욕망을 실현하는 방법을 아는 사람이겠군요?

【해설】소크라테스의 교육방법은 문답법으로 무지를 자각하게 하는 반어법과 그것으로부터 진리를 파악하는 과정인 산파술이 포함된다. 이는 논의의 결론을 직접 내려 전달하는 것이 아닌 학습자가 회의를 더 끝까지 밀고 나갈 수 있도록 자극을 주는 데 중점을 둔다. ①, ②, ③, ⑤에서는 정의가 곧 덕이라는 개념을 직접 설명해 주고 있기 때문에 틀렸다.

【정답】④

12. 다음 주장에 함의되어 있는 교육관으로 가장 적절한 것은? <2011. 초등>

> 교육은 가르침이요, 가르침은 지식이다. 지식은 진리이며, 진리는 모든 곳에서 동일하다. 그러므로 교육은 모든 곳에서 동일하다.
>
> － 허친스(R. Hutchins)

① 교육은 생활을 위한 준비가 아니라 생활 그 자체이어야 한다.
② 교육은 인간 본성인 이성을 계발하는 일이므로 지식을 중심으로 이루어져야 한다.
③ 교육은 아동의 흥미와 필요를 존중하고 아동의 발달 단계에 근거하여 이루어져야 한다.

④ 교육은 새로운 사회 질서의 창조에 전력해야 한다는 점에서 사회적 자아실현을 추구해야 한다.

⑤ 교육은 한 사회의 고유한 문화적 전통과 가치를 전수함으로써 그 사회의 후속 세대를 길러 내야 한다.

【해설】 허친스는 항존주의의 대표자이다. 불변의 진리와 가치에 복귀하여 이성을 단련하고 계발시켜
　　　야 한다고 주장하였다. 진보주의는 교육이 생활 그 자체로 보고 아동의 흥미와 필요를 존중
　　　하였다. 재건주의는 새로운 사회를 만들어 사회적 자아실현을 추구할 것으로 보았다. 본질주
　　　의는 전통적인 문화유산을 선정해 교재로 만들어 이를 전수하는 것을 중히 여겼다.

【정답】 ②

13. 다음은 지식교육에 대한 듀이(J. Dewey)의 주장이다. (가)와 (나)에 들어갈 말로 바르게
　　 짝지은 것은? <2011. 초등>

· (가)는 흔히 (나)와 단절된 것으로서 그것과 별도로 개발될 수 있는 것으로 생각되어 왔다.
· (가)는 우리가 하고자 하는 것과 그 결과로서 일어나는 것 사이의 관련을 파악함으로써 (나)를
　의미 있는 것으로 만들어 준다.

－듀이, 『민주주의와 교육』

　　 (가)　　(나)
① 교과　　습관
② 도야　　경험
③ 도야　　습관
④ 사고　　성격
⑤ 사고　　경험

【해설】 경험의 재구성은 경험의 의미를 증가시키는 것이며, 다음에 오는 경험의 진로를 이끌어 가는
　　　능력을 증대시키는 일이다. 이러한 변화는 반성적 사고를 통해 이뤄지므로 경험의 재구성 과
　　　정에 반성적 사고가 반드시 필요하다.

【정답】 ⑤

14. 서양의 자유교육(liberal education) 전통에 관한 설명으로 옳은 것을 <보기>에서 모두
　　 고른 것은? <2011. 중등>

ㄱ. 자유교육은 이론적 지식보다는 실제적 지식을 추구한다.
ㄴ. 현대의 자유교육론은 마음과 지식의 논리적 관계에 토대를 두고 있다.
ㄷ. 영국의 서머힐(Summerhill) 학교는 자유교육의 이상을 실현할 목적으로 설립되었다.
ㄹ. 고대 로마나 중세 유럽의 자유교육은 7자유학과를 가르치는 프로그램으로서의 자유교육을

강조하는 경향이 있었다.
ㅁ. 자유교육의 출발점은 이소크라테스(Isocrates)의 사상에서 찾기도 하나, 아리스토텔레스의 사상
에서 비롯되었다고 보는 것이 일반적이다.

① ㄱ, ㄷ　　② ㄱ, ㄴ, ㄹ　　③ ㄴ, ㄷ, ㅁ
④ ㄴ, ㄹ, ㅁ　　⑤ ㄱ, ㄷ, ㄹ, ㅁ

【해설】 서양의 자유교육의 전통은 그리스에서부터 시작하였다. 자유교육의 목적은 자유인으로 실재
의 세계를 이해하고, 스스로 옳게 판단할 수 있는 지적 능력이나 합리적 사고능력을 발달시
키는 것이다. 따라서 자유교육은 실제적 지식보다 이론적인 지식을 추구한다. 영국의 서머힐
학교는 자유교육의 이상을 실현하기보다 학생들의 자율을 중시하는 학교이다.
【정답】 ④

15. 교육에 대한 다음과 같은 관점을 가장 잘 담고 있는 서양 교육 사조는? <2011. 중등>

· 세상은 가장 훌륭한 교과서이다.
· 감각적 경험이 올바른 지식을 획득하는 통로이다.
· 고전 공부의 진정한 목적은 현학적 지식의 습득이 아니라 인간의 삶에 대한 이해를 통하여 교
육의 현실적 적합성을 추구하는 것이다.
· 삶의 지혜와 학문적 지식은 구분되어야 하며, 아이에게 실제적 지혜의 기초가 충분히 다져지기
전까지는 학문적 지식에 대한 공부를 보류해야 한다.

① 실학주의(realism)　　② 인문주의(humanism)　　③ 계몽주의(enlightenment)
④ 자연주의(naturalism)　　⑤ 신인문주의(Neo-humanism)

【해설】 17세기에는 자연과학의 발달과 함께 실생활에서의 유용성이 강조되고 자연의 이치와 법칙을
교육에 적용하고자 언어보다는 사물을 중시하여, 즉 감각적인 경험에 의한 교육을 강조하는
실학주의가 등장하였다.
【정답】 ②

III. 교육의 역사적 기초

1. 한국교육

가. 삼국시대 이전의 교육

고조선의 건국신화 형태인 단군신화에는 '인간 세상을 널리 이롭게 한다'라는 '홍익인간' 이념이 함축되어 있으며, '홍익인간'은 현재 우리나라의 교육이념으로 교육기본법 제2조에 명문화되어 있다(조영일, 2003). 즉 우리나라 교육이념은 "교육은 홍익인간의 이념 아래 모든 국민으로 하여금 인격을 도야하고 자주적 생활능력과 민주시민으로서 필요한 자질을 갖추게 하여 인간다운 삶을 영위하게 하고 민주국가의 발전과 인류공영의 이상을 실현하는 데 이바지하게 함을 목적으로 한다"라고 밝히고 있다(김병희 · 김형구 · 배재학 · 이기용 · 이영애 · 정길영 · 최병옥, 2008).

특히, 팔조금법은 고조선의 사회질서를 유지하기 위한 법제로서, 각 개인의 선악에 대한 가치판단의 기준이 되기 때문에 교육적 실천 사항이 되고, 고대사회 일종의 도덕교육 내용인 동시에 사회교화를 위한 덕목이라 할 수 있다(조영일, 2003).

한편, 원시시대에 있었던 교육적 상황에서 찾을 수 있는 교육원리를 살펴보면, 원시인들의 교육은 생존을 위한 절실한 필요에서 이루어진 것이라는 점에서 뚜렷한 목적의식을 가지고 있기 때문에, 학습동기가 높으며, 낭비나 결손 없는 학습의 흐름을 유지한다는 것을 제시할 수 있다(이형행, 2007).

나. 삼국시대의 교육

1) 고구려의 교육

고구려의 교육은 관학으로서 태학과 사학으로서의 경당으로 <표 III-1>과 같이 구분하였다(이형행, 2007; 강갑원 · 박영진 · 안병환 · 이경희, 2006; 조영일, 2003; 김운삼, 2003).

〈표 Ⅲ-1〉 고구려의 교육 기관

구분	내용
태학	- 소수림왕 2년(372) 설립 - 유교경전의 교육을 기본으로 하는 대학수준의 학교 - 귀족의 자제 입학 - 유교의 정착을 나타내는 대표 교육기관 - 학교교육의 시초 - 한국 유학의 기원 - 관리 양성 - 오경(시경, 서경, 주역, 춘추, 예기)과 삼사(사기, 한서, 후한서), 삼국지, 진춘추 등
경당	- 우리나라 사학의 시초 - 지방의 촌락 - 평민의 자제를 위한 교육 기관 - 서당의 전신 - 경서와 무술 교육, 독서와 활쏘기(문무일치 교육) - 초등교육에서 고등교육까지 - 일반 서민 자제와 지방 호족의 미혼 자제

2) 백제의 교육

백제의 교육은 유학의 경전에 정통한 학자들로 가르치는 것을 임무로 하는 박사제도와 오늘날의 교육과학기술부에 해당하는 육좌평안의 내법좌평이 존재한 것으로 보아, 고구려보다 먼저 학교교육이 성립되었다고 추측할 수 있다(이형행, 2007).

특히, 박사제도는 오경박사(시, 서, 예, 역, 춘추) 외에도 모시박사, 의박사, 역박사가 있었던 것으로 보아 잡학교육이 실시되었고(강갑원·박영진·안병환·이경희, 2006), 백제의 오경박사들은 유교경전을 비롯한 다양한 문화를 일본에 전달하였다(조영일, 2003). 이러한 사실을 정리해 보면, 백제는 일상적 예법과 풍속, 행정제도, 정치, 교육 등 각 분야에서 유교사상이 폭넓게 수용되고 있었다는 것을 알 수 있다(김운삼, 2003).

3) 신라의 교육

신라의 교육은 고구려, 백제에 비해 학교설립이 늦었으나, 유·불·도교를 조화한 독특한 교육활동이 전해지고 있다(강갑원·박영진·안병환·이경희, 2006).

특히, 삼국통일 이전까지는 화랑도를 중심으로 교육을 실시하다가, 통일 이후에는 학교를 설립 정비하여 국학을 세우고 유교경전을 가르치게 하였다(조영일, 2003).

한편, 화랑도의 교육 목적은 국가에 유능한 인재를 양성시키는 것이었으며, 활쏘기, 검수, 뜀뛰기, 헤엄치기, 산타기, 씨름 등의 연무와 가무, 문학 등의 정서도야, 고적지 순례, 교우활동 등의 심신단련을 교육내용으로 하였다(강갑원·박영진·안병환·이경희, 2006).

즉 화랑도의 교육 내용 및 방법은 대자연을 교육도장으로 도의를 연마하고, 시와 노래를 즐기고, 산수를 오유(娛遊)하는 것이다(이형행, 2007).

다. 통일신라시대의 교육

통일신라시대는 인재양성과 관리양성을 목적으로 대학과정의 교육기관인 국학을 설립하여 유학교육과 의학, 천문학, 산학 등의 잡학교육을 가르쳤고, 신분에 따른 관리등용에서 유학적 교양의 수준에 따른 관리등용으로 전환된 관리등용제도인 독서삼품과를 실시하였다(조영일, 2003).

라. 고려시대의 교육

고려시대는 고등교육기관인 국자감과 중등교육기관인 동서학당, 지방에 향교가 있었다(조영일, 2003). 그중에서도 국자감은 삼학(국자학, 태학, 사문학)과 잡학으로 나뉘는데, 삼학은 문무관 7품 이상의 자제가 유교의 경전과 문학을 배우고, 잡학은 8품 이하의 자제와 서민들이 율학, 서학, 산학 등을 배웠다(김운삼, 2003).

특히, 고려시대는 국자감, 동서학당, 오부학당 등 특권 계급의 교육기관과 향교, 십이공도, 서당 등 서민계급의 교육기관으로 구성된 계급적인 성격을 지닌 복선형 학교제도를 이루었으며, 교육내용은 유학 중심과 유교주의가 지배적이고 시대의 변천에 따르는 것이나 창의적인 것은 거의 없었다(이형행, 2007).

한편, 고려시대의 사학은 고등교육수준기관에 해당하는 십이공도와 초등교육수준기관인 서당이 있었는데, 그중에서도 십이공도는 최충이 관직에서 물러나 개설한 9재 학당에서 기원하였으며, 교육내용은 9경과 삼사를 중요한 교과로 삼았다(조영일, 2003). 또한, 십이공도와 서당과 같은 민간교육기관의 등장으로 특권 계급이 독점해 온 교육이 일부 서민 계급까지 개방되었다는 점에서 서민 계급의 교육에 신기원을 이룩하였다(이형행, 2007).

고려시대 학교교육의 목적은 교육의 본질적 목적인 전인으로서의 인격형성보다는 과거 급제에 있었기 때문에, 학교교육은 과거 합격을 위한 수단에 불과하였고, 국가가 과거시험에 의해 관리를 등용함으로써 과거시험의 합격을 개인의 궁극적 학습목표가 되게 하는 결과를 초래하였다(조영일, 2003).

마. 조선시대의 교육

조선시대는 유학중심의 관학으로 중앙에 성균관, 4학, 종학이 있었고, 지방에는 향교가 있었으며 사학으로는 서원과 서당, 잡학 교육을 위한 십학이 있었다(조영일, 2003).

특히, 성균관은 오늘날의 고등교육기관에 해당하고, 향교와 서원은 중등교육기관, 서당은 초등교육기관에 해당한다고 볼 수 있다(이형행, 2007).

한편, 조선시대 대표적인 관학인 성균관, 향교와 대표적인 사학인 서원, 서당의 특징을 살펴보면 각각 <표 Ⅲ-2>, <표 Ⅲ-3>과 같이 정리할 수 있다(강갑원・박영진・안병환・이경희, 2006; 김운삼, 2003).

〈표 Ⅲ-2〉 성균관과 향교의 특징

구분	내용
성균관	- 조선시대를 대표하는 최고 고등교육기관 - 유생의 정원은 200명 - 입학자격은 소과인 생원진사시에 합격한 15세 이상인 자 - 사서오경과 역사서
향교	- 교궁, 재관 - 고려시대 지방교육을 계승한 것 - 제사와 지방교화 - 과거시험을 위한 교육기관 - 4부 학당과 같은 수준

〈표 Ⅲ-3〉 서원과 서당의 특징

구분	내용
서원	- 민간인에 의해 설치, 운영되던 사학기관 - 선현존경과 후진장학 - 명유 공신을 숭배하고 청년자제를 모아 학문과 덕행을 연마하는 수도장으로 출발 - 파벌 조장 및 당쟁 격화하는 결과 초래
서당	- 민간의 힘에 의해 유지 운영되었던 초등교육기관 - 촌락마다 설립되어 국민교육의 중요한 역할 담당 - 수학하는 학도들로 하여금 상급 학교인 향교나 사학으로 진학할 수 있도록 준비하는 기관 - 강독, 제술, 습자 - 훈장 자영서당, 유지 독영서당, 촌조합서당

바. 근대의 교육

근대에는 교육을 통한 국가와 민족의 성장을 고취시키기 위해 교육입국조서를 발표하고, 근대학제의 확립과 교육의 민주성, 국민교육의 필요성, 민족주의의 당위성 등을 제기하였다(강갑원・박영진・안병환・이경희, 2006).

특히, 정부에서 설립한 최초의 근대학교는 육영공원으로 국왕이 추천한 귀족 자제들이 입학하였고, 민족선각자들의 사학은 일본의 침략을 막고 개화를 실현하기 위해 설립한 원산학사이다(조영일, 2003). 이러한 근대학교는 교육체제와 학제를 확립하였고, 남녀평등, 의무교육, 인본주의, 평등의식 등을 고취시키는 데 기여하였다(강갑원·박영진·안병환·이경희, 2006).

한편, 근대학교를 설립한 주체에 따라 <표 Ⅲ-4>와 같이 정리할 수 있다.

〈표 Ⅲ-4〉 근대학교 설립의 유형

구분	학교명
정부	동문학, 육영공원
민간	원산학사, 흥화학교, 점진학교, 보성학교, 양정의숙, 대성학교, 오산학교
기독교 선교사	배재학당, 이화학당, 경신학교, 정신여학교

자료: 강갑원·박영진·안병환·이경희(2006). 『교육학개론』. 교육과학사. 재구성.

사. 현대의 교육

현대의 교육은 1995년 5월 13일 발표한 '세계화 정보화 시대를 주도하는 신교육 체제 수립을 위한 교육개혁 방안'이 대표적이라 할 수 있는데, 신교육 체제는 누구나, 언제, 어디서나 원하는 교육을 받을 수 있는 열린 교육체제를 구축함으로써 모든 국민이 자아실현을 극대화할 수 있는 교육복지 국가를 만드는 것을 목표로 하고 있으며, 학습자 중심 교육, 교육의 다양화, 자율과 책무성에 바탕을 둔 학교 운영, 자유와 평등이 조화된 교육, 교육의 정보화, 질 높은 교육 등이 특징이다(김운삼, 2003).

지금까지 살펴본 우리나라 학교교육의 역사를 비교해 보면, <표 Ⅲ-5>와 같이 요약할 수 있다.

〈표 Ⅲ-5〉 우리나라 학교교육의 역사

구분	교육기관	특징	교육내용
삼국 (고구려)	·태학: 국가최고교육기관	중앙 귀족자제	문무 겸비 교육 (유교경전과 활쏘기)
	·경학: 우리나라 최초 사학	지방 평민 자제	
삼국 (신라)	·화랑도	귀족 출신 청소년	신체단련, 도덕적 품성 도야, 감성교육
통일신라	·국학: 국가 최고교육기관	귀족 자제	논어, 효경 기술교과 (의학, 천문학)

고려	· 국자감, 동서학당: 관학	인재양성과 관리등용	경전과 기술학
	· 십이도, 서당: 사학	사립교육 기관	
조선	· 성균관, 사부학당, 향교: 관학	국가교육 기관	유교경전과 제술
	· 서원, 서당: 사학	사설초등 교육기관	경학 중심/강독, 제술, 습자

자료: 이정표·권영신(2008). 『교육학개론』. 교육과학사. 재구성.

2. 서양교육

가. 고대 교육

1) 그리스 교육

그리스 교육은 인간의 이성과 개성을 존중하고 인간성을 높이는 인본주의 정신을 바탕으로 조화와 균형을 이룬 완전성을 추구하고, 현세주의의 특성을 가지고 있다(김병희·김형구·배재학·이기용·이영애·정길영·최병옥, 2008). 또한, 그리스 교육의 목적은 지혜와 행동이 겸비된 사상인(思想人)을 양성하는 데 있었기 때문에, 개인적 수월성을 지니게 하는 것을 교육의 이상으로 설정하였다(이형행, 2007). 즉 그리스 교육은 이성도야를 통한 품성 도야와 자유교육을 통한 사회적인 유용성을 갖추고 지혜와 행동이 겸비된 이상인 양성을 교육의 목적으로 제시하였다(김병희·김형구·배재학·이기용·이영애·정길영·최병옥, 2008).

특히, 스파르타와 아테네의 교육을 서로 비교해 보면 <표 Ⅲ-6>과 같이 요약할 수 있다.

〈표 Ⅲ-6〉 스파르타와 아테네 교육의 비교

구분	스파르타	아테네
교육 목적	· 강인한 군인의 몸 단련 · 강인한 군인 양성	· 개성이 풍부하고 심신이 건전한 시민 양성 · 지적·신체적·미적으로 조화롭고 균형 있는 인간 양성
교육 내용	· 체육과 군사훈련 · 도덕적·사회적 습관형성	· 운동경기를 통한 신체단련 · 문학, 음악, 미술, 철학

자료: 이형행(2007). 『교육학개론』(전정 2판). 양서원. 재구성.

한편, 그리스 교육의 대표적인 사상가로는 교사를 산파에 비유하고 지덕합일성을 주장하며 진리의 보편타당성을 강조한 소크라테스(Socrates), 관념론을 창시하고 이상국가론을 주장한 플라톤(Platon), 실재론을 창시하고 이성을 강조한 아리스토텔레스(Aristoteles) 등이 있다(김병희·김형구·배재학·이기용·이영애·정길영·최병옥, 2008; 이형행, 2007).

2) 로마 교육

로마 교육은 왕정시대와 공화정시대, 제정시대 등 세 가지로 구분할 수 있는데, 왕정시대는 특이한 교육내용이 없었지만, 공화정시대는 개인적·현실적·실용적·실제적인 것을 강조하여 도덕, 준법성, 애국심 등 국가에 유용한 시민, 즉 실용적인 선을 갖춘 인간양성에 초점을 두었다(김병희·김형구·배재학·이기용·이영애·정길영·최병옥, 2008).

특히, 왕정시대와 공화정시대, 제정시대의 교육적 특징을 비교하면 <표 Ⅲ-7>과 같이 정리할 수 있다.

〈표 Ⅲ-7〉 로마 교육의 비교

구분	교육의 특징
왕정	·좋은 시민, 좋은 군인, 좋은 일꾼 양성 ·학교교육 없음 ·모방교육, 생활교육 존재
공화정	·전통적인 로마인의 실제, 실용, 청빈 등 강조 ·국가에 유용한 시민 양성 ·가정에서 3R's(읽기, 쓰기, 셈하기) 기초교육
제정	·학교교육(문법학교, 수사학교) ·지와 도덕성 갖춘 유능한 웅변가 양성

자료: 강갑원·박영진·안병환·이경희(2006). 『교육학개론』. 교육과학사. 재구성.

로마 교육의 대표적인 사상가로는 순수 로마문화의 독창성을 강조한 카토(Cato), 성선설에 기초하여 자유교육을 주장한 키케로(Cicero), 아동중심 교육과 교육의 자연성을 강조하고 최초의 공립학교 교사였던 퀸틸리아누스(Quintilianus), 생활 중심 교육과 아동의 개성을 존중한 세네카(Seneca) 등이 있다(김병희·김형구·배재학·이기용·이영애·정길영·최병옥, 2008; 강갑원·박영진·안병환·이경희, 2006).

나. 중세 교육

중세의 교육은 거의 서원에서 이루어졌으며, 기독교적인 체계하의 교육이었기 때문에, 종래의 신체적 발달과 수사학적인 능력의 훈련 대신에 도덕적인 규율을 엄격히 훈련시키고, 내세에 대한 기본개념과 자세를 확립시키는 데 치중하였다(김운삼, 2003).

특히, 중세 전기의 교육은 기독교 사상을 바탕으로 종교교육이 발달하였으며 스콜라철학과 수도원교육의 금욕주의가 교육의 근간이 되었지만, 중세 후기의 교육은 세속교육이 대두하여 기사교육, 대학교육, 시민교육 등 문예부흥의 단초가 되었다(강갑원·박영진·안병환·이경희, 2006).

또한, 중세 교육은 기독교교육, 기사교육, 대학교육, 시민교육 등<표 Ⅲ-8>과 같이 구분할 수 있다.

〈표 Ⅲ-8〉 중세 교육의 비교

구분	교육의 특징
기독교교육	· 신에 복종하고 봉사할 인간 양성 · 육체보다 영혼을 중시, 체육교육 경시 · 교구학교, 음악학교 설립
기사교육	· 고상하고 용감한 인격자 육성 · 지적인 것보다 활동적인 신체훈련, 종교교육 강조 · 승마, 수영, 궁술, 검술, 수렵, 작시, 장기 등
대학교육	· 실용적인 학문 연구 중심지 · 라틴어를 이용한 강의, 토론 · 7자유과, 그리스어, 라틴어, 신학, 철학, 법학, 의학
시민교육	· 시민계급에 필요한 생산교육, 직업교육 · 현실적인 교육 내용 · 도제교육, 조합학교

자료: 이형행(2007). 『교육학개론』(전정 2판). 양서원. 재구성.

특히, 중세 교육의 학교는 문답학교, 수도원학교, 시민학교, 대학 등 <표 Ⅲ-9>와 같이 정리할 수 있다.

〈표 Ⅲ-9〉 중세 교육의 학교

구분	교육의 특징
문답학교	· 처음에는 성인만 대상, 나중에는 어린이 입학 가능 · 읽기, 쓰기 등의 초보 지식
수도원학교	· 내세에 영원한 삶을 누릴 준비 · 금욕주의, 순결, 청빈, 복종 · 3R's(초등반), 7자유과(고등반)
시민학교	· 직업적이고 생산적인 교육 · 조합학교, 도제교육
대학	· 스콜라 철학 · 면세, 면역, 대학 내 재판권, 학위수여권, 학문의 자유보장, 신분보장 특권 보장

자료: 김운삼(2003). 『교육학개론』. 창지사. 재구성.

다. 근대 교육

1) 르네상스시대 교육

르네상스, 즉 문예부흥기의 교육은 지·덕·체가 조화된 고대 그리스 문호를 부흥하고 인간성을 존중하는 교육으로 교양, 자유, 고전, 인문교육이 중시하였다(강갑원·박영진·안병환·이경희, 2006). 또한, 르네상스 교육은 인문주의 교육으로서, 개인적 인문주의 교육, 사회적 인문주의 교육, 키케로주의(Ciceronianism) 교육 등 <표 Ⅲ-10>과 같이 정리할 수 있다(김병희·김형구·배재학·이기용·이영애·정길영·최병옥, 2008; 강갑원·박영진·안병환·이경희, 2006; 조영일, 2003).

〈표 Ⅲ-10〉 르네상스 교육의 비교

구분	교육의 특징
개인적 인문주의	·이탈리아 ·개인의 발달, 자아실현, 개인의 성취 중시 ·도덕, 종교 경시 ·과학과 인문학 치중, 흥미 중시
사회적 인문주의	·북부 유럽 ·종교적·도덕적으로 사회 개선 ·종교, 도덕, 사회 개혁 ·고전, 성서문학, 어학 교육 치중 ·에라스무스(Erasmus)
키케로주의	·훌륭한 문체, 정확한 표현 방식 획득 ·고전 ·키케로의 문체 암송, 표현하는 암기 위주 방식

특히, 르네상스 교육 중에서 인문주의 교육 사상의 특징은 자연주의, 언어주의, 개인주의, 미적 귀족주의로 요약할 수 있다(조영일, 2003). 또한, 르네상스 교육의 대표적 사상가로는 이성을 중시하고 놀이를 통한 교육을 강조한 에라스무스(Erasmus), 암기 중심의 전통적인 교육을 비판하고 도덕, 과학, 체육 등 조화된 교육을 강조한 라블레(Rabelais) 등이 있다(강갑원·박영진·안병환·이경희, 2006).

2) 종교개혁시대 교육

종교개혁시대의 교육 목적, 교육 내용, 교육 방법을 요약하면 <표 Ⅲ-11>와 같이 정리할 수 있다.

〈표 Ⅲ-11〉 종교개혁시대 교육의 특징

구분	특징
교육 목적	· 자유주의적 신앙생활과 사회적으로 통합된 기독교인 양성
교육 내용	· 성경, 모국어, 산수, 음악, 체조(초등) · 라틴어, 그리스어, 히브리어, 수학, 논리학, 수사학(중등) · 스콜라철학, 성서(고등)
교육 방법	· 전통적 교육 방법 · 부분적인 직관주의 방식

자료: 김운삼(2003). 『교육학개론』. 창지사. 재구성.

종교개혁시대의 대표적인 사상가로는 의무교육의 필요성을 제시한 루터(Luther)와 교사임용시험과 공교육제도의 필요성을 주장한 칼빈(Cavin) 등이 있다(강갑원·박영진·안병환·이경희, 2006).

3) 실학주의 교육(17세기)

실학주의 교육은 경험할 수 있는 사물에 따른 교육을 강조한 교육으로서, 실생활이나 사물을 통해 필요한 지식을 가르침으로써 유능한 인물을 양성하는 데 그 목적이 있다(김운삼, 2003). 또한, 실학주의 교육은 현실을 직시하는 가운데, 객관적이고 합리적인 사고가 보편화되고, 종교보다 과학을, 관념보다 이성을, 학술성보다 실용성을 강조하였다(강갑원·박영진·안병환·이경희, 2006).

특히, 실학주의 교육은 '언어 이전에 사물'에 의한 직접 경험과 사회제도, 자연현상, 모국어 등 실제 생활과 관련된 교육내용으로 하였고, 연역적 방법에서 벗어나 관찰과 실험에 기초한 귀납적 방법을 강조하였다(김병희·김형구·배재학·이기용·이영애·정길영·최병옥, 2008).

한편, 실학주의 교육은 인문적 실학주의 교육, 사회적 실학주의 교육, 감각적 실학주의 교육으로 분류할 수 있다(<표 Ⅲ-12> 참조).

〈표 Ⅲ-12〉 실학주의 교육의 비교

구분	특징
인문적 실학주의	· 고전의 형식보다 내용에 가치를 둠 · 고전에 내포된 과학적·역사적·사회적 지식 이해 · 현실생활에 적응하는 유능한 사람 양성 · 밀턴(Milton), 비베스(Vives), 라블레(Rabelais)
사회적 실학주의	· 사회생활 경험을 통한 세상물정에 밝은 사람 양성 · 타인과 원만한 인간관계 형성

사회적 실학주의	・사회생활에 참여하는 교양 있는 신사 양성 ・백과전서식 교육내용 강조 ・몽테뉴(Montaigne)
감각적 실학주의	・감각적 지식 강조 ・과학적 실학주의 ・자연과학적 지식 존중, 기억보다 감각, 지각훈련 ・코메니우스(Comenius)

자료: 김병희・김형구・배재학・이기용・이영애・정길영・최병옥(2008). 『교육학개론』. 공동체. 재구성.

<표 Ⅲ-12>에서도 알 수 있듯이, 실학주의 교육은 구체적인 지식, 실제적 및 직업적 기술, 언어의 문학적 사용보다 상업이나 외교를 위한 언어를 학습하며, 역사, 정치, 법학, 과학의 학습을 의미한다(김운삼, 2003).

실학주의 교육의 대표적인 사상가로는 직접적인 사물교육을 통한 실물교수론을 중시한 코메니우스(Comenius), 후천적인 경험이 인성을 좌우한다는 백지설(Tabula Rasa)을 주장한 로크(Locke) 등이 있다(강갑원・박영진・안병환・이경희, 2006).

4) 계몽주의 교육(18세기)

계몽주의 교육은 지식의 증진과 보급으로 합리적인 사회와 원만한 인간관계를 구현하는 데 강조점을 두고 주지주의 반민족주의, 반전통주의, 인간 중심사상 등의 특징이 있고, 합리주의, 자연주의, 실리주의 등 교육사상이 배출되었다(김병희・김형구・배재학・이기용・이영애・정길영・최병옥, 2008).

특히, 합리주의, 자연주의, 실리주의의 특징을 비교해 보면 <표 Ⅲ-13>과 같이 정리할 수 있다.

〈표 Ⅲ-13〉 계몽주의 교육의 비교

구분	특징
합리주의	・인간의 이성과 지성을 존중하는 교육 ・생활의 모든 문제를 이성의 힘으로 해결
자연주의	・인간을 자연 그대로 보는 것 ・루소로부터 발아된 사상 ・일체의 권위 부정, 자연 원리 속에서 아동의 본성에 알맞은 교육내용과 방법을 탐구하여 가르친다는 사상 ・흥미와 생활 필요에 의해 자연스럽게 일어나는 활동 ・실물교육, 직관교육 ・페스탈로치, 프뢰벨, 듀이에 영향을 미침
실리주의	・현실세계에서의 구체적 행복 추구 ・자연과학적 발명이 독려 ・라틴어 중심에서 모국어 중심의 교육으로 변화

자료: 김운삼(2003). 『교육학개론』. 창지사. 재구성.

5) 신인문주의 교육(19세기)

신인문주의 교육은 계몽주의 교육에서 보여주었던 주지주의, 합리주의, 반민족주의, 반국가주의에 반하는 것으로 주정주의, 역사주의, 민족주의, 국가주의 형태로 나타났다(한상길·김응래·박선환·박숙희·정미경·조금주, 2007).

특히, 신인문주의 교육은 그리스의 고전문학에 대한 동경을 원동력으로 하면서 언어주의, 특히 라틴어 중심의 키케로주의로 전락했던 르네상스의 구인문주의에 반대하고 그리스어를 존중하며 그리스의 문학과 미술 등의 내용 속에서 참다운 인간상을 찾음으로써 근대인으로서의 인간성을 찾으려 하였다(김운삼, 2003). 또한, 계몽주의와 낭만주의가 각각 강조한 이성과 감성을 조화시킨 신인문주의 교육은 지와 덕을 조화롭게 갖춘 인간을 양성하기 위해 노력하였다(강갑원·박영진·안병환·이경희, 2006).

한편, 신인문주의 교육은 계발주의와 국가주의로 구분할 수 있다(<표 Ⅲ-14> 참조).

〈표 Ⅲ-14〉 신인문주의 교육의 비교

구분	특징
계발주의	• 인간성 회복, 인간능력의 조화로운 발달 강조 • 아동의 가소성, 잠재능력 중시 • 아동 능력의 자연적·점진적 발달할 수 있는 환경 • 개성과 개인차 인정, 개별화교육 추구 • 페스탈로치, 헤르바르트, 프뢰벨
국가주의	• 개인의 자아실현보다 국가 전체 발전 강조 • 민족의식 고취, 모국어와 역사 강조 • 의무교육제도 수립 및 공교육에 영향 • 콩도르세, 슐라이어마허, 오웬, 제퍼슨

자료: 김병희·김형구·배재학·이기용·이영애·정길영·최병옥(2008). 『교육학개론』. 공동체. 재구성.

신인문주의 교육의 대표적인 사상가로는 자연성의 원리, 방법의 원리, 직관의 원리, 조화적 발달의 원리, 사회의 원리 등을 강조한 페스탈로치(Pestalozzi), 과학적 교육학을 수립한 헤르바르트(Herbart), 통일의 원리, 자기 계발의 원리, 놀이 및 작업의 원리, 연속적 발달의 원리 등을 강조한 프뢰벨(Froebel) 등이 있다(조영일, 2003).

6) 현대 교육(20세기)

현대 교육은 과학적 실험주의에 의한 교육의 과학적 접근, 아동의 자유와 흥미, 욕구를 중시하는 아동 중심 교육, 교육의 사회화로 인한 생활중심 교육, 직업교육과 특수교육, 평생교육 및 조기교육의 발달, 개별화 수업과 교육과정의 자율적인 참여를 중시하고 있다

(김병희 · 김형구 · 배재학 · 이기용 · 이영애 · 정길영 · 최병옥, 2008).

특히, 현대 교육은 교육의 과학화 운동, 어린이 해방 운동, 교육의 사회화 운동 등으로 요약할 수 있다(이형행, 2007).

한편, 현대 교육의 대표적인 사상가로는 교육은 경험을 재구성해 가는 것으로 보는 듀이(Dewey), 아동을 무한한 잠재력을 가진 선한 존재로 보는 몬테소리(Montessori), 성선설을 기초로 실험학교인 'Summer hill'을 설립한 니일(Neil) 등이 있다.

교육의 역사적 기초 기출문제 풀이

1. 조선시대에 편찬된 <보기>의 교육용 도서 중 중국에서 전래된 「천자문」의 문제점을 비판하며 만들어진 한자 학습용 교재끼리 바르게 묶은 것은? <2008. 초등>

〈보기〉

　가. 유희춘의 「신증유합(新增類合)」
　나. 안정복의 「하학지남(下學指南)」
　다. 장혼의 「아희원람(兒戱原覽)」
　라. 정약용의 「아학편(兒學編)」

---

① 가, 나　　② 가, 라
③ 나, 다　　④ 다, 라

【해설】 안정복의 하학지남은 일상생활에서 지침이 되는 경구와 격언을 모은 소학 수준의 책이고, 아희원람은 일상생활의 내용을 담고 있는 책이다.
【정답】 ②

2. 육영공원(育英公院)에 대한 설명으로 잘못된 것은? <2008. 초등>

① 1886년에 설립된 관립 신식학교이다.
② 설립 초기에는 외교 교섭에 필요한 영어 어학연수가 주목적이었다.
③ 대부분의 입학생은 이전부터 외국어를 전공하였던 역관과 그 자제들이었다.
④ 미국인 교사를 초빙하여 영어와 함께 서양 신학문에 대한 교육을 실시하였다.

【해설】 육영공원은 동문학의 운영만으로 영어 해득자 양성이라는 국가적 필요를 충족할 수 없자, 미국과 외교교섭을 벌여 교사를 초빙하여 1886년에 설립하게 되었다. 육영공원의 학생들은 고급관리나 유명 양반가문의 자제들이었다.
【정답】 ③

3. <보기>에서 고대 그리스의 교육사상가에 관한 설명 중 옳은 것을 고르면? <2008. 초등>

〈보기〉

　가. 소피스트들은 법과 관습보다 시민 개개인의 권리를 더 중요시하였다.
　나. 소크라테스는 선의 실천이 선행되어야 선의 본질을 이해할 수 있다고 주장하였다.
　다. 크세노폰은 덕의 기초는 지식이 아니라 좋은 습관에 있다고 주장하였다.
　라. 플라톤은 사물의 실재는 개별적 존재 속에 구현되어 있는 이데아에서 찾아야 된다고 주장하였다.

---

① 가, 다   ② 가, 라
③ 나, 다   ④ 나, 라

【해설】 소크라테스는 덕을 닦고자 한다면 선이 무엇인가를 알아야 하고, 선이 무엇인가를 알면 선을
행할 수 있다고 하였다. 플라톤은 변화하는 감각적 사물들과는 독립적으로 존재하는 불변적
이고 영원한 실재가 존재한다고 믿었고, 이러한 실재는 우주 속에 현존하는 모든 사물들의
원인이자 동시에 그것들의 내용, 특히 인간의 삶에 가치와 의미를 제공한다고 보았다. 사물의
실재는 개별적 존재 속에 구현된 이데아에서 찾아야 된다는 것은 아리스토텔레스이다.

【정답】 ①

4. 서양 중세의 교육에 대한 설명으로 잘못된 것은? <2008. 초등>

① 5세기 무렵부터 공공학교들이 점차 사라지고 교회가 교육을 주도하게 되었다.
② 암흑기(Dark Ages)의 교육적 인간상은 교양을 갖춘 실무가가 아니라 학식을 갖춘 성직자였다.
③ 11~12세기경 대학의 출현으로 학문과 예술의 부흥이 이루어지기 시작하였다.
④ 이탈리아의 대학을 중심으로 전개된 실념론(Realism)과 유명론(Nominalism) 간의 논쟁은 스콜라철학
의 발전을 가져왔다.

【해설】 여러 대학의 기원은 대부분 스콜라 철학에 있었고, 이들 대학의 교육을 대표한 것도 스콜라
철학이었다. 실념론과 유명론의 논쟁은 보편의 존재성에 대한 스콜라 철학자들의 최대 논쟁
이었다.

【정답】 ④

5. 다음은 소크라테스(Socrates)에 관한 진술이다. 이것으로부터 추론할 수 있는 학습자에
대한 이해로 옳은 것은? <2008. 중등>

> ○ 일방적인 지식 전수 대신에 문답법을 사용했다.
> ○ "학습은 지식을 상기(想起)하는 것이다"라고 주장했다.

① 학습자는 신의 형상을 닮은 존재이다.
② 학습자는 탐구하는 능력을 지닌 존재이다.
③ 학습자의 내면은 창이 없는 소우주와 같다.
④ 학습자의 내면은 무엇이든지 다 쓸 수 있는 백지와 같다.

【해설】 소크라테스는 인간은 출생하면서 이미 가진 지식을 잊어버렸는데 이는 대화를 통한 교육에 의해
회복될 수 있다고 보고 인간의 지식을 회상케 하기 위한 교육방법으로 대화법을 제시하였다. 대
화법은 답을 제시하지 않고 질문을 통해 학생들이 스스로 지식을 끌어내도록 하는 방법이다.

【정답】②

6. 고대 아리스토텔레스(Aristoteles)의 교육론과 근대 로크(J. Locke)의 교육론에서 찾을 수 있는 공통점이 <u>아닌</u> 것은? <2008. 중등>

① 체육, 덕육, 지육의 통합적인 교육을 주장한다.
② 교육목적으로 관조적인 삶의 실현을 내세운다.
③ 인간은 정치적(사회적) 존재라는 것을 전제로 한다.
④ 학습뿐만 아니라 훈련과 습관의 중요성도 함께 강조한다.

【해설】 아리스토텔레스는 교육의 목적을 행복한 삶을 사는 것으로 보았다. 로크는 신사양성을 교육목적으로 삼았다. 관조적인 삶은 일상의 생산활동이나 일에서 물러나 여가나 한가를 필요로 한다.
【정답】②

7. 조선시대 성리학자 이황의 교육 사상을 설명한 것으로 옳지 <u>않은</u> 것은? <2008. 중등>

① '마음공부[거경(居敬)]'와 '이치탐구[궁리(窮理)]'를 최상의 공부 방법으로 간주하였다.
② '위인지학(爲人之學)'을 일삼는 세태를 개탄하면서 '위기지학(爲己之學)'을 강조하였다.
③ 이(理)는 형체도 없고 작용도 없지만, 기(氣)는 형체와 작용이 있기 때문에 '기가 우위에 선다'고 주장하였다.
④ 순전히 선(善)한 도심(道心)과는 달리 인심(人心)은 선과 불선(不善)이 공존하는 상태에 놓여 있기 때문에 '인욕을 경계하라'고 가르쳤다.

【해설】 이황은 주리론의 입장에서 이는 귀하고 기는 천하고, 사물의 근본인 이가 스스로 발현하는 힘을 가지고 있다고 보고 이가 우위에 선다고 주장하였다.
【정답】③

8. 다음은 일연의 『삼국유사』 중 화랑도에 관한 내용이다. 이 내용에 비추어 당시 신라 교육을 옳게 설명한 것은? <2008. 중등>

> ○(진흥왕은) 천성이 멋스러워 신선을 매우 숭상하여 민가의 낭자 중에서 아름답고 예쁜 자를 택하여 받들어 원화(原花)로 삼았다. 이것은 무리를 모아서 인물을 뽑고 그들에게 효도와 우애, 그리고 충성과 신의를 가르치려 함이었으니, 또한 나라를 다스리는 대요(大要)이기도 하였다.
> ○여러 해 뒤에 왕은 또 나라를 흥하게 하려면 반드시 풍월도(風月道)를 먼저 해야 한다고 생각하여 다시 명령을 내려 좋은 가문 출신의 남자로 덕행이 있는 자를 뽑아 (명칭을) 고쳐서 화랑(花郞)이라고 하였다. (…중략…) 이로부터 사람들로 하여금 악을 고쳐 선행을 하게 하고, 윗사

람을 공경하고 아랫사람에게 온순하게 하니, 오상(五常), 육예(六藝), 삼사(三師), 육정(六正)이 왕의 시대에 널리 행해졌다.

① 진흥왕은 효제충신(孝悌忠信)의 덕목을 중시하였다.
② 육예(六藝)는 유교 오경(五經)과 논어(論語)를 의미한다.
③ 원화(原花)와 화랑(花郎)은 덕행 있는 남자 중에서 선발하였다.
④ 진흥왕 때 선발된 화랑(花郎)은 국학(國學)에서 교육받았다.

【해설】 육예는 예의(예), 음악(악), 활쏘기(사), 수레몰기(어), 글쓰기(서), 수학(수)을 익히는 것을 말하며, 원화는 덕행 있는 여자 중에서 선발하였고, 화랑은 국학에서 교육한 것이 아니라, 단체생활을 통해 이루어진 것으로 무형식적에서 제도적 교육으로 넘어가는 과도기적 교육의 성격을 지녔다.

【정답】 ①

9. <보기>에 제시된 교육가와 저서에 관해 바르게 설명한 것을 모두 고른 것은? <2008. 중등>

〈보기〉

ㄱ. 유형원은 『반계수록(磻溪隨錄)』에서 과거제를 폐지하고 학교교육을 통하여 능력 있는 인물을 관리로 등용할 것을 주장하였다.
ㄴ. 이탈리아의 몬테소리(M. Montessori)는 정신지체아에 대한 연구와 실천을 계속하면서 정상 아동의 교육에 대해 관심을 갖게 되었다.
ㄷ. 그림이 들어 있는 교재로, 코메니우스(J. A. Comenius)의 『세계도회(世界圖會)』는 권근의 『입학도설(入學圖說)』보다 먼저 발간되었다.

---

① ㄱ, ㄴ   ② ㄱ, ㄷ
③ ㄴ, ㄷ   ④ ㄱ, ㄴ, ㄷ

【해설】 권근의 입학도설이 코메니우스의 세계도회보다 빨리 발간되었으며, 시청각교재의 효시라고 할 수 있다.

【정답】 ①

10. 다음 내용이 가리키는 학교는? <2008. 중등>

○ 인간을 수치로 평가하는 것을 거부한다.
○ 외국어를 1학년 입학할 때부터 가르친다.
○ 모든 학생이 학년 유급 없이 진급하며, 졸업 때까지 동일 교사가 담임을 맡는 것을 원칙으로 한다.
○ 주요 과목은 과목별로 한 과목씩 매일 두 시간 정도 3~5주간 수업하고, 그 후 다른 과목을 같은 방식으로 배우는 에포크(Epoch) 수업방식을 활용한다.

① 니일(A. S. Neill)의 섬머힐 학교
② 듀이(J. Dewey)의 시카고대학 실험학교
③ 프레네(C. Freinet)의 에콜 레옹그리모
④ 슈타이너(R. Steiner)의 발도르프 학교

【해설】 슈타이너의 발도르프 학교는 남녀합반을 원칙으로 하고, 교육연한은 12년이다. 모든 교육과 정과 수업방법은 학생들의 발달단계에 알맞게 이루어지고, 성적표가 없으며, 두 개의 외국어를 정규과목으로 가르친다. 교육의 기본원리는 사랑이고, 전인교육을 추구하며, 교육한다는 것을 창조적인 예술활동에 비유한다.
【정답】 ④

11. 갑오개혁기에 나타난 교육계의 변화로 옳은 것은? <2009. 초등>

① 실용 교육을 제창하는 교육조서가 반포되었다.
② 관료를 선발하는 과거제도에 서양의 근대적인 과목이 도입되었다.
③ 한성사범학교를 통하여 관립소학교 및 중학교 교원이 양성되었다.
④ 학무국을 중심으로 근대적인 교육법령이 수립되기 시작하였다.
⑤ 소학교, 중학교, 전문학교, 대학교로 이루어진 새로운 학제가 마련되었다.

【해설】 갑오개혁의 영향으로 고종은 교육입국조서를 발표하였고 과거제도는 폐지하는 대신 각 대신들에게 관리 임용권이 부여되었다. 한성사범학교는 소학교의 교원 양성교육을 실시하였고, 학무국은 미군정기에 세워졌으며, 대학교는 설립되지 못하였다.
【정답】 ①

12. 조선 후기 교육개혁론자인 유형원의 주장에 해당되는 것은? <2009. 초등>

① 우수한 인재가 모여 있는 한성과 경상도부터 개혁해야 한다.
② 주자학은 공리공론이므로 실용적인 교육내용으로 대체해야 한다.
③ 과거제도가 문제는 많지만 점진적으로 개선하여 부작용을 최소화해야 한다.
④ 능력만 갖추면 반상을 불문하고 관직으로 진출할 수 있게 해야 한다.
⑤ 학교교육을 확대하기 위해서 관학과 사학을 고루 지원해야 한다.

【해설】유형원은 각 지방에 대한 공정한 대우와 인구비례에 의한 인재선발을 강조하였고, 사상적 기
저는 유학사상에 바탕을 두었고, 과거제도를 폐지하고 새로운 인재등용법인 공거제를 실시하
였다. 또한 기존의 교육제도를 국가의 공교육 체제 속에서 계열화하고자 하였다. 학교교육을
통해 능력 있는 사람을 관리로 등용할 것을 주장하였다.

【정답】④

13. 고려의 동서학당과 조선의 사부학당에 관한 진술로 옳은 것은? <2009. 초등>

① 동서학당은 국자감 창설과 동시에 설립된다.
② 동서학당은 각촉부시로 유명하였다.
③ 사부학당은 개화기에 배재학당으로 전환되었다.
④ 사부학당은 동학, 서학, 남학, 북학을 지칭하였다.
⑤ 사부학당은 성균관의 관할하에 운영되었다.

【해설】국자감은 동서학당보다 270여 년 먼저 일찍 설립되었고, 각촉부시는 사학12도 중 최충헌의
공도에서 사용된 교육방법이다. 사부학당은 동, 서, 남, 중학을 지칭하였고, 구한말에 관학이
부진함에 따라 신교육기관이 설립되면서 자연스럽게 소멸되었다.

【정답】⑤

14. 다음은 어느 교육학자와 한 가상 인터뷰의 일부이다. 이 내용과 가장 관계가 깊은 학
자는? <2009. 중등>

> 저는 지난 20년 남짓 동안 교육은 합리적 마음을 계발하기 위해 학생을 '지식의 형식(forms of
> knowledge)'에 입문시키는 일이라고 생각하여 왔습니다. 그러나 저는 이론적 지식이 훌륭한 삶을
> 결정하는 유일한 논리적 토대라고 보는 중대한 오류를 범하였습니다. 지금 저의 입장은 교육이
> '지식의 형식'에의 입문이라기보다는 '사회적 실제(social practices)'에의 입문이어야 한다는 것입니
> 다. 저의 변화된 교육 개념은 좀 더 체계적으로 가다듬어야 할 필요가 있고, 종전 견해와의 관련
> 성에 대해서도 더 논의가 필요합니다. 그럼에도 불구하고, 저는 교육이 근본적인 면에서 '사회적
> 실제'에 학생을 입문시키는 일이어야 한다는 주장에는 주저함이 없습니다.

① 듀이(J. Dewey)
② 피터스(R. S. Peters)
③ 허스트(P. H. Hirst)
④ 화이트(J. P. White)
⑤ 오크쇼트(M. Oakeshott)

【해설】피터스는 교육을 지식의 형식에의 입문이라고 보고, 지적 안목을 길러야 된다고 주장하였으

나, 허스트는 교육을 사회적 실제에의 입문이라고 보았다.

【정답】④

15. 서양의 자유교육(liberal education) 전통에 관한 설명으로 옳은 것을 <보기>에서 모두 고른 것은? <2009. 중등>

> ㄱ. 자유교육은 이론적 지식보다는 실제적 지식을 추구한다.
> ㄴ. 현대의 자유교육론은 마음과 지식의 논리적 관계에 토대를 두고 있다.
> ㄷ. 영국의 서머힐 학교는 자유교육의 이상을 실현할 목적으로 설립되었다.
> ㄹ. 고대 로마나 중세 유럽의 자유교육은 7자유학과를 가르치는 프로그램으로서의 자유교육을 강조하는 경향이 있었다.
> ㅁ. 자유교육의 출발점은 이소크라테스의 사상에서 찾기도 하나, 아리스토텔레스의 사상에서 비롯되었다고 보는 것이 일반적이다.

① ㄱ, ㄷ   ② ㄱ, ㄴ, ㄹ   ③ ㄴ, ㄷ, ㅁ
④ ㄴ, ㄹ, ㅁ   ⑤ ㄱ, ㄷ, ㄹ, ㅁ

【해설】 서양의 자유교육의 전통은 그리스에서부터 시작하였다. 자유교육의 목적은 자유인으로 실재의 세계를 이해하고, 스스로 옳게 판단할 수 있는 지적 능력이나 합리적 사고능력을 발달시키는 것이다. 따라서 자유교육은 실제적 지식보다 이론적인 지식을 추구한다. 영국의 서머힐 학교는 자유교육의 이상을 실현하기보다 학생들의 자율을 중시하는 학교이다.

【정답】④

16. 19세기 중반 이후 한국 근대교육의 형성기에 등장한 여러 신식학교에 관한 설명으로 옳지 <u>않은</u> 것은? <2009. 중등>

① 조선 정부에서 설립한 것으로는 동문학과 육영공원이 있다.
② 원산학사는 개항장인 함경남도 원산의 일본인 거류지에 일본 상인들이 주도하여 설립하였다.
③ 장로교 선교사들이 설립한 것으로는 제중원 부설 의학교, 언더우드학당, 그리고 정동여학당이 있다.
④ 배재학당과 이화학당은 감리교 선교사인 아펜젤러와 스크랜튼이 각각 설립하였다.
⑤ 천주교에서는 충청북도 제천에 배론신학교(성요셉신학당)를 설립하여 철학, 라틴어를 중심으로 다양한 서양 학문과 문물을 함께 교육하였다.

【해설】 원산학사는 함경남도 원산의 지방민들이 새로운 정세의 변화에 대응하기 위해 자발적으로 세운 우리나라 교육사상 최초의 근대적 학교이다. 새로운 세대에게 신지식을 교육하여 인재를 양성함으로써 외국의 도전에 근본적으로 대응하자는 의미에서 설립되었다. 갑신정변의 실패 후 무예반이 없어지고 문예반만 계속 유지되어 오다가 갑오개혁 후 공립학교로 바뀌게 되었음.

【정답】②

17. 다음은 공부의 본질을 논한 송대 신유학자의 글이다. 밑줄 친 ㉠, ㉡과 관련된 설명으로 옳지 <u>않은</u> 것은? <2009. 중등>

> 공부라고 하는 것은 사람들로 하여금 내면의 완성을 추구하도록 하는 것이다. 내면의 완성을 추구하지 않고 외적 성공만을 좇는 것은 성인(聖人)이 되기 위한 공부가 아니다. 무엇을 일러 내면의 완성을 추구하지 않고, 외적 성공만을 좇는 것이라고 하는가? ㉠ <u>문장을 위주로 공부하는 것이 그것이다.</u> 공부라고 하는 것은 사람들로 하여금 근본을 추구하도록 하는 것이다. 근본을 추구하지 않고 말단만 좇는 것은 성인이 되기 위한 공부가 아니다. 무엇을 일러 근본을 추구하지 않고 말단만 좇는다고 하는가? ㉡ <u>상략(詳略)과 동이(同異)만을 따지는 것이 그것이다.</u> 이 두 가지는 일신에 도움이 되는 것이 없으므로, 군자는 이러한 공부를 하지 않는다.
>
> ―『이정전서(二程全書)』「유서(遺書)」 중―

① ㉠과 ㉡은 중국의 한, 당 시기 유학의 학풍을 가리킨다.
② ㉠에서 지적하는 공부는 사장학(詞章學)이라 불리며, 시부(詩賦) 중심의 과거 공부가 그 대표적 예이다.
③ ㉡과 같은 학문적 경향은 훈고학(訓詁學)이라 불리며, 신유학자들에게서 경전의 의리(義理)에 관한 철학적 논의가 부족하다는 비판을 받았다.
④ 고려 말 신유학 도입 이전까지의 한국 전통사회의 학교교육은 ㉠과 ㉡에 나타난 학풍의 영향하에 있었으나, 신유학 도입을 계기로 점차 새로운 학풍으로 전환해 나갔다.
⑤ ㉠, ㉡과 같은 공부 풍토를 비판하면서, 성인이 될 것을 기약하며 내면의 완성을 추구하고 근본에 힘쓰는 신유학의 새로운 공부 풍토를 가리켜 경세지학(經世之學)이라 부른다.

【해설】 성인이 될 것을 기약하며 내면의 완성을 추구하고 근본에 힘쓰는 신유학의 새로운 공부풍토는 의리지학이며, 경세지학은 나라를 바르게 다스리는 것을 의미한다.
【정답】⑤

18. 다음은 조선시대에 편찬된 어느 초학 교재의 서문 중 일부이다. 이 초학 교재는? <2009. 중등>

> 무릇 이 책은 우리나라 학자가 지은 것이다. 앞에는 오륜을 총론으로 놓고, 다시 부자, 군신, 부부, 장유, 붕우를 열거하였다. 그리고 태극이 처음 열린 때로부터 삼황, 오제, 하, 은, 주, 한, 당, 송을 거쳐 황조에 이르기까지 역대의 세계를 모두 자세히 기록하고, 우리나라에 대해서는 단군을 시작으로 삼국을 거쳐 우리 왕조에 이르기까지 모두 실었다. 글은 비록 간략하지만 기록한 내용은 넓고, 책은 비록 작으나 포괄한 것은 크다. 더구나 요순의 도는 효제일 뿐임에랴. 순임금이 설에게 명하시며 오품을 중시하였으니, 이 책에서 오륜을 맨 앞에 놓은 것은 그 뜻이 굉장하다.

① 동몽선습(童蒙先習)　　② 동사강목(東史綱目)　　③ 격몽요결(擊蒙要訣)
④ 해동소학(海東小學)　　⑤ 오륜행실도(五倫行實圖)

【해설】 보기는 동몽선습의 일부이다. 동몽선습은 천자문 다음에 가르쳤던 어린이들의 한문교재로 조
선 중조에 박세무가 저술하였다. 경부에서는 오륜의 뜻을 간결하게 서술하고, 사부에서는 우
리나라 역사와 중국의 역사로 나누어 사실과 사론을 전개하였다.

【정답】 ①

19. 다음 『고려사(高麗史)』의 발췌문에 나타난 교육기관과 그것에 대한 진술로 옳은 것은?
　　<2010. 초등>

> 그가 후진(後進)을 불러 모아 가르치기를 게을리하지 않으니, 생도들이 몰려들어 길거리를 가득
> 메웠다. 이에 구재(九齋)로 나누어 악성(樂聖), 대중(大中), 성명(誠明), 경업(敬業), 조도(造道), 솔성
> (率性), 진덕(進德), 대화(大和), 대빙(待聘)이라고 하였다. (…중략…) 무릇 과거(科擧)에 응시하는
> 자제는 반드시 먼저 여기에 소속해서 공부했다.

① 문헌공도(文憲公徒) - 생도들에게 구경삼사(九經三史)를 가르쳤다.
② 문헌공도(文憲公徒) - 국자감의 박사(博士)들이 교육을 담당하였다.
③ 광헌공도(匡憲公徒) - 주자(朱子)가 저술한 사서집주(四書集註)를 주로 가르쳤다.
④ 광헌공도(匡憲公徒) - 문묘(文廟)인 대성전(大成殿)을 갖추고 봄과 가을에 제사를 지냈다.
⑤ 동서학당(東西學堂) - 민간 교육시설로 미혼의 평민 자제에게 유학(儒學)을 가르쳤다.

【해설】 문하시중에서 퇴임한 최충이 사숙을 개설하자 많은 학생들이 몰려들어 9재로 나누었는데 이
를 9재학당, 시중 최공도 또는 문헌공도라고 불렀다. 9재는 유학 경전을 단위로 하여 구성한
것으로 그 이름을 악성재, 대중재, 성명재, 경업재, 조도재, 솔성재, 진덕재, 대화재, 대빙재라
했다. 문헌공도는 국자감과 같은 구경(주역, 상서, 모시, 의례, 주례, 예기, 춘추좌씨전, 춘추공
양, 춘추곡양전과 삼사(사기, 한서, 후한서) 및 제술 등을 주로 교육하였다.

【정답】 ①

20. 다음 진술에 공통으로 해당되는 것은? <2010. 초등>

> · 권근(權近)은 「권학사목(勸學事目)」에서 인륜(人倫)과 세도(世道)에 중요한 책이라 하면서 경외
> 생도(京外生徒)들은 이 책을 먼저 공부한 후에 다른 책을 공부해야 한다고 강조하였다.
> · 이 책은 일상생활에서 지켜야 할 유교적 행위 규범들을 주로 포함하고 있으며, 세부 편명은 입
> 교(立教), 명륜(明倫), 경신(敬身), 계고(稽古), 선행(善行) 등이다.
> · 이이(李珥)는 「학교모범(學校模範)」에서 다른 유학경전에 앞서 이 책으로 근본을 배양해야 한
> 다고 하였다.

① 가례(家禮) ② 소학(小學) ③ 격몽요결(擊蒙要訣)
④ 입학도설(入學圖說) ⑤ 오륜행실도(五倫行實圖)

【해설】 소학은 고려 말 성리학의 도입과 함께 전래되어 조선 초기에 이르러 성리학의 입문서로 확고한 위치를 갖게 되었다. 이이의 학교모범에서는 소학원강의 원칙을 제시하여 소학을 다른 경전에 앞서 읽을 것을 주장하였다.

【정답】 ②

21. 다음은 퇴계 이황(李滉)이 풍기군수로 재직 시 경상도 관찰사에게 보낸 글의 일부를 번역한 것이다. ⑦와 ⑨에 들어가야 할 것은 무엇인가? <2010. 초등>

> 제가 현재 국학(國學: 성균관)을 살펴보니, 진실로 어진 선비들의 관문(關門)입니다. 그러나 지방 군·현(郡·縣)에 설치되어 있는 교육기관의 경우는 한낱 허울에 불과합니다. 그 교육이 크게 무너져 선비들이 [⑦] 에 머물며 공부하는 것을 수치로 여기니, 시들고 피폐함이 매우 심합니다. 어떤 방법으로도 고칠 수 없으니 한심하다 하겠습니다. 오직 [⑨] 에서의 교육이 지금부터 활발하게 일어난다면 아마도 학정(學政)의 부족한 부분을 채울 수 있고, 배우는 사람들이 돌아와 의탁할 곳이 있게 될 것입니다.
>
> 『퇴계선생문집(退溪先生文集)』

	⑦	⑨
①	사학(四學)	도회(都會)
②	서원(書院)	사학(四學)
③	영학(嶺學)	도회(都會)
④	영학(嶺學)	향교(鄉校)
⑤	향교(鄉校)	서원(書院)

【해설】 퇴계 이황 선생은 '퇴계선생문집'에서 향교에서의 교육을 비판하고 서원에서의 교육을 권장하였다.

【정답】 ⑤

22. 갑오개혁기에 시행된 교육개혁에 관한 진술로 옳은 것을 <보기>에서 모두 고르면?
    <2010. 초등>

〈보기〉

ㄱ. 외국어교육을 위해 「외국어학교관제」를 제정하였다.
ㄴ. 교육양성기관인 한성사범학교(漢城師範學校)를 설치하였다.
ㄷ. 관립의 고등교육기관이 설립되어 성균관(成均館)은 폐지되었다.
ㄹ. 「서당규칙(書堂規則)」을 제정하여 서당(書堂)을 소학교로 인가하였다.
ㅁ. 초등단계교육 실시를 위해 「소학교령」과 「소학교규칙대강」을 제정하였다.

① ㄱ, ㄷ　　　② ㄴ, ㄷ　　　③ ㄱ, ㄴ, ㅁ
④ ㄱ, ㄷ, ㄹ　　⑤ ㄴ, ㄹ, ㅁ

【해설】 성균관제 및 성균관경학과규칙을 발표하여, 성균관 교육의 전통을 이으면서도 근대적인 교과
　　　　교육을 도입하려는 노력을 보여 주었다. 그러나 경학원규정에 의해 폐지되었다. 서당규칙은
　　　　사립학교와 함께 민중의 민족의식과 애국심을 고취시키는 데 중요한 역할을 하고 있던 서당
　　　　을 탄압하기 위해 일제가 공포한 것으로 이로 인해 서당의 수는 급격히 감소하게 되었다.
【정답】 ③

23. 덕성교육에 대한 다음과 같은 아리스토텔레스(Aristoteles)의 진술이 성립되기 위해서
　　㈎와 ㈏에 들어가야 할 것은? <2010. 초등>

・인간이 선량하고 도덕적으로 되는 데에는 세 가지의 조건이 있는데, 그것은 ㈎ 과 ㈏
　그리고 이성이다(『정치학』, 1332a).
・ ㈎ 은 ㈏ 을 통하여 통제되거나 소용없게 되며 보다 좋거나 보다 나쁜 성향들로 바뀌게
　된다(『정치학』, 1332a-b).
・이성은 모든 경우에 힘을 발휘하는 것이 아니라, 듣는 사람들의 영혼을 ㈏ 을 통해서 고귀하게
　기뻐하고 미워하는 것으로, 미리 준비되어 있어야 힘을 발휘한다(『니코마코스 윤리학』, 1179b).
・성품적인 덕은 ㈎ 에서 저절로 생겨나는 것이 아니며, ㈎ 에 반하여 생겨나는 것도 아니
　다. 우리는 성품적인 덕을 받아들일 수 있는 가능성을 갖추었을 뿐이며, ㈏ 을 통해 성품적
　인 덕을 형성하게 된다(『니코마코스 윤리학』, 1179a).

　　㈎　　　㈏
① 습관　　감성
② 감성　　본성
③ 습관　　직관
④ 직관　　본성
⑤ 본성　　습관

【해설】본성은 선천적 소질을 말하고, 습관은 후천적인 훈련의 결과를 말하며, 이성은 진리를 받아들일 수 있는 능력을 말한다. 아리스토텔레스는 신체적, 정신적인 면의 바탕이 되는 본성은 양육을 통해 발달하고, 덕은 습관이나 훈련을 통해 형성되며, 정신적 통찰력을 바탕으로 한 수업을 통해 지식을 획득한다고 한다.

【정답】⑤

24. 페스탈로찌(J. H. Pestalozzi)가 말하는 합자연(合自然) 교육의 방법적 원리와 그에 대한 설명을 가장 적절하게 짝지은 것은? <2010. 초등>

① 자발성의 원리 – 자발성은 외부적 자극에 의해 촉발되므로, 외부로부터의 주입과 주형이 교육의 근간이 되어야 한다.
② 도덕성 중시의 원리 – 교육은 손(기능), 가슴(심정), 머리(지력)의 조화로운 발달을 도모하지만, 그 중심은 가슴이 되어야 한다.
③ 안방(거실) 교육의 원리 – 교육의 목적은 사회적 인간을 육성하는 것이기 때문에, 안방교육은 공공교육기관의 원리를 따라야 한다.
④ 일반도야의 원리 – 인간적인 실존의 바탕은 직업이기 때문에, 직업교육이 전인교육에 앞서야 하며 전인교육은 직업교육에 종속되어야 한다.
⑤ 직관의 원리 – 직관은 감각이 아니라 마음의 눈을 통해서 세계의 본질을 직접 파악하는 것이기 때문에, 감각 중심의 교육을 지양해야 한다.

【해설】자발성은 감각적 직관을 통해 지식을 얻는 것은 자발적인 것이므로 어린이에게 쉽고 재미있게 느껴진다는 원리이다. 안방교육의 원리는 가정교육의 중요성을 나타내며, 일반도야의 원리는 어린이의 자립적인 삶을 위해 직업교육이 필요하며 직업교육은 인간교육의 목적하에 이뤄진다는 원리이다. 직관의 원리는 지적인 힘을 도야하기 위해 직관을 중시해야 한다는 것이다.

【정답】②

25. 김 교사는 헤르바르트(J. Herbart)의 '교수 단계론'을 현대적 관점에서 해석하여 자신의 국어 수업에 적용해 보았다. <보기>에 기술된 김 교사의 교수행위를 헤르바르트의 '교수 단계론'에 따라 순서대로 배열한 것은? <2010. 중등>

〈보기〉

ㄱ. '시(詩)의 구조'를 학생들이 이미 배운 시에 관한 지식과 관련지어 설명하였다.
ㄴ. 이번 시간에 배운 '시의 구조' 개념을 새로운 시에 적용하여 해석할 수 있도록 설명하였다.
ㄷ. '시의 구조' 개념과 관련된 내용 요소를 세분하여 학생들에게 명료하게 설명하였다.
ㄹ. '시의 구조'를 구성하고 있는 지식들 사이에 체계적인 질서가 있음을 설명하였다.

---

① ㄱ-ㄴ-ㄷ-ㄹ ② ㄱ-ㄷ-ㄹ-ㄴ ③ ㄴ-ㄱ-ㄷ-ㄹ
④ ㄷ-ㄱ-ㄹ-ㄴ ⑤ ㄷ-ㄴ-ㄱ-ㄹ

【해설】 헤르바르트의 교수단계는 다음과 같다. 명료함(정적인 전심)은 교사가 가르치려는 주제를 명료하게 제시하고, 연합(동적인 전심)에서는 학습자가 배운 내용을 다양한 형태로 결합시키거나 자신의 방식에 따라 동화할 수 있게 해 주어야 하고, 계통(정적인 치사)에서는 새로 배운 내용을 관계있는 기존의 지식체계에 적절하게 자리 잡도록 하고, 방법(동적인 치사)에서 새롭게 배운 주제를 올바로 배웠는지 확인하기 위해 연습하는 과정으로 나뉜다. ㄱ은 연합, ㄴ은 방법, ㄷ은 명료함, ㄹ은 계통의 단계이다.

【정답】 ④

---

26. 중세 서양 대학에 대한 기술로서 옳지 <u>않은</u> 것은? <2010. 중등>

① 대학의 기능과 역할은 일차적으로 교육보다 연구에 있었다.
② 대학의 기원과 도시 자치권의 확대 사이에 긴밀한 관련이 있었다.
③ 중세 초기 대학의 설립과 운영에 있어서 교회의 발언권이 강했다.
④ 유니버시티(university)라는 말은 본래 선생과 학생의 조합을 뜻했다.
⑤ 이탈리아와 남부 프랑스의 대학들은 볼로냐(Bologna) 대학을 모범으로 삼았다.

【해설】 대학은 특정제도나 공간을 의미하기보다는 개별 교수가 배우려는 학생을 가르치는 내용을 중심으로 교육한 것을 의미한다. 유럽의 모든 학생들에게 개방된 학문의 장소로 널리 인식되어 연구보다 교육에 관한 역할과 기능이 크다.

【정답】 ①

---

27. 삼국시대에서 고려시대까지의 교육에 대한 서술로서 옳은 것을 <보기>에서 모두 고른 것은? <2010. 중등>

〈보기〉

ㄱ. 고구려에는 평민도 교육받을 수 있는 교육기관이 존재했다.
ㄴ. 백제는 박사 파견 등을 통해 고대 일본의 학문과 교육 발전에 영향을 미쳤다.
ㄷ. 신라의 화랑도 교육에는 고유의 사상 및 종교의 요소가 있었다.
ㄹ. 고려의 학교교육은 불교사상을 근간으로 전개되었다.

---

① ㄱ, ㄷ   ② ㄴ, ㄹ   ③ ㄱ, ㄴ, ㄷ
④ ㄱ, ㄷ, ㄹ   ⑤ ㄴ, ㄷ, ㄹ

【해설】 고려사회의 문화적 정신적 기반은 불교와 유교였다. 불교는 민중들에 의해 널리 신봉되어 민간사상을 지배했고, 유교는 학교교육에 의해 교육사상으로 나타났다.

【정답】 ③

28. 주자학(朱子學)에서 제시하는 바람직한 공부의 모습과 거리가 먼 것은? <2010. 중등>

① 위기지학(爲己之學)을 통한 참된 본성의 실현을 지향한다.
② 공부의 전(全) 과정에서 경(敬)의 자세가 근간이 된다.
③ 소학(小學)에서 대학(大學)으로 이어지는 단계를 밟는다.
④ 지(知)와 행(行)이 서로를 밝히고[相發] 함께 진전한다[竝進].
⑤ 독서 공부는 순서상 역사서를 두루 읽은 후 사서(四書)로 나아간다.

【해설】 주자는 소학과 대학의 두 단계로 구분하고 훈고주석과 같이 육경의 문자해석에만 치우쳐 실
천면이 소홀한 폐단을 타파하기 위해 사서를 권장하였는데 그 읽는 순서에도 유념하여 대학,
논어, 맹자, 중용의 순서로 해야 한다고 하였다. 독서공부는 사서를 읽은 후에 역사서를 읽을
수 있도록 하였다.
【정답】 ⑤

29. 다음은 조선 중기 학교교육의 위기와 그 극복의 노력에 관한 이황(李滉)의 견해이다.
(가)와 (나)에 들어갈 명칭을 바르게 짝지은 것은? <2010. 중등>

일찍이 듣기로, 사람에게는 도(道)가 있지만 가르침이 없으면 금수에 가깝게 된다. 성인(聖人)이
이를 염려하여 사람의 도리[人倫]를 가르쳤으니 삼대(三代)의 학교는 모두 사람의 도리를 밝히고
자 한 것이다. 후세에 이르러 성왕(聖王)이 일어나지 않고 옛 도가 무너짐에 따라, 문사(文詞)와
과거(科擧), 이록(利祿)의 풍습이 사람의 마음을 어지럽혀 광란으로 치달아 돌아오지 못하게 하였
다. 이에 안으로는 국학(國學)이, 밖으로는 [(가)]이/가 모두 어두워 가르침을 알 수 없고 막연하
여 배움을 일삼지 못하게 되었다. 이것이, 뜻있는 선비들이 발분(發憤)하고 개탄하며 한 짐의 책
을 짊어지고 깊은 산중에 들어가 서로 들은 바를 강론하여 도를 밝히며 자신을 이루고 남도 이루
어 주게 된 까닭이니, 후세에 [(나)]이/가 만들어진 것은 그 상황의 형세가 그렇지 않을 수 없었
던 것이다. 그 일의 가상함이 어떠한가?

－…퇴계전서(退溪全書)… 42권 <기(記)> 중－

	(가)	(나)
①	사학(四學)	향교(鄕校)
②	사학(四學)	서원(書院)
③	향교(鄕校)	서원(書院)
④	사학(四學)	서당(書堂)
⑤	향교(鄕校)	서당(書堂)

【해설】 퇴계 이황선생은 '퇴계선생문집'에서 향교에서의 교육을 비판하고 서원에서의 교육을 권장
하였다.
【정답】 ③

30. 고려시대 전문기술 분야의 교육 및 선발 제도에 관한 설명으로 옳은 것을 <보기>에서 모두 고르면? <2011. 초등>

ㄱ. 율, 서, 산학은 성종 11년(992) 국자감 설립 당시부터 국자감에 속해 있었다.
ㄴ. 의학, 천문, 지리학 등은 태의감, 태사국과 같은 실무관서에서 운영하였다.
ㄷ. 광종 9년(958) 과거 시행 첫해부터 문관 선발 시험과 함께 의(醫), 복(卜) 등 전문기술관 선발 시험도 시행되었다.
ㄹ. 전문기술관 선발 시험으로는 명법업, 명산업, 명서업, 의업, 지리업 등이 있었다.

① ㄱ, ㄴ   ② ㄱ, ㄹ   ③ ㄴ, ㄷ
④ ㄴ, ㄷ, ㄹ   ⑤ ㄱ, ㄴ, ㄷ, ㄹ

【해설】 율, 서, 산학의 잡학부(기술부)는 인종 때 추가되어 그 이후에 6학이 갖추어졌다.
【정답】 ④

31. 다음과 같은 방식으로 운영된 조선시대의 교육 제도는? <2011. 초등>

서울에서는 매년 6월 사학(四學)에서 각 20명의 유생을 뽑아 남학에 모아 놓고 경서를 강론하거나 문장을 제술하도록 하여 그중 우수한 성적을 거둔 유생 10명을 생원, 진사 시험의 복시에 바로 나갈 수 있게 하였다. 지방에서는 각 도의 관찰사가 매년 6월 도내 향교(鄕校)의 유생 중 우수한 자들을 적당 수 선발하여 모아 놓고 강경이나 제술로 시험하여 그중 우수한 성적을 거둔 자(경상, 전라, 충청도는 5명, 그 외는 3명)를 생원, 진사 시험의 복시에 바로 나갈 수 있게 하였다.

① 도회(都會)   ② 순제(旬製)   ③ 원점(圓點)
④ 월강(月講)   ⑤ 재회(齋會)

【해설】 도회는 서울의 사학과 지방 향교의 유생들에게 매년 6월에 초시 대신 실시한 시험으로 도회에서 우수한 성적을 거둔 자에게 복시에 응시할 수 있는 자격을 주었다. 순제와 월강의 성균관에서 학습 평가의 한 방법이고, 원점은 성균관 유생의 출결석제도이고, 재회는 학생자치회를 말한다.
【정답】 ①

32. 다음은 조선 후기에 편찬된 두 교육용 도서의 저자 서문 중 일부이다. (가)와 (나)에
    들어갈 말로 바르게 짝지은 것은? <2011. 초등>

안정복(1712~1791): 후세의 학자들은 (가)를 비천하다고 생각하여 탐탁히 여기지 않고 항상 천인
성명(天人性命)과 이기사칠(理氣四七)의 말에만 매달리지만, 가만히 그 행실을 따져 보면 칭찬할
만한 것이 없으면서도 상달(上達)을 모르는 것만을 부끄럽게 여긴다. 그리하여 종신토록 학문을
해도 덕성(德性)은 끝내 이루어지지 않고 재기(才器)도 끝내 성취하지 못한 채 여전히 학문을 하
지 않은 사람의 모양을 하고 있으니, 이는 (가)의 공부를 몰라서 그런 것이다.
이덕무(1741~1793): 사람들은 항상 (나)에 얽매이지 말라고 하지만, 나는 일찍이 그 말이 경전에
위배되는 것이라 생각하였다. 『서경』에 이르기를, "세세한 행실을 삼가지 않으면 마침내 큰 덕
(德)을 더럽힌다"라고 하였으니, 여기의 세세한 행실이 바로 (나)이다.

    　　　(가)　　　　(나)
① 하학(下學)　　곡례(曲禮)
② 하학(下學)　　소절(小節)
③ 소학(小學)　　곡례(曲禮)
④ 소학(小學)　　소절(小節)
⑤ 실학(實學)　　인정(人情)

【해설】 안정복은 일상생활에 지침이 되는 경구와 격언을 모아 소학수준의 '하학지남'을 지었고, 이덕
　　　 무는 후진 선비들을 위해 만든 수양서인 사소절을 편찬하였다. 사소절은 수신, 제가에 관한
　　　 교훈 등을 예를 들어가면서 시속에 적절하게 설명한 것이다.
【정답】 ②

33. 한국 근대 시기의 초등교육에 관한 설명으로 잘못된 것은? <2011. 초등>

① 한성사범학교관제(1895년)의 공포, 시행으로 근대적 초등교원양성 교육이 시작되었다.
② 소학교령(1895년)에 의하여 심상, 고등 두 과를 둘 수 있는 관, 공, 사립의 소학교가 설립되어 나갔다.
③ 통감부 치하에서 제정된 보통학교령(1906년)에 의하여 기존의 소학교가 보통학교로 명칭이 바뀌고
　 수업연한이 4년에서 5~6년으로 연장되었다.
④ 제1차(1911년), 제2차(1922년) 조선교육령 시기에는 조선인 자녀들이 다니는 보통학교와 조선에 거
　 주하는 일본인 자녀들을 위한 소학교가 별도로 존재하였다.
⑤ 제3차 조선교육령(1938년)에 의하여 기존의 보통학교가 일본과 동일한 소학교로 명칭이 바뀌었지
　 만, 이후 학교에서 조선어의 사용과 교육이 금지되는 등 황국 신민화 교육이 더욱 강화되었다.

【해설】 통감부는 소학교령을 폐지하고, 보통학교령을 공포하여 기존의 소학교를 보통학교라 개칭하
　　　 였고, 수업연한을 6년에서 4년으로 단축하였다.
【정답】 ③

34. 르네상스 시기의 인문주의 교육에 관한 설명으로 옳은 것을 <보기>에서 고르면?
    <2011. 초등>

〈보기〉

ㄱ. 과학혁명의 성과가 반영되어 과학이 가장 중요한 교과가 되었다.

ㄴ. 자유교육을 통하여 완전한 인간과 선량한 시민을 길러 내고자 하였다.

ㄷ. 키케로의 문체를 작문의 유일한 표본으로 삼은 사람들은 언어적 형식주의에 빠져 있다는 비판을 받았다.

ㄹ. 자국 문화와 언어에 대한 관심이 높아지면서 라틴어가 퇴조하고 모국어가 교육의 주된 언어로 자리 잡았다.

① ㄱ, ㄴ　　② ㄱ, ㄷ　　③ ㄱ, ㄹ
④ ㄴ, ㄷ　　⑤ ㄴ, ㄹ

【해설】 르네상스 시기에는 인문주의 교육이 주를 이루어 자연과학을 주요 교육내용으로 인정하지 않았다. 인문주의 교육은 고대 그릭스의 사상과 예술에 관심이 많았기 때문에 언어교육, 특히 라틴어 교육을 강조하였다.

【정답】 ④

IV. 교육의 심리학적 기초

1. 교육심리학의 개념

심리학은 인간의 마음과 행동을 과학적으로 연구하는 학문으로서(조영일, 2003), 연구 대상에 동물까지 포함시키고 있다. 즉 교육심리학을 인간과 동물의 행동을 연구하는 과학 (이현수, 1999)으로 정의할 수 있다. 좀 더 구체적으로 교육심리학과 일반심리학의 차이점 을 비교해 보면 <표 IV-1>과 같이 요약할 수 있다.

〈표 IV-1〉 교육심리학과 일반심리학의 비교

교육심리학	일반심리학
• 개별학습자의 특성 변화	• 인간 행동에 관한 보편적 원리와 법칙 확립
• 교육의 생태학적 타당성 • 행동에 큰 변화와 의미 있는 변화 중시	• 정밀성과 경제성 중시 • 행동의 작은 변화와 차이 고려
• 가치지향적, 처방적	• 가치중립적, 기술적
• 자연상태에 가까운 교실	• 통제된 실험실

자료: 이성진(1996). 「교육심리학: 그 학문적 성격과 과제. 교육심리연구」, 10(1), 25-40. 재구성.

특히, 교육에 심리학을 응용하게 된 계기는 19세기 초 독일의 헤르바르트(Herbart)가 교 육의 목적은 윤리학에서, 교육의 방법은 심리학에서 원리를 이끌어 내야 한다고 주장하면 서 교육현상에 대한 과학적 연구와 과학적 학문으로서의 심리학의 발전, 아동 중심 교육 사상 등이 교육심리학을 출발시키는 데 결정적인 역할을 하였다. 따라서 교육심리학은 심 리학적 지식을 교육현상에 적용하려는 응용적 심리학이라 할 수 있다.

초기에는 교육심리학은 심리학의 특수영역으로 발전되어 왔지만, 최근에는 독립적·과 학적·실용적인 학문으로서의 교육심리학 체제를 갖추게 되었다(한상길 외, 2007). 또한 브루너(Bruner)는 교육심리학의 과제를 응용에 있는 것이 아니라, 형성에 있다고 주장하면 서 교육심리학은 독자적인 이론과 방법론을 통해 자율학(autonomous discipline)으로 발전되 어야 한다고 밝히고 있다(김운삼, 2003).

한편, 교육심리학의 연구 과제는 <표 IV-2>와 같이 다섯 가지로 구분할 수 있다.

구분	내용
발달심리학적 과제	• 아동의 성장과 발달 단계에 따른 특성 이해 • 발달 단계에 따른 행동 변화의 특징 제시 • 인지발달이론(Piaget), 도덕성발달이론(Kohlberg)
사회심리학적 과제	• 사회환경 속에서 개인과 집단의 행동에 관심 • 태도와 신념의 형성과 변화, 사회가 행동에 미치는 영향, 소집단에서 인간 행동과 의사소통의 형태 • 초기 환경이론, 심리적 환경이론, 문화실조, 모성실조
학습심리학적 과제	• 학습이 일어나는 방법, 최적의 학습조건, 학습속도를 저해하는 요인, 교육내용 제시 방법, 학습전이를 촉진하는 방법 • 시행착오설, 통찰설
인성심리학적 과제	• 성격의 구조적, 역동적, 발달적 측면 • 정신역동적 접근법, 특성 접근법, 현상학적 접근법, 행동주의적 접근법 • 정서적, 개인적 문제해결을 도와주는 상담활동
교육측정의 과제	• 교육 목적이나 목표를 달성했는가의 평가 • 학생을 이해하는 데 필요한 정보 획득

자료: 조영일(2003). 『새로운 접근의 교육학개론』. 교육과학사. 재구성.

따라서 교육심리학의 본질은 교육적 성장과 발달에 대한 조직적 연구를 목적으로 하는 학문으로서, 교육의 과정에 수반하여 일어나는 제반 문제를 심리학적으로 탐구·해명하여 이를 과학적으로 설명, 처치하고 예측할 수 있는 이론과 인간형성에 유용한 실천적 기술을 개발함과 동시에 교육의 실제에 도움을 주는 독자적인 과학의 성격을 띤 학문이라 할 수 있다(김운삼, 2003). 이러한 교육심리학은 교육에 관련된 사실과 법칙을 심리학적 접근을 통해 교육 실제에서 요청되는 과제를 파악하고 교육의 시기와 과정, 방법 등 교육 실천에 필요한 효과적이고 기술적·과학적인 방법을 모색함으로써 교사들이 교육을 수행하는 데 있어서 실제적으로 적용하고 활용할 수 있는 이론적인 기초를 제공한다(한상길 외, 2007).

최근의 교육심리학은 주로 교육이 발생하는 학교라는 상황에서 가르치고 배우는 수업 과정인 교수-학습과정, 즉 교육목표의 진술, 학습자의 출발점 행동 진단, 적절한 교수방법 활용, 교육평가 등에 초점을 두고 있다(김병희 외, 2008).

2. 학습자의 발달

가. 발달의 개념

발달은 인간이 난자와 정자가 수정되면서부터 사망할 때까지 전 생애에 걸쳐 일어나는 모든 신체적·심리적으로 변화의 양상 또는 과정을 의미하는데 연령의 증가 및 유전과 환경의 상호작용에 의해 심신의 형태, 구조, 기능 등이 양적·질적으로 변화해 가는 과정으로서 진보적 변화뿐만 아니라, 퇴보, 감소 등을 포함한다(한상길 외, 2007).

발달과 유사한 용어를 살펴보면, 성장(growth)은 신체적인 변화를 의미하고, 성숙(maturation)은 유전적인 요인에 의해 변화하는 부분을 의미하며 학습(learning)은 환경적인 요인에 의해 변화하는 부분을 의미한다(강갑원 외, 2006).

특히, 인간은 <표 IV-3>과 같은 발달의 원리에 의해 발달하고 있다.

〈표 IV-3〉 인간 발달의 원리

원리	내용
연속성	·수정에서 죽음에 이르기까지 변화의 연속
순서성	·일정한 발생학적 발달의 순서 ·머리 → 사지, 중추 → 말초, 전체 → 부분
분화성	·분화와 통합에 의한 구조의 과정 ·미분화 → 분화 ·전체적 반응 → 부분적, 특수적 반응
상관성	·유전과 환경과의 상호작용 과정
개별성	·발달 속도의 개인차 존재

나. 인간의 지적 특성

인간의 지적 특성은 일반적인 능력인 지능, 특수 능력인 적성, 독창성을 보이는 능력인 창의성 등으로 구분할 수 있다.

먼저 지능은 개인이 합리적·목적적으로 사고하고 새로운 사태나 문제상황에 적응하는 등 환경을 효과적으로 다루는 종합적인 능력, 사물이나 사건의 관계를 추상적·추리적으로 사고하는 능력, 이해력·비판력 등의 인식 능력을 포함하고 있다(한은숙·김종두, 2008). 지능을 구성하는 요인을 설명하는 지능의 구조는 <표 IV-4>와 같이 다양하게 제시할 수 있다(강갑원 외, 2006; 조영일, 2003).

〈표 IV-4〉 지능의 구조

구분	내용
Spearman의 일반요인설	• 일반적 지적 능력인 일반요인(G요인)과 특수한 지적 능력인 특수요인(S요인)
Thurstone의 다요인설	• 지능이 수많은 요소들로 구성(언어이해, 수, 공간, 추리, 지각, 언어 유창성, 기억 요인 등)
Guilford의 복합요인설	• 조작(인지, 기억, 확산적 사고력, 수렴적 사고력, 평가력), 산출(합의, 변화, 체계, 관계, 유목, 단위), 내용(행동적, 언어적, 상징적, 청각적, 시각적)의 3차원적 입방체 모형으로 120개 복합요인
Gardner의 다중지능이론	• 언어적, 논리−수학적, 공간적, 음악적, 신체−운동적, 개인이해, 대인관계, 자연친화 지능 등
Sternberg의 삼원지능이론	• 요소적 지능(지식 습득 요소, 수행 요소, 메타 요소), 경험적 지능, 실용적 지능(맥락적 지능)

또한, 적성은 특수한 분야에서 요구하는 특수 능력이 어느 정도 있는가를 설명하는 개념으로 '누구의 머리는 영리하다'라는 지능과는 달리, '누구는 음악에 재능이 있다', '누구는 손재주가 많다'라는 미래에 대한 예측과 깊이 관련되어 있다(조영일, 2003).

한편, 창의성은 어떤 아이디어나 작품을 독창적으로 생산해 내는 능력으로서, 인간의 고차원적인 정신활동이다(한은숙·김종두, 2008). 이러한 창의성의 사고 특성은 유창성, 독창성, 융통성, 정교성 등으로 요약할 수 있다(<표 IV-5> 참조).

〈표 IV-5〉 창의성의 사고 특성

구분	내용
유창성	• 사고의 속도와 양에 관련된 특성 • 아이디어 도출이나 사고를 끊임없이 계속하는 능력 • 언어의 유창성, 사고의 유창성, 표현의 유창성, 연합의 유창성 등 포함
독창성	• 사고의 새로움에 관련된 특성 • 독특한 아이디어, 비범한 아이디어, 개인적인 아이디어 산출해 내는 능력
융통성	• 사고의 넓이에 관련된 특성 • 사고의 다양성 • 관습적 사고, 관행적 사고, 고정관념에서 벗어난 자유로운 사고
정교성	• 사고의 깊이와 관련된 특성 • 정밀하고 구체적으로 사고하는 정도

자료: 조영일(2003). 『새로운 접근의 교육학개론』. 교육과학사. 재구성.

다. 인간의 정의적 특성

인간의 정의적 특성은 개인의 심리 및 의식의 심층구조에 얼마나 깊이 내면화되어 있느냐에 따라 체계화되고 있기 때문에, 수동적으로 받아들이는 것에서부터 시작하여 점점 개인의 심리내면에 자리 잡게 되고 조직화되고 체계화되어 결국 심층 깊숙이 내면화되어 개인의 인격을 형성하는 것으로 나타날 수 있다(조영일, 2003). 대표적인 정의적 특성은 동기, 태도, 가치관, 자아개념, 흥미, 포부수준, 성격 등이 있다.

먼저, 동기는 유기체의 행동을 결정하게 하는 원인, 즉 어떤 행동을 발생시키고 그 행동을 유지시키며 또 그 행동의 방향을 정해 주는 요인으로서 행동의 수준이나 강도를 결정하는 심리적 구조를 의미하는데, 동기의 목표 또는 대상, 동기의 방향, 동기의 강도 등 세 가지 속성을 가지고 있다(한은숙·김종두, 2008). 또한, 흥미는 개인의 주의와 관심이 어느 일정한 활동에 향하고, 그 활동에 대해 좋아하게 되며 그 활동에 몰입해 버리는 행동경향성으로서 일반적으로 특정 활동에 좋고 싫음의 감정을 의미한다(조영일, 2003).

특히, 자아개념은 대인과의 관계에서 얻어진 자기 자신에 대한 스스로의 평가로서 자신에 대해 가지는 생각, 감정, 태도 등 자기 지각의 총체를 의미한다(한은숙·김종두, 2008). 또한, 태도는 특정 대상에 관련된 모든 현상에 대한 일반화된 감정적 색조로서, 흥미보다 지속적이며 내면화의 정도가 더 깊다고 볼 수 있다(조영일, 2003).

한편, 포부수준은 어떠한 과제에 대해 어느 정도 성취할 것인가에 대한 개인의 주관적인 기대 정도, 즉 개인이 당면한 목표와 관련된 심리적인 상태를 의미하는데, 기대수준, 열망수준, 성취수준, 요구수준이라고도 한다(한은숙·김종두, 2008). 또한, 성격은 한 개인이 가지고 있는 특성들의 독특한 양식으로서, 보통 인성이라고도 부른다(조영일, 2003).

3. 인지발달이론

가. Piaget의 인지발달이론

인지(cognition)는 대뇌피질의 작용에 의한 행동 대부분이 포함되는 개념으로서, 기억, 감각, 언어, 사고, 개념 형성, 문제해결 등 과정을 통해 지식을 습득하거나 활용하는 모든 정신적 과정 또는 기능을 의미한다(강갑원 외, 2006).

따라서 인지발달은 기존의 정보를 보존하고 새로운 사실이나 개념을 추가하는 것으로서, 학습자의 인지발달 수준을 정확히 이해하고 파악함으로써 그에 적절한 경험을 제공해야 교육의 효과를 높일 수 있다(한상길, 2007).

특히, 인지발달이론의 대표적인 것으로 Piaget의 인지발달이론과 Vygotsky의 인지발달이론이 있다. Piaget의 인지발달이론에서 사용하는 주요한 개념은 <표 IV-6>과 같이 정리할 수 있다(한은숙·김종두, 2008; 한상길, 2007; 조영일, 2003).

<표 IV-6> Piaget 인지발달이론의 주요 개념

구분	내용
스키마 (도식)	• 유기체가 어떤 사실을 공통된 특성에 따라 군으로 조직하는 지적인 인지구조 • 사고의 기본 단위, 동화와 조절의 틀이 되는 역할 • 인간이 세계를 이해하고 반응하여 기능하기 위해 사용하는 지식, 절차, 관계
동화	• 새로운 환경 자극을 기존 이해의 틀에 맞추어 흡수하는 현상 • 개인이 환경에 적응하는 인지과정의 일부분 • 도식의 성장
조절	• 새로운 도식을 창출하거나 새로운 사물을 이해하기 위해 도식을 바꾸는 현상 • 새로운 도식을 만들거나 낡은 도식을 고치는 일 • 도식의 질적 변화, 도식의 발달
평형	• 현재의 인지구조와 새로운 정보 간의 균형을 회복하는 과정 • 동화와 조절 사이에 균형이 이루어지도록 하여 지적 적응이 성공적으로 일어나는 현상

또한, Piaget의 인지발달단계는 감각운동기, 전조작기, 구체적 조작기, 형식적 조작기 등 <표 IV-7>과 같이 요약할 수 있다.

<표 IV-7> Piaget 인지발달단계의 특징

단계	특징
감각 운동기 (0~2세)	• 감각이나 운동을 통한 주변 세계 탐색 및 이해(감각 · 운동적 행동) • 대상영속성 개념 획득(10개월 이후) • 모방능력 발달 • 생득적 반사행동으로부터 목표지향적 사고로의 이동
전조작기 (2~7세)	• 급속한 언어 발달 • 상징적 형태로의 사고 능력, 개념획득 능력 발달 • 직관적 사고, 비논리적 사고, 물활론적 사고 • 자기중심성, 중심화 • 꿈의 실재론, 도덕적 실재론
구체적 조작기 (7~11세)	• 논리적 조작 가능 • 가역적 사고, 보존개념 획득 • 탈자기중심성, 탈중심화 • 분류, 서열화, 부분과 전체의 개념 발달
형식적 조작기 (11세 이후)	• 가설-연역적 사고, 조합적 사고, 추상적 사고 • 사회인식능력 발달

자료: 한상길 · 김응래 · 박선환 · 박숙희 · 정미경 · 조금주(2007). 『교육학개론』. 공동체. 재구성.

나. Vygotsky의 인지발달이론

아동 스스로 인지구조를 발달시킨다고 주장한 Piaget의 인지발달이론과는 달리, Vygotsky 의 인지발달이론은 아동 자신보다 성숙한 사회 구성원과의 상호작용을 하는 가운데 자신 의 문화에 적합한 인지과정이 전이되는 것이기 때문에 개인 간의 상호작용에 필수적인 언어습득이 인지발달에 가장 중요하다(강갑원 외, 2006).

또한, Vygotsky의 언어발달과정은 비지적 언어기능이 출현하는 원시적 또는 자연적 단계, 문법의 구조를 깨닫지 못한 언어 상태인 순수심리 단계, 혼잣말을 많이 사용하는 자기중심적 언어 단계, 언어가 사고로 내면화되고 사고능력이 증가하는 내적 성장 단계로 설명하고 있고 Vygotsky의 사고발달단계는 자신의 지각에 우연히 연결되는 바에 따라 사물을 조직화하고 명칭을 정하는 비조직적 더미에서의 사고 단계, 사물을 단순히 자신의 주관적 인상과 사물들 사이에 존재하는 관계에 의해 관련짓고 구체적 맥락 속에 있는 배열된 요소들 간의 연결에 기초하는 복합적 사고 단계, 사물을 종합하는 능력과 분석하는 능력을 갖추게 되고 추상화가 가능한 개념적 사고 단계로 구분할 수 있다(한상길 외, 2007). 지금까지 살펴본 Vygotsky의 언어발달과 사고발달의 관계를 종합적으로 [그림 Ⅳ-1]과 같이 도식화할 수 있다.

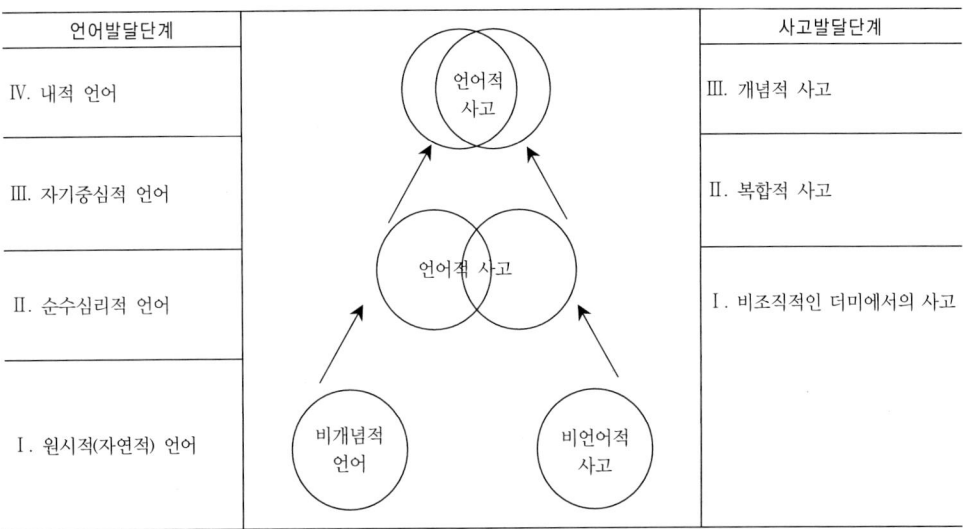

자료: 강응숙(1984). 「비고츠키의 사고 및 언어발달이론에 대한 고찰」. 한양대학교 석사학위논문. 재구성.

[그림 Ⅳ-1] Vygotsky의 언어발달과 사고발달 간의 관계

특히, Vygotsky의 인지발달이론에서 핵심적인 개념인 근접발달영역(Zone of Proximal Development)은 혼자서 독립적으로 문제를 해결할 수 있는 실제 발달 수준과 성인이나 또는 보다 유능한 또래의 도움을 받아 문제를 해결할 수 있는 좀 더 높은 수준의 잠재적 발달 수준 간의 거리를 의미한다(한상길 외, 2007). 근접발달영역에서 현재의 아동 발달 수

준보다 조금 더 높은 수준의 내용을 가르치기 위한 성인의 적극적인 도움, 즉 비계 설정은 아동의 인지발달에 매우 중요한 역할을 한다(강갑원 외, 2006).

4. 정의적 발달이론

가. Freud의 성격발달이론

Freud는 인간의 정신세계를 주의를 기울이는 순간 바로 자각할 수 있는 의식과 현재 의식되고 있지 않지만 주의를 집중하고 노력하면 의식으로 회상될 수 있는 전의식, 의식 밖에 위치하여 자신이 전혀 자각하지 못하는 무의식으로 구분하고 성격발달이 주로 성적 욕구에 의해 동기화된다고 주장하였다(<표 Ⅳ-8> 참조).

〈표 Ⅳ-8〉 Freud의 성격발달단계의 특징

단계	특징
구강기 (0~1세)	· 리비도: 구강 · 빨기, 마시기, 물어뜯기, 씹기 등과 같은 구강 만족
항문기 (2~3세)	· 리비도: 항문 · 부모의 배변훈련
남근기 (3~5세)	· 리비도: 성기 · 성격발달에 매우 중요한 시기 · 오이디푸스 콤플렉스(남아), 엘렉트라 콤플렉스(여아)
잠복기 (6~11세)	· 성적 욕구가 잠재되어 성적으로 비교적 평안한 시기 · 초자아 형성과 자아 성숙으로 본능적 충동 통제
생식기 (11세 이후)	· 사춘기 생리적 변화, 성 기능 성숙 등 성적 충동 왕성 · 이성으로부터 성적 만족 추구

자료: 한상길·김응래·박선환·박숙희·정미경·조금주(2007). 『교육학개론』. 공동체. 재구성.

나. Erikson의 사회심리발달이론

Erikson은 신체의 여러 부분들이 태아 속에서 상호 관련되어 발달하듯이 인성도 상호 관련된 단계를 통해 자아가 발전한다고 주장하여 사회심리발달단계를 <표 Ⅳ-9>와 같이 제시하였다(한은숙·김종두, 2008).

〈표 Ⅳ-9〉 Erikson의 사회심리발달단계의 특징

단계	특징
기본적 신뢰감 대 불신감 (0~1세)	· 신체적 · 심리적 욕구 충족 · 일관성 있는 양육태도, 보호, 애정 관심
자율성 대 회의감 (2~3세)	· 대소변 통제, 걷기, 언어 발달 · 자율적 행동을 격려, 적절한 도움
주도성 대 죄책감 (4~5세)	· 목표지향적 행동, 도덕의식 발달 · 주도성을 발휘할 기회와 자유 제공, 칭찬 및 격려
근면성 대 열등감 (6~11세)	· 인지적, 사회적 기술 습득 · 성공 경험, 긍정적 기대, 성취 기회의 제공과 격려, 인정
자아정체감 대 자아정체혼돈 (12~18세)	· 자아정체감 확립 · 정서적 안정과 바람직한 역할 모델 및 정보 제공
친밀성 대 고립감 (19~35세)	· 원만한 인간관계 및 공유된 정체감 형성 · 자신과 타인에 대한 이해, 타인과 친밀한 관계
생산성 대 침체성 (36~50세)	· 자녀 양육, 후세대 양성 · 직업적 · 학문적 · 예술적 성취, 사회봉사
통합성 대 절망감 (50세 이후)	· 인생 음미 · 자기완성을 위한 노력 및 성취

다. Kohlberg의 도덕성 발달이론

Kohlberg는 도덕성 발달단계를 인습을 기준으로 3수준, 6단계로 분류하였다(〈표 Ⅳ-10〉 참조).

〈표 Ⅳ-10〉 Kohlberg의 도덕성 발달단계의 특징

수준	단계	특징
전인습수준 (전도덕성)	벌회피 · 복종지향 (3~7세)	· 행위의 옳고 그름을 벌이나 보상과 같은 물리적 결과를 가지고 판단 · 진정한 의미의 규칙, 도덕성에 대한 개념 없음
	욕구충족을 위한 도구적 상대주의 (8~11세)	· 자신의 욕구 충족이 도덕적 판단의 기준 · 자기중심적, 실리적 도덕성
인습수준 (타율적 도덕성)	대인관계조화 · 착한 아이 지향 (12~17세)	· 타인의 관점, 행위의 의도를 고려한 옳고 그름 판단 · 대인관계와 타인의 승인 중시 · 사회적 규제 수용
	법과 질서 준수 지향 (18~25세)	· 법, 규칙, 사회 질서 중시 · 사회복지, 개인의 의무와 책임의 중요성 인식 · 도덕적 관습의 이해
후인습 수준 (자율적 도덕성)	사회계약 지향 (25세 이상)	· 사회질서 유지를 위해 법과 규칙 중시 · 자유, 정의, 행복추구 등의 제도적 가치가 법보다 상위에 있음을 인식
	보편적 도덕원리 지향	· 자신이 스스로 선택한 도덕원리, 양심의 결단에 따른 행위가 올바른 행위 · 인간은 수단이 아닌 목적, 사회정의, 진실, 보편적 원리에 의해 존중

자료: 한상길 · 김응래 · 박선환 · 박숙희 · 정미경 · 조금주(2007). 『교육학개론』. 공동체. 재구성.

5. 학습이론

일반적으로 학습은 연습의 효과로 나타나는 비교적 영속적인 행동의 변화를 의미하는
데, 학습의 정의에 포함되는 요소는 행동이 변화하는 것, 경험을 통해 일어나는 것, 약물·피
로 등으로 인한 일시적인 변화는 아니라는 것, 비교적 영속적인 변화, 긍정적인 변화와 부
정적인 변화 모두 포함하고 있다(강갑원 외, 2006).

가. 행동주의 이론

행동주의 이론은 학습 현상을 자극에 대한 반응의 관계로 설명하는 이론으로서, Pavlov의
고전적 조건화 이론, Thorndike의 시행 착오설, Skinner의 조작적 조건화 이론 등이 대표적이다.

Pavlov의 고전적 조건화 이론은 개의 타액 분비 실험으로 배고픈 개에게 음식을 주면서
동시에 또는 약간 먼저 종소리를 반복해서 들려주면 나중에 음식을 주지 않고 종소리만
들려주어도 침을 흘리게 된다. 음식은 무조건 자극(UCS), 무조건 자극에 수반되어 일어나
는 타액 분비는 무조건 반사(UCR), 음식을 줄 때 들려주는 종소리는 조건 자극(CS), 조건
자극에 수반되어 일어나는 타액 분비는 조건 반사(CR)라 할 수 있다(조영일, 2003). 예를
들면, 경찰관만 보면 가슴이 두근거리는 현상, 레몬을 생각만 해도 침이 나오는 현상 등이
있다(강갑원 외, 2006). 이러한 Pavlov의 고전적 조건화 이론에서 제시된 학습의 원리는 시
간의 원리, 강도의 원리, 일관성의 원리, 계속성의 원리 등이 있다(한상길 외, 2007).

Thorndike의 시행 착오설은 어떤 문제에 부딪혔을 때 시행착오를 하다가 우연히 목표에
도달하여 그 반응이 점차 내면화되어 학습하게 되는 연합이론으로서, 효과의 법칙, 연습
의 법칙, 준비성의 법칙 등이 있다.

Skinner의 조작적 조건화 이론은 흰쥐가 지렛대를 누르는 행동을 강화시키는 실험으로
서, 지렛대를 누르는 행동은 조작적 행동이고, 먹이라는 강화물이 주어져서 행동의 발생
빈도를 증가시킨다(조영일, 2003). 즉 유기체는 주어진 자극에 단순히 기계적으로 반응하
는 고전적 조건화 이론과는 달리, 유기체의 능동적인 반응과 결과에 강조점을 두어 어떤
행동이 강화를 받으면 그 행동은 증가하고 벌을 받으면 감소하게 된다(강갑원 외, 2006).

나. 인지주의 이론

인지주의 이론은 인간이 부분이나 구성요소에 의존해 지각하는 것이 아니라, 전체에 의해

지각한다는 원리에 기초하고 있다(조영일, 2003). 즉 인지주의 이론에서 학습은 유기체의 인지 구조가 변하는 것으로서, 인간을 환경에 수동적으로 반응하는 존재가 아니라, 주어진 상황을 지각하고 해석하며 필요한 정보를 저장하고 활용하여 문제를 해결하는 존재로 보았다(강갑원 외, 2006). 대표적인 이론으로 Koehler의 통찰설, Lewin의 장이론, 정보처리이론 등이 있다.

Koehler의 통찰설은 형태주의 심리학에 기초를 둔 이론으로 학습자는 지각한 정보를 단순히 기록하거나 학습장면에서 각 부분을 분리해서 보는 것이 아니라, 정보를 이해하기 위해 자료를 능동적으로 재구조화하며 상호관계의 맥락 속에서 전체를 지각하는 것으로 보고 있다(한상길 외, 2007). Koehler는 침팬지가 막대를 사용하거나 막대를 보다 길게 연결거나, 상자 위에 상자를 쌓아 올려 천장에 매달린 바나나를 따 먹는 장면을 보고 '통찰'이라는 개념을 도출하였다.

또한, Lewin의 장이론에서 장이란 개체를 둘러싸고 개체의 행동에 역동적으로 작용하는 환경 또는 생활공간만이 아닌 심리학적 생활공간으로서, 학습은 인지 구조의 변화로 보고 있다(조영일, 2003).

한편, 정보처리이론은 새로운 정보가 투입되어 문제해결이 이루어지며, 일부 정보가 저장되고 필요에 따라 기억으로부터 정보가 인출되는 과정과 방식을 설명하는, 즉 학습자의 내부에서 학습이 이루어지는 기제를 설명하는 이론이다(강갑원 외, 2006). 이러한 정보처리모형은 [그림 Ⅳ-2]와 같이 도식화하여 설명할 수 있다.

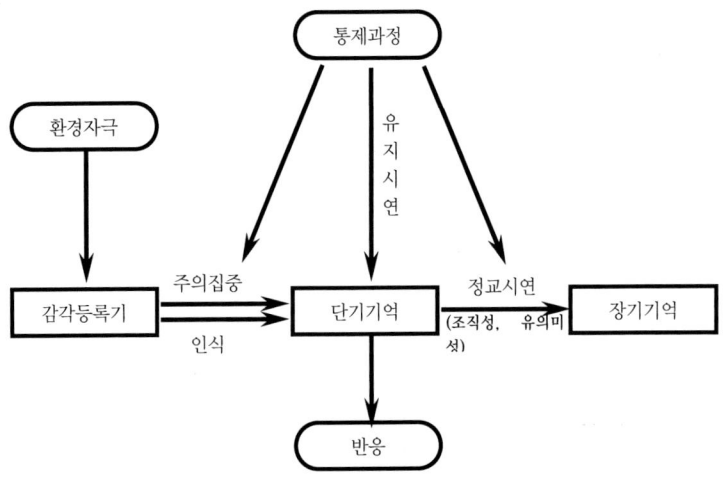

자료: 한상길·김응래·박선환·박숙희·정미경·조금주(2007). 『교육학개론』. 공동체. 재구성.

[그림 Ⅳ-2] 정보처리모형

다. 인본주의 이론

인본주의 이론은 학습동기를 학습조건으로 보고, 인간이 자신의 행동을 환경의 통제에 의해서가 아니라, 스스로 결정하는 주체라는 것을 강조하고 학습과제가 학습자에게 관련된 유의미 학습을 중시한다(강갑원 외, 2006).

인본주의 이론은 학습자에게 내적 보상의 경험을 제공함으로써 개인적 발달을 증진시켜야 한다는 견해를 가지고 있어서, 궁극적인 의도는 개인의 성장, 통합성 및 자율성을 신장시키는 데 있다(윤광보·김용욱·최병옥, 2003). 또한, 학생 중심의 교육관과 촉진자로서의 교사 역할을 강조하고, 전인교육을 교육목표로 설정하고 있다(권영창 외, 2006).

라. 구성주의 이론

구성주의 이론은 학습자가 지식을 구성한다는 점을 강조하는 이론으로서, 인간은 외부세계에 있는 실재의 본성을 경험에 의해 의미 있게 구성하고 학습을 이끌어 내는 동시에, 개인적인 학습목적을 추구하게 된다는 것이다(이화여자대학교 교육공학과, 2007).

구성주의 이론에서 시사하는 학습의 특성을 제시해 보면, 첫째, 지식은 학습자에 의해서 능동적으로 구성되는 것이고, 둘째, 학습은 경험에 대한 개인의 해석이며, 셋째, 지식은 지적·물리적·사회적 맥락에 의존하기 때문에, 학습은 실제 관련 상황에서 연습하고 습득되어지는 것이 바람직하다(윤광보·김용욱·최병옥, 2003).

특히, 구성주의 이론에서 보면 교사는 학생들이 학습을 구성하도록 경험을 제공하고 학습을 촉진시키는 역할을 하며, 학생은 지식의 의미를 능동적으로 구성한다(변영계, 2005). 즉 학습의 주체는 학습자이며, 학습은 지식의 주입이 아니라, 학습자가 스스로 경험에 의해서 구축해 나가는 것이기 때문에, 학습자가 능동적으로 학습의 과정에 참여하고, 학습의 과정에 대해서 책임을 질 때 가장 효과적이다(윤광보·김용욱·최병옥, 2003).

교육의 심리학적 기초 기출문제 풀이

1. 스턴버그(R. J. Sternberg)의 삼원지능이론에서 상황적 하위이론(contextual subtheory)에 부합하는 능력은? <2008. 초등>

① 새로운 지식을 획득하고 이를 논리적 과제 해결에 적용하는 분석적 능력
② 원만한 인간관계, 사회적 유능성, 뛰어난 적응력 등과 같은 실제적 능력
③ 서로 관련되어 있지 않은 사실들을 조합하여 새로운 아이디어를 생성하는 창의적 능력
④ 기존의 지능 개념과 유사한 것으로, 추상적이고 학업적인 문제해결에 관여하는 메타인지적 능력

【해설】 스턴버그의 삼원지능이론에서 지능의 역할을 설명하는 데에 성분적·경험적·맥락적 부분 3가지 요소가 있다고 보았는데 분석적 능력과 메타인지적 능력은 성분적 부분, 실제적 능력은 맥락적 부분, 창의적 능력은 경험적 부분에 해당된다.
【정답】 ②

2. <보기>의 내용과 가장 가까운 학습이론은? <2008. 초등>

<보기>

○ 교사는 학생들의 자기효능감과 자기 조절능력을 증진시켜야 한다.
○ 교사는 학생들이 학업성취에 대해 긍정적이고 현실적인 기대를 갖도록 해야 한다.
○ 학생들은 사회적 상황 속에서 다른 사람의 행동을 관찰하고 모방함으로써 학습한다.

① 톨만(E. C. Tolman)의 기호형태이론
② 반두라(A. Bandura)의 사회인지이론
③ 노만(D. A. Norman)의 정보처리이론
④ 로저스(C. R. Rogers)의 인간주의학습이론

【해설】 사회인지이론은 다른 사람들이 다른 사람들을 관찰함으로써 학습하고, 자신의 행동에 대해 차츰 통제하는 것에 내포된 과정을 연구한다. 그 역사적 뿌리는 행동주의에 두지만 행동주의를 넘어선다.
【정답】 ②

3. <보기>의 내용에 부합하는 학습 전이 이론은? <2008. 초등>

〈보기〉

○ 두 학습과제 간에 원리가 동일하거나 유사할 때 전이가 이루어진다.
○ '지식의 구조'를 강조하는 브루너(J. S. Bruner) 등의 학문 중심 교육과정에서 지지되고 있다.
○ 수중 30cm 깊이에 있는 표적 맞히기 실험을 했을 때 굴절의 원리를 배운 학생들이 배우지 않은 학생들보다 표적을 잘 맞히었다.

---

① 일반화설   ② 동일요소설
③ 형식도야설   ④ 형태이조설

【해설】 일반화설은 두 학습과제의 내용 간의 원리가 같을 때 전이가 잘 일어난다는 이론으로 동일요소설을 비판하면서 등장하였으며 학문형 교육과정에서 많은 지지를 받았다.

【정답】 ①

4. 동기의 성취목표이론에서는 목표를 수행목표(performance goal)와 학습목표(learningo gal)로 구분한다. <보기>에서 학습목표 지향적인 학생들의 특성만을 고르면? <2008. 초등>

〈보기〉

가. 실수를 했을 때 그것을 인정하지 않고 당황스러워한다.
나. 어려운 과제에 직면했을 때 타인의 도움을 적극적으로 요청한다.
다. 실패했을 때 자신의 노력보다는 능력의 부족에서 그 원인을 찾는다.
라. 내재적 동기가 높으며, 도전적이고 의미 있는 과제에 가치를 부여한다.

---

① 가, 다   ② 가, 라
③ 나, 다   ④ 나, 라

【해설】 능력지향형 학습자(수행목표지향)는 자기의 유능성에 대해 타인으로부터 긍정적인 평가를 받고자 하고, 과제 지향형 학습자(학습목표지향)는 단지 자기 자신의 유능성을 증가시키려는 것 자체에 목표를 두는 것이다.

【정답】 ④

5. <보기>의 (가)와 (나)에 해당하는 행동수정기법은? <2008. 초등>

〈보기〉

(가) 김 교사는 수업시간에 장난치는 영수의 행동을 고치기 위해 영수가 그런 행동을 보일 때 교실 뒤로 보내서 5분간 벽을 보고 서 있도록 하였다.

(나) 최 교사는 미영이가 수업시간에 발표를 잘할 수 있도록 하기 위해 교사와 눈 맞추기, 발표하기 위해 손들기, 일어서서 발표하기 등의 행동 변화 단계를 정하고, 미영이가 그 행동을 했을 때 적절한 강화물을 제공하였다.

　　　(가)　　　　　(나)

① 소멸　　　　고정간격강화

② 소멸　　　　행동형성법

③ 타임아웃　　행동형성법

④ 타임아웃　　고정간격강화

【해설】 타임아웃이란 부적절한 행동을 한 아동에게 유쾌한 활동의 기회를 박탈함으로써 그릇된 행동을 수정하려는 기법이다. 이는 벌의 일종으로 그릇된 행동을 한 학생을 일시적으로 다른 장소에 잠시 격리시켜 두는 방법이다. 행동형성법은 바람직한 목표행동이 형성될 때까지 목표행동에 계속적으로 접근하는 행동을 차별화하는 것이다. 이는 한 번에 달성하기 힘든 복잡한 목표행동을 아동에게 가르치고자 하는 경우에 적합한 기법으로 목표행동을 몇 개의 소단계로 나눠 한 단계식 아동이 배워 나가도록 하는 방법이다.

【정답】 ③

6. 다음은 버틀러(K. A. Butler)의 정보처리 접근 양식을 기준으로 학습자를 네 가지 유형으로 구분한 것이다. (나)에 해당하는 학습자의 일반적 특징에 대한 설명으로 가장 올바른 것은? <2008. 초등>

	계열적 정보처리	비계열적 정보처리
구체적 정보처리	(가)	(나)
추상적 정보처리	(다)	(라)

① 시행착오적이고 탐구적인 수업환경에서 잘 학습하는 경향이 있으며, 게임이나 시뮬레이션과 같은 탐색적인 학습을 선호한다.

② 언어적·상징적 메시지를 잘 해독하는 경향이 있으며, 교사 중심의 강의식 수업이나 교과서 중심의 직접적 수업방식을 선호한다.

③ 비언어적인 학습내용을 체계적으로 제시해 줄 때 잘 학습하는 경향이 있으며, 체계적 실험과 같은 구조화된 학습환경을 선호한다.

④ 언어적·상징적 내용을 체계적으로 제시해 줄 때 잘 학습하는 경향이 있으며, 집단토의와 같은 언어 중심의 비구조화된 수업을 선호한다.

【해설】 (가)의 학습자는 논리적으로 제시된 직접적이고 체험적인 경험을 선호한다. (다)의 학습자는 논리적 계열로 제시될 때 언어적이고 상징적인 메시지를 잘 학습한다. (라)의 학습자는 사람이 하는 설명으로부터 의미를 잘 추출한다.

【정답】 ①

7. 지적 발달과 학습에서 사회적 상호작용의 중요성을 강조하는 개념으로 볼 수 없는 것은? <2008. 중등>

① 피아제(J. Piaget)의 평형화
② 브루너(J. S. Bruner)의 비계설정
③ 비고츠키(L. S. Vygotsky)의 근접발달영역
④ 포에르스타인(R. Feuerstein)의 중재학습경험

【해설】 피아제는 유기체는 주변 환경이 변하게 되어 현재의 인지구조에 인지적 갈등이 초래되면, 적응에 의해 새로운 조직화를 통해 새로운 인지구조를 갖게 된다고 하였다. 이처럼 피아제의 '평형화'는 적응과 조직화에 의해 자기 조정을 하게 하는 기제로 지적 발달과 학습에서 사회적 상호작용의 중요성을 강조한 개념은 아니다.

【정답】 ①

8. 다음에서 설명하는 창의성 개발 기법은? <2008. 중등>

> ○ 아이디어, 건의, 제안 등을 처리하는 창의적인 기법으로 사용된다.
> ○ 학생들은 단순히 어떤 아이디어를 좋아하거나 좋아하지 않는다고 판단하지 않는다.
> ○ 학생들에게 어떤 아이디어에 대하여 먼저 좋은 점을 생각하고, 다음에는 나쁜 점을 생각하며, 마지막으로 좋지도 나쁘지도 않지만 주목할 만한 가치가 있다고 생각되는 점을 살펴보도록 하여 사고의 방향을 안내한다.

① 드 보노(E. de Bono)의 PMI
② 오스본(A. F. Osborn)의 CPS
③ 에벌리(B. Eberle)의 SCAMPER
④ 브랜스포드(J. D. Bransford)의 IDEAL

【해설】 PMI는 학생들이 어떤 상황에 단순히 반응하는 것이 아니라 먼저 어떤 문제의 긍정적인 면을 살피고, 그 후에 부정적 측면을 살펴본 후, 마지막으로 주목할 만한 가치가 있으나 긍정적인 측면 또는 부정적인 측면이라고 할 수 없는 것을 생각하도록 하여 주의의 방향을 잡아 주는 방법이다.

【정답】 ①

9. <보기>에서 사회학습이론(social learning theory)에 기초한 것끼리 묶인 것은? <2008. 중등>

┌─────────────── 〈보기〉 ───────────────┐
│   │
│ ㄱ. 통찰학습(insight learning)   │
│ ㄴ. 관찰학습(observational learning)   │
│ ㄷ. 프로그램학습(programmed learning)   │
│ ㄹ. 자기 조절학습(self-regulated learning)   │
│   │
└──────────────────────────────────────┘

① ㄱ, ㄴ   ② ㄴ, ㄷ
③ ㄴ, ㄹ   ④ ㄷ, ㄹ

【해설】 관찰학습은 타인의 행동을 관찰함으로써 학습이 이뤄진다는 것이고, 대리적 강화는 모델의 행동 결과에 수반되는 보상과 벌을 관찰한 결과로써 학습이 이루어진다. 자기 통제의 강화는 모델의 행동이 관찰자의 행동을 통제하는 것이 아니라 관찰자 자신의 내적인 인지적 통제, 즉 자기 규제에 의해 학습이 이루어진다는 것이다.

【정답】 ③

10. 다음은 장기기억에 저장되어 있는 지식의 성질을 설명한 것이다. 이에 해당하는 지식의 유형은? <2008. 중등>

○ 절차적 지식의 기본 단위이다.
○ '만일~, 그러면~'의 형식으로 표현된다.
○ 특정한 조건하에서 드러내야 할 행위를 나타낸다.

① 개념(concept)   ② 명제(proposition)
③ 도식(schema)   ④ 산출(production)

【해설】 정적인 선언적 지식과는 달리 절차적 지식은 산출이라 불리는 형태의 모습으로 표상된다. 산출은 조건-행위의 규칙이다. 즉 산출은 확실한 조건들이 존재할 때만 특정 행위가 일어나도록 한다. 산출은 두 부분으로 구성되어 있는데, 만일 부분과 그러면 부분이다. 만일 부분은 행위를 실행할 때 꼭 있어야 할 조건이나 조건들을 명확히 한다. 그러면 부분은 조건들이 맞을 때 실행 또는 '발사'되는 행위들을 나타낸다.

【정답】 ④

11. 가드너의 다중지능이론과 스턴버그의 성공지능이론의 공통점을 모두 고른 것은?
    <2009. 중등>

ㄱ. 인간의 지능을 사회, 문화적 맥락을 고려하여 이해한다.
ㄴ. 지능의 작용 과정보다는 지능의 독립적 구조를 밝히는 데 주력하고 있다.
ㄷ. 지능의 개념 정의에서 전문성과 지혜가 중시된다.
ㄹ. 학교 수업과 평가는 학생의 강점 지능을 활용하고 약점 지능을 교정, 보완하는 데 초점을 맞추어야 한다고 강조한다.

① ㄱ, ㄴ   ② ㄱ, ㄹ   ③ ㄴ, ㄷ
④ ㄴ, ㄹ   ⑤ ㄷ, ㄹ

【해설】 스피어만, 서스톤, 가드너의 지능이론은 개인의 지능, 즉 능력의 내용이 어떻게 서로 다른가를 기술하는 경향이 있다. 반면에 스턴버그의 성공지능이론은 지능에 대한 인지적 접근으로, 모든 사람에게 공통적으로 나타나는 사고과정을 강조한다. 즉 '인간은 정보를 어떻게 모으고 사용하여 문제를 풀고 지적으로 행동하는가?'에 관심을 가진다.
【정답】 ②

12. 로젠샤인에 의하면, 수업 효과성 연구의 흐름은 교사의 인성적 특성에 관한 연구, 과정과 산출에 관한 연구, 그리고 학습자의 적극적 참여에 관한 연구의 세 단계로 구분된다. 이 중 '학습자의 적극적 참여'에 관한 연구에서 수업 효과성을 높일 수 있는 변인으로 지적한 것을 모두 고른 것은? <2009. 중등>

ㄱ. 수업에서 다루어진 학습내용
ㄴ. 학습자가 학습에 사용한 시간의 양
ㄷ. 학습자, 학교, 지역사회 사이의 상호작용
ㄹ. 학습자의 수업 참여도를 높이는 학급 분위기
ㅁ. 교사의 인성에 대한 학습자와 학교장의 평가

① ㄱ, ㄴ   ② ㄱ, ㄷ   ③ ㄱ, ㄴ, ㄹ
④ ㄴ, ㄷ, ㅁ ⑤ ㄷ, ㄹ, ㅁ

【해설】 로젠샤인은 제1주기에는 교사의 인성과 특성에 대해 연구하고, 2주기에는 교사와 학생의 상호작용에 초점을 맞추었고, 제3주기에는 학생의 주의, 학생이 숙달해야 할 내용, 학생의 주의를 증진하는 상황을 연구한 시기로 나누어 설명하였다. 이 중에서 학습자의 적극적인 참여는 제3주기에 해당하며, 학생이 숙달해야 할 내용, 학생이 학습과제에 참여하는 시간, 학습참여

를 증진시키는 상황에 집중하고 있다.

【정답】③

13. 다음의 ㉠, ㉡, ㉢에 나타난 A학생의 문제를 진단하기 위한 심리검사로 가장 적절한
    것은? <2009. 중등>

> 중학교 1학년인 A 학생은 학교생활이 즐겁지 않다. 초등학교 때부터 ㉠ 학습 부진 문제를 겪었
> 던 A 학생은 중학교에 올라오면서 공부가 더 어렵게 느껴지고 수업내용도 따라가기 힘들다. ㉡
> 친구들과의 관계에서도 놀림과 따돌림을 당하기 일쑤이며, 혼자 배회하거나 책상에 엎드려 있는
> 경우가 많다. 최근에는 좋아하던 미술시간에도 흥미를 보이지 않고, 자주 ㉢ 우울감을 호소한다.

	㉠	㉡	㉢
①	HTP	MMPI	MBTI
②	MMPI	K-WISC-Ⅲ	TAT
③	TAT	MBTI	HTP
④	K-WISC-Ⅲ	TAT	MMPI
⑤	MBTI	HTP	K-WISC-Ⅲ

【해설】 K-WISC-Ⅲ는 언어성과 동작성 검사를 비교하여 개인의 총체적 능력 안에서의 장점과 약점을
비교할 수 있게 해 주므로 학습 부진 문제를 파악하는 데 도움을 준다. TAT는 인성의 내용,
즉 충동, 욕구, 감정, 갈등, 상상 등을 드러내는 데 도움을 준다. MMPI는 개인의 인성특징의
비정상적인 징후를 평가하여 상담 및 심리치료에 기여하고 비정상적인 불건전한 방향으로
진전될 가능성을 미리 찾아내어 예방 및 치료책으로 사용한다.

【정답】④

14. 철수에게 태권도 품세를 노래에 맞추어 가르치는 교사의 수업 장면이다. <보기>의
    내용과 그에 해당하는 행동주의 학습 원리를 옳게 연결한 것은? <2010. 초등>

<보기>

ㄱ. 노래를 여덟 소절로 나누고, 각 소절마다 네 가지 품세들을 배열하였다.
ㄴ. 수업시간부터 장난을 치며 친구들을 방해한 철수에게 점심시간에 좋아하는 축구를 하지 못하
　도록 하였다.
ㄷ. 의기소침해 있는 철수를 수업에 집중시키기 위해, 철수가 동작을 정확하게 수행할 때마다 칭
　찬을 해 주었다.
ㄹ. 철수의 수업 집중도가 높아진 후에는 정확한 행동을 세 번 하면 한 번씩 칭찬하였다.

	그	ㄴ	ㄷ	ㄹ
①	과제분석	부적 강화	계속적 강화	고정비율 강화
②	과제분석	제거성 벌	프리맥 원리	변동비율 강화
③	과제분석	제거성 벌	계속적 강화	고정비율 강화
④	응용행동분석	제거성 벌	계속적 강화	변동반격 강화
⑤	응용행동분석	부적 강화	프리맥 원리	변동간격 강화

【해설】 과제분석은 학습목표의 학습과정을 정보처리 단계로 분석하고, 분석된 정보처리의 각 단계별로 그 단계의 학습에 요구되는 하위기능과 지식을 분석하는 것이다. 벌은 바람직하지 않은 행동을 감소하거나 제거시키기 위한 것으로, 불쾌자극을 제공하는 수여성 벌, 쾌자극을 박탈하는 것은 박탈성 벌이다. 계속적 강화는 원하는 행동이 일어날 때마다 강화를 주는 것으로 학생이 손을 들 때마다 그 학생을 지명하는 식으로 모든 반응에 강화를 주는 것이다. 고정비율 강화는 강화가 진행되는 동안 학생의 반응과 횟수에 기준을 두고, 일정한 수의 행동을 한 다음 한 번씩 강화하는 것이다.

【정답】 ③

15. 영희의 행동특징을 피아제(J. Piaget)의 인지발달 이론에 기초하여 파악한 교사가 영희의 발달단계에 맞게 지도한 교수활동이라고 할 수 <u>없는</u> 것은? <2010. 초등>

> 영희는 요즘 들어 물건 정리에 재미를 붙인 듯하다. 학급문고의 책들을 위인전과 동화책으로 나누어 다른 칸에 꽂더니 곧 위인전은 두꺼운 순서대로, 동화책은 표지의 색깔별로 정리하고 있다. 책 정리 다음에는 친구들의 연필을 모두 모아서 길이대로 늘어놓는다.

① 교실과 교무실의 크기를 비교하게 한 후, 면적의 차이를 가르쳤다.
② 친척이라는 추상적인 개념은 가계도 그림 자료를 활용하여 설명하였다.
③ 오징어와 문어의 그림을 보고 공통점과 차이점을 설명해 보도록 하였다.
④ 감추기-찾기 놀이를 통해 눈에 보이지 않는 물건도 세상에 존재함을 알게 하였다.
⑤ 지도에 경계선을 그려 가며 서울의 행정구역 단위인 구(區)와 동(洞)의 포함관계를 가르쳤다.

【해설】 영희는 구체적 조작기에 해당한다. 감추기-찾기 놀이를 통해 눈에 보이지 않는 물건도 세상에 존재함을 알게 한 교수방법은 감각운동기의 대상영속성 획득을 위한 교수방법이다. 대상영속성이란 우리 자신을 포함하는 모든 대상들이 독립적인 실체에 존재하며, 대상이 한 곳에서 다른 곳으로 옮겨지더라도 또는 시야에서 사라지더라도 다른 장소에 계속 존재한다는 사실에 대해 인지할 수 있음을 의미한다.

【정답】 ④

16. 다음 세 교사의 견해를 설명할 수 있는 동기이론들이 옳게 연결된 것은? <2010. 초등>

> 이 교사: 학생들이 새로운 일을 해야 할 때, 그 일을 잘해낼 수 있는가뿐만 아니라 그 일이 본인에게 얼마나 중요한가에 따라서도 동기 수준이 달라지는 것 같아요.
>
> 최 교사: 학생들은 자율적이고 싶어 해요. 자신의 행동을 스스로 통제하고 조절할 수 있다는 믿음에 의해서 동기가 유발되는 것이지요.
>
> 윤 교사: 실수를 해도 새로운 일에 도전하고 그 일을 하면서 느끼는 성취감이 중요하다고 생각하는 학생들이 있는 반면, 어떤 학생들은 점수도 점수지만 항상 친구들과의 비교를 주요하게 생각하더군요.

	이 교사	최 교사	윤 교사
①	귀인 이론	목표지향성 이론	기대－가치 이론
②	귀인 이론	욕구위계 이론	목표지향성 이론
③	기대－가치 이론	자기 결정성 이론	목표지향성 이론
④	기대－가치 이론	욕구위계 이론	자기 결정성 이론
⑤	목표지향성 이론	자기 결정성 이론	기대－가치 이론

【해설】 기대 가치 이론은 목표를 달성할 수 있는 확률과 목표에 대해 부여하는 가치에 따라 행동이 결정된다는 것이다. 자기 결정성 이론은 자신의 환경을 어떻게 선택하고 결정할 것인가에 중점을 두고 동기를 부여하는 것으로 자신의 모든 욕구가 충족되더라도 자신이 선택할 수 없으면 만족을 느끼지 못한다고 주장한다. 목표지향성 이론은 학생들이 성취행동을 수행하는 의도는 목표지향성에 있다는 것이다.

【정답】 ③

17. 음식 만들기 수업에 교사가 적용한 교수 기법 중 정보처리이론과 관련이 깊은 것을 <보기>에서 모두 고른 것은? <2010. 중등>

> **〈보기〉**
>
> ㄱ. 자료를 제시하고 요리법을 설명하면서 중요한 부분에 밑줄을 그어 주의를 유도하였다.
>
> ㄴ. 음식을 만드는 데 필요한 재료 목록을 제시하고 유사한 항목끼리 묶어 기억하도록 하였다.
>
> ㄷ. 음식을 만드는 주요 과정을 랩 가사로 만든 후 학생이 익숙한 노래 가락에 맞추어 부르게 하였다.
>
> ㄹ. 음식 만들기를 성공적으로 수행한 학생에게는 자신이 평소 하고 싶었던 게임을 하도록 허용하였다.

① ㄱ, ㄴ　　② ㄴ, ㄹ　　③ ㄷ, ㄹ
④ ㄱ, ㄴ, ㄷ　　⑤ ㄱ, ㄷ, ㄹ

【해설】 문제는 정보의 습득과 저장, 활용을 촉진시킬 수 있는 과정들 또는 단계인 학습방략의 올바른 사용에 대해 묻고 있다. 학습 방략은 일반적으로 주의집중, 시연, 정교화, 조직화, 정의적 방략으로 나눌 수 있다. 'ㄹ'은 프리맥 강화와 관련 깊은 교수기법이다.

【정답】 ④

18. 다음은 효과적인 질문기법에 관한 일련의 연구 결과들에서 도출한 내용이다.

> 질문할 때 교사는 자주 질문하되, 가능한 한 모든 학생을 골고루 호명하여 소수 학생이 응답 기회를 독점하지 않게 해야 한다. 또한 질문을 먼저 하되 응답할 학생을 호명하기 전과 후에 잠시 침묵하여 생각할 수 있는 시간을 주어야 하며, 학생을 적절히 격려하여 참여를 유도해야 한다. 그러나 질문 내용이 기초 기능의 연습에 관련된 것이라면 대답은 빠를수록 좋다.

위 내용에 근거해서 판단할 때, 수업 상황에서 교사가 바르게 사용한 질문 전략을 <보기>에서 모두 고른 것은? <2010. 중등>

───────────────── 〈보기〉 ─────────────────
ㄱ. 주 교사: 학생들에게 간단한 암산 문제를 제시하고 가급적 빠른 시간 내에 대답하도록 하였다.
ㄴ. 장 교사: 만유인력의 법칙에 대해 질문하고 호명한 학생이 당황하여 대답을 못 하자 안심시킨 후 좀 더 알아듣기 쉽게 질문하였다.
ㄷ. 조 교사: 지구과학 수업 중 질문하기 전에 먼저 한 학생을 지목하여 일어서게 한 후, 지층의 형성 과정에 관해 질문하고 설명하게 하였다.
ㄹ. 정 교사: 특수한 역사적 사건의 의의에 관해 질문하고 잠시 학생들에게 생각할 시간을 준 다음, 학생들을 한 명씩 호명하여 각자의 생각을 말하게 하였다.

① ㄱ, ㄴ　　② ㄴ, ㄷ　　③ ㄷ, ㄹ
④ ㄱ, ㄴ, ㄹ　　⑤ ㄱ, ㄷ, ㄹ

【해설】 효과적인 질문기법에 의하면 조교사는 지층의 형성 과정에 관해 질문을 한 후, 한 학생을 지목하여 설명하게 하는 것이 바람직하다. 이처럼 질문 전에 학생을 호명하는 것보다 질문한 후 학생을 지목하는 것이 더 효과적인 이유는 질문 전에 특정 학생을 지명하여 질문하면 다른 학생들은 질문에 대해 대답할 필요성을 느끼지 못하기 때문이다.

【정답】 ④

19. 다음은 피아제(J. Piaget) 인지발달이론의 형식적 조작 단계에서 나타나는 사고의 특징을 설명한 것이다. 이를 가장 잘 나타내는 개념은? <2010. 중등>

○ 구체적인 경험과 관찰의 한계를 넘어서, 제시된 정보에 기초해서 내적으로 추리한다.
○ 사고에 대한 사고, 즉 메타사고(meta-thinking)의 과정을 통해 자신의 사고 내용에 대해 숙고하는 과정이다.
○ 문제를 해결하는 과정에서 기존의 지식을 새로운 장면에 쉽게 적용하거나 새로운 지식을 창조하는 일에 깊이 관여한다.
○ '할아버지와 할머니의 관계는 아버지와 어머니의 관계에 해당한다'와 같이 대상들 간의 관계를 유추하는 과정에서 작용한다.

① 자동화(Automatization)
② 탈중심화(Decentration)
③ 명제적 사고(Propositional Thinking)
④ 반성적 추상화(Reflective Abstraction)
⑤ 가설연역적 추론(Hypothetic-Deductive Reasoning)

【해설】 자동화는 자각이나 의식적인 노력 없이 수행할 수 있는 정신적 조작이며, 탈중심화는 자기중심적인 사고와 언어로부터 사회화된 언어로 발달하게 되는 것을 의미한다. 명제적 사고는 대상을 통해 일반적인 명제를 생각해 내는 것이며, 가설연역적 추론은 문제해결을 위해 가설을 세우고, 연역적 사고를 전개해 나가는 것을 의미한다.
【정답】 ④

20. 청소년기의 심리적 발달 특징에 대한 학자들의 견해를 잘못 기술한 것은? <2010. 중등>

① 안나 프로이드(A. Freud)는 청소년기를 정서적 갈등과 별난 행동으로 특징지어지는 심리적 불안정의 시기라고 가정하였다.
② 해비거스트(R. Havighurst)는 부모나 다른 성인으로부터 정서적으로 독립하는 일을 청소년기 발달 과업 중 하나로 제시하였다.
③ 에릭슨(E. Erikson)은 심리사회적 발달이론에서 정체감 위기를 겪고 있는 청소년들의 지배적인 심리상태를 심리적 유예라고 명명하였다.
④ 셀만(R. Selman)은 조망수용이론에서 형식적 조작 과제를 통과한 청소년들의 조망수용 능력이 사회정보적 조망 수준에 머물러 있다고 설명하였다.
⑤ 엘킨드(D. Elkind)는 청소년기에 나타나는 자아중심적 사고의 특징을 상상적 청중(imaginary audience)과 개인적 우화(personal fable)로 기술하였다.

【해설】 셀만의 조망수용이론에서 사회정보적 조망수준의 학생들은 구체적 조작의 시작단계에 있다고 할 수 있다.

【정답】④

21. 다음 실험 결과들에 공통적으로 관계되는 인지학습이론은? <2010. 중등>

○ 피험자들에게 '○-○'와 같은 모호한 형태의 그림을 보여주면서 '안경과 비슷하다'라는 말을
했을 때, 피험자들은 회상 검사에서 안경을 닮은 그림을 더 많이 그렸다.
○ 두 집단의 피험자에게 '집에 관한 글'을 제시하고 각각 '주택 구입자'의 관점과 '좀도둑'의 관
점에서 읽도록 했을 때, 두 집단의 피험자가 기억한 내용은 서로 달랐다.
○ 음악 전공 학생들과 체육 전공 학생들에게 '카드 게임'이나 '즉흥 재즈 연주'로 해석할 수 있
는 이야기를 들려주었을 때, 음악 전공 학생들은 즉흥 재즈 연주로 이해한 반면에 체육 전공
학생들은 카드 게임으로 이해했다.

① 통찰이론(insight theory)
② 도식이론(schema theory)
③ 초인지이론(metacognition theory)
④ 신경망이론(neural network theory)
⑤ 이중부호화이론(dual coding theory)

【해설】 독식이론에서는 모든 사람이 조직화된 정신적 정보체계를 가지고 있으며 그것에 의해 경험
을 지각하고 조직화한다고 보고 있다. 도식이론은 개인이 이미 아는 것의 적용을 강조하기
때문에 인지이론가와 교육자에게 중요한 의미를 지닌다.
【정답】②

22. 에릭슨(E. Erikson)의 인성발달 이론에 근거할 때 (가)와 (나)에 들어갈 말로 가장 적합
한 것끼리 짝지은 것은? <2011. 초등>

'근면성 대 열등감' 단계의 아동은 지금까지의 가정이나 유치원 이외의 더 큰 세계로 나아가면서
인지적·사회적 능력의 개발이라는 새로운 과제에 직면하게 된다. 학업뿐만 아니라 또래 및 성인
과의 상호작용에서 근면성을 발휘하게 되면 (가)를 갖게 되는 반면, 이들 과제 수행에 어려움을
겪거나 실패하면 열등감을 갖게 될 수 있다. 이 단계의 심리 사회적 위기를 잘 극복한 아동은 긍
정적인 자아개념을 획득하고 (나)를 갖게 되어 능동적이고 활발한 성격을 형성하게 된다.

(가)   (나)
① 자신감   유능감
② 자신감   의지력
③ 자율성   신뢰감
④ 자율성   의지력
⑤ 친밀감   유능감

【해설】 에릭슨의 인성발달 이론은 인간의 전 생애에 걸친 발달과 자아정체감 확립의 중요성을 강조한 이론이다. 성격발달단계를 8단계로 나누어 학동기에 해당되는 학생들에게는 다양한 기회를 제공해 주고 이를 성실히 해결할 수 있도록 칭찬을 해 준다면, 근면성이 발달하게 된다. 그러나 어떤 과업을 성취할 기회를 갖지 못하거나 학습이나 과업을 완수하는 데 거듭 실패하거나 또는 성취결과에 대해서도 격려나 칭찬을 받지 못하고 귀찮은 존재로 취급당하면 열등감을 형성하게 된다. 이렇게 형성된 열등감으로 인해 학생들은 성취욕과 자신감이 없고 학습의욕도 잃게 된다.

【정답】①

23. 지능에 관련된 설명으로 옳은 것을 <보기>에서 모두 고르면? <2011. 초등>

ㄱ. 플린효과(flynn effect)란 인간의 지능검사 점수가 해를 거듭할수록 점차 낮아지는 세계적인 경향을 말한다.
ㄴ. 가드너(H. Gardner)의 다중지능 이론에서는 여러 지능들이 상호 독립적이며 각각의 상대적 중요성이 동일하다고 가정한다.
ㄷ. 카텔(R. Cattell)의 결정성 지능(crystallized intelligence)이란 환경적·문화적·경험적 영향에 의해 발달하는 지능으로, 자신의 학습과 경험을 적용하여 획득한 능력을 말한다.
ㄹ. 스턴버그(R. Sternberg)의 삼원지능 이론에서 창의적 지능이란 현실 상황에 적응하거나 상황을 선택, 변형하는 능력으로, 일상의 문제해결 능력이나 사회적 유능성과 같은 지능을 말한다.

① ㄱ, ㄴ   ② ㄴ, ㄷ   ③ ㄷ, ㄹ
④ ㄱ, ㄴ, ㄷ   ⑤ ㄴ, ㄷ, ㄹ

【해설】 플린효과는 인간의 지능검사 점수가 해를 거듭할수록 점차 높아지는 세계적인 경향을 말하고, 스턴버그의 창의적 지능은 비교적 새로운 문제를 해결하고, 정보처리과정을 신속하게 자동화시키는 능력이며, 실천적 지능은 현실상황에 적응하거나 환경을 선택하고 변형하는 능력이다.

【정답】②

24. 다음과 같은 견해에 가장 부합하는 학습동기 이론은? <2011. 초등>

학생들의 자율성, 유능감, 관계 유지 욕구를 자극하고 충족시키면 그들의 내재적 동기가 높아진다. 학생들은 자신이 외재적 보상을 받거나 처벌을 피하기 위해서가 아니라 자신의 의지에 의해 그러한 행동을 한다고 믿고 싶어 한다. 학생들은 과제 자체에 대한 흥미 때문에 특정한 과제를 수행하는 경우도 있지만, 외재적 보상 때문에 시작한 행동이 점차 내면화되어 결국 외재적 보상이 없어도 그러한 행동을 지속하는 경우가 많다.

① 귀인 이론   ② 성취목표 이론   ③ 욕구위계 이론
④ 자기 효능감 이론   ⑤ 자기 결정성 이론

【해설】 자기 결정성 이론은 사람들은 자율적인 존재로서 어떤 외부적인 이유 때문에 행동하기보다 자기 자신의 의지에 따라 행동하기를 원하는 선천적인 욕구가 있다는 것이다. 또한 자기 자신을 행동의 원인으로 인식하는가 아니면 외부요인 때문에 행동하는 것으로 인식하는가에 따라 행동의 원인을 내적·외적 소재로 나누고 사람들은 원인의 소재가 내부에 있을 때 동기 유발이 더 잘되고, 행동을 적극적으로 수행하려고 한다고 본다.

【정답】 ⑤

25. 가드너(H. Gardner)의 다중지능이론과 스턴버그(R. Sternberg) 의 성공지능이론의 공통점을 <보기>에서 고른 것은? <2011. 중등>

〈보기〉

ㄱ. 인간의 지능을 사회 문화적 맥락을 고려하여 이해한다.
ㄴ. 지능의 작용 과정보다는 지능의 독립적 구조를 밝히는 데 주력하고 있다.
ㄷ. 지능의 개념 정의에서 전문성(developingexpertise)과 지혜(wisdom)가 중시된다.
ㄹ. 학교 수업과 평가는 학생의 강점 지능을 활용하고 약점 지능을 교정, 보완하는데 초점을 맞추어야 한다고 강조한다.

① ㄱ, ㄴ   ② ㄱ, ㄹ   ③ ㄴ, ㄷ
④ ㄴ, ㄹ   ⑤ ㄷ, ㄹ

【해설】 스피어만, 서스톤, 가드너의 지능이론은 개인의 지능, 즉 능력의 내용이 어떻게 서로 다른가를 기술하는 경향이 있다. 반면에 스턴버그의 성공지능이론은 지능에 대한 인지적 접근으로, 모든 사람에게 공통적으로 나타나는 사고과정을 강조한다. 즉 '인간은 정보를 어떻게 모으고 사용하여 문제를 풀고 지적으로 행동하는가?'에 관심을 가진다.

【정답】 ②

V. 교육의 사회학적 기초

1. 교육사회학의 개념

교육사회학은 사회학적 지식과 연구방법을 교육현상의 연구에 응용하려는 노력에서부터 시작되어 교육현상을 과학적인 방법으로 연구하는 학문으로 발전되어 왔다(한은숙·김종두, 2008). 따라서 교육사회학은 사회학의 과학적 연구방법에 의해 교육현상을 연구하는 학문이라 할 수 있다(Parelius & Parelius, 1978). 즉 교육사회학은 교육의 기능 및 현상을 사회학적으로 파악하려는 학문으로서 교육현상을 이해하려고 하며 유동적인 교육현상에 동원되는 집단, 집단 간의 이해관계, 집단체제의 영향력, 교육과정, 교사와 학생과의 관계와 기능을 이론적·경험적으로 파악하는 학문이다(강갑원 외, 2006).

특히, 교육사회학의 개념은 교육학으로 보는 관점보다 사회학으로 보는 관점이 더 강하게 나타날 때 교육체제와 교육의 과정에서 발생하는 집단의 관계를 사회학적 지식, 기술, 방법 등을 이용하여 연구하는 학문이라 할 수 있다(조영일, 2003). 즉 교육사회학은 교육과 사회와 인간의 관계를 설명하는 학문으로서 교육의 사회적 구조와 기능을 지적으로 탐구하는 행위라 할 수 있다(한상길 외, 2007).

한편, 교육사회학은 사회학의 지식을 교육실천을 응용하려는 실천지향적 교육사회학으로부터 교육현상에 대한 객관적 지식을 발견해 내려는 사회학지향적 교육사회학으로 발전해 왔다. 즉 실천지향적 교육사회학은 교수-학습활동을 효율적으로 전개하도록 구체적 지침이나 원리, 방법 등을 제시하였지만, 사회학지향적 교육사회학은 교육관련 활동 및 행위에 관해 설명하고 기술하면서 이론을 형성하였다(한상길 외, 2007).

지금까지 살펴본 것처럼, 교육사회학은 사회학에서 발견된 지식, 원리, 연구방법 등을 통해 교육현상분석이나 교육의 과정을 이해하려는 학문으로서, 교육과 인간, 집단, 조직 및 문화 등과의 상호관련성을 연구한다(강갑원 외, 2006). 이러한 교육사회학의 주요 연구내용은 교육과 평등, 학교사회와 학업성취, 교육정책과 제도, 공교육의 문제와 교육개혁, 교육사회학이론, 교육열, 청소년 문제, 페미니스트, 교사교육, 진로교육, 정보화 사회, 평생교육, 가족구조·관계, 교육과정 사회학, 민주시민교육, 문화·환경교육, 통일교육 등 (김경식·안우환, 2003)으로 제시할 수 있는데, 영역별 내용은 <표 V-1>과 같다.

〈표 Ⅴ-1〉 교육사회학의 연구 내용

영역	연구 내용
교육에 영향을 미치는 사회적 요인	사회와 가정, 대중매체, 동배집단, 사회계층, 계층문화, 문화실조, 사회변동
사회에 미치는 교육의 영향	가치관, 교육과 국가 발전 또는 사회 발전, 사회 이동, 계층 이동, 사회 통합, 사회교육, 인구 및 환경 교육, 지역사회와 학교, 교육의 사회적 목적
학교집단 또는 교육제도 영역	교육이념, 학교사회, 교육제도, 교육정책, 교사와 행정가의 관계, 교사집단, 교사의 사회적 역할, 교사와 학생의 상호작용
교육과 사회 정의	교육의 기회 균등, 교육과 평등
기타 교육사회학적 연구 과제	평생교육, 청소년 문제, 근대화

자료: 조영일(2003). 『새로운 접근의 교육학개론』. 교육과학사. 재구성.

2. 교육사회학의 이론

가. 기능주의 이론

기능주의 이론은 콩트(Comte)와 스펜서(Spencer)에 의해 이론적인 기초가 형성된 이후 뒤르켐(Durkheim)과 파슨스(Parsons)에 의해 포괄적인 사회학이론으로 정립되어 구조기능주의 이론, 합의이론, 질서이론, 균형이론 등으로 불린다(조영일, 2003). 이러한 기능주의는 구조와 기능, 통합, 안정, 합의 등 <표 Ⅴ-2>와 같이 4가지로 설명할 수 있다(김운삼, 2003).

〈표 Ⅴ-2〉 기능주의의 기본 입장

구분	연구 내용
구조와 기능	• 사회는 많은 부분으로 구성되며 이들 부분은 각 사회의 사회구조를 이룸 • 사회의 존속이 사회의 제도규범 및 사회적 역할에 의해 어떻게 충족되는가에 관심을 가짐
통합	• 사회의 각 부분들이 동등하며 보완적인 관계 유지 • 사회구조의 여러 요소들이 전체 사회체제의 유지를 위해 함께 활동하는 방법 강조
안정	• 급진적 변동보다 상대적인 사회적 안정 유지 • 변화보다는 안정 추구
합의	• 중요한 지각, 감정, 가치, 신념에 대한 일반적인 합의

특히, 기능주의 이론에서 학교교육의 목적은 본질적으로 기존 사회의 질서유지와 변화하는 사회에 적응하기 위한 사회화 과정에 있기 때문에, 학교교육의 기능도 재능 있는 사람들을 분류하고 선발하는 합리적인 방법을 사회에 제공하여 업적주의 사회의 기반을 확립하는 데 기여하고 있다(한상길 외, 2007).

한편, 기능주의 이론의 입장에서 교육의 사회적 기능을 살펴보면, 문화 전달 기능, 사회 혁신 기능, 사회 통합 기능, 사회 충원 기능, 사회 이동 기능 등 <표 Ⅴ-3>과 같이 다섯 가지로 구분할 수 있다(이형행, 2007).

<표 V-3> 교육의 사회적 기능

구분	연구 내용
문화전달	·사회화 기능, 사회적응 기능, 사회유지 기능 포함 ·사회가 공인하는 언어, 사고, 감정, 태도, 지식, 가치관, 행동양식 등을 사회구성원들이 계승
사회혁신	·계획적인 사회변화 촉진 ·기존의 문화 개혁, 새로운 문화 창조
사회통합	·공통된 사회의식과 사회의 총의 형성 ·독자성과 고유의 기능을 유지하면서 전체적인 조화 형성
사회충원	·학생의 능력, 적성, 흥미에 맞는 인력 선발, 배치
사회이동	·상하계층으로 이동하는 수직적 이동 ·직종이나 지역적으로 이동하는 수평적 이동

또한, 기능주의 이론에서 주장하는 학교교육의 특징을 살펴보면 <표 V-4>와 같다(강갑원 외, 2006).

<표 V-4> 기능주의 이론의 학교교육 특징

구분	특징
교육목적	·공민성 계발
학생선발	·재능 있는 사람 분류 및 선발
교육내용	·교육내용 구성의 과학성과 객관성, 조직성 강조 ·교육내용, 교육평가, 교육목표의 보편성 및 학업성취도 측정 강조
교육결과 분배	·학업성취도에 따른 직업분배 ·학교졸업장은 노동시장의 신용장

그러나 기능주의 이론은 통합성과 합의성을 지나치게 강조함으로써 개인과 집단 간의 대립과 갈등을 무시하고 변화와 개혁보다 현상유지를 지지하며 학교교육의 규격화 및 공식화를 초래하였다(한은숙·김종두, 2008).

대표적인 기능주의 이론은 Durkheim, Parsons, Dreeben 등의 교육기능론, Schultz, Becker, Harbison, Myers, Walker 등의 인간자본론, McClelland, Inkeles, Smith 등의 근대화 이론 등으로서 이들 이론들은 거시적인 관점에서 교육과 사회의 관계를 낙관적으로 설명하였고, 사회의 속성을 구조, 기능, 합의 안정으로 파악하였으며, 능력에 따른 사회적 희소가치의 분배를 강조하였다(김병희 외, 2008).

나. 갈등주의 이론

갈등주의 이론은 마르크스(Marx), 베버(Weber) 등을 중심으로 등장하여 사회의 강제적인 본성과 사회 변화에 역점을 두고 사회를 개인 및 집단 간의 끊임없는 경쟁과 갈등의 연속으로 보았다(한은숙·김종두, 2008). 이러한 갈등주의는 갈등, 변동, 강압 등 <표 V-5>와 같이 3가지로 설명할 수 있다(김운삼, 2003).

〈**표 V-5**〉 갈등주의의 기본 입장

구분	연구 내용
갈등	• 사회의 주도권을 언제나 지배계층이 독점하기 때문에, 소외되는 피지배계층과 필연적인 갈등국면 발생 • 사회주도권을 위한 권력투쟁의 과정을 통해 새로운 사회 질서의 원동력
변동	• 갈등의 결과로 얻어지는 사회의 구조 변화 • 변동의 목표는 사회체제의 파괴 및 새로운 질서 구축
강압	• 지배계층이 변동을 추구하는 피지배계층에게 사용하는 수단

특히, 갈등주의 이론의 특징은 사회의 변화지향성, 불일치와 갈등, 급진적이고 비약적인 사회변화, 경쟁적이며 대립적인 사회 집단 관계, 지배집단의 이익에 봉사, 평등분배를 위한 재구조화 강조 등이다(이종각, 1996). 이러한 갈등주의 이론에서 주장하는 학교교육의 특징을 살펴보면 <표 V-6>과 같다(강갑원 외, 2006).

〈**표 V-6**〉 갈등주의 이론의 학교교육 특징

구분	특징
교육목적	• 인간성 회복
학생선발	• 능력주의적 원칙은 이론적인 허구
교육내용	• 특정 계층의 문화내용
교육결과 분배	• 자본주의 생산양식에 필요한 기술적, 지적 기능의 재생산, 경제적 불평등 정당화

그러나 갈등주의 이론은 갈등과 세력 경쟁을 지나치게 강조함으로써 교육이 사회적 결손력을 높이고 국가적 공동체 의식을 높이는 데 기여하는 점을 과소평가하고 있으며, 교육선발의 불평등 요소를 너무 강조함으로써 학교교육을 통한 능력과 재능의 선별을 제대로 인정하지 않으며 사회적 상승이동에 기여한 학교교육도 인정하지 않고 있다(한은숙·김종두, 2008).

대표적인 갈등주의 이론은 Bowles, Gintis, Althusser, Carnoy 등의 사회재생산이론, Bourdieu, Bernstein의 문화재생산이론, Collins 등의 지위집단이론, Illich, Reimer, Silberman 등의 급진적 학교개혁론 등으로서 이들 이론들은 거시적 관점에서 학교교육을 사회불평등 재생산기제로 설명하였고, 학교교육의 목적으로 인간성 회복을 강조하였으며, 현대사회를 자본주의적 모순에 의한 불평등사회로 정의하였다(김병희 외, 2008).

다. 신교육사회학

신교육사회학은 미시적 관점에서 학교의 교육내용 자체에 연구의 중점을 두고, 현상학적 시각에서 진행되는 교육의 과정을 연구하여 교육사회학의 연구를 새로운 방향으로 촉진하자는 것이다(한은숙·김종두, 2008). 즉 신교육사회학은 지식을 한 사회의 시대상 및 사회상과 관련지어 논의하는 지식사회학적 관점에서 출발한 것으로 지식이 역사적·사회적 산물이며, 그 존재 조건에 영향을 받아 정당화되고 있기 때문에, 학교 지식 역시 중립적인 것이 아니라, 어떤 집단의 신념이나 관점을 반영하고 있는 사회적 산물 중에서 선택된 것으로 보고 있다(조영일, 2003).

3. 사회화와 교육

사회화는 한 사회의 문화가 개인에게 내면화되는 것을 의미하는데, 개인이 자기가 소속해 있는 사회집단의 행동양식, 가치관, 규범과 같은 문화를 학습하여 내면화하고 자기 자신의 독특한 개성과 자아를 형성하는 과정을 말한다(한은숙·김종두, 2008). 이러한 사회화를 담당하는 기관은 가정, 학교, 또래집단, 대중매체 등으로 <표 Ⅴ-7>과 같이 구분할 수 있다(강갑원 외, 2006).

〈표 Ⅴ-7〉 사회화 기관

구분	특징
가정	·부모, 형제, 자매 등의 모방을 통한 행동 ·부모의 행동에 대한 관찰, 부모와의 동일시
학교	·태도, 가치, 기능 습득 및 동료들과의 비공식적 상호작용이나 교사 또는 상급생들과의 관계를 통해 사회적 역할 습득
또래집단	·동등한 관계 유지, 동료관계 경험 ·수평적이며 자유로운 의사소통
대중매체	·모방, 역할 학습의 방법, 자아 형성의 방법

4. 평등과 교육

1960년대 이후 교육기회균등은 교육평등, 즉 교육기회에 대한 만족이 교육평등에 대한 만족으로 의식의 변화가 이루어지고 있다(이종각, 1996). 이러한 교육평등관을 교육기회의 허용적 평등, 교육기회의 보장적 평등, 교육조건의 평등, 교육결과의 평등 등 네 가지로 구분하면 <표 V-8>와 같이 요약할 수 있다(김병희 외, 2008).

〈표 V-8〉 교육평등의 유형

구분		특징
기회의 평등	교육기회의 허용적 평등	· 허용적 평등관에 기초하여 교육받을 기회가 모든 사람에게 동등하게 주어져야 한다는 것 · 누구나 원하면 능력에 따라 교육의 기회 허용
	교육기회의 보장적 평등	· 경제적 능력이 없는 계층의 자녀가 계속적으로 교육을 받을 수 없어 포기하는 경우에 장애를 제거해 줌으로써 교육평등을 보장해 주는 것
내용의 평등	교육조건의 평등	· 학교의 시설, 교사의 자질, 교육과정 등의 차이에서 오는 불평등의 문제를 해결하기 위해 차이가 없도록 하는 것
	교육결과의 평등	· 교육성취에 대한 결과가 같지 않으면 불평등하기 때문에, 학업성취가 낮은 학생에게 더 많은 시간과 노력이 투자되어 교육의 결과를 평등하게 하는 것

교육의 사회적 기초 기출문제 풀이

1. 번스타인(B. Bernstein)의 '보이는 교수법(visible pedagogy)'과 '보이지 않는 교수법(invisible pedagogy)'에 대한 설명으로 잘못된 것은? <2008. 초등>

① 전통적인 지식교육은 '보이는 교수법'에 해당한다.
② '보이는 교수법'은 강한 분류와 강한 구조를 특징으로 한다.
③ '보이지 않는 교수법'에서는 놀이와 공부를 엄격히 구분한다.
④ 두 교수법 사이의 갈등은 신-구 중간계급 사이의 갈등을 반영하고 있다.

【해설】 전통적인 교육은 보이는 교수법에 의해 이뤄지며 학습내용 상의 위계질서가 뚜렷하며, 전달 절차의 규칙이 엄격히 계열화되어 있으며, 학습내용의 선정준거가 명시적이다. 번스타인의 용어로 표현하면 전통적인 지식교육은 강한분류와 강한구조로 표현된다. 따라서 배울 만한 가치 있는 내용과 그렇지 못한 내용이 명백하게 구분된다. 예컨대 공부와 놀이의 구분을 들 수 있다. 번스타인에 따르면 보이지 않는 교수법에 의한 열린교육은 보이는 교수법에 의한 전통적인 지식교육과 마찰을 일으킨다. 이러한 교수법에서의 갈등은 단순한 교육관의 차이에서 비롯된 것이 아니라 계급 간의 갈등, 즉 구중간계급과 신중간계급의 갈등에서 비롯된다.
【정답】 ③

2. 다음 내용에 나타난 교육사회학적 관점은? <2008. 중등>

> 교육은 기계에 맞는 톱니바퀴를 만드는 것이 아닙니다. 삶의 방식은 개인의 선택에 따르는 것으로 매우 다양합니다. 성적이 부진하더라도 그것을 중요한 문제로 삼을지는 학생의 인식에 달려 있습니다. 학생이 학업성적의 가치를 높게 인식하면 열심히 공부할 것이고, 그렇지 않다면 다른 가치 있는 활동에 전념할 것입니다. 교사가 할 일은 학생 자신이 상황을 어떻게 인식하는가에 따라서 사회적 현실이 달라진다는 생각을 갖게 하고, 그에 대한 책임을 다하도록 학생을 격려하는 것입니다.

① 갈등론적 관점   ② 급진론적 관점
③ 구조기능론적 관점   ④ 상호작용론적 관점

【해설】 상호작용론에서는 인간은 상황을 주관적으로 해석하여 의미를 부여하고, 그것에 따라 능동적으로 자신의 행위를 조종하는 주체라고 본다. 따라서 상호작용의 과정은 성격상 각각의 행위자가 상대방이 하는 행위의 의미를 해석하고, 행위의 상황규정을 내리고 그에 맞추어 스스로 행위경과를 조정하면서, 상대방에게 자신의 의미를 제시하는 역동적인 과정이라고 할 수 있다.
【정답】 ④

3. 콜만(J. S. Coleman)의 사회자본(social capital)과 인적자본(human capital)의 개념에 기초하여, 철수네 가정의 인적자본과 사회자본의 강약 정도를 바르게 제시한 것은? <2008. 중등>

철수는 서울 중심지의 작은 셋집에서 다섯 식구와 함께 살고 있는 중학교 2학년생이다. 부모님의 학력은 중졸이고 수입은 넉넉하지 않지만 화목한 가족 관계는 이웃의 모범이 될 정도이다. 철수는 반에서 1등을 놓친 적이 없으며, 작년에는 전국 수학경시대회에서 금상의 영예를 안았다.

① 인적자본과 사회자본이 모두 강하다.
② 인적자본과 사회자본이 모두 약하다.
③ 인적자본은 약하지만 사회자본은 강하다.
④ 인적자본은 강하지만 사회자본은 약하다.

【해설】 인간자본이란 부모의 교육수준으로 측정되며, 학생의 학업을 돕는 아동의 인지적 환경을 제공한다. 경제자본이란 가족의 부나 소득으로 측정되며, 학생들의 학업성취를 도울 수 있는 물적 자원을 의미한다. 사회자본이란 가족들 기준으로 안과 밖의 자본으로 구분된다. 먼저 가족 내의 사회자본은 부모와 자식 사이의 관계를 의미하며, 가족 외의 사회자본은 부모들이 가정 밖에서 맺고 있는 사회적 관계의 전체를 의미한다.
【정답】 ③

4. 다음은 미국 존슨 대통령이 하워드 대학에서 한 연설의 일부이다. 이 연설의 취지에 부합하는 교육정책은? <2008. 중등>

오랫동안 쇠사슬에 묶였던 사람들을 갑자기 풀어 준 뒤, '맘대로 뛰어 보라'며 달리기 출발선에 세운다면 그것은 공정한 교육정책이 아니다.

① 대학의 기여입학제 허용
② 협약학교(charter school) 도입
③ 농어촌 자녀 특별전형제도 확대
④ 지방교육자치제도 실시 범위 확대

【해설】 보기에서 강조하고 있는 것은 보상적 평등이다. 이는 능력이 다른 여러 사람들을 같은 수준이 되도록 각각 도와준 뒤 모두 함께 출발해야 한다는 출발점에서의 평등을 추구한다. 이와 관련된 교육정책으로는 농어촌 자녀 특별전형제도의 확대를 들 수 있다.
【정답】 ③

5. 보울스(S. Bowles)와 긴티스(H. Gintis)의 대응이론(correspondence theory)에서 바라본 교육과 노동의 사회적 관계에 대한 설명으로 옳지 <u>않은</u> 것은? <2008. 중등>

① 학생과 노동자는 각각 학습과 노동으로부터 소외되어 있다.
② 학교에서의 성적 등급은 작업장에서의 보상 체제와 일치한다.
③ 작업장에서의 사회적 관계는 학교에서의 사회적 관계에 그대로 반영되어 있다.
④ 지식의 단편화와 분업을 통해서 학생과 노동자의 임무가 효율적으로 확장된다.

【해설】 보울스와 긴티스는 마르크스의 상부-하부 구조관계에 대한 명제를 그대로 받아들여 교육의 구조가 생산관계에 기초한 사회구조를 반영한다고 주장하면서 재생산이 이뤄지는 과정을 대응의 원리로 설명하고 있다. 대응이론에 따르면 분업을 통해 노동자의 임무가 제한되고 단결이 저해되는 것처럼 지식의 전문화와 단편화 및 과도한 경쟁을 통해 학생의 임무가 제한되고 단결이 제한된다고 본다.
【정답】 ④

6. 낙인이론(labeling theory)에 관한 설명 중 옳지 <u>않은</u> 것은? <2008. 중등>

① 낙인은 추측→고정화→정교화의 순서로 이루어진다.
② 낙인의 주요 요인에는 성, 인종, 외모, 경제적 배경 등이 있다.
③ 낙인에 따른 교사의 차별적인 기대는 학생의 자기 지각에 영향을 준다.
④ 낙인이론은 학교에서 교사와 학생 간의 상호작용을 연구하는 데 활용된다.

【해설】 낙인을 붙이는 과정은 추측, 정교화, 공고화의 순서로 이뤄진다. 추측은 교사들이 처음으로 학생들을 만나 전체적으로 학습 학생들의 첫인상을 형성하는 것이고, 정교화는 학생이 실제로 첫인상에서 보여준 것과 같은지를 확인하는 것이며, 공고화는 교사가 학생들의 정체감에 대해 비교적 분명하고 안정된 개념을 갖는 것을 말한다.
【정답】 ①

7. 학교교육과 관련된 바우처(voucher) 제도에 관한 설명으로 옳은 것을 모두 고른 것은?

ㄱ. 학교와 학생이 교육성취에 관하여 상호 계약을 맺는다.
ㄴ. 경제학자인 프리드만(M. Friedman)에 의해 주장되기 시작하였다.
ㄷ. 일반 학교에서는 운영하기 어려운 특성화된 교육 프로그램을 제공한다.
ㄹ. 학부모들이 특정 학교를 선택하여 학교에 등록금 대신 쿠폰을 제출하고, 학교는 이 쿠폰을 정부의 지원금과 교환한다.

① ㄱ, ㄴ   ② ㄱ, ㄷ   ③ ㄴ, ㄹ
④ ㄱ, ㄷ, ㄹ   ⑤ ㄴ, ㄷ, ㄹ

【해설】 1950년대 중반 프리드만에 의해 주장되기 시작한 바우처 제도는 정부가 학교에 일방적으로 재정을 지원하는 것이 아니라 학부모의 교육선택을 바탕으로 간접 지원하는 방식이다. 즉 학부모들이 특정 학교를 선택하여 학교에 등록금 대신 쿠폰을 제출하고 학교는 이 쿠폰을 모아 정부의 재정과 교환하는 방식으로 일종의 수업료 쿠폰 제도이다. 이 제도는 공립과 사립을 구분하지 않고 모든 학교에 적용되었으며, 공교육을 해체할 가능성이 있다는 비판이 제기되기도 하였다.

【정답】 ③

8. 콜린스의 계층 경쟁론에 대한 설명으로 옳은 것을 고른 것은? <2009. 중등>

> ㄱ. 교육팽창의 주된 원인을 개인의 경제적 동기에서 찾고자 한다.
> ㄴ. '학교교육→생산성 향상→소득 증대'라는 합리적 인과관계를 주장한다.
> ㄷ. 학력 상승의 원인에 대한 기술기능이론의 설명에 들어 있는 모순 및 한계점을 비판한다.
> ㄹ. 고등교육의 팽창 등 학력 인플레이션이나 과잉교육 현상의 원인을 설명하는 데 관심이 많다.

① ㄱ, ㄴ   ② ㄱ, ㄹ   ③ ㄴ, ㄷ
④ ㄴ, ㄹ   ⑤ ㄷ, ㄹ

【해설】 콜린스는 교육팽창이 교육자격증이라는 문화 자본의 축적을 위한 지위 지단 간의 경쟁 때문에 일어난 현상임을 체계적으로 분석하고 있다. 학교교육을 통해 생산성이 향상되고 그로 인해 소득이 증대된다고 보는 것은 인간자본론의 관점이다.

【정답】 ⑤

9. 번스타인(B. Bernstein)이 학업성취에서 노동계급의 자녀들은 중류계급의 자녀들에 비해 불리하다고 주장한 이유로 가장 적절한 것은? <2010. 초등>

① 부모의 낮은 지적능력이 자녀들에게 유전되어 학습부진을 초래하기 때문이다.
② 부모의 교육수준이 낮아서 자녀들의 학교과제를 제대로 도와줄 수 없기 때문이다.
③ 부모가 자녀교육에 대한 관심과 열정이 부족하여 자녀와 교육적 상호작용이 부족하기 때문이다.
④ 부모의 소득수준이 낮아서 자녀들의 학습활동에 필요한 경제적 지원을 충분히 하지 못하기 때문이다.
⑤ 부모의 정교하지 못한 어법을 습득한 자녀들이 학교의 공식적 교육상황에 적응하는 데 어려움을 겪기 때문이다.

【해설】 번스타인의 학교의 언어모형과 학업성취연구에 따르면, 학교에서 지식 전달을 하는 데 주로 사용하는 언어 모형은 정교한 어법을 선호하기 때문에 이러한 언어모형을 어렸을 때부터 자연히 습득한 중산층 아동은 부모의 정교하지 못한 어법을 습득한 노동계급의 아동보다 유리한 입장에 놓이게 되며, 아울러 학업성취도 그렇지 못한 아동보다 높을 수밖에 없다고 하였다.

【정답】⑤

10. 다음 사례에 나타난 학업성취도와 가정환경의 관계를 가장 잘 설명해 주는 이론은? <2010. 초등>

> 진영이의 학업성적은 매우 우수하다. 사실 진영이의 가정은 경제적으로 어렵고, 부모님의 교육수 준도 낮은 편이다. 그렇지만 부모님이 자녀교육에 대해 관심과 열의가 높아서, 평소 진영이의 공 부를 잘 도와주는 것은 물론 대화도 자주 나눈다. 진영이는 이러한 부모님이 있어서 든든하다.

① 콜먼(J. Coleman)의 사회자본론
② 콜린스(R. Collins)의 계층경쟁론
③ 뒤르깸(E. Durkheim)의 아노미론
④ 애플(M. Apple)의 문화적 헤게모니론
⑤ 보울즈와 긴티스(S. Bowles & H. Gintis)의 대응이론

【해설】 콜먼은 자녀의 성장과 학업성취에 영향을 미치는 가정배경을 세 가지 요소로 제시하였다. 경 제적 자본은 가족의 소득수준에 의해 결정되는 자녀에 대한 부모의 물질적 지원능력을 말하 고, 인간자본은 부모의 교육수준에 의해 측정될 수 있으며, 자녀의 학업에 도움을 줄 수 있는 인지적 환경에 영향을 미친다. 사회적 자본은 부모와 자녀 사이의 사회적 관계 속에 형성되 는 자녀교육에 대한 부모의 관심 및 시간의 투입이라는 형태로 나타난다. 다른 조건이 동일 하다면 부모가 자녀에게 보다 많은 물질적 자원을 투입하고 부모의 지적 수준이 높을수록, 자녀의 학업성취는 높아진다는 것이 일반적인 결론이다.

【정답】①

11. 다음과 같은 학급상황을 설명하는 데 가장 적합한 이론은? <2010. 초등>

> 우리 학급 친구들은 대체로 쾌활하고 말이 많은 편이다. 영어 교과전담 선생님은 학급 분위기가 들떠 있어서 수업을 제대로 진행할 수가 없다고 하면서, 우리를 '문제학생'이라고 부르며 자주 꾸짖으신다. 영어시간만 되면 힘들고 수업 분위기도 가라앉는다. 그런데 담임선생님은 우리를 '명랑 학생'이라고 부르며 자주 칭찬해 주신다. 담임선생님의 수업시간에는 적극적으로 의사표현 을 하게 되고 수업 분위기도 활발하다.

① 저항이론   ② 구조기능론   ③ 경제재생산론
④ 문화 재생산론   ⑤ 상징적 상호작용론

【해설】 상징적 상호작용으로는 교사와 학생 간에 이루어지는 다양한 현상들, 즉 교사기대효과, 낙인 이론, 자기충족예언과 같은 현상을 설명하는 유용한 도구가 되었으며, 민속방법론, 고프만의

연기론, 호만스의 교환이론 등에도 영향을 끼쳤다.

【정답】 ⑤

---

12. 다음 내용과 공통적으로 관련된 개념은? <2010. 중등>

○ 애플(M. Apple)이 교육사회학 이론에 활용한 그람시(A. Gramsci)의 개념이다.
○ 학교는 지배 이데올로기를 정당화하는 역할을 한다.
○ '학교교육이 교육의 기회를 공정하게 제공하고 능력에 따라 사회계층을 결정하게 한다'고 믿게 하는 지배력 행사 방식이다.

① 프락시스(Praxis)　　　② 아비투스(Habitus)　　　③ 문화적응(Accommodation)
④ 모순간파(Penetration)　　⑤ 헤게모니(Hegemony)

【해설】 애플에 의하면 문화적 이데올로기로서의 헤게모니는 표면적, 잠재적 교육과정 속에 내재하고 있으면서 학교의 내적 문화로 형성되어 문화의 불공평한 분배를 통해 사회의 구조적 불평등을 보존한다.

【정답】 ⑤

---

13. 신자유주의 관점에 기초한 교육개혁과 관련성이 가장 적은 것은? <2010. 중등>

① 교육복지정책을 확대하려고 한다.
② 교육에 대한 국가 역할을 축소하려고 한다.
③ 공교육 유지를 위한 비용의 한계에서 비롯되었다.
④ 학교 민영화를 통해 비효율적 요소를 개혁하려고 한다.
⑤ 학교 선택권 확대를 통해 교육 경쟁력을 제고하려고 한다.

【해설】 1980년대 들어서면서 자본주의 국가를 중심으로 종래의 교육재편의 필요성을 주장하였다. 예를 들어 교육에 대한 공적 지원의 감축, 학습자의 선택권의 강화, 교육평가의 강화, 교육 관련 각종 규제의 철폐, 공교육의 민영화 등이 있다.

【정답】 ①

---

14. 대학입학전형에서 실시하는 기회균형선발제(affirmative action)에 대한 설명으로 적절하지 않은 것은? <2010. 중등>

① 사회 구성원의 통합에 기여한다.
② 업적주의 교육관에 바탕을 두고 있다.
③ 대학 구성원의 다양성 확보에 도움을 준다.

④ 구체적인 시행 방법으로는 할당제, 가산점제, 목표설정제 등이 있다.

⑤ 교육기회의 불평등과 사회적 차별을 교정하는 차원에서 발전되었다.

【해설】기회균형선발제는 사회적 소외계층이 대학에 진학할 수 있는 경로를 마련하는 한편 진학 후 장학금 및 학습능력 보충 프로그램 등을 지원함으로써 실질적인 고등교육 접근기회를 보장하기 위해 마련한 제도이다. 업적주의 교육관은 개인의 재능과 노력의 결과에 의해 얻어진 사회적인 지위를 중요시하는 것으로 기회균형선발제에 대한 설명으로 적절하지 않다.

【정답】②

15. 다음 두 교사의 주장에 가장 부합하는 이론을 바르게 짝지은 것은? <2011. 초등>

김 교사: 국가 차원에서 교육의 양과 질을 계획적으로 조절하는 것은 당연합니다. 이 과정에서 적지 않은 비용이 투입되기는 하지만, 경쟁력 있는 인재를 양성하고 합리적 가치를 지향하는 사회가 형성되어 결과적으로 국가적 이익이 창출되는 것이지요.

박 교사: 그런데 실제로는 모든 국민이 아닌 특정 계층에만 혜택이 돌아가고 있습니다. 교육의 과정에서 상위 계층의 자녀들에게는 다양한 기회가 주어지지만, 하위계층의 자녀들에게 그것은 허상일 뿐입니다. 결국 빈부의 대물림으로 이어지는 것입니다.

	김 교사	박 교사
①	발전교육론	재생산이론
②	발전교육론	지위경쟁이론
③	지위경쟁이론	종속이론
④	지위경쟁이론	재생산이론
⑤	상징적 상호작용론	종속이론

【해설】발전교육은 김 교사의 입장처럼 다양한 분야에서 국가발전과 교육의 관계를 연구하면서 교육의 발전에 최대한으로 공헌할 수 있도록 교육의 역할을 중시하면서 국가발전에 이바지하기 위한 교육을 중시한다. 재생산이론은 박 교사의 입장처럼 교육이 사회계급을 재생산시키고 있다고 주장하는 이론으로 경제적 재생산이론과 문화적 재생산이론으로 나뉜다.

【정답】①

16. 가정배경과 관련된 철수 아버지와 영희 아버지의 대화에서 찾아볼 수 있는 자본으로 가장 적절한 것끼리 짝지은 것은? <2011. 초등>

철수 아버지: 저는 교육적 차원에서 철수에게 틈틈이 박물관이나 클래식 연주회에 다녀오도록 해요. 교양서적도 자주 읽도록 해 견문을 넓게 하지요. 이젠 스스로 알아서 합니다.
영희 아버지: 저희 부부는 영희와 대화를 자주 합니다. 대화 시간을 늘리기 위해 텔레비전을 없앴고, 가급적 식구들이 함께 식사를 해요. 고민도 들어주며 때로는 친구가 되고, 때로는 든든한 후원자가 되려고 노력해요. 영희도 집안의 화목이 공부하는 데 큰 힘이 된다고 자주 말해요.

    철수 아버지   영희 아버지
① 인간 자본   문화적 자본
② 인간 자본   경제적 자본
③ 문화적 자본   경제적 자본
④ 문화적 자본   가정 내 사회적 자본
⑤ 경제적 자본   가정 내 사회적 자본

【해설】 철수 아버지는 부르디외의 문화재생산이론에서 객관화된 상태로서의 문화자본인 박물관, 연주회, 교양서적을 제시하고 있다. 영희 아버지는 콜맨이 제시한 사회적 자본과 관련 있으며, 이는 아동의 발달에 대한 부모의 관심, 부모나 지역사회 내 다른 성인들의 존재 및 그들의 유대, 아동의 사회적 환경을 구성하고 있는 사람들이 주는 신뢰감의 형태로 나타난다.
【정답】 ④

17. 교육팽창과 관련된 설명으로 옳은 것을 <보기>에서 모두 고르면? <2011. 초등>

─────────〈보기〉─────────
ㄱ. 학벌주의란 학력(學歷)보다 지적·기술적 능력이 지위 결정에 중요한 요소로 작용하는 사회적 풍토를 말한다.
ㄴ. 학력 인플레이션이란 학력의 공급이 수요에 비하여 지나치게 많아 그 가치가 노동시장에서 평가절하되는 것을 말한다.
ㄷ. '졸업장 병(diploma disease)'이란 학력이 지위 획득의 수단으로 작용하여 더욱 높은 학력을 쌓기 위한 경쟁이 계속되는 것을 말한다.

① ㄴ   ② ㄱ, ㄴ   ③ ㄱ, ㄷ
④ ㄴ, ㄷ   ⑤ ㄱ, ㄴ, ㄷ

【해설】 지위경쟁이론은 학력이 사회적 지위획득의 수단이기 때문에 사람들이 경쟁적으로 높은 학력을 취득하는 탓으로 학력이 계속하여 높아진다고 본다. 높은 학력을 취득하기 위한 경쟁은

한없이 계속되는데 도어는 이러한 현상을 졸업장 병이라고 하였다. 그리고 담당하고 있는 직무수준에 변화가 없더라도 남들과의 경쟁에서 이기기 위해 높은 학력을 따 두어야 하기 때문에 결국 학력의 평가절하현상이 일어나는데 이를 교육 인플레이션이라 한다. 이는 학벌주의로 설명할 수 있는데 학벌주의는 지적·기술적 능력보다 학력이 지위결정에 중요한 요소로 작용하는 사회적 풍토를 말한다.

【정답】 ④

18. 부르디외(P. Bourdieu)가 말한 '상징적 폭력(symbolic violence)'에 해당하는 사례를 <보기>에서 고르면? <2011. 초등>

〈보기〉

ㄱ. 민철이는 집안이 갑자기 경제적으로 어려워져 전학을 하게 되었는데 상급생들이 인사를 안 한다고 자주 때려서 그 학교가 싫어졌다.

ㄴ. 종현이는 전국 사투리 경연 대회에 나가 1등을 하였는데 친구들이 매우 부러워해서 어른이 되면 사투리를 연구하는 사람이 되겠다고 다짐했다.

ㄷ. 수업시간에 선생님이 해외여행 경험을 발표하라고 해서 여러 학생들이 다양한 나라의 여행 경험을 발표했으나 현영이는 외국에 가 본 적이 없어서 창피했다.

ㄹ. 지혜는 선생님이 클래식 음악회에 다녀와서 감상문을 써 내라고 숙제를 내줬는데 자신은 클래식 음악을 접해 보지도 못한데다 가정형편상 음악회에 다녀올 수도 없어 괴로웠다.

---

① ㄱ, ㄴ   ② ㄱ, ㄷ   ③ ㄱ, ㄹ
④ ㄴ, ㄹ   ⑤ ㄷ, ㄹ

【해설】 상징적 폭력은 특정 계급의 문화가 보편적이며 사회구성원 모두가 공유하는 상징체제인 것처럼 임의적·상징적으로 힘을 행사하는 것이다. 외국에 가 본 적 없는 학생이 있는데도 해외여행 경험을 발표하게 하는 것이나, 클래식 음악을 접해 보지도 못한데다 가정형편상 음악회에 다녀올 수도 없는 학생에게 클래식 음악회에 다녀와서 감상문을 쓰라는 것은 모두 부르디외가 말한 상징적 폭력을 행사한 사례라 할 수 있다.

【정답】 ⑤

교육 내용 및 방법의 기초

Ⅰ. 교육목적

1. 교육목적의 개념

교육활동에 있어서 교육이념, 교육목적, 교육목표라는 용어는 일반적으로 많이 사용되고 있으나 교육의 어떤 수준에 대한 목적 또는 목표를 말하는가는 분명치 않다. 즉 이러한 용어들은 동질적 개념에 있어서는 엄격히 구별되지만 이들이 사용하는 사항에 따라서는 각각 독립적 위치를 떠나서 상호 관련되어 동시적으로 존재하는 경우가 많이 있으며 상호 동일시되기도 한다.

특히, 교육의 과정에서 가장 선행되어야 할 요소는 교육목적이며 교육의 실천과정에서 다루어지는 교육목표는 교육목적에서 세분화된 것이라 할 수 있다. 교육목적은 일반적으로 교육이념, 교육목적, 교육목표, 수업목표 등 네 가지 수준으로 분류할 수 있다.

가. 교육이념

교육이념이란 교육목적이나 교육목표의 원천이 되는 이상적 관념으로서, 교육목적을 설정하기 위한 가치적·철학적·이론적인 기반이 되는 사회의 모든 면과 관련이 되는 상위 차원의 목적의식이다. 즉 교육이념은 교육목적의 원천이고 교육이 궁극적으로 도달해야 할 관념이기 때문에, 고도로 추상적이고 포괄적인 용어로 사용되며 이념적, 철학적, 사상적 인간상 또는 인간 행동이 제시되어야 한다(강운삼, 2003). 이러한 교육이념을 나타내는 표현으로는 홍익인간, 근대화, 민주주의 신장, 남북통일 등과 같은 예를 들 수 있다. 교육이념에 비추어서 교육목적과 교육목표는 교육의 장에서 더 많이 혼용되고 있는 것 같다.

나. 교육목적

교육목적은 교육이념에 근거한 것으로 교육학 용어 사전에는 "목적이 목표보다 넓고 포괄적으로 사용하고 교육목적은 다분히 추상적인 성격을 띠는 것임에 반하여, 교육목표는 목적을 이루기 위한 구체적 내용을 이루게 된다"라고 표현되어 있다. 즉 교육목적은 교육이념이 지향하는 기본적인 방향을 제시해 주는 표현으로 비교적 포괄적이고 이상적인 개념이고 궁극적 목적, 법규적 목적, 일반적 목적이라 할 수 있다(강운삼, 2003).

따라서 교육목적은 교육목표의 상위 개념으로서 교육에서 그 적용 대상이 광범위하고 전체적인 경우의 방향 제시를 의미하여 보다 포괄적이며 추상적·이념적·장기적인 것으로 국가나 사회적인 측면에서 타당하고 바람직한 가치·규범적인 개념이다. 이러한 교육목적을 나타내는 표현으로는 민주인·예능인·과학인·생활인 등과 같은 예를 들 수 있다.

다. 교육목표

교육목표란 교육목적보다 하위 차원의 개념으로 현실적·기술적 입장으로 목적 달성에 도달하기 위한 수단을 강조하는 것으로 학습 경험을 통한 학생들의 행동 변화를 의미한다. 즉 교육목표는 교육목적을 달성하고자 하는 구체적인 교육의 방향을 제시해 주는 행동적 지표로서, 교육목적에 비해 대체로 구체적·세부적·실제적으로 교육이 계획되는 교육의 실천적 방향 제시의 개념으로 사용되고 있다(강운삼, 2003). 이러한 교육목표를 나타내는 표현으로는 책임감, 계산 능력의 배양, 과학적 태도의 함양 등과 같은 예를 들 수 있다.

따라서 교육목표는 교육 자료를 선정하고 내용을 결정하고 평가문제를 준비하는 기준이 되고 학습경험의 선경과 조직 및 학습지도에 기본적인 수단이 된다. 즉 교육목표의 의미는 체계화된 교육방향, 지도목표, 평가 등이 포함되어 있으며 그 속에는 교육이념, 교육목적, 교육목표들이 상호 관련되어 포함된다.

라. 수업목표

수업목표는 일반적 교육목표라고 불리는 교육목표와는 달리, 실천적 수업목표로서, 수업 현장에서 그 결과를 직접 관찰할 수 있는 모습으로 진술해야 하기 때문에, 수업목표를 진술하기 위해서는 내용적인 것과 행동적인 것이 잘 결합하여 실천목표, 행동목표로서의 역할을 수행해야 한다(강운삼, 2003).

특히, 학습을 통해 변화시키고자 하는 행동을 관찰될 수 있는 외현적 행동으로 진술한 목표는 '구별한다', '계산한다', '열거한다' 등과 같이 행동목표로 구분되는 반면에, 직접 관찰될 수 없는 내재적 행동으로 진술된 목표는 '안다' 등과 같이 일반적 목표로 구분할 수 있다(한용진 외, 2007).

2. 교육목적의 수준

가. 교육목표의 수준

교육의 일반목표는 국가나 사회가 지향하는 교육의 이념이나 방향을 제시한 것이라고 볼 수 있다. 따라서 교육의 일반목표에는 국가의 요청, 문화적 전통, 국민의 가치관, 발전에 대한 통찰 같은 것이 반영된다. 교육의 일반 목표는 얼핏 생각하면 교육실제에 직접적으로 도움이 안 된다고 생각할 수 있을지 모르나 이것은 교육이 나가야 할 큰 줄기이기 때문에 교사는 이를 내면화하여 수업목표 설정의 기준으로 삼아야 할 것이다. 우리나라의 경우에는 교육기본법에 제시되어 있는 목표, 교육과정 구성의 일반목표 등을 들 수 있다. 예를 들면 교육기본법 제2조에는 "교육의 이념적 차원의 목표로서, 교육은 홍익인간의 이념 아래 모든 국민으로 하여금 인격을 도야하고, 자주적 생활 능력과 민주시민으로서 필요한 자질을 갖추게 하여 인간다운 참을 영위하게 하고 민주국가의 발전과 인류 공영의 이상을 실현하는 데 이바지하게 함을 목적으로 한다"로 되어 있다. 개인적으로 보면 전인적 발달을 위한 목표이고, 국가 및 사회적 관점에서 보면 국가발전에 필요한 분야의 인재 양성을 위한 교육의 목표라고 할 수 있을 것이다. 이러한 예에서 보듯이, 이 수준의 교육목표는 학교 현장에서 전개되거나 실천되기 이전의, 아직 하나의 교육적 이념으로서 머물러 있는 상태의 교육목표이다.

즉 교육의 일반목표는 일반적이고 포괄적이며 장기적인 목표로서, 교육의 궁극적인 지향점이라고 할 수 있다. 이러한 목표는 학교의 영향에서 벗어난 일상생활에서 기대되는 변화 및 일생을 통해 이루고자 하는 생의 목표(life outcomes)라고 하는 것이 타당할 것 같다.

나. 교과 목표의 수준

학교교육이 시작되어 오늘에 이르기까지 중시된 교육내용은 교과이다. 교과란 긴 역사를 통하여 인류가 쌓아올린 방대한 경험을 이해하고 새로운 경험을 설명하는 데 도움이 되도록 조직된 지식체계를 말한다(김종서, 1982). 다시 말하면 교과란 자연현상, 사회현상 중에서 공통적인 요소를 추출하여 이를 논리적으로 체계를 세운 것을 말한다. 예를 들면 자연현상 중에서 수에 관한 요소를 추출하여 하나의 지식체계를 이룬 것이 수학이다. 교과는 교육과정 개념의 변천에 따라 그 해석의 관점은 달라져 왔지만 중요성은 조금도 퇴색되지 않았다. 경험중심 교육과정에 있어서는 생활상의 문제를 해결하는 것은 교과 지식을 어떻게 이용하느냐에 중점을 두었으며, 학문 중심교육과정에 있어서는 지식의 구조를 교과로 보는 경향이 있다. 즉 교과 중심 교육과정에서는 생활에 필요한 지식의 논리적 체계가 중시되었고, 경험 중심 교육과정에서는 생활에 필요한 지식이 중시되었으며, 학문 중심 교육과정에서는 지식의 기본 개념에 중점이 있다.

오늘날 교육과정은 학문 중심 교육과정의 경향과 인간 중심 교육과정의 경향이 강하기 때문에 교과의 성격도 이러한 관점에 따라 규정지을 수밖에 없다. 따라서 교과 목표도 전이가가 높은 기본적인 개념과 풍부한 인간성의 함양에 중점을 두어야 할 것이다.

교과의 목표는 다음의 세 가지 수준에서 고찰될 수 있을 것이다. 그 하나는 교과의 일반목표이며, 다음은 학교급별 교과의 목표이고, 끝으로 학년 수준별 교과의 목표이다. 이러한 목표들은 위계성을 지니고 있었으며 하위의 목표일수록 세분화되어 있다. 우리나라의 경우 제7차 교육과정에는 교과의 일반목표는 제시되어 있으나 학년별 목표는 제시되어 있지 않다.

그런데 이 수준의 목표를 결정하는 일은 흔히 교육과정 구성에 참여하는 특정 전문가들에 의해서 이루어진다. 이리하여 교과의 목표는 문서로서의 교육과정에 기술하게 된다. 각 단위 학교에서는 법적 효력을 가지는 교육과정 문서 속에 진술된 교과목표를 기초로 하여 실제 수업목표들을 설정하는 것이 통례로 되어 있다. 이 수준의 교육목표 설정을 위해서 각급 학교 교사들로 하여금 연구·협의하는 일이 격려되고 있으며, 그럴 경우 보다 확신 있는 교육목표를 가질 수 있게 된다는 이점이 따르게 된다.

다. 수업목표의 수준

수업목표는 가장 구체적인 수준의 교육목표로서, 교사와 학생이 교육현장에서 가르치고 배우는 과정을 이끌어 주기 위한 목표이다. 따라서 교사 개개인의 결정권이 크게 작용되는 것이 이 수준의 목표이다. 특히 학교교육 활동의 핵심을 이루는 것이 수업활동이므로, 일반적인 교육목표나 학교수준의 목표도 궁극적으로는 수업표로 번역될 때 비로소 그 진가를 나타내게 되는 것이다.

수업수준의 목표에도 두 가지 수준이 있다. 그 하나는 단원목표이고 다른 하나는 수업목표이다. 단원목표는 10시간 내외가 소요되는 1개 단원 전개를 위한 목표이고 수업목표는 1~2교시의 목표를 말한다. 전자는 비교적 포괄적인 개념으로 진술이 되나 후자는 세분화된 행동적인 용어로 진출되는 것이 상례이다. 이러한 수업목표는 수업의 방향을 이끌어 줌은 물론 수업내용의 선정과 조직에 구체적인 시사점을 제공하며 수업결과를 평가하는 기준이 되기도 한다. 수업목표를 명확하게 제시하면 교사는 불필요한 시간 낭비를 감소시킴으로써 수업밀도를 높일 수 있게 된다. 그리고 학생의 입장에서도 불필요한 문제에 관심을 적게 쏟아도 됨으로써, 학습주의력을 높이게 되고 결과적으로 학습밀도를 높이는 데 성공하게 된다.

지금까지 교육목표를 간단히 세 수준으로 나누어 살펴보았다. 그런데 이러한 분류가 절대적인 것은 아니며, 각 수준의 목표는 서로 밀접하게 연결되어 있다. 학교의 일반목표든 수업목표든 간에 그것이 실제 수업과정에 반영된다는 것이 중요하다. 교육의 목표가 어마어마한 것으로 설정된다 하더라도, 그것이 수업과정에서 충실히 추구되지 못한다면 단순한 장식이나 서론으로 끝나고 만다. 설정된 목표는 반드시 충실히 달성되도록 하여야 하는 것이다.

3. 교육목적의 기능

학교 및 교과, 학년 목표에의 측면에서 교육목표의 기능은 바람직한 성장이 이루어져 나아갈 방향을 분명하게 하고, 학습 경험을 선정할 근거를 마련해 주며, 학습의 평가를 위한 근거를 마련해 준다(권낙원, 1996).

특히, Taba는 교육목표의 기능으로 교육 프로그램에 있어서 주로 강조할 지향점을 마련하고, 망라하는 것, 강조하는 것, 내용을 선정하는 것, 학습경험으로 강조하는 것들에 관한 교육과정적 결정을 내리게 하며, 교육목표의 명확한 진술은 여러 학문 내의 매우 넓은 지식 영역으로부터 어떤 타당한 성과에 실제로 필요한 것을 선정하는 데 도움을 주며, 학업성취도의 평가를 위한 하나의 지침을 제공해 준다고 주장하였다.

또한, Saylor & Alexander는 교육목표의 기능으로 어떤 선택이 바라는 교육성과의 실현에 가장 많이 기여하겠는지에 대한 교육과정 결정을 위한 기초를 마련해 주고, 학생들의 최대한의 성장을 가져올 수 있도록 교육의 근본 목적과 합치되는 목표를 설정할 수 있도록 학생 목표 설정을 위한 지침을 제공하며, 학교가 추구해야 될 모든 바람직한 성과들이 학생들의 경험으로 제공되고 있는가에 교육계획의 적절성과 타당성을 판정할 수 있는 기준이 되며, 학생들은 바람직한 성과를 얻고 있는가에 대한 것으로 학생의 성장 발달을 판정하기 위한 기준이 되는 것으로 밝혔다. 이러한 기능을 가진 교육목표는 일반적으로 국가나 사회가 지향하는 교육의 이념이나 방향을 제시한 것이라고 볼 수 있다.

따라서 교육의 일반목표에는 국가의 요청, 문화적 전통, 국민의 가치관, 발전에 대한 통찰력 같은 것이 반영된다. 얼핏 생각하면 교육 실제에 직접적으로 도움이 안 된다고 생각할지 모르지만 이것은 교육이 나아갈 큰 줄기이기 때문에 교사는 이를 내면화하여 수업목표 설정의 기준으로 삼아야 할 것이다.

4. 수업목표의 분류

가. Bloom의 수업목표 진술

Bloom과 그의 공동연구자들은 학습목표의 전체 영역을 일단 커다랗게 인지적 영역, 정의적 영역, 운동기능적 영역으로 크게 분류하고 있다. 그 이유는 각 영역에 따라 학습의 목적이나 학습이 일어나는 상황 그리고 학습의 결과로 나타나는 행동 등이 달라지기 때문에 영역을 먼저 나누는 것이 효과적이라는 데 있다(권낙원, 1996).

Bloom과 그의 공동연구자들은 이 세 가지 영역 중에서 인지적 영역과 정의적 영역에서 상세하고 구체적인 제안을 하고 있다. 인지적 영역에서는 주로 복합성의 원칙에 따라서 여섯 가지 행동형으로 분류하고 있다. 즉 어떤 인지적 행동에 필요한 정신적 작용이 얼마나 단순하거나 복잡한가의 순서에 따라서 가장 단순한 행동형으로부터 가장 복잡한 행동형으로 배열한 것이다.

정의적 영역에서는 주로 내면화의 원칙에 따라서 다섯 가지 특성으로 분류하고 있다. 즉 한 특성이 한 개인에 어느 정도의 심층적인 특성인가에 따라서 이런 내면화가 얕은 수준으로부터 깊은 수준의 순서로 배열한 것이다. 그러나 운동 기능적 영역에 대해서는 아직도 그 구체안이 공개되지 않고 있다.

한편으로 Bloom은 교육목표 분류에서 행동분류에 치중한 나머지 내용분류를 아주 소홀히 다루었다. 그런 점을 보완하기 위해 Bloom, Hasting & Madaus가 교과별로 내용을 상세하게 분류한 구체적인 사례를 많이 제시하였지만 아직도 만족스러운 정도가 못 된다. 사실 내용은 학문 영역별로 또는 교과마다 고유의 특성을 갖고 있고 아주 복잡다단하기 때문에 행동분류처럼 모든 교과목의 내용을 하나의 분류 체계로 일사불란하게 분류한다는 것은 현실적으로 거의 불가능하다. 바꾸어 말하면, 교육목표의 내용을 분류하는 유목은 교과마다 달라질 수밖에 없다.

1) 인지적 영역(cognitive domain)

인지적 영역의 행동 분류는 단순한 행동으로부터 복잡한 행동으로의 위계관계에 의하여 이루어진다(권낙원, 1996). 그림으로 나타내면 다음과 같이 나타낼 수 있다.

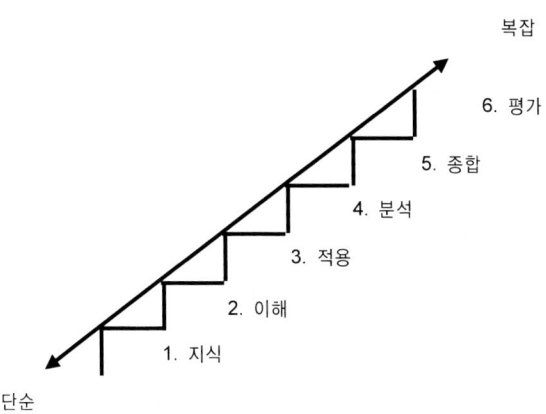

[그림 Ⅰ-1] 인지적 영역

특히, Bloom의 인지적 영역의 목표 분류는 <표 Ⅰ-1>과 같이 정리할 수 있다.

<표 Ⅰ-1> Bloom의 인지적 영역 목표의 분류

구분	개념	예시
지식	사실, 용어, 방법론의 기억을 포함하는 지식수준에서의 학습	▶ 자이레의 수도는 무엇인가? ▶ 특정의 범용 소프트웨어 제품의 작동을 위해 요구되는 기억용량을 말하라. ▶ 등급 6의 유독 화학물질을 폐기하기 위한 순서를 말하라.
이해	기초적인 이해와 번역이나 해석과 같은 지식의 사용 포함	▶ 신문의 1면에서 실용주의의 예를 확인하시오. ▶ 기계의 조립을 위한 사용법을 프랑스어로 옮기시오. ▶ 막대그래프와 원그래프에서 선호순위를 결정하시오.
적용	원리의 추상성이나 지식으로부터 일반 원칙 요구	▶ 정삼각형의 사변을 결정하시오. ▶ 조사 자료의 분석에 사용할 적절한 비모수 통계를 선택하시오. ▶ 해발 7,500피트에 있는 정원에 사용하기 위한 화단의 나무를 결정하시오
분석	지식영역을 조사하고, 분석하고, 그 영역의 내용요소 및 내용요소와 영역요소 간의 관계를 확인하는 것 포함	▶ 도심지에서의 교통의 유동계획에서 지역적 흐름을 결정하라. ▶ 어법 표준에 근거하여 20세기의 소설가들이 이 부분을 어떻게 썼을 지를 결정하라. ▶ 과정 중에 오염된 반응물의 원인을 결정하라.
종합	분석한 지식은 의사소통의 새 형태로 재조립	▶ 안정성과 신뢰성을 알리는 광고캠페인을 개발하라. ▶ 최근의 최고법정 원칙에 근거하여 의뢰인을 위한 법정 변호를 개발하라. ▶ 조직의 가장 중요한 문제를 확인할 요구 분석을 설계하라.
평가	내부에서 생겨나서 외부로 제공되는 표준에 근거한 몇 가지 내용에 관한 판단 포함	▶ 장기적 성장의 표준을 사용하는 조사 자료철을 평가하라. ▶ 당신 자신과 당신의 회사를 위한 선택적 건강 계획서를 평가하라. ▶ 노균병 방염성과 내구성에 근거하여 가장 알맞은 지붕공사를 선택하라.

2) 정의적 영역(affective domain)

정의적 영역의 행동 분류는 행동의 내면화 정도에 따른다. 그리고 선정된 현상에 대해 단순히 주의를 기울이는 행동으로부터 복잡하면서도 내면적으로 일관성 있는 인격과 양심에 이르기까지 넓은 범위에 걸쳐 있다(권낙원, 1996). 그림으로 나타내면 다음과 같이 나타낼 수 있다.

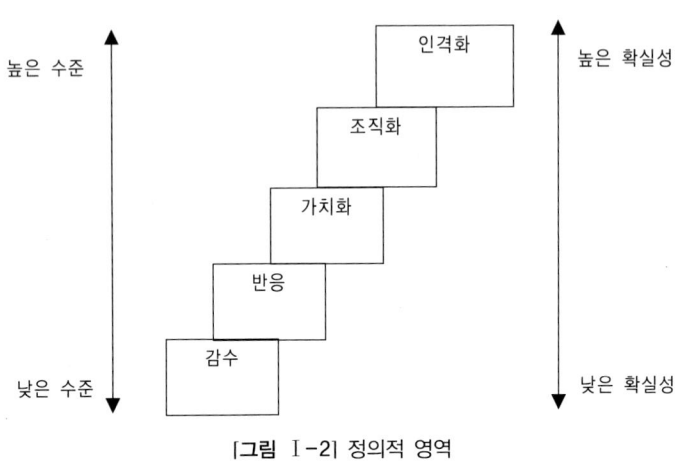

[그림 Ⅰ-2] 정의적 영역

3) 운동 기능적 영역(psychomotor domain)

Bloom 등에 의하여 인지적 영역이 분류된 지가 30년이 넘었지만, 운동 기능적 영역을 인지적 영역이나 정의적 영역만큼 체계 있게 분류하지 못하고 있다. 그러나 그동안 Bloom의 분류체계에 맞추어 운동 기능적 영역을 분류한 사람은 Harrow이다. 그림으로 나타내면 다음과 같이 나타낼 수 있다.

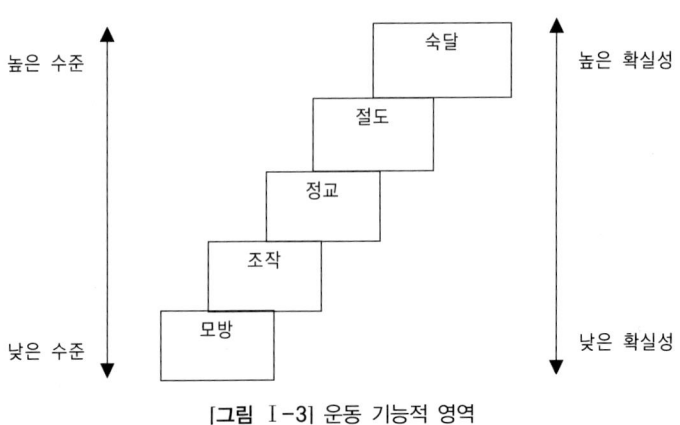

[그림 Ⅰ-3] 운동 기능적 영역

나. Gagne의 수업목표 진술

Gagne의 수업목표 진술 방식은 그가 본 과제 분석과 깊은 관련이 있다. 수업목표의 확인 및 추출은 교육과정의 구성에 기초해야 하는 것으로 주장되며, 교육과정의 내용을 과제분석에 의해 확인된 내용 사이의 상호 관련을 기초로 교수목표를 학습위계에 따라 계층화시키는 것이 그 특징이다. 그리고 목표 진술은 Mager보다 더욱 구체화되었다.

Gagne(1977)는 수업목표 진술에서 다음과 같은 다섯 가지 요인을 제시하고 있다.

첫째, 학습능력을 들고 있다. 학생에게 요구되는 학습능력이 무엇인가 하는 것이 제시되어야 한다.

둘째, 행위동사의 사용이다. 위에서 제시된 학습능력이 변했는지 변하지 않았는지를 알기 위해서는 학습자가 어떤 일반적인 행위를 하느냐 하는 것이다. 즉 '계산한다, 그린다, 조직한다, 선택한다, 나타낸다, 설명한다' 등 동사가 각각 어떤 학습능력을 나타내느냐 하는 것이다. 그러므로 학습능력을 나타내는 일반 동사를 활용하는 것이 둘째의 특징이다.

셋째, 수업목표 진술에서 어떤 조건, 어떤 상황에서 그러한 행동이 나타나길 바라느냐는 것이다. 즉 행동이 나타날 수 있는 상황도 제시해야 한다.

넷째, 대상이다. 무엇을 해내어야 되느냐는 것이다. 즉 학습자의 학습능력을 계획된 바람직한 방향으로 변화시키자면 어떤 상황에서 어떤 대상을 어떻게 행동하도록 하느냐 하는 것이다.

다섯째, 도구도 제시해야 한다. 어떤 대상을 가지고 어떤 조건에서 어떤 도구·기구를 활용하며 어떤 행동을 나타내어야 하는가를 수업목표에 진술해야 한다.

다. Tyler의 수업목표 진술

Tyler는 수업목표 속에는 다루어야 할 내용 영역과 추구해야 할 행동 영역이 동시에 기술되어야 한다고 주장하였다. 즉 수업목표를 진술할 경우는 학생 속에 길러져야 할 행동의 유형과 그러한 행동이 나타나야 할 내용 또는 생활영역 모두가 진술되어야 한다는 것이다.

Tyler는 행동적 수업목표를 진술하는 데 세 가지 특징을 제시하였다.

첫째, 수업목표 진술은 학생의 행동으로 진술해야 된다는 것이다. 교육에서 관심을 갖는 것은 학생의 행동 변화, 즉 학생의 행동이 교육이 시작되기 전, 더 좁게는 교수 학습이 시작되기 전과 그 후에 어떤 영향으로 어떤 수준까지 변화되었나를 보는 것이고 그것을 평가하는 것이 교육평가이다. 그러므로 목표 진술은 그것을 가르치는 교사의 행동으로 진술될 것이 아니라 학생의 행동이라는 차원에서 진술되어야 한다는 것이다. 둘째, 학생의 행동만을 진출할 것이 아니라 그 행동이 나타내어지는 내용도 함께 진술되어야 한다. 셋째, 학생의 기대되는 행동은 충분히 세분화되어야 한다. 수업목표 진술에서 학생에게 기대되는 행동을 충분하게 세분화시키지 않는다든가 학습 과제의 내용구조를 구체적으로 세분화시켜 진술하지 않으면 실제 수업이 막연한 것이 되기 쉽고 평가하여야 할 때도 구체적으로 무엇을 평가하여야 할지 모르게 된다.

수업목표는 교사가 수행해야 할 일을 나타내는 교사의 활동 형태로 진술되거나, 주제, 이념, 법칙에 대해서 진술되거나 일반적인 행동형으로 진술되어서는 안 된다고 했다. 왜냐하면, 수업목표는 학습자가 수행해야 할 행동을 나타내는 형태로 진출되어야 하는데 이 세 가지는 학생의 행동을 표현하지 않기 때문이라는 것이다. 이러한 수업목표들은 행동과 내용이라는 2가지 요소를 포함하고 있으므로 Tyler식 수업목표 진술방식이라고 할 수 있다.

라. Mager의 수업목표 진술

Mager는 모든 목표를 관찰 가능한 외연적 행동을 나타내는 용어로 진술할 것을 제안하고 있다. 또한 수업목표는 수업의 성과로서의 최종적인 성취행위가 분명히 진술되어야 한다. 여기서 최종적인 성취행위란 어떤 수업에서 기대하는 의도한 성과라고 할 수 있으며, 학습의 결과로서 나타내야 한다. 따라서 수업목표에서는 기대되는 성취행위가 나타날 수 있는 조건도 아울러 진술되어야 한다. 이처럼 성취행위의 조건에는 학습 교재 및 도구의 도움이나 제한점이 포함된다.

특히, Mager(1962)의 수업목표 분류 방식을 살펴보면 첫째, 수업목표는 수업의 절차나 방법의 요약을 기술하는 것이 아니라 의도한 결과를 진술해야 하고 둘째, 수업목표는 성취적인 용어로 진술되어야 하며, 학생의 학습이 끝난 후 제3자에게 무엇을 할 수 있는지를 보일 수 있도록 진술되어야 하며 셋째, 수업목표에는 기대되는 성취행동이 나타나는 조건도 함께 진술되어야 하며, 끝으로 수업목표는 수락기준이 포함되어야 한다.

교육목적 기출문제 풀이

1. 학교의 교육목표가 '인류의 지속 가능한 발전'이라는 보편적 가치에 부합하는지를 점검하였다. 이에 해당하는 점검의 준거는? <2008. 초등>

① 타당성　　② 의사소통성
③ 적용 가능성　④ 달성 가능성

【해설】보편적 가치에 부합하는지를 점검하는 것은 타당성을 입증하려는 것이다.
【정답】①

2. 다음은 교육목표에 관한 타일러(R. Tyler)와 블룸(B. Bloom)의 견해를 대화 형식으로 구성한 것이다. (가)~(다)에 들어갈 말을 바르게 나열한 것은? <2011. 초등>

> 타일러: 저는 일찍이 (가)의 입장에서 교육목표를 진술해야 한다고 말한 바 있습니다.
> 블 룸: 예, 잘 알고 있습니다. 선생님께서는 또한 (나)으로 이루어진 이원적 목표 진술을 강조하셨죠?
> 타일러: 물론입니다. 그런데 선생님이 동료들과 함께 분류하려고 한 것은 그중의 어느 것입니까?
> 블 룸: 저희들은 그 두 차원 중에서 (다)의 차원을 분류했습니다.

	(가)	(나)	(다)
①	교사	지식과 기능	기능
②	교사	내용과 행동	행동
③	학생	지식과 기능	기능
④	학생	지식과 기능	지식
⑤	학생	내용과 행동	행동

【해설】타일러는 학생의 입장에서 수업목표를 진술할 때 구체적으로 다룰 내용과 함께 추구할 행동을 함께 제시하고 있다. 블룸의 교육목표 분류학은 학습의 결과로써 기대되는 행동을 분류한 것이다.
【정답】⑤

II. 교육과정

1. 교육과정의 개념

교육과정이라는 용어를 처음으로 사용한 것은 보비트(Bobbit)로서 교육학이 교육과정을 고려할 수 있도록 1918년 최초로『교육과정』이란 개론서를 출판하면서 시작하였다. 교육과정은 라틴어의 쿠레레(curre), 즉 '달린다'는 뜻의 동사이고 명사로 쓰일 때는 '달리는 코스'를 의미하는데, 학습자가 일정한 목표를 향해 달리는 과정이라는 뜻으로 사용하고 있다(이정표·권영신, 2008).

특히, 교육과정은 교육에 전용되어 일정한 순서로 배열된 학습의 코스와 더불어 학습내용이나 경험내용을 의미하여 학생이 학습한다든지 경험하는 내용으로서 학습경험 및 생활경험이라 할 수 있다(이형행, 2007).

한편, 교육과정에 대한 개념은 매우 다양하게 정의되고 있는데, 김호권의 교육과정 개념은 <표 II-1>과 같이 정리하였다.

〈표 II-1〉 교육과정의 개념

구분	내용
의도된 교육과정	· 무엇을, 어떻게, 왜 가르칠 것인가에 대한 계획을 담고 있는 문서를 가르치는 용어 · 계획된 교육과정 · 공식적인 문서로서의 교육과정 · 초·중등학교교육과정(국가 교육과정) · 교육과정 편성, 운영 지침(지역 교육과정) · 학교 운영 계획(학교교육과정)
전개된 교육과정	· 계획된 교육과정이 교사에 의해 해석되어 실행된 교수활동 · 실천으로서의 교육과정
실현된 교육과정	· 교수·학습 활용에 참여한 결과 학생들이 실제로 갖게 되는 경험이나 성취 · 학생들의 지적 능력, 흥미, 관심, 개인적 삶의 역사, 경험, 진로 등에 따라 서로 다른 교육적 경험 · 성과, 산출로서의 교육과정

자료: 김재춘 외(2001).『교육과정과 교육평가』. 서울: 교육과학사. 재구성.

<표 II-1>에서 살펴본 교육과정의 개념을 도식화하면 [그림 II-1]과 같이 나타낼 수 있다.

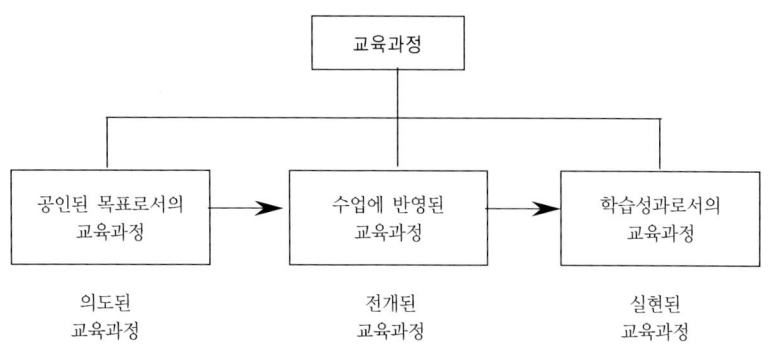

[그림 Ⅱ-1] 교육과정 개념(김호권)

또한, 굿래드(Goodlad)는 교육과정 결정자 수준을 학습자와의 거리로 보고, <표 Ⅱ-2>와 같이 교육과정의 수준을 분류하였다.

〈표 Ⅱ-2〉 교육과정의 수준

구분	내용
수업수준의 교육과정	・특수한 학습자 집단을 지도하는 교사나 교사집단이 수행하는 수준
기관 수준의 교육과정	・행정가의 지도하에 기관의 전 교직원이 행하는 수준
사회적 수준의 교육과정	・지역, 주, 중앙 정부의 교육요원이나 국회에서 행하는 수준

자료: 강갑원・박영진・안병환・이경희(2006). 『교육학개론』. 교육과학사. 재구성.

<표 Ⅱ-2>와 유사한 김종서의 교육과정 수준 분류는 [그림 Ⅱ-2]와 같이 도식화할 수 있다.

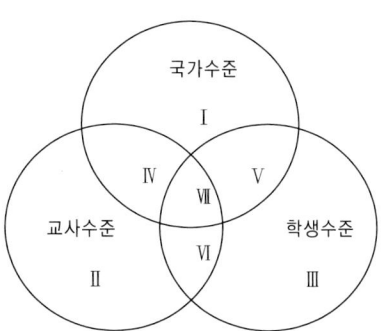

[그림 Ⅱ-2] 교육과정 개념(김종서)

[그림 Ⅱ-2]를 바탕으로 교육과정의 개념을 각 영역별로 분류하면 <표 Ⅱ-3>과 같이 설명할 수 있다.

〈표 Ⅱ-3〉 교육과정 개념의 영역

구분	국가수준	교사수준	학생수준	개념	비고
영역 Ⅰ	유	무	무	• 국가에서 계획하였지만, 교사가 가르치지 않고 배우지 않은 교육과정	• 좋지 않은 상태
영역 Ⅱ	무	유	무	• 국가에서 계획하지 않았는데 교사는 중요하다 생각되어 가르쳤으나 학생은 학습하지 않은 교육과정	• 좋지 않은 상태
영역 Ⅲ	무	무	유	• 국가에서 계획하지 않았고 교사도 가르치지 않았으나 학생들이 학습한 경험	• 잠재적 교육과정
영역 Ⅳ	유	유	무	• 국가에서 계획했고 교사도 가르쳤지만 학생은 학습하지 않은 교육과정	• 좋지 않은 상태
영역 Ⅴ	유	무	유	• 국가에서 계획하지는 않았지만, 교사가 가르쳤고, 학생도 학습한 교육과정	• 약간 좋은 상태
영역 Ⅵ	무	유	유	• 국가에서 계획하지는 않았으나 교사가 가르쳤고 학생도 학습한 교육과정	• 좋은 상태
영역 Ⅶ	유	유	유	• 국가에서 계획했고 교사도 가르쳤으며 학생도 학습한 가장 이상적인 형태의 교육과정	• 이상적 교육과정

2. 교육과정의 유형

가. 교과 중심 교육과정

교과 중심 교육과정은 '지식의 체계'를 중요시하는 교육과정으로서 학교의 지도하에 아동·학생이 배우는 일체의 교과와 교재를 의미한다(이정표·권영신, 2008). 이러한 교육과정은 교육성과에 있어서 지식의 습득과 이성의 계발을 가중 중요시하는 입장으로서, 각 교과는 그 자체의 논리와 체계가 있기 때문에, 교과를 체계적으로 학습하게 하는 것이 교육의 중요한 방법이라고 생각한다(이형행, 2007).

특히, 교과 중심 교육과정을 지지하는 학자들은 교육의 주요 기능을 인류의 위대한 문화유산을 다음 세대로 전달하는 것으로 보았기 때문에, 그리스와 로마시대의 7자유학과(3학: 문법, 수사학, 논리학, 4과: 산술, 기하, 천문학, 음악)나 고대 중국의 사서오경을 중요하게 여겼다(한상길 외, 2007). 이러한 교육과정은 주지주의적 사고 방식에 입각하여 가치 있는 지식을 통해 학생의 이성을 계발시키자는 항존주의와 본질주의에 근거하고 있다(김병희 외, 2008).

한편, 교과 중심 교육과정의 특징으로는 첫째, 인류의 위대한 문화유산이 주된 교육내용으로 하고 둘째, 교사 중심 교육과정이며 셋째, 설명 위주의 교수법을 요구하는 경우가 많으며 넷째, 교육과정에 대한 중앙집권적 통제가 용이하고 끝으로 교수학습활동이 체계적이고 명료하여 평가가 용이하고 객관적인 측정이 가능한 것으로 요약할 수 있다(이정표·권영신, 2008).

그러나 교과 중심 교육과정의 문제점으로 첫째, 단편적이고 분과적인 교과조직에 빠지기가 쉽고 교과의 전체를 통합하는 전체 구조가 부족하며 둘째, 교수·학습과정에 활기가 없고 지식의 전달에 치중하여 학생의 적극적인 반응을 유발하는 데 실패하기 쉬우며 셋째, 학생의 흥미나 필요를 고려하지 않고 교사 중심의 전제적인 수업이 되기 쉽고 넷째, 쓸모없는 지식의 획득이나 단순한 언어주의에 빠지기 쉬우며 끝으로 현대의 긴급한 사회문제와 동떨어질 가능성이 높다.

지금까지 살펴본 교과 중심 교육과정의 장점과 단점을 제시하면 <표 Ⅱ-4>와 같이 정리할 수 있다.

〈표 Ⅱ-4〉 교과 중심 교육과정의 장점과 단점

장점	단점
·인류의 문화유산을 효과적으로 전달하는 데 용이 ·교과별로 정리 외 더 체계적인 지도 가능 ·조직이 단순하고 누구나 쉽게 이해 가능 ·교수, 학습의 결과 평가 용이 ·객관적인 측정 용이 ·교사, 학생, 학부모에게 심리적인 안정감 부여 ·중앙집권적인 통제, 교육과정 계획 용이	·단편적인 지식 주입 ·학생들의 흥미, 능력, 필요 무시 ·사고력, 창의력 등 고등정신 능력을 기르기가 어려움 ·현대의 사회문제와 동떨어진 과거의 지식교육만 강조 ·학습내용이나 학습경험의 조직, 배열이 비능률적 ·전체로서의 통일성, 연관성 부족

자료: 한상길·김응래·박선환·박숙희·정미경·조금주(2007). 『교육학개론』. 공동체. 재구성.

나. 경험 중심 교육과정

경험 중심 교육과정은 학생들을 급변하는 사회에 적응시키기가 매우 어렵고 현실과 동떨어진 교육내용을 가르치는 교과중심 교육과정을 비판하면서 대두되었다. 즉 경험 중심 교육과정은 루소(Rousseau) 이후 제창되어 온 아동 중심 교육사상과 실용주의 철학을 배경으로 한 듀이(Dewey)의 진보주의 교육사상을 사상적 배경으로 하였다(한상길 외, 2007).

특히, 경험 중심 교육과정은 경험의 계열을 존중하는 교육과정으로서 학교의 지도하에 학생들이 체험하게 되는 모든 경험을 의미한다(이형행, 2007). 또한, 경험 중심 교육과정은 학습자를 중심에 두고 가르칠 내용과 방법을 결정하고 교육은 학생의 흥미, 욕구, 필요, 능력에 바탕을 두어야 한다는 입장으로서 교과활동뿐만 아니라, 과외활동, 전시회, 자치활동, 클럽활동 등도 중시한다(김병희 외, 2008).

경험 중심 교육과정은 사회의 급격한 변화에 적응하는 생활인을 육성하는 데 교육목표를 두고 있기 때문에, 지·덕·체의 조화로운 발달을 꾀하는 전인교육을 강조할 뿐만 아니라, 단순한 지식의 습득보다 문제해결력 함양을 중시하고 있다(이정표·권영신, 2008).

한편, 경험 중심 교육과정의 특징을 살펴보면 첫째, 생활경험 위주의 교육내용을 위주로 하고 둘째, 학습자 중심의 교육이기 때문에, 교사와 학생의 협동에 의해 활동내용이 결정되며 셋째, 학습은 행함으로써 이루어진다는 것을 강조하여 문제해결 방법이 교수·학습방법의 주가 된다(한상길 외, 2007).

그러나 경험 중심 교육과정은 기초학력의 저하, 학습시간의 경제적인 효율성 무시, 학습 환경 통제 곤란 등의 문제점을 안고 있다(김운삼, 2003).

지금까지 살펴본 경험 중심 교육과정의 장점과 단점을 제시하면 <표 Ⅱ-5>와 같이 정리할 수 있다.

〈표 Ⅱ-5〉 경험 중심 교육과정의 장점과 단점

장점	단점
· 학생의 자발적인 학습활동을 유발하기 쉬움 · 문제해결력을 기르기에 용이하고 역동적인 학습 가능 · 자발성, 사회화, 직관의 원리 등과 일치하는 학습 · 어떤 사상을 전체적으로 보는 능력을 기르기 쉬움 · 많은 인적·물적 자원을 이용한 다양한 형태의 학습 전개	· 교육과정의 기본적인 분류가 명확하지 않고 지적 체계 부족 · 교육의 계획, 실천, 평가가 어렵고 체계적이지 못할 가능성 높음 · 교직 소양과 지도방법이 미숙한 교사는 교육의 효과가 매우 저조하게 나타날 가능성 · 일반적·추상적인 지식이나 과학적 지식의 결함을 가져오기 쉬움

자료: 한상길·김응래·박선환·박숙희·정미경·조금주(2007). 『교육학개론』. 공동체. 재구성.

다. 학문 중심 교육과정

학문 중심 교육과정은 구소련의 인공위성 스푸트니크(sputnik)호 발사에 따른 충격과 지식의 폭발적인 증가로 인해 미국의 경험 중심 교육과정을 비판하면서 대두되었다. 이러한 학문 중심 교육과정은 브루너(Bruner)의 '교육의 과정(The Process of Education)'을 통해 학문의 구조라는 관점에서 기반을 둔 지식의 체계화 및 탐구 원리를 제공하여 학문 중심 교육과정의 방향을 제시하였다(한상길 외, 2007).

특히, 학문 중심 교육과정은 지적인 성장을 중시하여 장래 생활 준비 및 학습자의 현재 생활까지도 강조하고, 개인차를 인정하며 개별학습과 집단학습의 장을 마련해 준다(김운삼, 2003).

한편, 학문 중심 교육과정의 교육내용으로 각 교과의 핵심적인 아이디어, 기본적 개념, 원리, 법칙 등을 의미하는 '지식의 구조'를 강조하는데, 표현방식의 다양성(작동적·영상적·상징적 표상), 학습의 경제성, 지식 구조의 생성력 등이 특징이다(김병희 외, 2008).

학문 중심 교육과정의 일반적인 특징을 살펴보면 첫째, 교과내용은 지식의 구조를 핵심으로 조직하고 둘째, 탐구과정 및 발견학습의 과정을 중시하며 셋째, 나선형 교육과정의 조직을 강조한다(이형행, 2007). 지식 구조의 표현 방식은 작동적 표상, 영상적 표상, 상징적 표상 등 세 가지로 구분할 수 있다(<표 Ⅱ-6> 참조).

〈표 Ⅱ-6〉 지식의 구조의 표현 방식

구분	특징	예시
작동적 표상	원리의 이해를 위해 행동으로 표현하는 방식	-천칭의 원리를 이해함에 있어서 시소를 타 보는 것
영상적 표상	원리의 이해를 위해 그림이나 도형으로 표현하는 방식	-천칭의 원리를 그림을 통해 이해하는 것
상징적 표상	원리의 이해를 위해 공식이나 문자로 표현하는 방식	-천칭의 원리를 공식으로 표현하는 것

지금까지 살펴본 학문 중심 교육과정의 장점과 단점을 제시하면 <표 Ⅱ-7>과 같이 정리할 수 있다.

〈표 Ⅱ-7〉 학문 중심 교육과정의 장점과 단점

장점	단점
·학생의 자발적인 학습활동을 유발하기 쉬움 ·문제해결력을 기르기에 용이하고 역동적인 학습 가능 ·자발성, 사회화, 직관의 원리 등과 일치하는 학습 ·어떤 사상을 전체적으로 보는 능력을 기르기 쉬움 ·많은 인적·물적 자원을 이용한 다양한 형태의 학습 전개	·교육과정의 기본적인 분류가 명확하지 않고 지적 체계 부족 ·교육의 계획, 실천, 평가가 어렵고 체계적이지 못할 가능성 높음 ·교직 소양과 지도방법이 미숙한 교사는 교육의 효과가 매우 저조하게 나타날 가능성 ·일반적·추상적인 지식이나 과학적 지식의 결함을 가져오기 쉬움

자료: 한상길·김응래·박선환·박숙희·정미경·조금주(2007). 『교육학개론』. 공동체. 재구성.

라. 인간 중심 교육과정

인간 중심 교육과정은 현대 사회가 고도로 산업화되어 감에 따라 인간성이 매몰되고 비인간화, 소외의 경향이 증대되면서 교육이 경제 및 사회 발전의 수단이 아니라, 자기 충족감이 넘치는 인간을 육성하기 위한 활동이 되어야 한다는 인식하에서 등장하였다(이정표·권영신, 2008). 이러한 인간 중심 교육과정의 목표는 인간의 본성과 욕구에 부합시켜 사랑하고 깊이 있게 느끼며 내면의 자아를 확장하고 창조함으로써 스스로 배우는 자아실현의 가능성을 개발하자는 것이다(이형행, 2007).

특히, 인간 중심 교육과정의 특징을 살펴보면 첫째, 자아실현을 목표로 하고 둘째, 표면적 교육과정뿐만 아니라, 잠재적 교육과정도 중시하며 셋째, 학교 환경의 인간화를 위해 노력하며 끝으로, 인간주의적 교사를 가장 필요로 한다는 것이다. 즉 인간 중심 교육과정은 인간의 성장 가능성을 조화롭게 개발하고 긍정적인 자아개념을 형성하며 개별적인 자기 성장을 조장한다는 장점을 가지고 있지만, 실현이 곤란하며 교육성과의 보장이 어렵다는 단점도 있다(김운삼, 2003).

지금까지 살펴본 인간 중심 교육과정의 장점과 단점을 제시하면 <표 Ⅱ-8>과 같이 정리할 수 있다.

〈표 Ⅱ-8〉 인간 중심 교육과정의 장점과 단점

장점	단점
· 긍정적인 태도 및 자기계발 능력 부여 · 타인을 존중하고 수용할 수 있는 건전한 가치관 형성 · 학교 환경의 인간화를 위한 노력 중시 · 결과보다 과정 중시	· 인간 중심 교육과정의 기본 개념을 실천에 옮길 준거 모호 · 교육과정에 대한 학생의 선택이 과도하게 허용되어 계열성 결여 · 학생 개인에게 적합한 경험이 무엇인지에 대해 구체적인 대안을 제시하지 못함

자료: 한상길·김응래·박선환·박숙희·정미경·조금주(2007). 『교육학개론』. 공동체. 재구성.

3. 교육과정의 구성

교육과정을 개발하기 위해 교육목표의 설정, 학습경험의 선정, 학습경험의 조직, 교수·학습과정, 교육평가 등의 과정을 거친다([그림 Ⅱ-3] 참조).

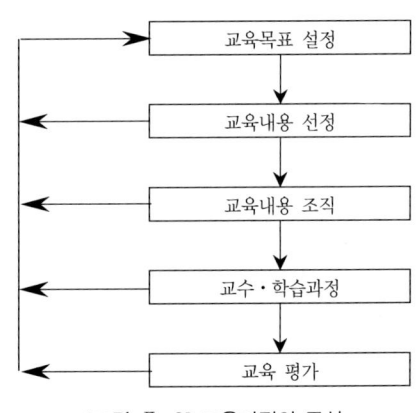

[그림 Ⅱ-3] 교육과정의 구성

가. 교육목표 설정

먼저 교육목표 설정을 위해서는 학습자, 사회, 교과 등 세 가지 자원을 고려하여 잠정적인 교육목표를 설정한 다음, 교육철학과 학습심리의 '체'를 통해 최종적인 교육목표를 설정하게 된다(김병희 외, 2008).

특히, 교육목표 설정의 기준이 되는 원리는 구체적이고 명료한 용어로 교육목표가 진술되어야 하고, 모든 교직원의 교육활동 속에 교육목표가 내면화되어야 하며 설정된 교육목표는 타당성을 항상 검증받고 수정될 수 있어야 하며 포괄성과 일관성, 실현 가능성이 있어야 한다(한상길 외, 2007).

나. 교육내용 선정

교육목표가 설정되면 교육목표를 효과적으로 달성하기 위한 학습경험, 즉 교육내용을 어떻게 선정해야 할 것인가에 초점을 맞추어야 한다. 이러한 교육내용을 선정하는 원칙은 교육목표에의 타당성과 유의미성의 원리, 교육목표와 일관성의 원리, 교육내용의 학습 가능성의 원리, 일경험 다목표 달성의 원리, 일목적 다경험 활용의 원리 등이 있다(이형행, 2007).

다. 교육내용 조직

교육내용의 조직은 선정된 학습경험을 그 자체의 논리성이나 학습자의 심리적 특성에 적합하도록 배열하는 것으로서, 계속성 또는 반복성의 원리, 계열성의 원리, 통합성의 원리 등이 있다(김병희 외, 2008).

라. 교수·학습과정

교수·학습과정은 교육이 실제로 이루어지는 상황으로서 교사가 가르치고 학생들이 배우는 단계이고 교육의 핵심적·실제적인 단계이다. 이러한 교수·학습의 과정에 작용하는 변인들은 크게 학습자 변인, 교사 변인, 학습과제 변인, 수업 변인 등이 있다(<표 II-9> 참조).

〈표 II-9〉 교수·학습과정에 작용하는 변인

구분	유형
학습자 변인	학습자의 지능, 동기, 흥미, 적성, 자아개념, 학습양식, 선행학습, 발달단계, 기능, 가치관 등
교사 변인	교사의 교육적 배경, 지식수준, 가치관, 성격, 태도, 목표의식, 교수방법 및 기술 등
학습과제 변인	학습목표의 종류, 학습내용의 성격과 구조, 학습내용의 범위 및 조직 방식
수업 변인	교재 및 학습자료, 교구, 시설, 학급의 학습조직 방식, 수업시간, 교실환경, 학급인원, 학급분위기 등

특히, 교수·학습 지도의 기본 원리로는 자발성의 원리, 개별화의 원리, 사회화의 원리, 통합성의 원리, 직관의 원리, 목적의 원리 등이 있다(이정표·권영신, 2008).

마. 교육 평가

교육평가는 교육과정의 마지막 단계로서 의도한 교육목표의 도달 여부를 확인하는 것으로서, 학습의 성과에 대한 평가뿐만 아니라, 교육이 이루어지는 전체 과정에 관련된 다양한 요소들에 대한 평가까지도 포함한다. 이러한 교육평가는 교육목적의 달성 정도 파악, 학습의 진단 및 치료, 교수·학습과정의 평가, 학습동기 유발 및 강화, 진로지도를 위한 자료 확보 등으로 사용할 수 있다(이정표·권영신, 2008).

특히, 수집된 측정 자료를 해석하는 방법에 따라서 개인이 성취한 정도를 교육목표 그 자체와 비교하는 절대평가와 집단 내에서 다른 사람의 성취 정도를 비교하여 개인의 성취 정도를 비교하는 상대평가가 있고, 교수·학습과정의 단계, 즉 교수·학습을 시작하는 도입 단계에서 학습자의 학습 준비도나 선행학습 정도를 파악하기 위한 진단평가, 교수·학습과정의 전개 단계에서 교사의 수업방법이나 진행 속도의 적절성을 분석하고 학습 곤란도나 장애요인을 분석하는 형성평가, 교수·학습과정의 정리 단계에서 학생의 성취도를 최종적으로 판정하는 총괄평가로 구분할 수 있다(한은숙·김종두, 2008).

4. 우리나라 교육과정의 역사

가. 제1차 교육과정(1954~1963)

제1차 교육과정은 교육과정을 '각 학교의 교과목 및 기타 교육활동의 편제'로 정의하고 법령상의 명칭이 '교과과정'이었기 때문에, '교과과정 시기' 또는 '교과 중심 교육과정 시기'라고 불렀다(한상길 외, 2007).

특히, 교육과정 자체는 '교과 중심'이었지만, 교육과정을 기준으로 한 교과서는 미국의 진보주의 영향을 받아 '생활 중심', '경험 중심'을 지향하였다(김병희 외, 2008).

나. 제2차 교육과정(1963~1973)

제2차 교육과정은 교육과정을 '학교의 지도하에 학생들이 가지는 경험의 총체'로 보고, '생활 중심 교육과정', '경험 중심 교육과정'이라고 불렀다(한상길 외, 2007). 이 시기의 교육과정의 교육내용은 자주성, 생산성, 유용성을 강조하였고, 운영에 있어서 지역성을 강조함으로써 생활 중심 교육과정으로서의 성격을 강조하였다(김병희 외, 2008).

다. 제3차 교육과정(1973~1981)

제3차 교육과정은 종래의 경험 중심 교육과정을 지양하고 학문 중심 교육과정을 강조함에 따라 지식의 근간을 이루는 지식의 구조를 학생들에게 가르치되, 지식의 구조를 학습자 스스로가 발견하고 탐구할 수 있도록 해야 한다는 점을 강조하였다(한상길 외, 2007). 이러한 학문 중심 교육과정은 수학교과와 과학교과를 중시하였다(김운삼, 2003).

라. 제4차 교육과정(1981~1987)

제4차 교육과정은 한 가지 사조나 이념만을 고수하는 교육과정이 아니라, 교과 중심, 경험 중심, 학문 중심 등 종합적이고 복합적인 성격을 지닌 교육과정으로, 변화와 미래에 대한 인식을 강조하는 미래지향적 성격의 교육과정을 반영하였다. 이 시기의 교육과정은 이전의 교육과정이 지닌 문제점, 즉 학습내용의 과다, 학습하기 어려운 교육내용, 교과목 위주의 분과 교육, 일반 교육의 소홀, 전인교육과 인간교육의 미흡 등을 개선하고 보완하는 데 많은 노력을 기울였다(김병희 외, 2008).

마. 제5차 교육과정(1987~1992)

제5차 교육과정은 고도의 산업화, 국제 관계의 다원화, 평화통일 등에 대한 대응으로 기초교육의 강화, 통합 교육과정의 구성, 미래사회 대비 교육의 강조, 교육과정 운영의 효율성 제고 등에 주안점을 두고, 개인적·학문적·사회적 적합성을 고루 갖춘 종합적인 접근 방식을 택하고 있다(한상길 외, 2007).

특히, 제5차 교육과정에서는 초등학교 1, 2학년의 통합교과 운영체제가 바뀌었는데, 이는 심리발달이 미숙한 상태에 있는 초등학교 저학년들에게 경험적 통합을 가져오게 함으로써 효과적인 학습을 가능하도록 하기 위함이다(김운삼, 2003).

바. 제6차 교육과정(1992~1999)

제6차 교육과정은 교육과정 결정의 분권화, 교육과정 구조의 다양화, 교육과정 내용의 적정화, 교육과정 운영의 효율화 등 성격을 지닌 교육과정이다(김병희 외, 2008).

특히, 제6차 교육과정은 국가 수준, 학교 수준 교육과정을 확실하게 구분하였고 교육과학기술부 ↔ 시・교육청 ↔ 학교로 이어지는 교육과정 편성・운영체제를 강조하였다(한상길 외, 2007).

사. 제7차 교육과정(2000~현재)

제7차 교육과정은 국가 수준의 공통성과 지역, 학교, 개인 수준의 다양성을 동시에 추구하는 교육과정이고, 학습자의 자율성과 창의성을 신장하기 위한 학생 중심의 교육과정이며 교육청・학교・교원・학생・학부모가 함께 실현해 가는 교육과정이며, 학교교육 체제를 교육과정 중심으로 개선하기 위한 교육과정이며 끝으로 교육의 과정과 결과의 질적 수준을 유지・관리하기 위한 교육과정이라 할 수 있다(김병희 외, 2008). 이러한 제7차 교육과정은 특징은 국민 공통 기본 교육과정의 도입, 수준별 교육과정의 도입, 재량활동의 신설 및 확대, 고교 2~3학년의 선택중심 교육과정 도입, 질 관리 중심 교육과정 개념 도입, 교사・학생・지역 중심 교육과정 편성・운영 등으로 요약할 수 있다(김운삼, 2003).

교육과정 기출문제 풀이

1. '생성(Emerging) 교육과정'의 특징을 가장 잘 설명한 것은? <2008. 초등>

① 학교에서 사회의 직업적 수요와 기업의 주문에 따라 제작하는 교육과정
② 학생의 요구를 중심으로 교사와 학생이 협력하여 구성하고 실천하는 교육과정
③ 교사가 유기체의 탄생, 성장, 성숙, 쇠퇴, 소멸의 주기에 따라 계발하는 교육과정
④ 국가에서 정치 이데올로기를 학생들의 의식 속에 내면화시키기 위해 수립하는 교육과정

【해설】 경험 중심 교육과정의 유형 중 생성교육과정은 교사와 학생이 생활의 장에서 학생의 욕구를
　　　　중심으로 상호 협력하여 구성하는 것으로 교육현장에서 학생의 욕구를 중심으로 이루어지는
　　　　동적 교육과정을 의미한다.
【정답】 ②

2. 홀(G. E. Hall) 등의 '교사의 관심에 기초한 교육과정 적용모형(CBAM)'에 따르면, 새로
　 채택된 교육과정의 실행 양태는 교사의 관심 수준에 따라 달라진다. 이 모형에서 교사
　 의 가장 높은 단계의 관심 수준은? <2008. 초등>

① 새 교육과정을 수정·보완하여 더 나은 결과를 가져올 방안에 대한 관심
② 새 교육과정의 운영을 위한 정보와 자원을 효율적으로 배분하는 데 대한 관심
③ 새 교육과정에 대해 개괄적인 것을 넘어 더 구체적인 것을 알고 싶어 하는 관심
④ 새 교육과정을 적용하는 것이 자신과 주변에 어떤 영향을 끼치는지에 대한 관심

【해설】 관심의 수준을 단계로 제시하면 무관한 관심, 자신과 관련된 관심, 업무와 관련된 관심, 결과
　　　　와 관련된 관심으로 ①의 내용이 결과와 관련된 관심으로 가장 높은 단계의 관심 수준이다.
【정답】 ①

3. 중핵교육과정(core curriculum)의 특징을 가장 잘 나타낸 것은? <2008. 중등>

① 두 교과 간 내용의 상호 관련성이 약화된다.
② 개별 교과의 기본 논리 혹은 구조를 파악하기에 용이하다.
③ 특정 주제를 중심으로 여러 교과의 내용을 결합할 수 있다.
④ 개별 교과의 특성을 유지하면서 내용을 체계적으로 조직할 수 있다.

【해설】 중핵교육과정은 중심학습이 있는 교육과정으로 사회가치와 학생의 필요와 흥미를 중심으로
　　　　중심학습에 주변과정을 통합한 형태이다. 그러므로 교과 간 내용의 상호 관련성이 강하다.

【정답】③

4. <보기> 중 잠재적 교육과정에서 강조하는 사항을 모두 고른 것은? <2008. 중등>

〈보기〉

ㄱ. 학생들의 교실생활이나 학교의 문화풍토를 중시한다.
ㄴ. 교육과정을 '의도'나 '계획'의 차원에 한정하지 않는다.
ㄷ. 공식적(formal) 교육과정의 부정적 결과에도 관심을 기울인다.
ㄹ. 교육과정은 교사가 해석하여 교육사태에서 재구성하는 것이다.

① ㄱ, ㄹ   ② ㄴ, ㄷ
③ ㄱ, ㄴ, ㄷ   ④ ㄱ, ㄷ, ㄹ

【해설】 잠재적 교육과정은 학교에서 계획적으로 의도하지 않았던 학습의 결과를 초래하는 교육과정으로 시간에 대한 개념, 질서와 권위에 대한 개념 등 은연중에 학습되는 교육과정이다. 교사의 입장을 강조하는 ㄹ의 내용은 관련이 없는 내용이다.
【정답】③

5. <보기>는 제1차 교육과정부터 제7차 교육과정까지 나타난 국가교육과정의 특징에 관한 진술이다. 옳은 것으로 묶인 것은? <2008. 중등>

〈보기〉

ㄱ. 교육과정은 9년을 주기로 개정하였다.
ㄴ. 교육과정은 교과서 편찬의 기준 역할을 하였다.
ㄷ. 수준별 교육과정은 제4차 교육과정부터 적용되었다.
ㄹ. 교과 영역과 특별활동 영역은 교육과정 편제에서 계속 유지되었다.

① ㄱ, ㄷ   ② ㄱ, ㄹ
③ ㄴ, ㄷ   ④ ㄴ, ㄹ

【해설】 교육과정 개정 주기가 1차에서 3차까지는 대략 10년 정도이나 4차에서 7차까지는 보통 6, 7년 전후이다. 수준별 교육과정은 제7차 교육과정부터 적용되었다.
【정답】④

6. 워커가 제안한 교육과정 개발 모형에 대한 설명으로 가장 적절한 것은? <2009. 초등>

① 합리적 처방적 교육과정 개발 모형에 속한다.
② 학업성취 향상을 위해서 역행설계 방식을 취한다.
③ 교육과정 개발 절차를 준수할 것과 그 절차의 직선적 계열성을 강조한다.
④ 개발 참여자들의 기본 입장이 제시되는 강령이 중요한 요소이다.
⑤ 개발 과정이 5단계로 구분되어 있고, 어느 단계에서도 개발을 시작할 수 있다.

【해설】 워커의 말에 따르면 강령이란 어떤 믿음과 가치를 가지고 과업에 접근하는 교육과정 개발 활동에 참여하는 사람들이 교육과정 개발과정에서 드러내 보이는 교육적 신념과 가치, 교육목적, 교육과정 구상, 절차, 집단의 전략, 자신의 숨은 의도 및 선호 등을 가리키는 것으로 중요한 요소라고 할 수 있다.
【정답】 ④

7. 아이즈너가 말한 '표현적 결과'에 관한 설명으로 가장 적절한 것은? <2009. 초등>

① 수업내용을 분석하여 측정 가능한 행동용어로 결과를 진술한다.
② 수업결과로 나타나는 목표를 의미하는 것으로서 수업 전에 미리 정해져 있다.
③ 수업시간에 일정한 조건을 주고 그 조건 내에서 문제해결책을 발견해 내는 활동이다.
④ 설정된 목표에 따라 학습내용을 가르치고 그 결과를 파악할 필요가 있을 경우에 적합하다.
⑤ 구체적인 목표 없이 수업을 시작하여 수업활동 중 혹은 종료 후 결과적으로 얻게 되는 것이다.

【해설】 ①, ②, ④는 행동목표진술에 관한 내용으로 타일러와 관련된 내용이다. ③은 문제해결 목표에 관한 내용이다.
【정답】 ⑤

8. 학교 수준 교육과정 개발의 특징으로 가장 적절한 것은? <2009. 초등>

① 각 학교의 특성을 고려한 교육과정 개발이 용이하다.
② 연구・개발・보급 모형에 따라 개발된다.
③ 중앙－주변 모형에 따라 개발된다.
④ 전국적・공통적 교육과정의 특성을 갖는다.
⑤ 교사배제 교육과정이라는 지적을 받는다.

【해설】 ①은 학교 수준 교육과정 개발의 특징에 나머지는 모두 중앙집권적 국가수준 교육과정 개발과 관련이 깊다.
【정답】 ①

9. 다음은 '학교교육과정'을 주제로 두 교사가 나눈 대화 내용이다. 밑줄 친 ㉠과 ㉡에 해당하는 교육과정 개념으로 가장 적절한 것은? <2009. 중등>

> 김 교사: 저는 어떤 학교에서든지 그 학교에서 실지로 가르치는 내용은 공식적인 문서나 활동만 보아서는 알 수가 없다고 봐요.
> 유 교사: 그렇죠. 학생들은 학교에서 의도하지 않은 것들도 은연중에 많이 배우게 되죠. 거기에는 학부모나 교사의 입장에서는 결코 기대하지 않았던 생각과 행동, 태도들도 많죠.
> 김 교사: 그뿐만 아니라 이런 경우도 있어요. 마땅히 가르쳐야 하는데도 불구하고 학교 또는 교사가 의도적으로 가르치지 않아서 학생들이 아예 배우지 못하는 것들도 더러 있죠.
> 유 교사: 제가 말한 경우는 ㉠ 학교가 의도하지 않았는데 학생의 학습경험이 생기는 것이라면, 김 선생님이 말한 경우는 ㉡ 당연히 발생해야 할 학습경험이 학교의 의도 때문에 일어나지 않은 것으로 해석할 수도 있겠네요.

	(ㄱ)	(ㄴ)
①	암시적 교육과정	명시적 교육과정
②	비공식적 교육과정	공식적 교육과정
③	잠재적 교육과정	영 교육과정
④	활동 중심 교육과정	교과 중심 교유과정
⑤	아동 중심 교육과정	교사 중심 교육과정

【해설】 명시적 교육과정은 학교가 목표를 세우고 의도적으로 가르치는 교육과정이고 공식적 교육과정은 공적인 문서 속에 담긴 교육의 계획을 의미한다.
【정답】 ③

10. 타일러(R. Tyler)의 교육과정 개발 모형과 워커(D. Walker)의 교육과정 개발 모형을 각각 가장 적절하게 설명한 것은? <2009. 중등>

	타일러 모형	워커 모형
①	처방을 내리기 전에 교육 현장에 있는 참여자들의 의견을 수렴한다.	참여자들의 의견을 수렴하기 전에 개발의 순서와 절차를 처방한다.
②	사회, 학습자 미 교과의 필요를 계획적으로 조사하여 교육목표를 미리 설정한다.	실제 상황 속에서 참여자들의 논의를 거쳐 최선의 대안을 자연스럽게 구체화한다.
③	교육과정 개발은 목표설정에서 결과 도출에 이르기까지 순환하는 공학적 과정이다.	교육과정 개발은 참여자의 교육적 상상력이 발휘되어 의미가 재구성되는 예술적 과정이다.
④	교육과정 개발은 참여자들의 다양한 이해관계가 교차하는 정치적 과정이다.	교육과정 개발은 현실에 대한 다양한 시각을 표현하는 미학적 과정이다.
⑤	교육과정 개발의 계획, 과정 및 결과에 도덕적 고려가 포함되어야 한다.	교육과정 개발 과정에서 생길 수 있는 가치문제를 의도적으로 배제한다.

【해설】 타일러의 교육과정은 목표 중심적 교육과정으로 사회, 학습자, 교과의 필요를 계획적으로 조사하여 교육목표를 설정하며 이러한 목표가 설정되면 학습경험의 선정, 학습경험의 조직, 학습경험의 과정 및 평가에 대한 설계가 이루어진다. 워커의 모형은 실제적 교육과정 모형으로 실제 상황 속에서 참여자들의 논의를 거쳐 최선의 대안을 자연스럽게 구체화하는 모형이다.
【정답】 ②

11. 교육과정 내용 선정과 조직의 원리에서 '수평적 내용 조직'의 특징을 가장 잘 보여주는 것은? <2009. 중등>

① 고등학교 1학년에서는 국사 교과를, 2학년에서는 세계사 교과를 배울 수 있도록 조직한다.
② 중학교 도덕 교과에서 다루었던 전통 윤리의 내용을 고등학교 전통 윤리 교과에서 반복하여 제시한다.
③ 고등학교 수학 교과에서는 수학과 내용을, 사회 교과에서는 사회과 내용을 각각 독립적으로 다룬다.
④ 중학교 1학년에서 환경을 주제로 과학 교과내용과 기술, 가정 교과내용을 서로 긴밀히 관련지어 조직한다.
⑤ 중학교 1학년 국어 교과에서 시의 운율을 배운 후에, 2학년에서는 시에서 화자의 역할을 배우도록 배열한다.

【해설】 주제의 중심을 서로 다른 교과의 내용으로 서로 긴밀히 관련지어 조직하는 것은 통합성의 원리에 해당하는 것으로 수평적 조직을 만들 때 고려하는 원리이다.
【정답】 ④

12. 형식도야이론과 지식의 구조 이론에 공통적으로 해당하는 설명은? <2009. 중등>

① 발견학습의 개념과 밀접히 관련되어 있다.
② 고등 지식과 초보 지식 사이의 간극을 좁힐 수 있다.
③ 교과에서 획득된 지식 또는 능력의 전이를 가정하고 있다.
④ 교육의 목적은 정신적 부소능력의 발달에 있다.
⑤ 손다이크와 듀이에 의하여 비판되었다.

【해설】 형식도야설은 능력심리학에 기초한 이론으로 학습의 전이를 신뢰한다. 지식의 구조는 쉽게 이해할 수 있다는 장점, 장기간 기억할 수 있다는 장점, 일반적 전이를 쉽게 한다는 장점 등을 가지고 있다. 이러한 두 이론의 공통점을 묻고 있으므로 전이에 대한 가정이 관련 깊다.
【정답】 ③

13. 다음 대화에서 추론할 수 있는 교사와 교장의 교육과정 실행에 대한 관점을 옳게 연결한 것은? <2010. 초등>

> 김 교사: 국가가 정한 교육과정에 얽매이기보다는 교사가 창의적으로 교육내용을 만들어서 가르치는 것이 중요하다고 봐요. 교육과정은 교사와 학생이 함께 만들어 가는 교육경험이라 할 수 있잖아요.
>
> 이 교장: 글쎄요. 국가 교육과정은 전국적인 교육의 질을 보장하기 위하여 공통된 내용을 정하여 실시하는 교육계획이지요. 그렇다면 교사가 수업을 임의로 해서는 안 되고, 당초 국가 교육과정에서 정한 목표와 내용을 중심으로 가르쳐야지요.
>
> 박 교사: 두 분 말씀은 알겠는데요. 교육과정을 실제로 운영하는 것은 복잡한 일입니다. 국가 교육과정뿐만 아니라 교실 상황, 학습자 수준, 교사의 요구도 함께 고려해야죠. 교육과정 개발자와 사용자 간의 의견 조정도 중요하다고 봐요.

	김 교사	이 교사	박 교사
①	형성(생성) 관점	충실성 관점	상호적응 관점
②	형성(생성) 관점	상호적응 관점	충실성 관점
③	충실성 관점	상호적응 관점	형성(생성) 관점
④	충실성 관점	형성(생성) 관점	상호적응 관점
⑤	상호적응 관점	충실성 관점	형성(생성) 관점

【해설】 형성관점은 교육과정이 교사와 학생에 의해 공동으로 만들어지는 교육경험이라고 보는 것이고 충실도 관점에서 교사의 역할은 교육과정의 지식내용을 따르거나 초기에 계획한 바대로 교육과정을 실행하는 것이다. 상호적응 관점에서 교사는 지역사회와 학교의 맥락에서 요구하는 바에 부응하기 위해서 교육과정 형성에 적극적으로 참여할 것을 요구받는다.

【정답】 ①

14. 다음 사례에 공통적으로 나타나는 교육과정 개념에 대한 설명으로 가장 적절한 것은? <2010. 초등>

> • 어느 국가에서는 생물 수업시간에 진화론을 가르치지 않는다.
> • 어느 국가의 경제 교과서에서는 노동자의 인권에 대한 내용이 배제되어 있다.
> • 어느 국가에서는 자국(自國)에 불리한 역사적 사실을 학교교육내용에서 제외시킨다.

① 공식적 문서로서의 표면적 교육과정
② 학교교육에서 의도되지 않은 학습결과
③ 상황맥락성을 강조하는 내러티브적 교육과정
④ 공식적 교육과정에 결여되어 있기 때문에 학습할 수 없는 내용
⑤ 공식적 교육과정에 포함되지 않으나 학생들이 경험하는 교육과정

【해설】 '가르치지 않는다, 배제되어 있다, 제외시킨다' 등을 통해 영 교육과정과 관련됨을 알 수 있다. 공식적으로 특정내용을 배제하였으므로 공식적 수업을 통해 배울 수 없는 교육과정을 묻고 있으므로 ④가 가장 적절하다.
【정답】 ④

15. 다음 대화에서 각 교사가 직면한 문제의 해결 방법으로 가장 연결한 것은? <2010. 초등>

> 김 교사: 단원마다 같은 내용이 반복되어 제시되다 보니 학생들이 지루해 하는 것 같아요. 학생들의 학습을 심화, 발전시켜야 하는데 말이죠.
> 이 교사: 저도 비슷한 고민을 해요. 미술 시간에 그림 그리기 준비를 하다 보면 정작 그리기 수업은 제대로 못 하고 끝나 버려요. 어떻게 하면 수업시간을 안정적으로 확보할 수 있을까요?
> 박 교사: 저는 조금 다른 문제로 고민 중입니다. 추석이 다가와서 친척들의 호칭을 가르쳐 주고 싶은데, 관련 단원이 마지막에 편성되어 있어서 어떻게 하면 좋을지 모르겠어요.
> 최 교사: 저는 사회 시간에 역사적 사실과 그림을 배경으로 하는 문학 작품을 함께 가르치고 싶은데, 어떻게 하면 좋을까요?

	김 교사	이 교사	박 교사	최 교사
①	계열적 조직	연속운영(Block Time)	단원 재구성	상관형 조직
②	계열적 조직	진도 조정	범교과학습 활용	분과형 조직
③	계속적 조직	연속운영(Block Time)	단원 재구성	분과형 조직
④	계속적 조직	진도 조정	점교과학습 활용	상관형 조직
⑤	계속적 조직	진도 조정	범교과학습 활용	분과형 조직

【해설】 김 교사는 교육내용 조직의 계열성을 말하고 있다. 이 교사는 미술시간의 연장을 강조하고 있으므로 블록타임제를 말하고 있다. 박 교사는 교과서에 제시된 순서를 필요에 따라 바꾸어 운영하는 것을 강조하고 있으므로 단원 재구성에 대해 이야기하고 있다. 최 교사는 서로 다른 교과라 하더라도 관련된 내용을 상호 연관시켜 제시하고자 하고 있으므로 상관교육과정의 구성을 이야기하고 있다.
【정답】 ①

16. (나)의 백워드 교육과정 설계 방식을 가장 잘 설명한 것은? <2010. 초등>

① 학습자 흥미를 강조하는 활동 중심으로 설계한다.
② 탈목표(goal-free) 모형에 의해 평가가 이루어진다.
③ 목표설정, 평가계획, 수업활동계획 순으로 설계한다.
④ 교사와 학생의 협동 작업을 강조하는 구안법을 활용한다.
⑤ 학습자의 경험을 중시하는 과목 간의 횡적 통합을 강조한다.

【해설】 백워드 교육과정 설계방식은 3단계를 통해 이루어지는 방식이다. 목표설정(바라는 결과 확인하기), 평가계획(수용 가능한 증거 결정하기), 수업활동계획(학습 경험과 수업 계획하기)이다. 이러한 방식은 기존의 방식에서 보면 둘째 단계와 셋째 단계 순서가 역전되어 있다.
【정답】 ③

17. 인본주의 교육과정(humanistic curriculum)의 관점과 관련이 깊은 것을 <보기>에서 모두 고른 것은? <2010. 중등>

〈보기〉

ㄱ. 개인의 잠재적 능력 계발과 자아실현을 지향한다.
ㄴ. 사회가 요구하는 직업 능력을 갖춘 사회 구성원 양성을 주목적으로 한다.
ㄷ. 교사와 학습자 간의 관계에서 존중, 수용, 공감적 이해를 중시한다.
ㄹ. 대표적인 학자로 메이거(R. Mager), 마자노(R. Marzano) 등이 있다.

---

① ㄱ, ㄷ　　② ㄴ, ㄷ　　③ ㄴ, ㄹ
④ ㄱ, ㄴ, ㄹ　　⑤ ㄱ, ㄷ, ㄹ

【해설】 인본주의 교육과정의 핵심은 잠재 가능성 실현 혹은 자아실현이므로 단순히 직업능력을 갖춘 구성원 양성을 목적으로 한다는 진술은 타당하지 않다. 대표적인 학자로는 매슬로우나 로저스 등이 있다.
【정답】 ①

18. 1980년대 미국 교육과정에서 나타난, 주지주의 교육으로의 복고 경향과 관련이 깊은 것을 <보기>에서 모두 고른 것은? <2010. 중등>

〈보기〉

ㄱ. 환경 교육, 소비자 교육, 인권 교육 등의 새 프로그램 개발
ㄴ. 중핵교육과정(core curriculum)의 강조
ㄷ. 파이데이아 제안서(paideia proposal)의 발표
ㄹ. 조직화된 지식 습득과 지적 기능 계발의 강조

---

① ㄱ, ㄷ　　② ㄱ, ㄹ　　③ ㄷ, ㄹ
④ ㄱ, ㄴ, ㄷ　　⑤ ㄴ, ㄷ, ㄹ

【해설】 ㉠과 ㉡은 통합적 접근으로서 주지주의 교육의 분석적 접근과 반대 입장에 있다.
【정답】 ③

19. 블룸(B. Bloom)의 인지적 영역 교육목표 분류와 크래쓰월(D. Krathwohl) 등의 정의적 영역 교육목표 분류에 대한 설명으로 적절하지 <u>않은</u> 것은? <2010. 중등>

① 인지적 영역 목표의 분류 준거는 복잡성이다.
② 하위수준의 인지능력은 상위수준의 인지능력을 성취하기 위한 선행조건이다.
③ 정의적 영역 목표는 위계적으로 구성되어 있다.
④ 정의적 영역 목표의 분류 준거는 다양성이다.
⑤ 정의적 영역 목표는 감수, 반응, 가치화, 조직화, 인격화이다.

【해설】 정의적 영역의 분류는 내면화의 원칙에 따라 감수, 반응, 가치화, 조직화, 인격화로 구분하였다.
【정답】 ④

20. 타바(H. Taba)의 교육과정 개발 모형에 대해 바르게 설명한 것을 <보기>에서 모두 고른 것은? <2010. 중등>

〈보기〉

ㄱ. 귀납적 접근방법을 사용하였다.
ㄴ. 요구 진단 단계를 설정하였다.
ㄷ. 내용과 학습경험을 구별하여 개발 단계를 설정하였다.
ㄹ. 반응평가모형을 제안하였다.

---

① ㄱ, ㄷ   ② ㄱ, ㄹ   ③ ㄴ, ㄹ
④ ㄱ, ㄴ, ㄷ   ⑤ ㄴ, ㄷ, ㄹ

【해설】 타바는 타일러의 기본모형을 보완한 교육과정 개발모형을 제시하였다. 타일러의 평가모형은 학생의 실제 성취수준과 행동적인 용어로 진술된 목표를 비교해 보는 과정으로 보고 이러한 비교를 위해서는 목표를 세분화해야 된다고 하여 목표지향 평가를 추구하고 있다.
【정답】 ④

21. 다음을 핵심적 주장으로 내세우는 교육과정 이론가 집단은? <2011. 초등>

교육과정에 관한 오늘날의 생각은 인구와 학교가 기하급수적으로 팽창하던 시대와는 다르다. 그 당시에는 교육과정을 구성하고 조직하는 일이 교육과정 연구의 주된 관심사였다.
그 당시는 교육과정 개발의 시대였던 것이다. 그러나 교육과정 개발의 시대는 1918년에 시작하여 1969년에 막을 내렸다.
지금 우리는 다른 시대에 살고 있다. 교육과정 연구는 교과 간의 관계, 각 교과의 쟁점, 교육과정과 세계 간의 관계 등을 드러내는 데에 초점을 두고 있으며, 더 이상 개발에 주력하지 않는다. 오늘날의 교육과정 연구는 개발이 아니라 이해에 주력해야 한다.

① 교과 중심 교육과정론자   ② 경험 중심 교육과정론자   ③ 학문 중심 교육과정론자
④ 인간 중심 교육과정론자   ⑤ 교육과정 재개념화론자

【해설】 재개념주의는 기존의 교육과정 이론이 학교에서 가르쳐지는 교육내용이 특정사회나 계층의
입장을 반영한 것인데도 불구하고 이를 당연히 주어진 것으로 여기고 이에 대한 분석을 소홀
히 하고 있다고 비판한다. 그래서 기존의 교육과정의 논의들을 재구성·재개념화하려고 한다.
【정답】 ⑤

22. 스킬벡(M. Skilbeck)의 교육과정 개발모형이다. (가)와 (나)에서 수행해야 할 활동을 <보
기>에서 골라 바르게 짝지은 것은? <2011. 초등>

〈보기〉

ㄱ. 교육활동의 방향을 설정한다.
ㄴ. 기대되는 학습 성과를 진술한다.
ㄷ. 교사의 가치관, 태도, 경험 등을 확인한다.
ㄹ. 학생들의 적성, 능력 및 교육적 요구를 조사한다.

    (가)   (나)
① ㄱ, ㄴ   ㄷ, ㄹ
② ㄱ, ㄷ   ㄴ, ㄹ
③ ㄱ, ㄹ   ㄴ, ㄷ
④ ㄴ, ㄷ   ㄱ, ㄹ
⑤ ㄷ, ㄹ   ㄱ, ㄴ

【해설】 학교 중심 교육과정 개발모형에서 (가)는 상황분석 단계를 말하고 (나)는 목표설정단계를 말
한다. ㄱ, ㄴ은 목표설정 단계에서 이루어지는 활동이며 ㄷ은 상황분석 단계 중 외적 요인에
포함되고, ㄹ은 상황분석 중 내적 요인에 해당한다.
【정답】 ⑤

23. (나)의 언어교육 프로그램이 따르고 있는 교육과정 구성방법으로 가장 적절한 것은?
    <2011. 초등>

① 연대순에 따른 방법
② 논리적 선행 요건에 따른 방법
③ 교육내용의 친숙성에 따른 방법
④ 주제를 중심으로 통합하는 방법
⑤ 전체에서 부분으로 나아가는 방법

【해설】 친숙한 내용에서 낯선 내용으로의 학습이 이루어지는 것으로 보아 교육내용의 친숙성에 따른 방법으로 교육내용이 계열화되고 있다.

【정답】 ③

III. 교육방법

1. 교육방법의 개념

교육의 핵심은 '무엇을 어떻게 가르치느냐?'에 달려 있기 때문에, 교육방법은 교육의 목적을 실현하는 데 요구되는 모든 수단적·방법적 조건을 통칭하는 것이다(황정규·이돈희·김신일, 1998). 즉 교육방법은 '교육의 타당한 목적이 어떤 것인가'를 탐구하는 행위를 제외한 다른 영역에 해당하는 것이다(백영균 외, 2006).

한편, 좁은 의미에서 교육방법의 개념을 생각해 보면 교육목표를 성공적으로 달성하기 위하여 선정된 교육내용을 학습자에게 효과적으로 전달하기 위한 수단으로서, 교사 또는 학습자에게 학습과제를 가르치는 방법을 의미한다(이화여자대학교 교육공학과, 2007). 또한, 김신자·이인숙·양영선(1999)은 학습목표에 적합한 내용을 효과적으로 전달하고 학습활동을 지원하기 위해 사용하는 방법으로 정의하였고, 백영균 외(2006)는 가르치는 방식이나 수업목표를 달성하기 위해 사용하는 효과적·효율적인 수업방식으로 정의하였다. 다시 말해, 교육방법의 미시적인 의미는 교수형태, 교수방법, 수업방법, 교수전략 등을 의미한다.

그러나 교수전략이라는 용어는 교육방법, 교수방법, 교수형태와는 구별해서 사용되기도 하는데, 교육방법이 교수체제의 전체적인 운용방식이나 큰 틀이라면, 교수전략은 교육방식을 달성하기 위한 구체적인 활동이라 할 수 있다(나일주·정인성, 2000). 즉 교수방법(instructional methods)은 학습자들이 목표를 달성하거나 내용·메시지를 내면화할 수 있도록 선택된 수업의 절차를 의미하고(이화여자대학교교육공학과, 2007), 교수전략(instructional strategy)은 주어진 학습목표를 효과적으로 성취하기 위하여 어떤 교수·학습의 내용(content)과 과정(process)을 어떻게 사용할 것인가에 대한 전반적인 계획으로 정의할 수 있다(Rothwell & Kazanas, 1992). 예를 들면, 토의식 수업, 강의식 수업 등은 교육방법이고, 반복, 암기법을 활용하는 기억활성화법, 새로운 정보를 기존의 지식과 연결하는 정보통합법 등은 교수전략이라 할 수 있다(백영균 외, 2006).

또한, 교수기법(instructional technique) 또는 교수전술(instructional tactics)은 교수방법과 교수전략을 실현하기 위한 구체적인 활동이나 기법을 의미하고, 학습전략(learning strategy)은 교수자 중심이 아닌 학습자 입장에서 요구되는 전략으로서, 학습자 스스로가 학습목표와 학습과업의 성취를 위해 과제를 수행하는 양식 또는 방법을 의미하는 학습자 중심의 전략이라 할 수 있다(이화여자대학교교육공학과, 2007). 그리고 넓은 의미에서 교육방법의 개념은 교육의 과정(process of education)을 의미하는데, 교육목적의 탐구, 교육과정 구성, 수업, 학습지도, 교육의 평가, 생활지도의 영역까지 모두 포함한다(이화여자대학교교육공학과, 2007).

이 외에도 교육방법에 대한 학자들의 견해를 소개하면 다음과 같이 다양하게 나타나고 있다. 변영계 외(2000)는 교육방법은 구체적인 교수방법을 의미하며, 이러한 교수방법은 교사 및 기타 교수자들이 학습을 발생시키기 위한 목적으로 설계·개발·적용·관리·평가를 위한 지식과 실행력으로 정의하고 있으며, 노승윤(2000)은 교육방법을 교육목적, 교육목표의 달성을 위하여 주어진 수단을 조직하고 운영하며 관리하는 일련의 과정으로 정의하였다. 또한, Heinich는 교육방법이란 전통적으로 교수내용을 제시하는 형태(presentation forms), 즉 교수형태를 의미하며, 매체와 메시지와의 관계를 설명하고 있다. 여기서, 매체는 통신수단으로 정보원(source)과 수신자(receiver) 간의 정보전달 수단을 의미하며 예를 들면 필름, TV, 인쇄자료, 컴퓨터 등 교육목적을 위해 메시지를 전달할 때 교수매체가 되는 것이다(주영주·이광희, 2006). 그리고 메시지(message)란 의사소통이 이루어지는 정보로서 매체를 통해서 메시지가 전달되고 교수방법은 교사들이 학습목표를 달성하는 데 도움을 주기 위해서 또는 메시지나 교수내용을 내면화하기 위하여 선택된 수업절차이다(조성일·신재흡·최혜영, 2006).

지금까지 교육방법에 대한 학자들의 다양한 견해를 종합해 보면, 교육방법이란 교수·학습 활동에서 학습자의 개인적 특성과 학습지도의 모형, 비용과 시간적 여유에 대한 고려, 학습환경 등을 고려해서 수업목표에 도달하기 위한 학습설계·개발·적용·관리·평가를 위한 제반 활동으로 정의할 수 있다(조성일·신재흡·최혜영, 2006). 달리 말하자면, 교육방법은 교육목표 달성을 목적으로 제반의 교수활동인 설계·개발·적용·관리·평가를 하는 데 요구되는 지식과 그 지식을 실천에 옮기는 실행력이라 할 수 있다. [그림 III-1]에서도 알 수 있듯이, 학습자, 수업자, 교육과정이 각각 학습자의 현 상태, 교수방법, 교육과정과 상응하고 있으며, 교수방법은 지식과 실행력으로 구성되어 있다.

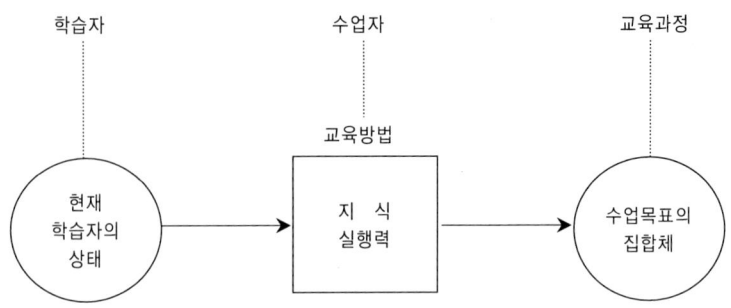

자료: 김진호 외(2002). 『실기·예비 교사를 위한 교육방법의 기초』. 문음사. 재구성.

[그림 Ⅲ-1] 교육방법의 특성

따라서 최상의 교수, 최적의 교수 과정 및 결과를 이끌어 내기 위한 철저한 교수방법의 이해, 준비, 적용은 교육에 있어서 필수적인 절차로서 중요한 의의를 지닌다고 할 수 있다(김진호 외, 2002). 즉 어떤 교육방법이 학습자에게 더욱 매력적이고 안전한 방법이며, 어떤 교육방법이 인간을 중심으로 한 최선의 교육방법이 될 것인지를 고려할 필요성이 있다(주영주·이광희, 2006). 또한, 교수·학습활동에 좋은 교육방법이 도입되면 수업목표에 효과적으로 도달할 수 있으며, 학습활동 이외에 다양한 활동을 할 수 있도록 도와주는 데 있다는 것을 항상 생각하며 교육활동에 임해야 할 것이다(조성일·신재흡·최혜영, 2006).

2. 교수이론

가. Bruner의 발견학습

Bruner는 인지적 수업이론과 발달 심리학 분야에서 인간의 인식, 동기, 학습, 사고에 대한 많은 연구를 수행했으며(Bruner, 1966), 지식의 구조화에 대한 중요성과 필요성을 주장한 그의 『교육의 과정』은 학문 중심 교육과정의 기초가 되었다(조성일·신재흡·최혜영, 2006).

Bruner는 하나의 완성된 교수이론을 제시하기보다는 교수이론의 형성을 위한 일련의 명제 또는 일반적 원리로서 수업이론에 대한 자신의 관심 또는 접근방법을 설명하고 있다(조성일 외, 2002).

특히, Bruner는 교수이론을 수업활동에 관한 규범적이고 처방적인 것으로 보고, 학습자의 학습을 촉진시키기 위한 일반 방법상의 지침으로 보았다(조성일·신재흡·최혜영, 2006).

발견학습은 학습자 스스로 지식을 습득하는 것을 의미하는데, 교사는 학생이 탐색하고,

조작하고, 발견할 수 있는 여러 가지 활동들을 제공하고 학습자는 그런 활동들을 통해 여러 가지 정보를 찾고, 모으고, 검증하는 과정을 경험하며, 그런 과정을 통해 학습자는 스스로 문제를 해결할 수 있는 기술들과 지식에 내재해 있는 원리와 법칙을 스스로 발견하게 된다(전성연, 2001).

따라서 발견학습은 학습자가 교사의 설명에 의해 지식을 습득하는 것이 아니라, 학습자 스스로 문제해결의 과정을 통해 지식을 발견하는 것이기 때문에, 교수·학습의 과정에서 지식습득의 결과보다는 과정을 더 중시한다(윤광보·김용욱·최병옥, 2003).

학습자의 발견학습을 극대화시키기 위해서는 교사는 학습의 선행경향성(predisposition to learning), 지식의 구조(structure of knowledge), 학습의 계열성(sequence), 학습의 강화(reinforcement) 등 네 가지 요소를 조화롭게 할 필요성이 있다(Bruner, 1966).

나. Carroll의 학교학습모형

Carroll(1963)의 학교학습모형은 학교에서 이루어지고 있는 여러 유형의 학습 가운데 지적학습에 작용하는 주요 변인들 간의 상호 관계를 기초로 한 모형이다. 또한, 학교학습모형은 교육의 과정에 관련되는 제 변인을 종합적으로 고려한 체계적이면서 학습의 영향력을 설명하는 이론이다(조성일 외, 2002).

특히, Carroll의 학교학습모형에서 교수·학습의 궁극적인 목적은 가능한 한 학습자들이 완전학습에 도달할 수 있도록 하는 데 있기 때문에, 교수·학습과 관련된 다양한 변인들을 최대한 고려하여 학습성과를 극대화시키는 데 초점을 두고 있다(김진호 외, 2002).

Carroll은 학습의 정도(성과)를 어떤 학습과제의 학습에 필요로 하는 시간의 양에 비추어 실제로 얼마만큼의 시간을 그 과제의 학습에 사용하느냐의 비율에 의해 결정된다고 주장하였다(윤광보·김용욱·최병옥, 2003).

여기에서 학습의 정도(성과)는 도달되어야 할 목표기준에 비추어 실제로 성취한 정도를 의미하고, 학습에 필요한 시간량은 학습자가 특정 학습과제를 학습하기 위해 소비할 필요가 있는 시간을, 학습에 사용한 시간량은 학습 행위에 실제로 소비한 시간을 의미한다(전성연, 2001).

이러한 Carroll의 학습의 정도(성과)를 함수로 나타내면 [그림 Ⅲ-1]과 같이 도식화할 수 있다.

[그림 Ⅲ-2]에서도 알 수 있듯이, 학교학습모형의 기본적인 가정은 학습에 필요한 시간

은 가능한 한 줄이고, 학습에 실제로 사용한 시간을 가능한 한 늘림으로써 학습의 정도(성과)를 극대화할 수 있다는 것이다(김진호 외, 2002).

$$\text{학습의 정도(성과)} = f\frac{\text{학습에 사용한 시간}}{\text{학습에 필요한 시간}}$$

[그림 Ⅲ-2] 학습의 정도(성과) Ⅰ

학습에 필요한 시간에 관련된 변인은 적성, 수업이해력, 수업의 질 등이며, 학습에 사용한 시간에 관련된 변인은 학습지속력(지구력), 학습기회로 구분할 수 있다(김진호 외, 2002). 이러한 다섯 가지 변인과 학습의 정도(성과) 간의 관계를 나타내면 [그림 Ⅲ-3]과 같이 도식화할 수 있다.

$$\text{학습의 정도(성과)} = f\frac{\text{학습지속력} \times \text{학습기회}}{\text{적성} \times \text{수업이해력} \times \text{수업의질}}$$

[그림 Ⅲ-3] 학습의 정도(성과) Ⅲ

[그림 Ⅲ-2]에서도 알 수 있듯이, 학습에 필요한 시간에 관련된 적성수준을 높이고, 수업이해력을 극대화시키며, 질 좋은 수업을 이끌 수 있다면, 학습에 필요한 시간을 최소화시킬 수 있고, 학습에 사용한 시간에 관련된 학습지속력(지구력)을 최대한 유지시키고, 학습기회를 충분히 제공한다면, 학습에 실제로 사용한 시간을 최대화시킬 수 있을 것이다(김진호 외, 2002).

다. Bloom의 완전학습모형

Bloom에 제시한 완전학습(mastery learning)모형은 Carroll의 학교학습모형을 토대로 한 수업모형이다(조성일·신재흡·최혜영, 2006). 특히, 완전학습은 거의 모든 학생에게 성공적인 학습경험을 제공할 수 있는 새로운 접근법을 제공한 것으로서, 적절한 수업조건이 주어진다면 거의 모든 학생들이 가르쳐지는 것을 대부분 습득할 수 있다고 주장하였다(전성연, 2001). 즉 완전학습은 지적·능력적인 면에서 결함이 있는 5% 정도의 학생을 제외한 약 95%의 학생이 교수 내용의 90% 이상을 학습할 수 있다는 것을 의미한다(윤광보·김용욱·최병옥, 2003).

한편, Carroll은 학교학습모형을 이용하여 완전학습에 이르는 방법과 전략을 제시하였는데, 수업의 이해력을 높이기 위한 방법으로 학습자의 언어능력을 개발함으로써 수업 이해력 자체를 육성하는 학습과 수업의 질을 개선하는 방법을 제시하였고, 수업의 질은 학습자의 개인차에 적합한 개별화 수업과 필요에 따라 소집단을 구성하는 방법을 제시하였으며, 학습자의 적성에 맞는 충분한 양의 학습기회를 제공할 뿐만 아니라, 학습지구력을 높여 주면 대부분 학생들이 완전학습에 도달할 것이라고 주장하였다(조성일·신재흡·최혜영, 2006).

특히, Bloom의 학교학습모형과 Carroll의 학교학습모형을 비교해 보면, Bloom의 완전학습모형은 정의적 행동에 대한 중요성을 강조하기 때문에, 학습성과의 결과가 하나의 학업성취도로만 나타나는 것이 아니라, 학습속도의 변화와 정의적 행동의 변화까지 포함하고 있다(김진호 외, 2002).

라. Ausubel의 유의미 언어학습 이론

Ausubel의 이론은 Bruner의 발견학습과는 달리, 교사의 수업내용을 학생이 의미 있게 수용할 수 있도록 교사가 설명하는 방법을 체계화하는 것으로, 설명식 수업 또는 수용학습이라고 한다(최동근·양용칠·박인우, 2000).

유의미 언어학습의 조건으로 학습과제의 실사성과 구속성, 학습자의 인지 구조 속에 관련정착 지식, 유의미 학습 태세 등 <표 Ⅲ-1>과 같이 요약할 수 있다.

〈표 Ⅲ-1〉 유의미 언어학습의 조건

조건	특징
학습과제의 실사성과 구속성	- 실사성: 표현을 달리해도 그 관계 또는 의미가 변하지 않는 성질 (예) '정삼각형은 세 변의 길이가 같고, 세 각이 같은 삼각형'이라고 정의하는데, '세 각의 크기가 같고, 세 변의 길이가 같은 삼각형'이라고 바꾸어도 의미가 변하지 않음 - 구속성: 어떤 대상의 성질과 인지구조와의 관계가 확고하여 임의적으로 변경될 수 없는 성질 (예) '정삼각형 내각의 합은 180도이다'라는 것은 구속적이라 할 수 있음
관련정착 지식	- 인지구조: 학습자가 필요할 때 언제든지 활용할 수 있는 사실, 개념, 명제, 이론, 지각적 자료 등으로 구성되어 있는 현재의 지식

관련정착 지식	– 관련정착 지식: 새로운 학습과제를 학습할 때 학습이 유의미하려면 학습자가 가지고 있는 기존 인지구조 속에 새로운 학습과제와 어떤 관련을 맺을 수 있는 지식
유의미 학습태세	– 학습동기 – 학습과제와 관련지으려는 유의미한 학습태세

자료: 최동근·양용칠·박인우(2000), 『교육방법의 공학적 접근』, 교육과학사, 재구성.

특히, 선행조직자는 학습자의 인지구조의 조정을 위해 학습 이전에 미리 제공되는 일반적·포괄적·추상적인 도입자료로서 새로운 자료와 이전 학습의 연결을 돕는 장치로서, 수업의 도입 단계에서 주어지는 언어적 설명이며, 학습과제와 인지구조 사이에 다리를 놓아 주는 기능을 수행하는 관련정착 지식, 포섭자의 기능을 수행한다(이화여자대학교 교육공학과, 2007; 최동근·양용칠·박인우, 2000). 이러한 선행조직자를 고안하는 단계는 첫째, 새로운 레슨에 필요한 선수학습 지식을 조사하고, 둘째, 학습자들이 선수학습 지식을 알고 있는지 확인하고 필요하다면 다시 가르치며, 셋째, 새로운 레슨에서 중요한 일반 원리나 아이디어들을 결정하고 정리하며, 넷째, 선행조직자를 작성하고 교재에서 조직자의 효과를 조사하고 난 후에 모델로써 사용하고, 끝으로 레슨을 구성하고 있는 주요 하위 주제들을 선행조직자 내에서 제시한 것과 동일한 계열로 제시해야 한다(Driscoll, 1994).

결론적으로 유의미 언어학습의 과정을 도식화하면 [그림 Ⅲ-4]와 같이 요약할 수 있다.

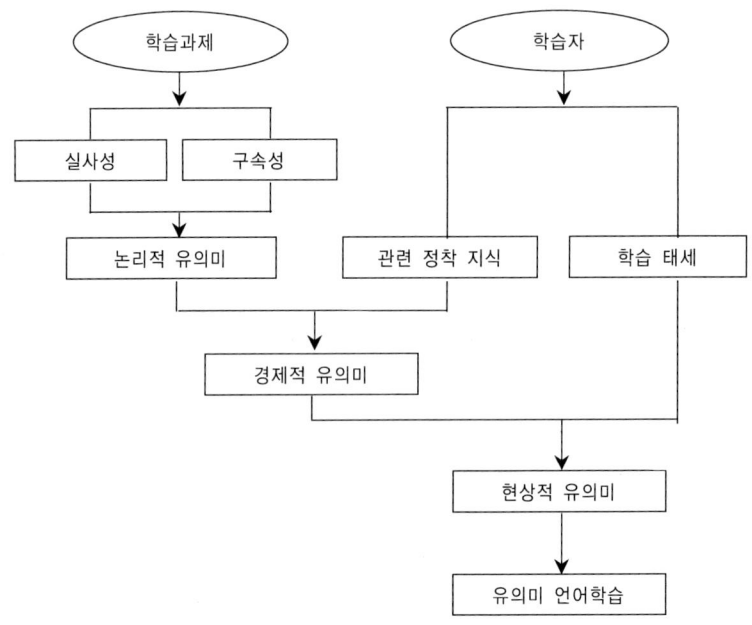

[그림 Ⅲ-4] 유의미 언어학습의 과정

마. Gagne의 처방적 교수 이론

Gagne가 주장하는 핵심 개념은 학습 성과(learning outcomes), 학습 사태(events of learning), 학습조건(conditions of learning) 등 세 가지 요소로 구분할 수 있다.

먼저 학습 성과는 언어정보(verval information), 태도(attitudes), 지적 기능(intellectual skills), 운동기능(motor skills), 인지전략(cognitive strategies)으로 <표 Ⅲ-2>와 같이 분류할 수 있다.

〈표 Ⅲ-2〉 학습 성과

학습 성과	특징
지적 기능	· 읽기, 쓰기, 수의 사용 등과 같이 상징이나 기호를 사용하는 능력 · 방법적 지식 또는 절차적 지식 · 변별: 사물의 속성들 간의 차이점 구별 · 개념: 사물을 특정 유목으로 분류할 수 있는 능력, 구체적 개념과 정의된 개념 포함 · 규칙(원리): 개념들 간의 의미 있는 관계 · 문제해결: 여러 개의 규칙이 조합된 것으로, 문제해결 장면에 동원되는 사고 유형
운동 기능	· 어떤 일을 수행하기 위한 신체적 움직임과 관련 · 장기간의 반복적 연습을 통해 학습
언어 정보	· 사물의 명칭이나 사실의 진위 · 학교 교과내용의 대부분 차지 · 명제적 지식 또는 선언적 지식
인지전략	· 개인의 학습이나 기억, 사고를 통제하는 기능 · 개념과 규칙의 활용을 조정하고 점검하는 역할
태도	· 어떤 대상에 대한 찬성-반대 또는 좋아함-싫어함과 같이 선택을 하게 하는 내적 경향성

자료: 전성연(2001). 『교수-학습의 이론적 탐색』. 원미사. 재구성.

특히, 학습자 내부에서 일어나는 일련의 정보처리 과정으로서의 학습사태는 학습의 내적 조건으로 표현되는데, 주의-기대-작동 기억으로의 재생-선택적 지각-의미의 부호화-반응-강화-재생 단서-일반화 등 <표 Ⅲ-3>과 같이 아홉 단계를 거친다(전성연, 2001).

〈표 Ⅲ-3〉 학습 사태

학습 사태	특징
주의	· 학습자가 대상 자극을 감각기관을 통해 받아들이는 것
기대	· 설정한 학습목표에 도달하기 위한 학습자의 동기화
작동기억으로의 재생	· 이미 가지고 있는 관련된 정보를 장기 기억으로부터 작동기억으로 재생
선택적 지각	· 들어오는 자극을 모두 수용하는 것이 아니고, 가능한 것만을 선택하여 지각
의미의 부호화	· 수용된 자극 특성들이 개념망 속에서 장기 기억으로 저장되는 것
반응	· 반응
강화	· 강화
재생 단서	· 학습자는 상황에 적합한 능력을 발휘하기 위해 장기 기억에서 사용할 수 있는 부가적인 단서 추구
일반화	· 새로운 상황으로 널리 적용함으로써 일반화

자료: 전성연(2001). 『교수-학습의 이론적 탐색』. 원미사. 재구성.

한편, 학습조건은 학습의 외적 조건으로서, 교사가 수행하는 수업활동을 의미하는데, 주의집중 시키기-목표 제시-사전학습 재생-자료 제시-학습 안내-수행 유도-피드백 제공-평가-파지 및 전이의 촉진 등 <표 Ⅲ-4>와 같이 아홉 단계를 거친다(전성연, 2001).

〈표 Ⅲ-4〉학습과정과 수업절차의 관계

학습조건 (외적 조건)	학습과정 (내적 조건)	수업의 예
주의 획득	자극 수용	· 동강이 너무 오염되어 물고기가 살 수 없다는 것을 여러분은 알고 있습니까?
목표 제시	기대 형성	· 오늘 우리는 강 오염의 5가지 원인에 대해 공부하겠습니다.
선결 요인 회상 자극	재생	· 산업체 공장에서 방출되는 오염물질을 기억해 볼까요?
자극자료 제시	특징 강조	· 이것들은 물속으로 들어오는 추가적 오염물질입니다.
학습 안내	부호화 촉진	· 수질오염의 세 가지 원천에 대해 생각해 봅시다. 공기, 땅, 물
수행 유발	조직화된 반응 활성화	· 이제 여러분들은 땅으로부터 오는 세 가지 오염물질에 대해 생각해 보세요.
피드백 제공	옳은 반응의 강화	· 철수야 맞아! 살충제는 정답이야!
수행 평가	재생 활성화 및 조직화된 반응의 강화	· 영희야, 우리가 공부한 모든 형태의 오염에 대해 말해 보렴.
파지 및 전이 촉진	재생단서 및 전략의 제공	· 이제 우리가 공부한 내용을 산업 분석에 적용해 봅시다.

자료: Gagne, R. M. & Briggs, L. J.(1979). Principle of instructional design (2th ed.). N.Y.: Holt, Rinehart & Winston. 재구성.

바. Keller의 학습동기 이론

대체로 동기유발은 크게 <표 Ⅲ-5>와 같이 네 가지 기능을 한다. Keller의 ARCS이론 특성은 첫째, 인간의 동기를 결정지을 수 있는 여러 가지 다양한 변인들과 그에 관련된 구체적인 개념들을 통합한 네 개의 개념적 범주(주의: attention, 관련성: relevance, 자신감: confidence, 만족감: satisfaction)를 포함하며, 둘째, 교수·학습 상황에서 동기를 유발하고 유지하기 위한 구체적이고 처방적인 전략들을 제시하고 있고, 셋째, 교수설계 모형들과 병행하여 활용할 수 있는 동시설계의 체제적 과정을 보여 주고 있다(이화여자대학교 교육공학과, 2007).

특히, ARCS이론은 수업설계의 미시적 이론으로서, 수업의 결과 변인인 효과성, 효율성, 매력성 중에서 매력성과 관련하여 학습자의 동기를 유발하고 유지시키는 각종 전략들을 제공하고 있다(최동근·양용칠·박인우, 2000).

한편, ARCS이론의 네 요소는 각 요소마다 세 가지 하위범주를 가지고 있으며, 각 동기요소들을 유발·유지하는 데 필요한 구체적인 전략을 <표 Ⅲ-6>과 같이 제시할 수 있다.

〈표 Ⅲ-5〉 동기유발의 기능

동기유발 기능	특징
활성적 기능	행동을 유발하고 지속하게 해 주며 유발한 행동을 성공적으로 추진하는 힘을 주는 기능
지향적 기능	행동의 방향을 어느 쪽으로 결정짓느냐는 동기에 따라 달라지는 기능
조절적 기능	선택된 목표행동의 도달을 위해 필요한 다양한 동작이 선택되고 이를 수행하는 과정을 겪는 기능
강화적 기능	행동의 결과로 어떠한 보상이 주어지느냐에 따라 동기유발 수준이 달라지는 기능

자료: 변영계(2005). 『교수·학습이론의 이해』. 학지사. 재구성.

〈표 Ⅲ-6〉 ARCS이론의 구체적인 전략

요소	하위범주	구체적인 전략
주의(A)	지각적 주의환기	학습자의 관심을 끌기 위해서 무엇을 해야 하는가?
	탐구적 주의환기	어떻게 호기심을 자극할 수 있는가?
	다양성	어떻게 학습자들의 주의를 유지할 수 있을까?
관련성(R)	친밀성	수업을 학습자의 경험과 어떻게 연결할 수 있을까?
	목적 지향성	어떻게 하면 학습자들의 요구를 최대한 충족시킬 수 있을까?
	필요 또는 동기와의 부합성 강조	언제, 어떻게 수업을 학습자들의 학습유형이나 개인적 관심과 연결시킬 수 있을까?
자신감(C)	학습의 필요조건 제시	학습자들의 성공에 대한 긍정적인 기대감을 갖도록 하기 위해서 어떤 도움을 줄 수 있을까?
	성공 기회 제시	학생들의 자신의 능력에 대한 확신을 갖도록 도와주기 위해서 어떤 학습 경험을 제공할 것인가?
	개인적 조절감 증대	자신의 성공이 노력과 능력에 기초한다는 것을 어떻게 확신하게 할 것인가?
만족감(S)	자연적 결과 강조	학생들의 학습경험을 통한 내적 만족도를 어떻게 하면 격려하고 보조할 수 있을 것인가?
	긍정적 결과 강조	자신의 성공에 대하여 어떤 보상을 제공할 것인가?
	공정성 강조	어떻게 하면 학습자들이 결과가 공정했다고 생각할 수 있는가?

자료: 이화여자대학교 교육공학과(2007). 『21세기 교육방법 및 교육공학』. 교육과학사. 재구성.

3. 교육방법의 유형

가. 강의법(lecture method)

강의법은 교수자의 주도하에 일방적으로 학습자에게 학습정보를 전달하고 이해시키는 형태로서, 교수자는 정보의 전달자 입장에서 전달하고자 하는 정보의 종류와 수준을 정하고 글과 언어를 통해 학습자에게 전달하며, 학습자는 정보의 수용자 입장에서 전달되는 정보를 지각하고 이해한다(김민경 외, 2005).

한편, 강의법의 장점과 단점을 살펴보면 <표 Ⅲ-7>과 같이 요약할 수 있다.

〈표 Ⅲ-7〉 강의법의 장점과 단점

장점	단점
· 단시간에 다양한 학습내용을 많은 학습자에게 체계적으로 전달 가능 · 학습 흥미를 환기시키고 학습동기를 유발하는 좋은 수단 · 교과서 이외의 경험과 지혜를 통해 산지식으로 전환 가능 · 교과서 내용 재조직 및 보충 · 교사의 언어적 표현력이 강할수록 학습자를 강하게 자극 · 듣고 쓰면서 생각하고 총괄하여 요점을 정리하는 능력 배양 · 사실이나 사건을 생생하게 표현하여 학습자의 이해력 높임	· 학습자의 개성이나 능력 무시 · 교사의 지식이 절대적인 영향 · 자율적인 학습 태도 경시 · 학습내용에서 이탈하기 쉬움 · 수동적인 학습 형태 · 개별화, 사회화의 어려움 · 내용의 이해와 비판의 어려움 · 학습자 스스로 문제를 해결하는 능력 부족 · 초등학교 저학년이나 지능이 낮은 학생에게는 수업진행에 대한 부담감 · 교과서의 설명에 그치면 시간 낭비

자료: 조성일·신재흡·최혜영(2006). 『지식기반사회에서 교육방법 및 교육공학의 이론과 실제』. 동문사. 재구성.

나. 토의법(discussion)

토의법은 학습자의 목적을 달성하기 위해 학습자가 자신의 의견을 제시하고 다른 사람의 의견을 받아들이는 상호작용 속에서 합의점을 찾고 문제를 해결해 가는 방법이다(김민경 외, 2005).

또한, 여러 교과 영역에서 가장 자주 사용되는 학습활동 중의 하나인 토의법은 학습자의 역할과 활동을 중요시하며 교사와 학습자, 학습자간의 언어적인 상호작용에 의해 의견을 교환하고 집단 내에서 문제를 해결할 수 있도록 하는 교수방법이다(박숙희·염명숙, 2007).

특히, 토의법에서 교수자는 토의의 촉진자 또는 중개자 역할을 담당하며, 토의의 일원으로도 참여할 수 있기 때문에, 학습자는 능동적인 입장에서 의견을 개진하고 다른 학습자의 의견을 경청하고 조율하여 합의된 의견을 만들 수 있다(김민경 외, 2005).

따라서 토의법은 일종의 민주적 원리를 바탕으로 한 민주적인 방법이며, 민주시민으로서 필요한 사회적 태도와 기능을 키울 수 있는 학습형태로서 가치를 지니고 있기 때문에(박숙희·염명숙, 2007), 인본주의적 교육철학을 교육 현장에서 구체화하는 최선의 방법은 토의법이라고 주장하고 있다(Brwonfield, 1973).

한편, 토의법의 장점과 단점은 <표 Ⅲ-8>과 같이 요약할 수 있다.

〈표 Ⅲ-8〉 토의법의 장점과 단점

장점	단점
· 개방적인 의사소통과 협조적인 분위기 속에서 학습자가 적극적으로 참여하여 학습동기와 흥미 유발 · 집단활동의 기술을 개발하고 민주적인 태도 함양 · 의사소통 기술 연습 기회 제공 · 사회적 기능 및 태도 형성 · 상호 의견 교환 및 집단적인 문제해결	· 집단의 크기가 크면 원활한 토론이 이루어질 수 없기 때문에, 집단구성원 수의 한계성 · 토의 리더가 미숙하면 효과적인 토론이 어려움 · 소수의 토론자에 의해 토의가 주도될 우려 · 평가 불안, 사회적 태만 · 많은 시간 소요

자료: 박숙희·염명숙(2007). 『교수-학습과 교육공학』. 학지사. 재구성.

다. 협동학습(cooperative learning)

협동학습은 학습능력이 각기 다른 학생들이 동일한 학습목표를 향해 소집단 내에서 함께 활동하는 수업방법으로서(Slavin, 1990), 주어진 학습목표 및 학습과정에 대해 학습자들의 다양한 해석과 접근방법을 협동적인 노력을 통해 일하면서 배우는 교수-학습방법의 한 형태라고 할 수 있다(조성일·신재흡·최혜영, 2006). 즉 협동학습은 학습자가 소집단 또는 대집단을 구성하여 과제를 수행해 가면서 다른 학습자와 함께 학습해 가는 방법이다(김민경 외, 2005).

따라서 협동학습은 고도의 경쟁심을 유발하는 전통적 학급에서 학생들이 느끼는 소외감이나 적대감을 해소하고, 전체 학급 학생이 공동의 목표를 향하여 함께 상호 작용하고 협력하는 태도와 능력을 향상시키는 방법이라 할 수 있다(Slavin, 1995). 즉 협동학습은 성취 수준에서 차이가 나는 학습자를 모아 소집단을 구성하고 집단구성원이 서로 협력하여 공동의 목표를 달성하는 방법이다(박숙희·염명숙, 2007).

특히, 협동학습의 장점과 단점을 살펴보면 <표 Ⅲ-9>와 같이 요약할 수 있다.

〈표 Ⅲ-9〉 협동학습의 장점과 단점

장점	단점
· 문제해결 능력 향상 · 의사결정 능력 향상 · 다른 사람 배려하는 태도 향상 · 학생 잠재력을 밝히고, 긍정적인 자아개념 갖도록 유도 · 독립심과 책임감 함양	· 집단구성원의 물리적, 심리적 갈등이 있을 경우, 학습효과와 효율성이 저하됨 · 집단구성원 중에서 일부 책임을 다하지 못할 경우, 구성원 간 내분 발생과 개인의 자아존중감 손상으로 학습동기가 저하됨 · 서로 간의 사적인 활동에 치중하여 학습과제 경시

자료: 허희옥 외(2003). 『컴퓨터교육방법 탐구』. 교육과학사. 재구성.

라. 문제중심학습(Problem Based Learning)

문제중심학습(PBL)은 의대 교수인 Barrows에 의해 시작된 학습방법으로서(Barrows, 1994),

기존의 강의식, 암기식 수업이 의과대학 수업에는 적절하지 못한 비현실적인 교육환경이라고 판단하고 그 대안으로 문제 중심의 학습방법을 제시하였다(박숙희・염명숙, 2007). 즉 문제중심학습은 구체적인 문제를 통해 관련되는 개념이나 원리, 법칙 등을 학습하는 것으로서(윤광보・김용욱・최병옥, 2003), 종전의 강의법을 지양하고 제기된 문제를 중심으로 해결해 나가는 과정을 통해 학습이 이루어지는 방법이다(박숙희・염명숙, 2007).

특히, 문제중심학습은 문제상황에서 학습이 시작되어 문제상황이 주어지면 학생은 교실에서 그들이 해결해야 할 문제와 관련된 지식 목록을 작성하는데, 이것은 문제상황을 더 잘 이해하기 위해 필요한 것이 무엇인지 찾아내는 것이다(백영균 외, 2006).

한편, 문제중심학습의 특징은 문제해결력, 자신의 견해를 발표, 반론 제기 능력, 협동학습 능력을 강조하고, 개별학습과 협동학습을 통해 '반성적 사고와 활동'을 강조하였으며, 실제 상황과 관련된 문제로 학습한다는 것이다(윤광보・김용욱・최병옥, 2003).

한편, 문제중심학습의 장점과 단점을 살펴보면, <표 Ⅲ-10>과 같이 요약할 수 있다.

〈표 Ⅲ-10〉 문제중심학습의 장점과 단점

구분	내용
장점	・인지적 불일치 때문에, 계속적인 학습이 가능 ・실세계 시나리오와의 관련성이 큼 ・학습자의 비판적 사고를 위한 기회 마련 ・학습자의 전이와 회상을 증진시킬 수 있는 실세계의 실제성 경험 ・학습 주제에 대한 본질적인 흥미와 자기 조절 학습능력 향상
단점	・학생에게 필요한 자료 획득에 대한 대안이 필요 ・학생에게 문제와 관련된 주변 자료 탐색 능력이 부족하면 비효과적 ・자료를 찾는 데 많은 시간 필요

마. 문제해결학습(Problem Solving Learning)

문제해결학습은 생활문제가 중심이 되어 출발되었기 때문에, 이러한 활동에는 깊은 사고력과 직접적인 경험을 활용하고 창조적 활동과 반성적 사고에 의해 문제가 해결되는 것이다(윤광보・김용욱・최병옥, 2003). 즉 문제해결학습은 Dewey가 체계화한 진보주의 교육철학의 교수방법으로, 문제를 매개로 하여 문제를 바르게 해결할 수 있는 학습형태로서, 학습자에게 어떤 문제를 제시하고 그 해결과정을 통해 지적, 기능, 태도, 기술 등을 종합적으로 습득하도록 하는 방법이다(박재환 외, 2003). 따라서 문제해결학습은 학습자가 여러 상황에서 학습활동을 진행하는 동안 스스로 문제해결에 접근하도록 하고, 학생 개개인이 당면한 문제에 대한 해답을 스스로 획득할 수 있는 능력을 양성하기 위한 학습형태로서, 반성적 사고 능력의 배양을 통한 문제해결 능력의 함양에 목적이 있다(조성일 외, 2002).

한편, 문제해결학습의 장점과 단점을 살펴보면, <표 Ⅲ-11>과 같이 요약할 수 있다(박재환 외, 2003; 윤광보·김용욱·최병욱, 2003; 조성일 외, 2002).

〈표 Ⅲ-11〉 문제해결학습의 장점과 단점

구분	내용
장점	·학습자의 자발적인 활동에 의해 스스로 학습을 해결하는 것은 자율성과 능동적인 능력 향상 ·생활문제를 학습 주제로 하기 때문에, 구체적인 행동과 직접 경험에 의해 수업이 진행 ·학생의 흥미에 적합하고 이해하기 쉬우며 실생활에 적용할 수 있는 학습 ·전인적인 발달을 위한 수업 ·협동적 학습활동을 통해 민주적인 생활 태도 함양 ·자율성과 능동적인 능력 신장
단점	·체계적인 기초 학력 신장의 어려움 ·수업 상황이 어수선하여 일관성 있게 진행되기 어려움 ·학습의 노력에 비해 능률이 낮음 ·학문적인 지식을 조속히 학습할 수 없음

바. 개별학습(individualized learning)

개별학습은 학습자의 특성을 고려하여 각각의 학습자에게 최적의 학습 환경을 조성해주며 수업의 모든 요소를 학습자의 특성에 알맞게 조정하는 변별적인 교수방법으로서(박숙희·염명숙, 2007), 수업의 초점을 학생 개인에 두고, 가급적 모든 학생이 교수목표에 도달할 수 있도록 개인의 능력, 학습속도, 요구 등을 고려한 교수방법 및 절차, 자료의 선택, 평가 등을 변별적으로 실천하는 수업이다(윤광보·김용욱·최병옥, 2003).

한편, 개별학습의 장점과 단점을 살펴보면, <표 Ⅲ-12>와 같이 요약할 수 있다.

〈표 Ⅲ-12〉 개별학습의 장점과 단점

구분	내용
장점	·학습자의 특성과 능력수준에 적합한 개별 교수 가능 ·교사와 학습자 간의 상호작용을 통한 완전학습 ·인지적, 정의적, 신체 기능적 영역의 학습목표 달성 ·독립심 신장
단점	·시간과 노력이 많이 듦 ·동료 학습자와의 사회적 관계 부족 ·학습 효과성에서 성공적이라는 실증적인 자료 부족

자료: 박숙희·염명숙(2007). 『교수-학습과 교육공학』. 학지사. 재구성.

교육방법 기출문제 풀이

1. <보기>는 문제기반학습에서 교사의 단계별 행동을 진술한 것이다. 순서대로 바르게 나열한 것은? <2008. 중등>

<보기>

ㄱ. 학생들에게 자신의 탐구능력과 사고과정을 반성하게 한다.
ㄴ. 학생들이 문제해결을 위한 연구 과제를 구체적으로 정의하도록 돕는다.
ㄷ. 학생들이 적절한 자료를 수집하고 실험하여 원인과 해결책을 찾도록 지도한다.
ㄹ. 학생들이 보고서, 비디오, 모형 등 적절한 결과물을 만들어서 발표하게 한다.
ㅁ. 학생들에게 탐구할 과제와 그 요건을 설명하고 학생들이 과제를 선택하여 문제해결 활동에 참여하도록 안내한다.

① ㄴ→ㄹ→ㅁ→ㄷ→ㄱ ② ㄴ→ㅁ→ㄹ→ㄷ→ㄱ
③ ㅁ→ㄴ→ㄷ→ㄹ→ㄱ ④ ㅁ→ㄷ→ㄹ→ㄴ→ㄱ

【해설】 문제기반학습의 절차는 일반적으로 '문제에 직면하기 – 탐구, 정보탐색 – 해결책 만들기'이다. 보기에 제시된 내용 중 (ㅁ)과 (ㄴ)은 '문제에 직면하기'에 해당한다. (ㄷ)은 '탐구, 정보탐색' 단계에 해당한다. (ㄹ)과 (ㄱ)은 '해결책 만들기'에 해당한다.

【정답】 ③

2. 다음에서 제시하는 교수·학습방법은? <2008. 중등>

○ 학생이 읽은 내용을 깊이 이해하고 생각하도록 도와주는 것이 목적이다.
○ 학생으로 하여금 자신이 읽은 내용을 요약하고, 의문을 제기하고, 이해가 어려운 부분을 명료화하고, 후속 내용을 예측하게 한다.
○ 과제의 난이도와 학생의 능력을 고려하여, 학습의 주도권이 교사로부터 학생에게 점진적으로 옮겨 가게 한다.

① 구안법(project method) ② 상호교수(reciprocal teaching)
③ 발견학습(discovery learning) ④ 프로그램교수(programmed instruction)

【해설】 상호교수(reciprocal teaching) 혹은 상보적 교수는 학생들이 자신이 읽은 것을 깊이 있게 생각하고 이해하도록 돕는 방법이다. 따라서 소규모 읽기 집단의 학생들은 구절의 내용 '요약하기', 요점에 대해 '질문하기', 어려운 부분 '명료화하기', 다음에 올 내용을 '예측하기' 등 네 가지 전략을 배워야 한다. 수업의 초기 단계에서는 교사가 주도적인 역할을 하지만, 후기 단계에서는 학생이 주도적인 역할을 한다.

3. 개념학습(concept learning)에 대한 설명으로 옳지 <u>않은</u> 것은? <2008. 중등>

① 개념학습에서 개념은 명칭, 규칙, 속성, 사례 등으로 구성되어 있다.
② 특정 사물이나 사건, 상징적 대상의 공통적 속성을 학습하는 것이다.
③ 단순한 사실의 기억보다는 이해력과 고차적 사고능력의 향상을 추구한다.
④ 일반적으로 희귀 사례, 반증 사례, 전형적 사례의 순서로 제시하는 것이 바람직하다.

【해설】 개념학습이란 개념의 의미, 그 공통의 속성에 대한 명칭을 학습하고 그 의미를 획득하는 학
습이다. 따라서 개념학습에서 개념은 명칭, 규칙, 속성, 사례 등으로 구성되어 있다는 ①의 진
술과 ②의 진술을 모두 타당하다. 또한 개념학습은 어떤 자극류의 외견상 특징은 다르게 되
어 있더라도 공통적으로 반응하는 학습이므로, 학습상황에서 학습자는 모양, 색깔, 위치, 수
와 같은 자극의 추상적 속성에 대하여 반응해야 할 것이 요구된다. 그러므로 단순한 사실의
기억보다는 이해력과 고차적 사고능력의 향상을 추구한다고 볼 수 있다. 따라서 ③의 진술도
타당하다고 할 수 있다. 개념학습은 일반적으로 전형적 사례, 반증사례, 희귀사례의 순서로
제시하는 것이 바람직하다. 그러므로 ④의 내용은 틀린 진술이다.
【정답】④

4. 다음은 교수 · 학습모형을 교사 주도 – 학습자 주도 차원과 개별학습 – 집단학습 차원으
로 구분하여 제시한 것이다. 직소우(Jigsaw) 모형이 위치할 곳은? <2008. 중등>

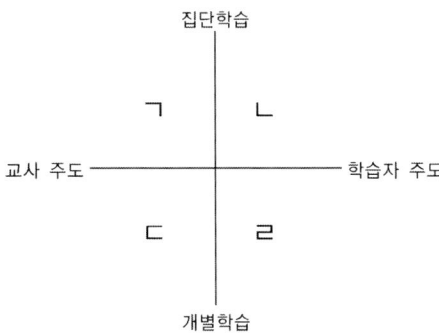

① ㄱ   ② ㄴ
③ ㄷ   ④ ㄹ

【해설】 직소우(Jigsaw) 모형은 조작그림 맞추기에서처럼 부분이 만나서 하나의 완성된 그림이 되듯이

학습 구성원들이 개별적인 전문가로서 학습하여 협동적으로 하나의 완성된 학습에 이르는 과정을 행하는 수업과정을 의미한다. 따라서 학습자 주도적 과정과 집단학습을 추구하므로 (ㄴ)이 정답이다.

【정답】②

5. 가네(R. Gagn)의 수업사태(events of instruction)에 관한 진술로 옳지 <u>않은</u> 것은? <2008. 중등>

① 학습자의 내적 학습과정을 지원하는 일련의 외적 교수활동이다.
② 교실수업을 계획할 때 수업사태의 순서를 변경하거나 생략할 수 있다.
③ '학습 안내 제공' 단계에서는 학습을 위한 적절한 자극자료를 제시하고, 교재나 보조자료의 구성과 활용방법을 안내한다.
④ '파지와 전이 촉진' 단계에서는 학습자에게 다양한 종류의 새로운 과제를 제시하여 학습의 전이가 잘 일어날 수 있도록 지원한다.

【해설】 가네(R. Gagné)의 수업사태(events of instruction) 중 '학습 안내 제공' 단계에서는 학습자 스스로 생각하고 탐구하여 발견학습이 되도록 질문하고, 단서와 암시를 준다. ③에서 학습을 위한 적절한 자극자료를 제시하고, 교재나 보조자료의 구성과 활용방법을 안내하는 단계는 '학습 안내 제공' 이전 단계인 '자극자료의 제시' 단계이다.

【정답】③

6. <보기>는 메릴(M. D. Merrill)의 내용요소제시이론에 대한 설명이다. 옳은 것을 모두 고른 것은? <2008. 중등>

〈보기〉

ㄱ. 인지적 영역의 수업을 설계하는 데 효과적이다.
ㄴ. 목표를 분류하고 이에 따른 교수전략을 구체적으로 처방하는 데 활용할 수 있다.
ㄷ. 개방적 체제로 구성되어서 지식의 전체적·통합적 이해를 용이하게 하도록 지원한다.

---

① ㄱ, ㄴ   ② ㄱ, ㄷ
③ ㄴ, ㄷ   ④ ㄱ, ㄴ, ㄷ

【해설】 (ㄱ) 메릴(M. D. Merrill)은 가네의 지적 기능에 해당하는 분류를 기초로 수업목표를 수행과 내용의 행렬식 분류로 제시하였다. 따라서 인지적 영역의 수업을 설계하는 데 효과적이라 할 수 있다.

(ㄴ) 구인제시이론은 복잡한 학습 대상물을 낱낱의 구성요소로 나누어 놓고 또 그 학습의 수준을 결정한 다음, 그 각각에 적합한 교수방법을 제시하고 있다. 따라서 목표를 분류하고 이에 따른 교수전략을 구체적으로 처방하는 데 활용할 수 있다는 진술은 옳다고 할 수 있다.

(ㄷ) 메릴(M. D. Merrill)은 교수자료가 낱낱의 자료 제시에 의하여 특성화될 수 있을 것으로 보았다. 즉 학습하고자 하는 학습자료들을 세분화시키고자 했으므로 지식의 전체적·통합적 이해를 용이하게 하도록 지원한다는 진술은 타당성이 없다.

【정답】①

7. 가네가 제시한 인간의 학습된 능력 중 지적 기능에 대한 설명으로 옳은 것은? <2009. 초등>

① 지적 기능은 개인의 학습, 기억, 사고행동을 통제한다.
② '말로 진술된 문제를 거꾸로 재배열하기'는 지적 기능의 수행사례이다.
③ 지적 기능으로 분류된 학습목표의 하위기능을 분석하기 위해서는 군집분석을 한다.
④ 지적 기능은 학습자가 언어, 숫자 등 상징을 이용하여 환경과 상호작용하는 능력이다.
⑤ 선언적 지식 혹은 '~에 관한 지식'은 지적 기능에 해당된다.

【해설】①은 지적 기능이 아니라 인지전략이다. ②는 언어적 정보 혹은 인지전략의 사례이며 ③에서 지적 기능으로 분류된 학습목표의 하위기능을 분석하기 위해서는 위계분석을 해야 한다. ⑤는 언어적 정보에 해당한다.

【정답】④

8. 인지전략 또는 초인지전략과 이를 활용한 수업방법의 연결이 옳지 <u>않은</u> 것은?
   <2009. 중등>

전략	수업방법
① 발췌 (abstracting)	배운 내용을 적은 공책에 학습 자료에서 찾은 예나 삽화 등을 추가하여 정리하도록 하였다.
② 도식화 (schematizing)	학습 자료에서 주요 개념들을 찾아 개념도를 그려 보게 하였다.
③ 인지적 점검 (monitoring)	오답 공책을 만들어 자신의 부족한 부분에 대해 확인하고 그 원인을 분석하도록 하였다.
④ 조직화 (organazing)	책의 목차를 훑어보면서 앞으로 배우게 될 내용의 위계를 파악하도록 하였다.
⑤ 정교화 (elaborating)	배운 개념을 학생 스스로 비유적으로 표현하거나 자신의 언어로 말해 보게 하였다.

【해설】① 발췌(abstracting)란 자신이 읽은 글의 내용을 요약하는 것이다. 이것은 문장이나 단락에 담긴 정보를 통합하는 활동으로 글의 내용을 이해했는지 알아보는 데 있다. 답지에 제시된 상황은 기존 자료에 새로운 내용들을 추가하여 정리하는 것이므로 발췌(abstracting)와는 전혀 관련이 없다.

【정답】①

9. 다음 가네의 9단계 수업사태에서 ㉠~㉤에 해당하는 교사의 수업활동에 대한 설명으로
   가장 적합한 것은? <2009. 중등>

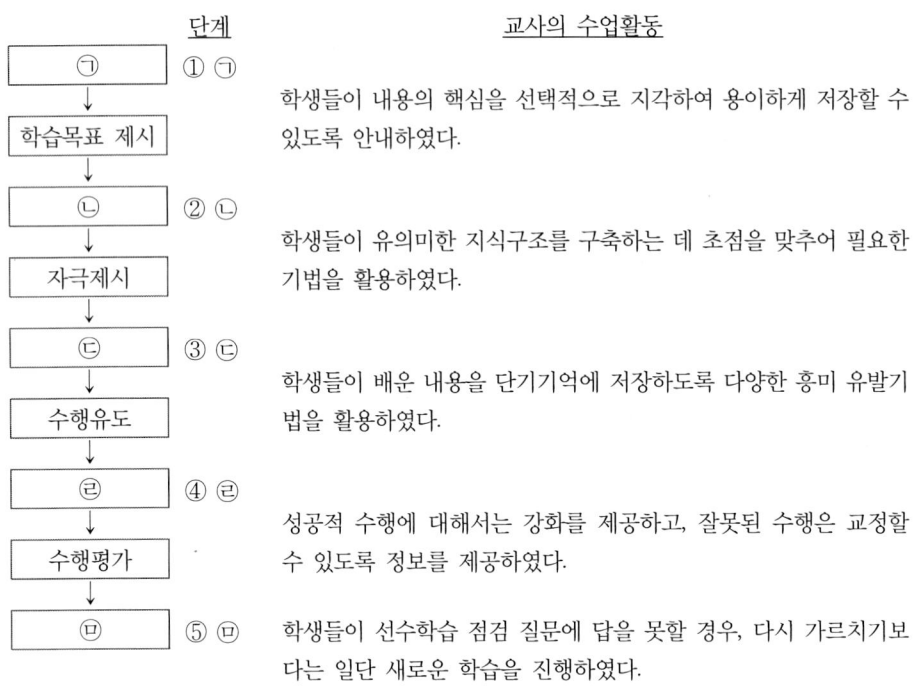

단계	교사의 수업활동
㉠	① ㉠ 학생들이 내용의 핵심을 선택적으로 지각하여 용이하게 저장할 수 있도록 안내하였다.
학습목표 제시	
㉡	② ㉡ 학생들이 유의미한 지식구조를 구축하는 데 초점을 맞추어 필요한 기법을 활용하였다.
자극제시	
㉢	③ ㉢ 학생들이 배운 내용을 단기기억에 저장하도록 다양한 흥미 유발기법을 활용하였다.
수행유도	
㉣	④ ㉣ 성공적 수행에 대해서는 강화를 제공하고, 잘못된 수행은 교정할 수 있도록 정보를 제공하였다.
수행평가	
㉤	⑤ ㉤ 학생들이 선수학습 점검 질문에 답을 못할 경우, 다시 가르치기보다는 일단 새로운 학습을 진행하였다.

【해설】 단계 ㉠은 주의집중, ㉡은 선수학습의 회상, ㉢은 학습 안내하기, ㉣은 피드백 제공, ㉤은 파
지 및 전이 높이기 단계이다. 교사의 수업활동 ①은 학습과제에 내재한 자극 제시, ②는 학습
안내하기, ③은 주의집중, ④는 피드백 제공, ⑤는 선수학습의 회상단계이다. 그러므로 정답
은 ④가 된다.

【정답】 ④

10. 라이겔루스의 개념학습은 개념의 제시, 연습, 피드백의 순서로 진행된다. '제시' 단계
    에 해당하는 것을 보기에서 모두 고른 것은? <2009. 중등>

> ㄱ. 칭찬이나 격려를 하거나 오답에 대해 왜 틀렸는지를 설명한다.
> ㄴ. 포유류가 아닌 예와 포유류인 예를 동시에 들면서 변별하게 한다.
> ㄷ. 다양한 문항을 통하여 이전에 본 적이 없는 사례에 포유류 개념을 적용해 보도록 한다.
> ㄹ. 포유류의 정의나 결정적 속성을 가르치거나 가장 쉽고 전형적인 예를 가지고 설명한다.
> ㅁ. 가변적 속성을 지닌 고래, 말, 캥거루 등의 다양한 사례를 통하여 포유류 개념을 일반화하게 한다.
> ㅂ. 포유류와 다른 개념들을 비교하여 분석하게 하거나, 포유류의 특성이 환경에 적응하는 데 어
> 떻게 영향을 미치는지 파악하게 한다.

① ㄴ, ㅂ   ② ㄱ, ㄹ, ㅂ   ③ ㄴ, ㄹ, ㅁ

④ ㄱ, ㄴ, ㅁ, ㅂ   ⑤ ㄴ, ㄷ, ㅁ, ㅂ

【해설】 ㉠은 '피드백' 단계에 속한다. ㉡은 교사의 구체적 수업활동이므로 '제시' 단계에 속한다. ㉢은 학습자에게 적용의 기회를 제공하고 있으므로 '연습' 단계이다. ㉣은 교사의 구체적인 활동이므로 '제시' 단계에 속한다. ㉤도 교사가 적극적으로 다양한 사례를 제시하고 있으므로 '제시' 단계이다. ㉥은 학습자들에게 특정한 활동을 하도록 요구하고 있으므로 '연습'에 해당한다.

【정답】 ③

11. 다음의 과제제시 방법을 통해 박 교사가 향상시키고자 하는 학생들의 능력은?

     <2010. 초등>

> 박 교사는 학생들에게 다음과 같이 구성된 '학습목표카드' 과제를 제시하고, 스스로 날마다 수행하고 점검하도록 하였다.
> - 그날 배운 과목들의 내용을 간략하게 정리하기
> - 다음 날 배울 과목들의 내용을 계획하기
> - 다음 날 배울 과목들의 예상 학습목표를 세우기
>
> 그 결과, 학생들은 점차로 자신이 무엇을 배우고 있고, 어떻게 배워야 하며, 왜 주어진 학습활동을 해야 하는지, 그리고 자신이 공부를 제대로 하고 있는지 등에 대해 더욱 명확하게 인식해 갔다.

① 초인지(metacognition)

② 다중지능(multiple intelligence)

③ 조작적 행동(operant behavior)

④ 선택적 주의(selective attention)

⑤ 개념적 표상(conceptual representation)

【해설】 박 교사가 향상시키고자 하는 학생들의 능력은 한마디로 자신의 학습과정 전반을 스스로 통제하고 조절하는 능력이라 할 수 있다. 이러한 능력은 초인지(metacognition)로 어떤 구체적인 목표나 목적을 가지고 이들 인지과정을 능동적으로 모니터하고, 그 결과를 조정하며, 그 과정과 연관된 인지적 대상이나 자료와 관련지어서 이들 과정을 통합하는 것이다.

【정답】 ①

12. 다음은 사이버 가정학습용 콘텐츠 개발에 참여하게 된 교사들의 대화이다. 각 교사들의 화면설계 전략과 밀접하게 관련된 것은? <2010. 초등>

> 김 교사: 각 화면의 교육내용을 학생들에게 효과적으로 전달하기 위해서는 글만 제시하지 말고 그림을 함께 사용하면 좋을 것 같아요.
> 최 교사: 화면에 글과 그림들을 배열할 때는 관련된 요소들끼리 서로 가까이 배치하는 것이 좋겠네요.
> 박 교사: 좋은 생각이네요. 그런데 한 화면에 너무 많은 글과 그림이 동시에 들어가게 되면 학생들의 이해를 방해할 수도 있을 것 같아요.

김 교사	최 교사	박 교사
① 병렬분산처리	근접성의 원리	인지적 과부하
② 병렬분산처리	유사성의 원리	인지적 과부하
③ 이중부호화	근접성의 원리	인지적 과부하
④ 이중부호화	유사성의 원리	정보처리 역행간섭
⑤ 이중부호화	근접성의 원리	정보처리 역행간섭

【해설】 김 교사는 교육내용의 효과적 전달을 위해 글과 함께 그림을 제시하자고 주장하고 있다. 이 것은 단순히 정보의 동시처리를 주장한다기보다는 언어적 정보와 시각적 정보의 두 체제 모두를 이용하자는 것으로 이중부호화를 주장하고 있다고 볼 수 있다. 이중부호화란 정보가 시각적 또는 언어적 형태로 보존된다고 보는 입장이다. 병렬분산처리란 인간두뇌를 유추하여 심리적 과정을 모형화하려는 연결주의 접근방식으로, 인간의 마음을 동시에 여러 정보를 한번에 처리하는 병렬적 처리체계로 간주한다.

최 교사의 경우는 글과 그림들을 공간적으로 가깝게 배열하자고 주장하고 있다. 이는 근접의 원리와 관련이 깊다.

박 교사는 너무 많은 정보를 제시하면 오히려 정보처리가 비효과적이라고 주장하고 있으므로 인지적 과부하를 염두에 두고 있음을 알 수 있다. 인지적 과부하란 정보처리 과정에서 인지의 처리 용량을 초과하여 처리가 잘 이루어지지 않는 상태를 의미한다. 역행간섭이란 최근에 학습한 것이 과거에 학습한 것을 기억하지 못하도록 간섭하는 현상이다.

【정답】 ③

13. 그림은 칙센트미하이(M. Csikszentmihalyi)가 제시한 플로우(flow)를 설명하기 위한 것이다. 학습자가 학습의 즐거움에 심취되어 최상의 몰입경험을 할 수 있는 가능성이 가장 높은 부분은? <2010. 초등>

┌─────────────────────────〈보기〉─────────────────────────┐
│ ㄱ. 라이글루스(C. Reigeluth)의 이론에 근거하여 이번 달 단원 수업을 단순하고 기본적인 것으로 │
│   부터 복잡하고 상세한 것으로 계열화하였다. │
│ ㄴ. 켈러(J. Keller)의 이론에 근거하여 학생들에게 친근한 인물이나 사건을 활용하여 동기를 유발 │
│   하였다. │
│ ㄷ. 메릴(M. Merill)의 이론에 근거하여 교과내용을 일반적 내용과 구체적 사례로 분류하고, 이를 │
│   다시 설명방식과 질문방식으로 나누어 자료를 제시하였다. │
└───┘

	ㄱ	ㄴ	ㄷ
①	미시조직 전략	관련성 전략	일차적 자료 제시
②	미시조직 전략	주의환기 전략	이차적 자료 제시
③	정교화 전략	관련성 전략	일차적 자료 제시
④	정교화 전략	주의환기 전략	일차적 자료 제시
⑤	정교화 전략	주의환기 전략	이차적 자료 제시

【해설】 ㉠ 라이글루스(C. Reigeluth)의 이론에서 '단원 수업을 단순하고 기본적인 것으로부터 복잡하고 상세한 것으로 계열화'하는 것은 여러 주제들 간의 순서와 계열성에 관한 것으로 거시 전략에 해당하는 정교화 이론이다.
㉡ 켈러(J. Keller)는 ARCS이론에서 '학생들에게 친근한 인물이나 사건을 활용하여 동기를 유발하는 것'은 친밀성의 전략으로 관련성(Relevance)에 해당한다.
㉢ 메릴(M. Merill)의 구성요소 제시이론에서 '교과내용을 일반적 내용과 구체적 사례로 분류하고, 이를 다시 설명방식과 질문방식으로 나누어 자료를 제시하는 것'은 일차적 자료 제시형에 해당한다.
【정답】 ③

14. 김 교사가 ㈐와 같이 수행한 방법과 가장 가까운 것은? <2010. 초등>

① 발견학습(discovery learning)
② 협동학습(cooperative learning)
③ 상호적 학습(reciprocal learning)
④ 선행조직자(advanced organizer)
⑤ 교육과정 압축(curriculum compacting)

【해설】 (다)의 방식은 ⑤ 교육과정 압축(curriculum compacting)에 해당한다. 교육과정 압축이란 정규교육과정에서 학생의 완전학습 정도를 파악하고 이에 따라 교육과정을 압축하여 심화 및 속진학습 기회를 제공하는 방법이다.

【정답】 ⑤

15. 다음의 교수·학습방법에서 강조하는 교사의 역할과 가장 거리가 먼 것은? <2010. 중등>

○ 팰린사(A. Palincsar)와 브라운(A. Brown)이 독해력 지도를 위해 제안하였다.
○ 교사는 독해력을 지도할 때 질문하기, 요약하기, 명료화하기, 예견하기의 4가지 인지전략을 사용한다.
○ 리더 역할은 경우에 따라 교사나 학생이 모두 수행할 수 있다.

① 수업의 처음 단계와 마지막 단계를 교사가 통제한다.
② 학생에게 현재 수준에 맞는 피드백과 조언을 제공한다.
③ 학생이 능동적으로 지식을 구성하도록 교사가 격려한다.
④ 사회적 상호작용을 통해 학생의 사고 발달을 교사가 촉진한다.
⑤ 도입 단계에서 교사는 학생에게 인지전략을 설명하고 시범 보인다.

【해설】 팰린사(A. Palincsar)와 브라운(A. Brown)의 상호교수법 혹은 상보적 교수법은 교사와 학습자 또는 학습자들이 서로 대화를 통해 역할을 교체하면서 글의 내용을 이해하고 학습하는 방법을 가르치는 것으로 글 이해 방법과 글 내용 학습방법을 익힐 수 있도록 학생들에게 전략 사용의 책임을 점진적으로 이양하는 것이다. 수업의 처음 단계는 독해전략에 대한 교사의 시범과 설명으로 시작한다. 교사는 시범과정에서 우선 내용을 읽고 난 후, 가르치고자 하는 몇 가지 독해전략을 적용해서 소리 내어 생각한다. 수업의 마지막 단계에서 교사는 학생들에게 어떤 전략을 적용할 것인지 말해 주지 않는다. 교사는 다만 그들이 아는 전략을 상기시키고 적절한 전략을 스스로 선택하도록 한다. 따라서 ①에서 교사가 수업의 처음 단계와 마지막 단계를 통제한다는 진술은 타당하지 않다.

【정답】 ①

16. 박 교사는 오수벨(D. Ausubel)의 유의미 수용학습 이론에 따라 수업을 하고자 한다. (가), (나), (다)에 들어갈 내용을 바르게 짝지은 것은? <2010. 중등>

박 교사는 학생들에게 먼저 수업목표를 명확히 제시하고, 수업내용을 쉽게 이해하도록 하기 위해 수업내용을 포괄하는 예를 (가) 로 제시하였다. 박 교사는 (가) 가 학생들의 인지구조 내에서 새로운 학습내용을 (나) 하여 의미 있는 수용학습이 이루어지도록 촉진할 것이라고 기대하였다. 그 이유는 수업내용을 학습하기 전에 수업내용에 관한 포괄적인 예를 제시하면 그것이 (다) 의 역할을 수행하여 학습의 정교화를 촉진할 것이기 때문이다.

	(가)	(나)	(다)
①	비교조직자	대조	정착 아이디어(anchoring ideas)
②	비교조직자	포섭	지식망(knowledge network)
③	설명조직자	대조	정착 아이디어(anchoring ideas)
④	설명조직자	포섭	지식망(knowledge network)
⑤	설명조직자	포섭	정착 아이디어(anchoring ideas)

【해설】 (가)설명조직자는 학습자의 선행지식이 부족한 경우에 적합하다. 대부분의 경우 새 자료를 설명하고 일반적인 개념으로 구성되는데, 설명조직자가 학습자에게 학습과제를 미리 제공하고 친숙하게 만들어 새로운 학습을 위한 연결 다리를 놓는다. 비교조직자는 기존개념과 새로운 개념 간의 유사성으로 인한 혼동을 방지하기 위해서 이들 개념 간의 차이점과 유사점을 연결하는 것으로, 비교적 친숙한 자료에 사용하고 학습자가 관련 정보를 지니고 있으나 그것을 적절히 재생하지 못할 때 효과적이다. 문제의 보기에 제시된 상황은 '수업내용을 쉽게 이해하도록 하기 위해 수업내용을 포괄하는 예를 제시하는 것'이므로 설명조직자에 해당한다.
(나) 선행조직자를 제시하는 이유는 선행조직자가 학습하고자 하는 학습내용을 의미 있게 포섭하여 유의미학습이 이루어지도록 하기 위함이다.
(다) '정착 아이디어(anchoring ideas) 혹은 관련 정착의미'는 학습자의 인지구조에 이미 형성되어 있는 것으로 유의미 학습과정에서는 새로운 개념이 인지구조와 관계를 맺을 수 있는 근거를 제공해 주며 파지과정에서는 그 개념의 의미가 저장될 수 있도록 해주는 의미를 말한다.
【정답】 ⑤

17. (가)와 (나)에 해당하는 협동학습모형을 바르게 짝지은 것은? <2010. 중등>

(가) 교사는 단원을 몇 개의 소주제로 나누어 원집단에 질문의 형식으로 제시한다. 원집단의 구성원들은 소주제를 하나씩 나누어 맡는다. 각 구성원은 원집단에서 나와, 같은 소주제를 맡은 다른 집단의 구성원들과 전문가 집단을 형성하여 맡은 과제를 집중적으로 학습한다. 학습이 끝나면 원집단으로 돌아가 습득한 전문 지식을 다른 구성원에게 가르친다. 마지막으로 단원 전체에 대해 개별 시험을 치른 후, 집단 보상을 받는다.
(나) 교사와 학생들이 토의를 통해서 학습과제를 선택한 후, 이것을 다시 소주제로 분류한다. 학생들은 각자 학습하고 싶은 소주제를 선택하고, 같은 소주제를 선택한 학생들끼리 팀을 구성한다. 팀 구성원들은 소주제를 더 작은 미니주제들(mini-topics)로 나누어 개별학습한 후, 그 결과를 팀 내에서 발표한다. 팀 별로 보고서를 작성한 후, 학급 전체에서 발표한다.

	(가)	(나)
①	과제분담학습 Ⅱ(Jigsaw Ⅱ)	팀경쟁학습(TGT)
②	과제분담학습 Ⅱ(Jigsaw Ⅱ)	자율적 협동학습(Co-op Co-op)
③	과제분담학습 Ⅱ(Jigsaw Ⅱ)	팀보조 개별학습(TAI)
④	성취-과제분담(STAD)	팀경쟁학습(TGT)
⑤	성취-과제분담(STAD)	자율적 협동학습(C-op Co-op)

【해설】 (가) 성취-과제분담(STAD)모형과 과제분담학습 Ⅱ(Jigsaw Ⅱ)모형의 구분을 묻고 있다. 성취-과제분담(STAD)모형은 소집단 협동학습 후 퀴즈를 풀며, 그 결과 향상점수에 따른 성적산출과 집단보상을 행하는 모형이다. 과제분담학습 Ⅱ(Jigsaw Ⅱ)모형은 전문조 활동을 통해 학습한 후 퀴즈를 풀고 그 결과에 대해 집단보상을 받는 학습모형이다. 따라서 보기에 제시된 모형은 과제분담학습 Ⅱ(Jigsaw Ⅱ)모형이다.

(나) 제시된 학습 진행 방식은 자율적 협동학습(Co-op Co-op)모형에 해당한다. 팀경쟁학습(TGT)은 세 사람씩 앉을 수 있는 긴 테이블 두 개에 6개 분단에서 각각 1명씩 나와 앉아서 게임에 임한다. 이들은 자기 소속 팀으로 자신의 점수를 가지고 되돌아간다. 가장 높은 점수를 얻은 팀이 승리 팀이 되는 것이다. 팀보조 개별학습(TAI)은 대부분의 협동학습모형이 정해진 학습진도에 따라 이루어지는 것과는 달리 학습자 개개인이 각자의 학습속도에 따라 학습을 진행해 나가는 개별학습을 이용한다는 점에서 독특하다.

【정답】 ②

18. 다음은 김 교사의 교수활동 사례이다. 김 교사가 학생들에게 촉진시키고자 한 정보처리의 전략으로 가장 적절한 것은? <2011. 초등>

> ・학생들에게 기억해야 할 새로운 정보를 선행지식과 연결하게 함으로써 정보의 유의미성을 높였다.
> ・학생들에게 새로운 정보의 의미에 대해 토론하게 하거나 글의 요점에 대해 설명해 보도록 하였다.
> ・학생들에게 새로운 정보에 대해 생각할 수 있는 시간을 주면서 다음과 같은 질문들을 적절히 활용하였다.
> – 이 정보의 예로는 어떤 것들이 있을까요?
> – 이 정보로부터 어떤 결론을 도출할 수 있을까요?
> – 이 정보를 일상생활에서 어떻게 활용할 수 있을까요?

① 맥락(context)　　② 시연(rehearsal)　　③ 심상(imagery)
④ 묶기(chunking)　　⑤ 정교화(elaboration)

【해설】 ⑤ 정교화(elaboration)란 새로운 정보를 기존의 지식과 연결함으로써 의미를 부가하는 것을 의미한다. 새로운 정보를 이해하기 위해 도식을 사용하고 기존의 지식을 끌어들이며, 그 과정에서 기존의 지식이 변화할 수도 있다. 또한 정교화는 정보를 장기기억에 영구히 저장될 수 있도록 오래 붙들어 두는 기능을 하며, 기존의 지식과 더 많은 연결고리를 만들어 준다. 따라서 보기에 제시된 김 교사의 전략은 정교화 전략으로 볼 수 있다.

【정답】 ⑤

19. 문제중심학습(problem-based learning)에 관한 진술로 옳은 것을 <보기>에서 모두 고르면? <2011. 초등>

ㄱ. 구성주의적 인식론에 바탕을 둔 학습모형이다.
ㄴ. 학습문제는 기본적으로 구조화된 형태로 제시된다.
ㄷ. 문제해결을 위해 요구되는 정보, 지식, 해결 방법 등을 자기 주도적으로 탐구한다.
ㄹ. 학습자에게 제시되는 문제는 일상에서 접하게 되는 수준의 복잡성과 실제성을 가지는 것이 좋다.

① ㄱ, ㄷ   ② ㄴ, ㄹ   ③ ㄱ, ㄷ, ㄹ
④ ㄴ, ㄷ, ㄹ   ⑤ ㄱ, ㄴ, ㄷ, ㄹ

【해설】 문제중심학습(problem-based learning)은 복잡한 실제 세계의 맥락 속에서 비구조화된 문제를 제시하여, 의미 있는 해결방법을 자기 주도적으로 탐구하게 한다. 따라서 ⓒ 학습문제는 기본적으로 구조화된 형태로 제시된다는 진술은 타당하지 않다.
【정답】 ③

20. 다음 내용에 가장 부합하는 교수·학습방법은? <2011. 초등>

• 교사는 학생의 역할을 하면서 수업에 참여하기도 한다.
• 교사와 학생이 함께 대화를 주고받는 과정에서 학습이 이루어진다.
• 학생은 교사의 역할을 하면서 교사로서 제기할 질문을 스스로 만들어 본다.
• 예측하기, 질문 만들기, 요약하기, 명료화하기가 수업 활동의 핵심적인 요소가 된다.

① 직접 교수(direct instruction)
② 협동 학습(cooperative learning)
③ 상보적 학습(reciprocal learning)
④ 유의미 학습(meaningful learning)
⑤ 자원기반 학습(resource-based learning)

【해설】 ③ 상보적 학습(reciprocal learning)은 '교사와 학생', '학생과 학생 간'의 대화를 통해 글을 효과적으로 읽고 이해하는 독해전략을 배우는 방법으로 요약, 질문, 명료화, 예측 네 단계로 나누어진다. 상보적 교수 설계는 비고츠키 이론의 영향을 받은 것으로, 그는 교수란 학생의 '근접 발달 영역' 내에서 이루어져야 한다고 주장하였다. 학습자에게 도움을 줄 때에는 학습자의 능력에 맞도록 단계적 형식을 취하여야 하며, 학생의 능력이 점차 커지면 도움을 조금씩 줄이고 과제의 난이도가 높아지면 더 많이 도와주어야 하며, 학생을 도와줄 때에는 수행에 구체적인 도움이 되어야 한다.
【정답】 ③

21. 다음 사례에서 (가)와 같이 학생들의 의사를 수용하여 교사가 수업전략을 수립할 때 활용할 수 있는 이론으로 가장 적절한 것은? <2011. 초등>

> 김 교사: 여러분, 오늘은 신나는 노래를 부르면서 영어 공부를 하도록 해요.
> 영 희: 선생님, 노래 말고 다른 활동을 하면서 공부하면 안 돼요? 저는 노래를 못하는데 영어 공부를 노래로 하라고 하시니까 힘들고 재미도 없을 것 같아요.
> 철 수: 우리가 잘하고 좋아하는 활동을 하면서 영어 공부를 했으면 좋겠어요. 저는 역할놀이를 좋아하니까 역할 놀이를 하면서 공부하면 좋겠어요.
> 김 교사: 그래? (가) 그러면 너희들 각자가 좋아하고 잘하는 방식으로 공부하는 방법을 생각해 보자꾸나.

① 발견 학습 이론 ② 학습양식 이론 ③ 시행착오 학습 이론
④ 인지적 도제 학습 이론 ⑤ 조작적 조건 형성 이론

【해설】보기의 밑줄 친 '그러면 너희들 각자가 좋아하고 잘하는 방식으로 공부하는 방법을 생각해 보자꾸나'라는 부분을 통해 교사는 학습자들이 선호하는 학습양식에 맞는 수업전략을 고려하고 있음을 알 수 있다. 학습양식이란 학습자 개개인이 학습하는 과정에서 지식이나 정보를 습득하고 유지하는 방법으로, 새로운 개념이나 원리를 학습해 나가는 과정에서, 시간과 상황이 달라져도 일관되게 나타나는 개개인의 독특한 행동특성이라고 정의할 수 있다.

【정답】②

22. 다음에 활용된 수업 도입 전략으로 가장 적절한 것은? <2011. 초등>

> 김 교사는 신라의 역사에 관한 수업의 도입 단계에서 신라 건국 시조인 박혁거세의 탄생에 얽힌 전설과 즉위 후에 보여 준 뛰어난 지도력에 대한 이야기를 들려주었다. 학생들은 김 교사의 이야기를 들으면서 수업시간에 배울 내용에 대해 흥미를 갖게 되었다.

① 심미적(aesthetic) 도입 전략
② 서술적(narrational) 도입 전략
③ 경험적(experiential) 도입 전략
④ 근원적(foundational) 도입 전략
⑤ 논리적－양적(logical−quantitative) 도입 전략

【해설】보기에 제시된 내용은 가드너가 제시한 도입 전략 중 ② 서술적(narrational) 도입 전략에 해당한다. 서술적 도입 전략은 학습자들이 학습내용에 대한 흥미를 가질 수 있도록 하기 위해 학습과제의 서술적 요소에 반응하도록 하는 전략이다. 예를 들어 위 문제에 제시된 보기처럼 역사 속의 특성 시점에 지속되어 온 사건이나 또는 그림 속에 내포되어 있는 전설 또는 태생 설화, 그리고 건축물이 건설되는 과정에서 일어났던 숨겨진 이야기 등을 들려주는 것들이 서술적 도입 전략이 될 수 있다.

【정답】②

23. 웹기반 학습에 관한 다음의 대화에서 두 교사가 활용한 교수·학습 전략을 바르게 짝
    지은 것은? <2011. 초등>

> 김 교사: 복잡한 개념을 가르치기 위해 다양한 관점을 보여 주는 여러 사례들을 모은 웹사이트
>   를 만들었어요. 그래서 학생들이 비계열적 방식으로 자유롭게 사례들을 찾아다니며 그
>   개념을 이해할 수 있도록 했어요.
> 박 교사: 글쎄요, 그럴 경우 학생들이 방향감을 상실할 수도 있지 않을까요? 그래서 저는 학생들
>   이 웹상의 정보를 탐색할 때마다 스스로 목표를 정하여 학습하게 하고, 그 후에는 정보
>   탐색 활동에 대한 기록과 점검을 통해 자기 평가를 수행하도록 했어요.

	김 교사	박 교사
①	정착(anchored) 수업	순차식 − 발견식 수업
②	분지형(branching)	프로그램 자기 조절 학습
③	분지형 프로그램	정착 수업
④	인지적 유연성(flexibility)	이론자기 조절 학습
⑤	인지적 유연성 이론	순차식 − 발견식 수업

【해설】 김 교사는 '다양한 관점', '사례 중심', '비계열적 방식', '자기주도적 학습'을 강조하고 있다.
    이러한 김 교사의 전략은 인지적 유연성(flexibility) 이론에 근거한 교수, 학습 전략과 관련이
    깊다. 인지적 유연성(flexibility) 이론은 복잡하고 비정형화된 학습의 특성에 초점을 맞춘 이론
    으로 인지적 유연성은 즉흥적으로 자신의 지식을 재구성할 수 있는 능력이다.
    박 교사는 '학습자 스스로 목표를 정하여 학습하게 하고, 그 후에는 정보 탐색 활동에 대한
    기록과 점검을 통해 자기 평가를 수행할 것'을 강조하고 있다. 이는 반두라의 자기 조절학습
    에 근거한 교수, 학습 전략이다. 자기 조절이란 학생이 학습목표를 달성하기 위해 자신의 사
    고와 행동을 사용하는 것을 뜻한다.
【정답】④

24. 인지전략 또는 초인지전략과 이를 활용한 수업방법의 연결이 옳지 <u>않은</u> 것은? <2011. 중등>

① 발췌(abstracting) − 배운 내용을 적은 공책에 학습 자료에서 찾은 예나 삽화 등을 추가하여 정리하도
    록 하였다.
② 도식화(schematizing) − 학습자료에서 주요 개념들을 찾아 개념도를 그려 보게 하였다.
③ 인지적 점검(monitoring) − 오답 공책을 만들어 자신의 부족한 부분에 대해 확인하고 그 원인을 분석
    하도록 하였다.
④ 조직화(organizing) − 책의 목차를 훑어보면서 앞으로 배우게 될 내용의 위계를 파악하도록 하였다.
⑤ 정교화(elaborating) − 배운 개념을 학생 스스로 비유적으로 표현하거나 자신의 언어로 말해 보게 하였다.

【해설】 ① 발췌(abstracting)란 자신이 읽은 글의 내용을 요약하는 것이다. 이것은 문장이나 단락에 담긴 정보를 통합하는 활동으로 글의 내용을 이해했는지 알아보는 데 있다. 답지에 제시된 상황은 기존 자료에 새로운 내용들을 추가하여 정리하는 것이므로 발췌(abstracting)와는 전혀 관련이 없다.

【정답】 ①

25. 다음 가네(R. Gagne)의 9단계 수업사태에서 ㉠~㉢에 해당하는 교사의 수업활동에 대한 설명으로 가장 적합한 것은? <2011. 중등>

㉠ → 학습목표 제시 → ㉡ → 자극 제시 → ㉢ → 수행 유도 → ㉣ → 수행 평가 → ㉤

① ㉠ 학생들이 내용의 핵심을 선택적으로 지각하여 용이하게 저장할 수 있도록 안내하였다.
② ㉡ 학생들이 유의미한 지식구조를 구축하는 데 초점을 맞추어 필요한 기법을 활용하였다.
③ ㉢ 학생들이 배운 내용을 단기기억에 저장하도록 다양한 흥미유발 기법을 활용하였다.
④ ㉣ 성공적 수행에 대해서는 강화를 제공하고, 잘못된 수행은 교정할 수 있도록 정보를 제공하였다.
⑤ ㉤ 학생들이 선수학습 섬섬 질문에 답을 못 할 경우, 다시 가르치기보다는 일단 새로운 학습을 진행하였다.

【해설】 단계 ㉠은 주의집중, ㉡은 선수학습의 회상, ㉢은 학습 안내하기, ㉣은 피드백 제공, ㉤은 파지 및 전이 높이기 단계이다. 교사의 수업활동 ①은 학습과제에 내재한 자극 제시, ②는 학습 안내하기, ③은 주의집중, ④는 피드백 제공, ⑤는 선수학습의 회상단계이다. 그러므로 정답은 ④가 된다.

【정답】 ②

26. 학생들에게 복잡하고 비구조화된 개념을 가르치기 위하여, 스피로(R. Spiro)의 인지적 유연성 이론에 기초하여 개발된 동영상 수업자료를 활용하고자 한다. 이때 수업시간에 보여 줄 동영상 형태로 가장 적합한 것은? <2011. 중등>

① 해당 개념에 대한 강의를 5분 단위로 자른 동영상 5~6개
② 해당 개념이 한 가지 관점에서 한 사례에 적용된 5분 안팎의 동영상 1개
③ 해당 개념이 한 가지 관점에서 한 사례에 적용된 20분 안팎의 동영상 1개
④ 해당 개념에 대한 강의에 시각자료를 포함한 20분 안팎의 동영상 1개
⑤ 해당 개념이 각기 다른 관점에서 여러 사례에 적용된 1분 안팎의 동영상 5~6개

【해설】 지식의 즉각적 재구성 능력을 인지적 유연성 능력이라고 한다. 이러한 능력의 향상을 위한 학습 전략은 지식에 대한 임의적 접근이다. 답지에 제시된 내용 중 다양한 관전을 제시하고 있는 수업자료의 활용은 ⑤이다.

27. 다음은 인지적 도제 모형에 기초한 수업단계의 일부이다. 단계별 수업활동에 관한 설명으로 옳지 <u>않은</u> 것은? <2011. 중등>

> 1단계: 실제적인 문제해결 과제 제시
> 2단계: 시범 제공
> 3단계: 코칭과 지원 제공
> 4단계: 동료 학생들과의 협력 지도
> 5단계: 일반적 원리로 초점을 옮겨 가도록 지도

① 1단계 학생들이 자신의 삶에 활용할 수 있는 지식을 구성해 나가는 데 도움이 되는 실제적인 문제를 제시한다.
② 2단계 학생들이 스스로 문제를 해결하도록 교사는 문제를 풀어 나가는 자신의 사고과정에 대한 설명 없이 시범을 보인다.
③ 3단계 수업 후반부로 갈수록 도움을 점차 감소시켜 학생들 스스로 과제를 수행하는 능력을 길러 나가도록 한다.
④ 4단계 협력학습의 과정에서 학생들이 해당 분야의 용어와 사고방식에 익숙해지는 문화적 적응의 기회를 갖게 한다.
⑤ 5단계 학생들이 특정상황을 넘어 관련된 다른 상황에 적용할 수 있는 보편적 지식을 습득하게 한다.

【해설】보기에 제시된 2단계의 시범제공은 모델링(modeling)을 의미한다. 모델링은 학습자 수행을 지원하는 방안으로 전문가의 수행을 보여 주는 것에 초점을 두고 있다. 모델링은 '행동 모델링'과 '추론 명료화'방법의 두 가지 유형이 있는데, '행동 모델링'은 기대되는 행동을 외현적으로 보여 주는 것이며, '추론 명료화' 방법은 문제해결과정의 내면적인 추론과정, 의사결정 과정을 설명해 주는 방법이다. 따라서 ②에 제시된 '교사는 문제를 풀어 나가는 자신의 사고과정에 대한 설명 없이 시범을 보인다'라는 진술은 타당하지 않다.

【정답】②

28. 라이겔루스(C. Reigeluth)의 개념학습은 개념의 제시, 연습, 피드백의 순서로 진행된다. '제시' 단계에 해당하는 것을 <보기>에서 모두 고른 것은? <2011. 중등>

〈보기〉

ㄱ. 칭찬이나 격려를 하거나 오답에 대해 왜 틀렸는지를 설명한다.

ㄴ. 포유류가 아닌 예와 포유류인 예를 동시에 들면서 변별하게 한다.

ㄷ. 다양한 문항을 통하여 이전에 본 적이 없는 사례에 포유류 개념을 적용해 보도록 한다.

ㄹ. 포유류의 정의나 결정적 속성을 가르치거나, 가장 쉽고 전형적인 예를 가지고 설명한다.

ㅁ. 가변적 속성을 지닌 고래, 말, 캥거루 등의 다양한 사례를 통하여 포유류 개념을 일반화하게 한다.

ㅂ. 포유류와 다른 개념들을 비교하여 분석하게 하거나, 포유류의 특성이 환경에 적응하는 데 어떻게 영향을 미치는지 파악하게 한다.

---

① ㄴ, ㅂ   ② ㄱ, ㄹ, ㅂ   ③ ㄴ, ㄹ, ㅁ
④ ㄱ, ㄴ, ㅁ, ㅂ   ⑤ ㄴ, ㄷ, ㅁ, ㅂ

【해설】 ㉠은 '피드백' 단계에 속한다. ㉡은 교사의 구체적 수업활동이므로 '제시' 단계에 속한다. ㉢은 학습자에게 적용의 기회를 제공하고 있으므로 '연습' 단계이다. ㉣은 교사의 구체적인 활동이므로 '제시' 단계에 속한다. ㉤도 교사가 적극적으로 다양한 사례를 제시하고 있으므로 '제시' 단계이다. ㉥은 학습자들에게 특정한 활동을 하도록 요구하고 있으므로 '연습'에 해당한다.
【정답】 ③

29. 객관주의적 교수설계와 구성주의적 교수설계 활동에 대한 단계별 비교 설명으로 옳은 것을 <보기>에서 고른 것은? <2011. 중등>

	객관주의	구성주의
분석	ㄱ. 수업목표를 사전에 명세화하여 기술한다.	ㄴ. 학습과제의 구조를 상세히 분석하여 계열화한다.
설계	ㄷ. 실제적 문제를 상황 맥락적으로 해결할 수 있는 학습자 중심의 학습환경을 설계한다.	ㄹ. 절충(Negotiation)과 의미 만들기를 위한 학습 환경을 설계한다.
개발 및 구현	ㅁ. 현실의 복잡함을 반영하는 실제 문제를 개발하고, 코칭과 모델링을 위주로 하는 학습환경을 개발한다.	ㅂ. 문제해결에 초점을 맞추어 학습자의 능동적 지식구성을 촉진하는 학습 환경을 개발한다.

① ㄱ, ㄴ, ㄹ   ② ㄱ, ㄹ, ㅂ   ③ ㄱ, ㅁ, ㅂ
④ ㄴ, ㄷ, ㄹ   ⑤ ㄴ, ㅁ, ㅂ

【해설】 ㉡은 객관주의, ㉢과 ㉤은 구성주의에 관한 내용이다.

【정답】 ①

30. 로젠샤인(B. Rosenshine)에 의하면, 수업 효과성 연구의 흐름은 교사의 인성적 특성에 관한 연구, 과정과 산출에 관한 연구, 그리고 학습자의 적극적 참여에 관한 연구의 세 단계로 구분된다. 이 중 '학습자의 적극적 참여'에 관한 연구에서 수업 효과성을 높일 수 있는 변인으로 지적한 것을 <보기>에서 모두 고른 것은? <2011. 중등>

〈보기〉

ㄱ. 수업에서 다루어진 학습내용
ㄴ. 학습자가 학습에 사용한 시간의 양
ㄷ. 학습자, 학교, 지역사회 사이의 상호작용
ㄹ. 학습자의 수업 참여도를 높이는 학급 분위기
ㅁ. 교사의 인성에 대한 학습자와 학교장의 평가

① ㄱ, ㄴ   ② ㄱ, ㄷ   ③ ㄱ, ㄴ, ㄹ
④ ㄴ, ㄷ, ㅁ   ⑤ ㄷ, ㄹ, ㅁ

【해설】 ㉠과 ㉡ 그리고 ㉣은 '학습자의 적극적 참여'에 관한 연구이고, ㉢은 과정과 산출에 관한 연구이다. ㉤은 교사의 인성적 특성에 관한 연구에 해당한다.

【정답】 ④

Ⅳ. 교육공학

1. 교육공학의 개념

초기 교육공학 성립에 많은 영향을 미치는 Ely(1968)는 교육공학을 "교육에 관한 이론과 실제의 한 분야로서 학습과정에 영향을 미치는 메시지의 설계와 활용을 다루는 것"으로 정의하였다. 또한, AECT(1977)는 교육공학을 "학습과정에 관련되고 있는 여러 가지 문제를 분석, 해결, 적용 및 평가하고 관리하기 위한 인적 자원의 관리와 절차, 아이디어, 기기 및 조직을 포함하는 복합적이고 통합적인 과정"으로 정의하였다. 특히, 조성일·신재흡·최혜영(2006)은 교육공학을 "교수-학습에 관한 문제를 해결하기 위해 과학적 지식 등을 체계적으로 응용하려는 학문"으로 정의를 내리고 있다.

한편, 권성호(1998)는 교육공학의 의미를 교육에서의 공학(technology in education)과 교육의 공학(technology of education), 인간의 교육공학(technology of human) 등으로 구분하였고, [그림 Ⅳ-1], [그림 Ⅳ-2], [그림 Ⅳ-3]과 같이 도식화할 수 있다.

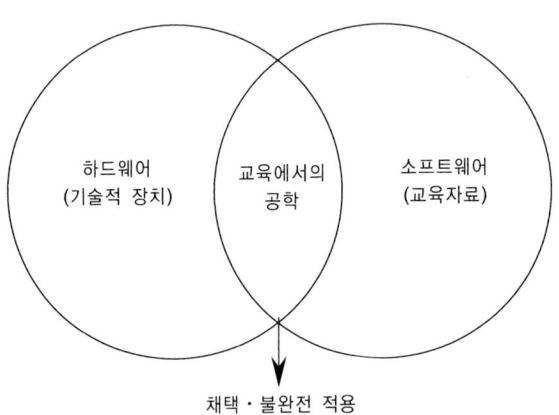

자료: 조성일·신재흡·최혜영(2006). 『지식기반사회에서 교육방법 및 교육공학의 이론과 실제』. 동문사.

[그림 Ⅳ-1] 교육에서의 공학

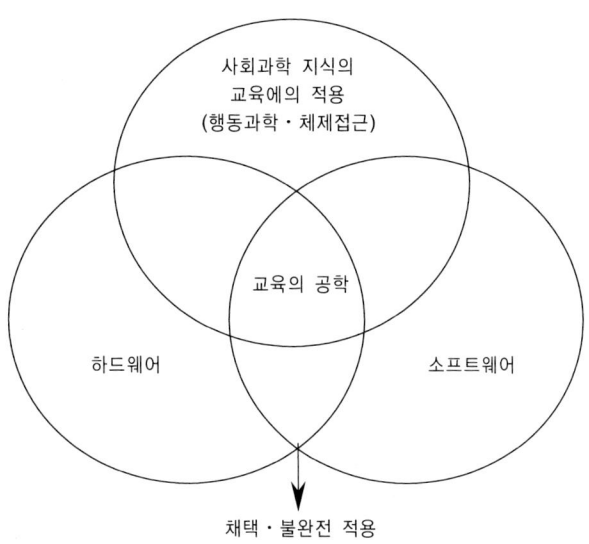

자료: 조성일·신재흡·최혜영(2006). 『지식기반사회에서 교육방법 및 교육공학의 이론과 실제』. 동문사.

[그림 Ⅳ-2] 교육의 공학

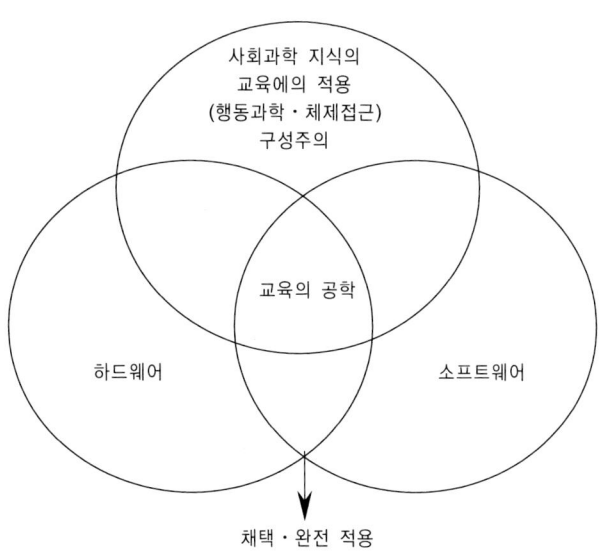

자료: 조성일·신재흡·최혜영(2006). 『지식기반사회에서 교육방법 및 교육공학의 이론과 실제』. 동문사.

[그림 Ⅳ-3] 인간의 교육공학

이상과 같이 살펴본 [그림 Ⅳ-1], [그림 Ⅳ-2], [그림 Ⅳ-3] 교육공학의 세 가지 개념을 비교해 보면 <표 Ⅳ-1>과 같이 정리할 수 있다.

<표 Ⅳ-1> 교육공학의 세 가지 개념 비교

구분	교육에서의 공학	교육의 공학	인간의 교육공학
교육공학개념	산물로서의 공학 자연과학적 개념 상대적 공학 하드웨어로서의 공학 교수로서의 공학	과정으로서의 공학 행동과학적 개념 과학기술 응용교육 공학 구조적 공학 소프트웨어로서의 공학 학습으로서의 공학	대안적 교육공학 인간적 교육공학
포함되는 영역	하드웨어 소프트웨어	하드웨어 소프트웨어 사회과학 지식의 적용 (행동과학, 체제접근)	하드웨어 소프트웨어 사회과학 지식의 적용 (인지과학, 체제접근, 구성주의)
교육과 공학의 관계	채택 - 인간이 없는 교육	채택 불완전 적용 인간에게 도움을 주는 공학	채택 완전 적용 인간을 이해하는 공학

자료: 권성호(1998). 『교육공학의 탐구』. 서울: 양서원. 재구성.

2. 교육공학의 발달

교육공학의 사상적인 배경은 Comenius, Pestalozzi, Frobel, Montessori, Dewey, Thorndike 등 <표 Ⅳ-2>와 같이 다양한 학자들에게서 찾을 수 있다.

<표 Ⅳ-2> 교육공학의 사상적인 배경

학자	특징
Comenius	• 대교수학, 세계도회, 감각론에 입각한 획기적인 교수방법 • 언어중심교육을 경시하고 감각적 직관 중시 • 언어보다는 사실, 규칙보다는 사례를 중시
Pestalozzi	• 직관에 의한 교육 중시 • 실제의 현상 관찰 • 표본과 그림을 이용하여 직접적, 실증적 경험 제공
Frobel	• 모형, 그림, 바느질, 색칠하기 등의 다양한 자료 고안 • 감각 경험을 통한 즉각적인 지식보다 사물의 질적 특성에 의해 획득할 수 있는 상징적 지식 강조
Montessori	• 감각기능의 훈련을 목적으로 고안된 특별한 교구 사용 • 감각기능의 식별능력 발달 • 풍부한 교수자료와 학습환경을 사전에 철저하게 준비
Dewey	• 실험학교 설립, 진보주의 교육사상 • 경험의, 경험에 의한, 경험을 위한 교육 제시
Thorndike	• 연합주의 학습이론 • 교수의 과학화, 다양한 교수매체 활용 • 자발적 학습활동, 흥미, 동기유발, 준비성, 개별화, 사회화 등 교육공학의 기본 원리 제시

자료: 조성일·신재흡·최혜영(2006). 『지식기반사회에서 교육방법 및 교육공학의 이론과 실제』. 동문사. 재구성.

한편, 교육공학은 시각교육, 시청각교육, 시청각통신교육, 교수공학, 교육공학 등의 과정을 거치면서 발달하였다.

가. 시각교육

시각교육은 교재의 구체성을 확대하고 시각보조물의 발달을 도모하여 교과과정상에서 시각자료의 활용을 촉진하여 학습자의 학습활동을 자극하고 효과적인 학습을 성취할 수 있도록 하는 데 그 목적이 있다(조성일·신재흡·최혜영, 2006). 즉 시각교육은 전통적인 강의 중심 수업에서 벗어나 학습자의 흥미와 주의집중을 통한 학습효과의 증진을 의도하여 수업에 모형, 실물, 사진, 그림 등을 활용하였다(서정후, 2004).

이러한 시각교육이 시사하는 점은 시각자료를 내용의 구체성 정도에 따라 분류하고 목표화함으로써 구체성이라는 개념과 경험의 일반화에 대한 중요성을 시사하였다는 것이며, 시각자료를 독립적으로 활용하는 것보다 교과과정에 통합해야 할 필요성을 주지시켰다는 것이다(조성일·신재흡·최혜영, 2006). 이와 관련된 대표적인 학자인 Hoban은 교육의 주요 목적을 인간 경험의 일반화에 두고, 이 일반화 과정에 있어서 학습경험을 시각화해야 할 필요성을 역설하였다(성은정, 2005).

다시 말하자면, 인간 경험의 일반화 과정을 시각화하는 데 중점을 두어 언어가 가진 추상성을 실제 경험을 통한 구체적인 경험을 통해 보완하는 것이 가장 바람직하다고 제안하였다(김현아, 1998). 즉 Hoban은 시각자료의 활용을 주장하면서 학습자에게 제공되는 경험이 얼마나 구체적인지 또는 추상적인지에 따라 시각자료를 분류하여 [그림 Ⅳ-4]와 같이 도식화할 수 있다.

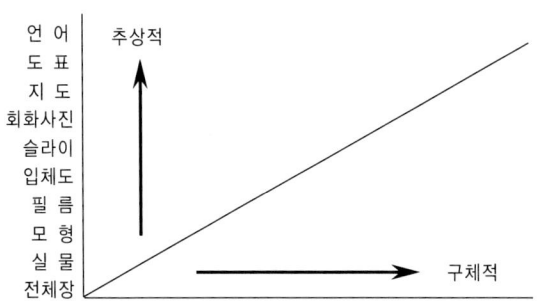

자료: 조성일·신재흡·최혜영(2006). 『지식기반사회에서 교육방법 및 교육공학의 이론과 실제』. 동문사.

[그림 Ⅳ-4] Hoban의 시각자료 분류 모형

나. 시청각교육

시청각교육은 TV, 영화 등의 시청각자료를 교육과정에 통합시켜 적절하게 활용함으로써 시각자료에 비해 구체성과 추상성을 겸비한 경험을 학습자들에게 제공할 수 있는 시청각복합자료가 등장하였다(서정후, 2004). 즉 시청각교육은 영화, 슬라이트, 녹음, 라디오, 텔레비전 등 다양한 시청각 매체를 이용하여 학습자의 감각기관, 눈과 귀를 통해 학습내용을 효과적으로 전달하기 위한 것으로 구체적인 학습경험을 제공함으로써 학습의 효율성을 올리고자 하는 데 그 목적이 있다(조성일·신재흡·최혜영, 2006). 이러한 시청각교육의 대표적인 학자인 Dale은 그의 저서인『시청각적 교수방법』에서 시청각 매체를 활용한 학습 경험을 구체성과 추상성을 기준으로 10~11단계로 구분하여 '경험의 원추'를 제시하고, 개념 형성을 위한 기초로서 풍부한 경험이 필요하다고 주장하였다(김현아, 1998). 이러한 경험 원추 이론에서 각 단계별 경험을 도식화하면 [그림 IV-5]와 같이 나타낼 수 있다.

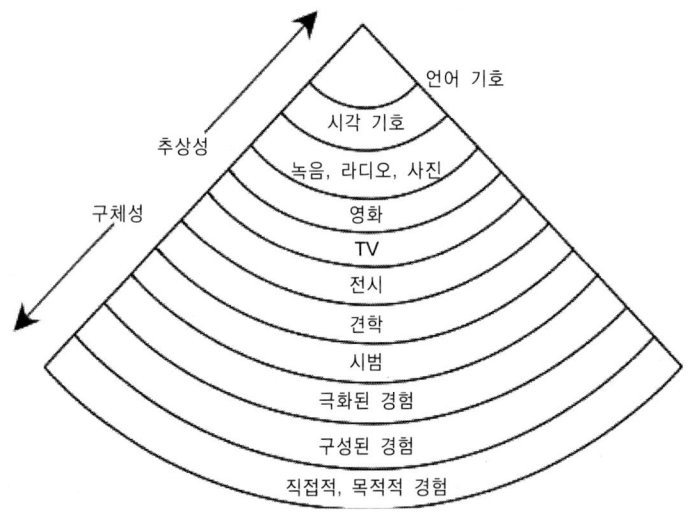

자료: 조성일·신재흡·최혜영(2006). 『지식기반사회에서 교육방법 및 교육공학의 이론과 실제』. 동문사. 재구성.

[그림 IV-5] Dale의 경험의 원추이론

다. 시청각교육통신

시청각교육통신은 교육이론과 실천이 만나는 분야로서 학습과정을 통제하는 각종 메시지의 고안과 활용에 관련된 것이다(조성일·신재흡·최혜영, 2006).

특히, 대표적인 통신이론은 SMCR 통신 모형과 Schannon과 Schramm의 통신 모형 등이 있다. 그중에서도 Berlo(1960)의 SMCR 통신 모형은 [그림 Ⅳ-6]과 같이, 정보원으로부터 메시지가 통로를 통해 수신자에게로 전달되는 과정을 간결하게 보여주고 있다.

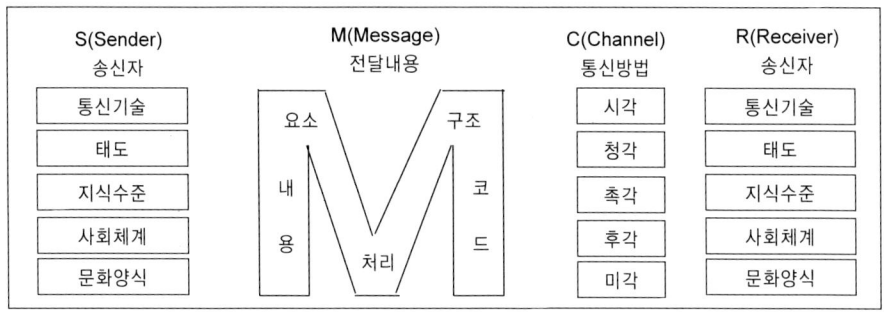

[**그림** Ⅳ-6] SMCR 통신 모형

또한, Schannon과 Schramm의 통신 모형은 제시된 메시지를 수신자가 어떻게 받아들였는 지에 관한 정보가 피드백 형태로 제시되며, 송신자에게 이에 따라서 다시 메시지를 보내 는 것으로, 이러한 과정에서 잡음 요인으로 인해 메시지가 정확하게 전달되지 못하는 상 황이 발생할 수 있다는 것을 [그림 Ⅳ-7]과 같이 보여 주고 있다(박성익 외, 2003).

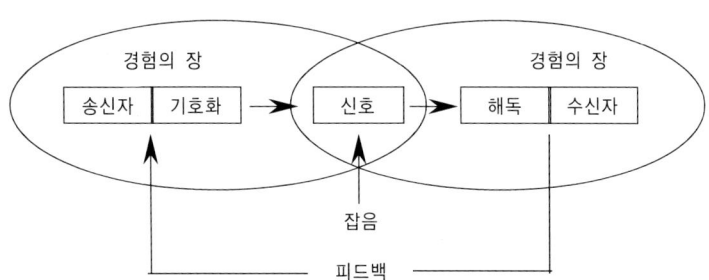

[**그림** Ⅳ-7] Schannon과 Schramm의 통신 모형

라. 교수공학

교수공학에 가장 많은 영향을 미친 이론은 Skinner의 '조작적 조건형성' 원리와 '강화' 효과에 기초한 프로그램 학습이다(서정후, 2004).

특히, 권성호(1998)는 교수공학에 영향을 미친 학습 이론으로 교수공학에 도입된 행동과 학적 개념, 체제이론, 교새개발이론 등을 제시하고 있다. 그러나 교수공학을 구성하는 요소들 간의 '복합적이고 통합적인 조직'의 본질을 명확히 설명해 주지 못했으며, 또 어떻게 서로 맞게 결합되느냐도 정확히 설명해 주지 않았다는 단점을 가지고 있다(AECT, 1977).

한편, 프로그램 학습과 교수공학과의 관계를 살펴보면 [그림 Ⅳ-8]과 같이 도식화할 수 있다(강이철, 2000).

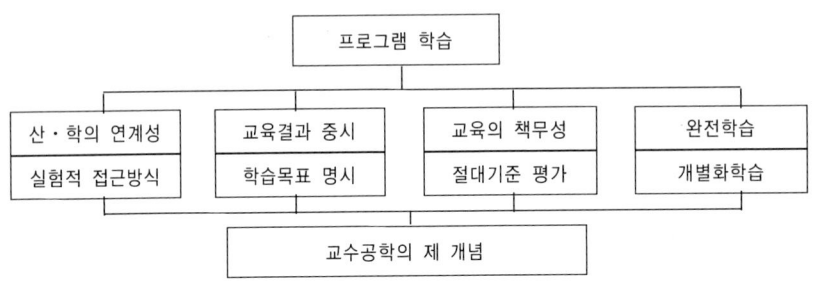

자료: 강이철(2000). 『코스웨어 설계를 위한 교육공학의 이론과 실제』. 학지사. 재구성.

[그림 Ⅳ-8] 프로그램 학습과 교수공학과의 관계

마. 교육공학

교육공학은 광범위한 학습자원을 규명·개발·조직·활용하고 동시에 이러한 과정을 관리함으로써 인간학습을 용이하게 하는 것과 관련된 분야로서, 학습자원의 범위와 그 자원들을 규명·개발·조직하여 활용하는 체계적 방법과 그 과정을 관리하는 방법으로 설명할 수 있다(AECT, 1977).

특히, 교육공학은 학습자원에 대한 탐구와 학습자를 위한 자원의 공급, 수업체제의 개발과 그 과정의 관리 운영에 초점을 두고, 학습자의 요구분석과 수업과정에 있어서의 체제접근에 초점을 두고 있다(조성일·신재흡·최혜영, 2006).

따라서 교육공학은 인간학습에 포함된 모든 문제점을 분석하여 그 해결책을 고안, 실행, 관리하는 총체적인 과정으로서, 범위가 사람, 절차, 이념, 장치 및 조직을 포함하여 복합적이고 통합적이기 때문에, 교수공학의 상위개념이라 할 수 있다(서정후, 2004).

3. 교육공학의 영역

교육공학의 하위 영역은 상호 보완적인 관계를 가지면서도 분야별로 독자적인 특성을 가지고 있기 때문에, [그림 Ⅳ-9]와 같이 다른 영역들을 지원하고 있다.

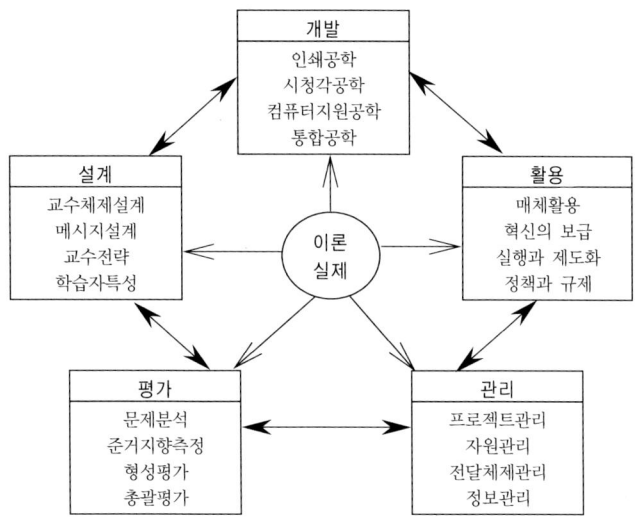

자료: Seels, B. B. & Richey, R. C.(1994). Instructional technology: The definition and domains of the field. Washington, DC: Association for Educational Communications and Technology. 재구성.

[그림 Ⅳ-9] 교육공학의 영역

교육공학의 하위 영역별 세부 특징을 살펴보면 <표 Ⅳ-3>과 같이 요약할 수 있다.

〈표 Ⅳ-3〉 교육공학 하위 영역별 특징

영역		특징
설계	교수체제설계	· 수업 분석, 설계, 개발, 실행, 평가의 단계로 구성되는 조직적인 과정 · 분석: 무엇을 배울 것인가를 결정하는 과정 · 설계: 어떻게 학습해야 할지를 결정하는 과정 · 개발: 필요한 수업자료의 제작과 개발을 수행하는 과정 · 실행: 수업상황을 통해 자료와 전략을 실제적으로 활용하는 과정 · 평가: 수업의 적절성을 결정하는 과정
	메시지설계	· 인간의 주의집중, 지각, 기억력 등과 관련된 인지과학 원리에 기초하여 송신자와 수신자 사이의 의사소통에 직접 관여하는 메시지의 실물화를 위한 계획
	교수전략	· 수업목표를 달성하기 위해 교수와 학습의 상황에 가장 적절한 학습내용을 선정하고 계열화하는 작업
	학습자특성	· 학습에 직접적으로 영향을 미치는 학습자가 가지고 있는 능력, 동기 등과 같은 선수학습경험
개발	인쇄공학	· 문자, 그래픽 등 각종 테크놀로지를 이용하여 정지된 이미지를 제작하고 전달하는 방식
	시청각공학	· 문자를 포함하여 투시가 가능한 OHP, 슬라이드, 영화 등 기계와 전기 기자재를 사용하여 자료를 제작하거나 전달하는 방법
	컴퓨터지원공학	· 컴퓨터에 기반을 두고 제작, 전달하는 방식으로 디지털화를 이용하여 전달하는 방법
	통합공학	· 컴퓨터를 제어장치로 이용하여 여러 가지 유형의 매체를 통합하여 자료를 전달하는 방법
활용	매체활용	· 설계에 기초하여 의사를 결정하는 과정
	혁신의 보급	· 새로운 개념의 채택을 목적으로 계획적인 전략을 사용하고 실시하는 의사소통의 과정

활용	실행과 제도화	・실행: 수업자료나 전략을 실제 환경에서 사용하는 것 ・제도화: 한 조직이나 문화 가운데 정착시키기 위해 일상적으로 변화를 요구하는 것
	정책과 규제	・교육공학을 확산하고 활용하는 데 영향을 미치는 사회나 사회가 지정한 대리인의 규칙과 행위
관리	프로젝트관리	・계획, 감사, 교수 설계 및 개발 프로젝트를 조정하는 등의 일
	자원관리	・설계, 개발, 활용, 평가와 관련된 각종 자원의 지원체제와 서비스를 기획, 감시, 조정하는 것
	전달체제관리	・교수자료를 학습자에게 보급하고 확산시키는 과정과 방법을 기획하고, 조정하며, 감독하는 기능
	정보관리	・학습에 필요한 각종 자원의 체계적인 공급을 위해 정보를 기획하고 조정하여 적절하게 저장, 전달 및 처리하는 것
평가	문제분석	・교수설계가 시작되기 전 문제가 제대로 파악되었는가를 평가하는 기능
	준거지향측정	・사전에 선정한 목표기준에 학습자의 도달 여부를 평가하는 것
	형성평가	・산출물의 개발과정에서 향후 개발을 위한 자료를 확보하여 산출물의 질을 향상하고자 하는 평가
	총괄평가	・수업을 종결한 후에 실시하는 것으로 개발의 결과가 사용된 이후의 각종 정보를 수집하는 것

자료: 서정후(2004). 『예비교사를 위한 교육방법 및 교육공학』. 한올출판사. 재구성.

한편, 교육공학의 연구영역을 살펴보면 [그림 Ⅳ-10]과 같이 다양한 학문 분야와의 관계를 보여 주고 있다.

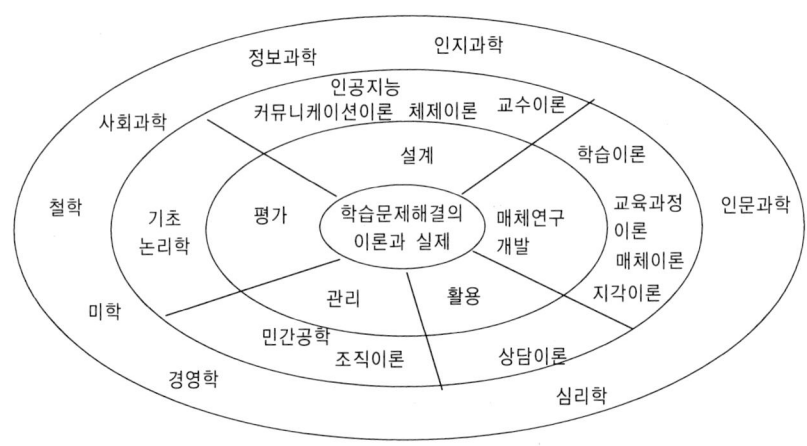

자료: 권성호(1998). 『교육공학의 탐구』. 서울: 양서원. 재구성.

[그림 Ⅳ-10] 교육공학의 연구영역

4. 교수매체

교수매체는 교수-학습과정에서 교사에게서 학습자로 학습내용을 전달하는 수단, 즉 학습과정에서 자극을 부여할 수 있는 사물이나 구성요소로서, 교육목표를 효과적・효율적·매력적인 방법으로 달성할 수 있도록 교수자와 학습자 간의 학습에 필요한 커뮤니케이션을 도와주는 다양한 형태의 매개 수단 또는 제반 체계이다(박숙희·염명숙, 2007). 즉 교수매체는 교사가 효과적이고 효율적인 수업지도를 위해 사용하는 시청각 기자재로서 칠판, 모형, 실물, 융판, 차트, 게시판, 사진, 녹음테이프, 영화, 필름스트립, TV, OHP, 슬라이드, 컴퓨터 등이다(백영균 외, 2006).

특히, 교수매체는 교수활동에 필요한 일련의 사항을 학습자들에게 조직적으로 전달하기 위해 사용되는 모든 통신혁명의 산물로서, 교수자, 교재, 칠판 등은 물론, 학습환경까지도 포함된다(이화여자대학교 교육공학과, 2001).

일반적으로 교수매체는 교재와 교구로 구성되는 교재는 교수자료라고 불리며, 교수-학습을 위한 각종 자료로서, 소프트웨어적인 측면이 강하며, 학습자에게 전달되는 정보와 지식을 직접적으로 담고 있는 물리적인 영역인 반면에, 교구는 하드웨어적인 측면이 강하며 교재를 다양하게 사용할 수 있는 도구적인 영역이라 할 수 있다(유구종·강병재, 2005).

종래에는 교수매체를 좁은 의미로 한정시켜 교수활동을 하는 데 있어서 내용을 구체화하거나 보충하여 학습자가 학습내용을 명확히 이해할 수 있도록 도와주기 위해 사용하는 모든 기계나 자료를 의미하였으나, 현대에 이르러 보다 넓은 의미로서 교수목표를 달성하기 위해 학습자와 교수자 간에 사용되는 모든 수단을 교수매체로 생각해야 한다는 광의의 개념이 점차 지배적이 되어 가고 있어 시청각 기재와 교재뿐만 아니라, 인적 자원, 전달하는 메시지 내용, 학습환경, 시설 등을 포함하는 포괄적이고 종합적인 개념으로 보게 되었다(이화여자대학교 교육공학과, 2001).

한편, 교수매체가 가지는 보편적인 교육적인 기능을 살펴보면 매개적 보조 기능, 정보전달 기능, 학습경험 구성 기능, 교수 기능 등 <표 Ⅳ-4>와 같이 요약할 수 있다.

〈표 Ⅳ-4〉 교수매체의 교육적 기능

교육적 기능	내용
매개적 보조	·교사가 수업의 보조 수단으로 매체 사용 ·수업시간의 단축, 주의력 집중, 동기 유발, 흥미 유발 등의 효과
정보 전달	·내용을 전달하기 위해 매체 사용 ·시공간을 초월하여 정보 전달, 학습자가 여러 감각 채널을 통해 내용을 수용할 수 있도록 다감각적으로 정보 전달 가능, 내용 특성에 적합한 상징으로 내용 전달 가능
학습경험 구성	·매체 그 자체가 학습내용을 포함하고 있기 때문에 매체의 활용을 통해 매체에 관한 학습 가능
교수	·매체를 효과적으로 구성·활용하여 학습자의 지적 기능 개발

교수매체를 선정할 경우 고려해야 할 사항은 <표 Ⅳ-5>와 같이 다양하게 제시할 수 있다.

〈표 Ⅳ-5〉 교수매체 선정 시 고려 사항

고려 사항		내용
수업현황	수업집단 형태	· 대집단 또는 소집단 수업 등 고려
	수업전략	· 교사 중심 수업 또는 학습자 중심 수업 등 고려 · 설명식 수업 또는 탐구식 및 발견식 수업 등 고려
학습과제 유형 (목표와 내용)		· 인지적, 정의적, 운동 기능적 영역 등 고려 · 교육과정의 내용을 다루고 있는지, 내용이 최선의 것이며 정확한지, 난이도와 섬세함 면에서 학습자의 수준에 적합한지 등을 고려
통신 과정 (매체 속성)		· 매체의 물리적 속성과 기능 고려 · 매체의 속성(시각, 청각, 시청각, 동작, 크기, 색채 등) 고려
인적 요인 (학습자)		· 학습자의 연령, 지적 수준, 적성, 태도 등의 학습자 특성 고려
일반적 요인 (교사)		· 교사의 매체에 대한 태도, 사용 능력 등 고려
수업 장소 (시설)		· 매체를 효율적으로 활용할 수 있는 시설 여부 등 고려
실질적 요인 (시간, 난이도, 비용, 이용가능성)		· 매체 선정에 영향을 미치는 실질적인 제한 요인(시간, 난이도, 비용, 이용가능성 등) 고려

자료: 유구종·강병재(2005).『교육방법 및 공학』. 창지사. 재구성.

또한, 학습목표에 따른 교수매체 선정방법을 살펴보면, <표 Ⅳ-6>과 같이 정리할 수 있다. 이 외에도 제작비, 복제비 등 교수상황에 따른 교수매체 선정방법을 살펴보면, <표 Ⅳ-7>과 같이 정리할 수 있다.

〈표 Ⅳ-6〉 학습목표에 따른 교수매체 선정

구분	사실적 정보학습	시각적 확인학습	원리, 개념, 규칙학습	절차 학습	숙련된 지각적 자동행위수행	바람직한 태도, 의견, 동기개발
정사진	중	고	중	중	저	저
동사진	중	고	고	고	중	중
TV	중	중	고	중	저	중
실물	저	고	저	저	저	저
오디오녹음자료	중	저	저	중	저	중
프로그램학습	중	중	중	고	저	중
시범	저	중	저	고	중	중
교과서	중	저	중	중	저	중
구두제시	중	저	중	중	저	중

자료: 조규락·김선연(2006).『교육방법 및 교육공학－교육공학의 3차원적 이해－』. 학지사.

〈표 Ⅳ-7〉 제작비, 복제비 등 교수상황에 따른 교수매체 선정

구분	제작비	복제비	학습집단형태	적합한 내용			사용되는 감각
				인지적	정의적	심동적	
인쇄자료	매우 낮음	매우 낮음	개별	뛰어남	보통	좋음	시각
강의	낮음	높음	집단	보통	좋음	나쁨	시·청각
오디오 테이프	낮음	낮음	집단, 개별	나쁨	보통	나쁨	청각
슬라이드	낮음	낮음	집단, 개별	좋음	좋음	좋음	시·청각
OHP	보통-낮음	낮음	집단	좋음	보통	보통	시각
슬라이드/ 테이프	보통-낮음	낮음	집단, 개별	좋음	좋음	뛰어남	시·청각
TV	높음	보통-낮음	집단, 개별	보통	뛰어남	뛰어남	시·청각
동사진	매우 높음	보통-낮음	집단, 개별	보통	뛰어남	뛰어남	시·청각
시뮬레이션	매우 높음	매우 높음	개별	좋음	좋음	뛰어남	시·청·후·촉각

자료: 백영균 외(2006). 『유비쿼터스 시대의 교육방법 및 교육공학』. 학지사.

5. 컴퓨터와 멀티미디어

컴퓨터는 문자, 숫자, 특수 기호로 된 비산술적인 자료를 받아들여 기억하고 실행하며 상세하게 기억된 명령문의 지시에 따라 결과를 산출하도록 구성된 하나의 체계적이고 조직적인 기계, 즉 하드웨어인 반면에, 멀티미디어는 텍스트, 이미지, 애니메이션, 사운드, 비디오가 컴퓨터를 중심으로 디지털 방식으로 통합되어 커뮤니케이션과 상호작용을 가능케 하는 복합 다중매체라는 개념으로 컴퓨터를 활용하여 다양한 정보원을 디지털방식으로 통합한 매체이며 상호작용이 가능한 매체라는 소프트웨어의 개념이다(이화여자대학교 교육공학과, 2001).

컴퓨터와 멀티미디어의 특성을 살펴보면 학습자의 동기 유발과 유지에 효과적이며, 개별화 학습과 통합적인 학습이 가능하고, 지역 간의 격차를 해소할 수 있다는 것이다(주영주·이광희, 2006). 좀 더 구체적으로 컴퓨터와 멀티미디어의 특성을 살펴보면, 첫째, 다중매체의 사용은 현실과 유사한 환경을 제공하며, 둘째, 하이퍼링크 방식에 의해 비선형적인 탐색이 가능하며, 셋째, 사용자와의 상호작용 환경을 제공하고, 넷째, 많은 정보를 수록·저장할 수 있고 검색이 용이하고, 다섯째, 네트워크를 통한 정보의 생산, 소비, 유통이 신속하고 광범위하게 이루어진다는 것이다(백영균 외, 2006). 그러나 이러한 특성에도 불구하고, 컴퓨터와 멀티미디어의 사용으로 인한 비인간화의 초래, 빈부의 격차 가중, 교사의 업

무부담의 가중, 무분별한 정보의 과다, 개발비용의 과중한 부담 등 많은 문제점도 가지고 있다(주영주·이광희, 2006). 또한, 멀티미디어가 가지는 교육적인 효용성은 첫째, 실제와 유사한 간접경험의 기회를 제공하고, 둘째, 풍부한 자료를 제공하며, 셋째, 학습의 개별화를 촉진하며, 넷째, 동기유발과 자신감을 갖게 하며, 다섯째, 비용절감, 안전성 증대, 훈련 시간을 단축시키고, 여섯째, 구조화된 학습환경을 제공한다는 것이다(백영균 외, 2003).

특히, 컴퓨터 보조 수업(CAI)은 컴퓨터를 직접 수업매체로 활용하여 지식, 기능, 태도 등 교과내용을 학습자에게 가르치는 수업방법으로서(박숙희·염명숙, 2007), 개별화, 상호 작용 촉진, 동기유발, 피드백 제공, 비용 효과성 등 다양한 특징을 가지고 있다(박성익 외, 2003). 또한, 컴퓨터 관리 수업(CMI)은 학습지도 과정에서 교사나 학교행정가들을 도와주기 위해 고안되었는데, 교사들은 수업에 관련된 의사결정을 하기 위해 학습자의 학업성취 도와 학습진행 과정에 대한 최신 정보를 수집하고 보관하고 갱신·분석·보고하기 위해 사용된다(박숙희·염명숙, 2007). 즉 컴퓨터 관리 수업(CMI)은 학습자의 성취에 관한 정보를 관리하고 개인별 학습내용을 관리하고 처리하는 데 컴퓨터 체제를 이용하는 것을 의미한다(이칭찬·신민희, 2000).

한편, 인터넷은 전 세계의 컴퓨터를 모아 연결해 놓은 거대한 멀티미디어로서, 시공간의 초월, 집단 커뮤니케이션, 상호작용성, 정보의 전달, 정보의 검색 등 다양한 특성을 가지고 있다(주영주·이광희, 2006). 또한, e-러닝의 발달은 시청각 교육에서부터 시작하여, 학습자 스스로 컴퓨터에 저장된 학습 자원을 가지고 공부하는 방식인 CBT(Computer Based Instruction), 인터넷과 결합하면서 WBI(Web Based Instruction)로 발전하게 되었다.

그리고 u-러닝은 유비쿼터스 러닝(ubiquitous learning)의 약자로, 개방적 학습자원을 학습자의 필요에 따른 선택에 의해 활용하는 통합적 학습체제를 의미한다(백영균 외, 2006). 이러한 u-러닝의 목표는 학생들이 언제, 어디서, 어떤 내용에 상관없이 어떤 단말기로도 학습할 수 있는 교육환경을 조성해 줌으로써 보다 창의적이고 학습자 중심이 된 교육과 정을 실현하는 것이다(배현기, 2005).

따라서 u-러닝의 특성을 요약하면, '학습자의 개별 욕구를 중시한다는 점에서 개별성, 언제·어디서나 접근하기 쉽고 즉시 학습할 수 있다는 점에서 접근성·즉시성, 학습자·교사·전문가 등이 동시적·비동시적으로 상호작용한다는 점에서 상호작용성'을 지닌 학 습형태로 설명할 수 있다.

교육공학 기출문제 풀이

1. 교사의 수업 전문성 향상을 목적으로 <보기>와 같이 진행되는 수업은? <2008. 초등>

<보기>

◦ 모의 수업을 실시하고 이를 비디오로 녹화한다.

↓

◦ 비디오를 반복적으로 보면서 수업 내용을 관찰·분석한다.

↓

◦ 분석 내용을 토대로 수업 실시자에게 피드백을 제공한다.

① 팀 티칭(team teaching)
② 마이크로 티칭(micro teaching)
③ 상보적 수업(reciprocal teaching)
④ 프로그램 수업(programmed teaching)

【해설】 마이크로 티칭은 교사 훈련에 주로 사용되는 비디오 녹화 방법으로 다양한 변형이 존재하며 실행 분석을 위한 비디오 녹화 방법은 현재 교육 분야뿐만 아니라 기술 훈련 분야에서도 사용되고 있다.

【정답】 ②

2. 미국교육공학회(AECT)는 1994년에 교육공학(교수공학)의 정의를 내린 바 있다. 이 정의에 포함된 영역은? <2008. 중등>

① 교수, 학습, 통신, 체제, 매체
② 설계, 개발, 활용, 관리, 평가
③ 시각매체, 청각매체, 교육방송, 컴퓨터
④ 교수방법, 교수매체, 학습환경, 학습전략

【해설】 미국 교육통신공학회는 교수공학을 학습을 위한 과정과 자원의 설계, 개발, 활용, 관리 및 평가에 관한 이론과 실제로 정의하고 있다.

【정답】 ②

3. <보기>에서 매체 선정 및 활용을 위한 ASSURE 모형에 관한 설명으로 옳은 것끼리 묶인 것은? <2008. 중등>

<보기>

ㄱ. '요구 사정' 및 '학습양식 분석'을 실시한다.
ㄴ. 학습자가 수업 중에 경험하게 될 일련의 학습활동을 수업목표로 제시한다.
ㄷ. 수업목표 달성을 위한 교수방법과 매체를 선택하고, 그에 따라 구체적인 교수·학습 자료를 선정한다.
ㄹ. 학습자에게 습득한 지식이나 기능을 연습할 기회와 피드백을 제공하여 적극적인 사고활동을 유도한다.

① ㄱ, ㄴ　　② ㄱ, ㄹ
③ ㄴ, ㄷ　　④ ㄷ, ㄹ

【해설】 요구 사정 및 학습양식 분석을 실시하는 것이 아니라 학습자의 특성분석을 한다. 학습자가 수업 중에 경험하게 될 일련의 학습활동을 수업목표로 제시하는 것이 아니라 학습자가 수업 결과로 무엇을 할 수 있는지 구체적으로 진술한다.
【정답】 ④

4. 하이니히가 제안한 ASSURE 모형의 '매체와 자료 활용' 단계에서 교사가 수행하는 활동이 아닌 것은? <2009. 초등>

① 학습목표 달성을 위해 적절한 수업방법, 매체 및 자료를 선정한다.
② 매체를 활용하여 수업을 진행함으로써 학생들에게 학습경험을 제공한다.
③ 수업자료의 내용을 미리 확인하여 그 자료를 충분히 효과적으로 활용할 수 있도록 한다.
④ 수업을 하려는 장소가 매체를 사용하기에 적절한지 점검하고 수업환경을 적절하게 준비한다.
⑤ 학생들에게 수업내용에 대한 개요를 소개하거나 학습목표를 알려 줌으로써 수업에 대한 기대감을 갖게 한다.

【해설】 ①의 내용은 방법, 매체 및 자료 선정 단계에 해당한다.
【정답】 ①

5. 학생들에게 복잡하고 비구조화된 개념을 가르치기 위하여, 스피로(R. Spiro)의 인지적
   유연성 이론에 기초하여 개발된 동영상 수업자료를 활용하고자 한다. 이때 수업시간에
   보여 줄 동영상 형태로 가장 적합한 것은? <2009. 중등>

① 해당 개념에 대한 강의를 5분 단위로 자른 동영상 5~6개
② 해당 개념이 한 가지 관점에서 한 사례에 적용된 5분 안팎의 동영상 1개
③ 해당 개념이 한 가지 관점에서 한 사례에 적용된 20분 안팎의 동영상 1개
④ 해당 개념에 대한 강의에 시작자료를 포함한 20분 안팎의 동영상 1개
⑤ 해당 개념이 각기 다른 관점에서 여러 사례에 적용된 1분 안팎의 동영상 5~6개

【해설】 지식의 즉각적 재구성 능력을 인지적 유연성 능력이라고 한다. 이러한 능력의 향상을 위한
　　　　학습 전략은 지식에 대한 임의적 접근이다. 답지에 제시된 내용 중 다양한 관점을 제시하고
　　　　있는 수업자료의 활용은 ⑤이다.
【정답】 ⑤

6. 딕과 캐리의 체제적 교수설계에서 제시하는 학습과제 분석에 대한 설명으로 옳은 것을
   보기에서 모두 고른 것은? <2009. 중등>

　　ㄱ. 최소공배수를 구하는 학습과제는 위계분석을 한다.
　　ㄴ. 시간을 잘 지키는 태도를 기르는 학습과제는 군집분석을 한다.
　　ㄷ. 각 나라와 그 수도를 연결하여 암기하는 학습과제는 통합분석을 한다.
　　ㄹ. 다항식의 덧셈을 하는 학습과제는 상위목표에서부터 하위목표로 분석해 나간다.

① ㄱ, ㄴ　　② ㄱ, ㄹ　　　③ ㄴ, ㄷ
④ ㄴ, ㄹ　　⑤ ㄱ, ㄷ, ㄹ

【해설】 ㄱ과 ㄹ은 수학에 해당하는 것으로 선행학습과 후행학습의 위계가 분명한 과목이므로 위계
　　　　적 분석을 한다. ㄴ은 태도목표이므로 통합분석을 한다. ㄷ은 언어정보에 해당하므로 군집분
　　　　석 방법을 사용한다.
【정답】 ②

7. 교육매체 연구에 관한 설명으로 옳은 것을 모두 고른 것은? <2009. 중등>

ㄱ. 교육매체 선호 연구에서는 매체 개발의 경제적 비용이 개발 콘텐츠의 질에 어떤 영향을 미치
  는지 연구한다.
ㄴ. 교육매체 속성 연구에서는 매체의 물리적 속성이 학습자의 인지적 과정에 어떤 영향을 미치
  는지 연구한다.
ㄷ. 교육매체 비교 연구에서는 새로운 매체의 사용으로 인한 흥미 유발 등의 신기성 효과가 비교
  결과에 섞여 들어갈 수 있다.
ㄹ. 교육매체 비교연구에서는 흔히 새로운 매체가 효과적이라고 결론을 내리는데, 새로운 매체는
  교수법의 변화도 수반하는 경우가 많아 매체만의 효과를 가려내기 어려운 경우가 있다.

① ㄱ, ㄴ   ② ㄱ, ㄹ   ③ ㄴ, ㄹ
④ ㄱ, ㄷ, ㄹ   ⑤ ㄴ, ㄷ, ㄹ

【해설】교육매체 선호 연구란 학습자들이 선호하는 매체에 따라 효과가 달라질 것이라는 전제하에
     학습자들이 어떤 매체를 선호하는가를 연구한다. 따라서 ㉠의 진술은 옳지 않다.
【정답】⑤

8. 다음 내용을 공통적으로 포함하는 인터넷 활용 수업 모형은? <2010. 초등>

• 닷지(B. Dodge)에 의해 제안된 인터넷 정보를 활용한 과제해결 활용이다.
• 학생의 탐구활동은 소개(inteoduction) – 과제(task) – 과정(process) – 자원(resource) – 평가(evaluation) – 결
  론(conclusion)의 단계로 구성된다.
• 교사는 학생들이 적합한 자료를 탐색할 수 있도록 과제와 관련된 인터넷 자료나 인쇄자료에의
  접근방법을 제공한다.

① 혼합 학습(blended learning)
② 온라인 개인교수(online tutorial)
③ 웹퀘스트 수업(web quest instruction)
④ 온라인 시뮬레이션(online simulation)
⑤ 온라인 인지적 도제학습(online cognitive appreticeship)

【해설】교육공학 중 인터넷 활용수업과 관련된 내용으로 위 내용은 웹퀘스트 수업에 대한 것이다.
     웹퀘스트 수업은 탐구중심 활동으로 학생들이 인터넷에 있는 자원을 통해서 얻은 정보를 기
     반으로 한 연구 활동을 의미한다.
【정답】③

9. 다음은 교수매체의 효과성에 대한 두 학자의 주장이다. B학자의 주장을 가장 잘 반영하고 있는 매체활용 사례는? <2010. 초등>

> A학자: 매체는 식료품 배달 트럭과 같아요. 어떤 트럭을 선택하느냐는 전달 속도나 전달 용량에는 영향을 주지만, 식료품 내용 자체에는 영향을 미치지 못합니다. 마찬가지로 매체도 학습효과에는 직접 영향을 주지 못합니다.
> B학자: 그렇지 않습니다. 냉장 트럭을 생각해 보세요. 육류배달의 경우 냉장 기능을 가진 트럭을 선택하느냐 마느냐에 따라 식료품 내용에도 영향을 미치게 됩니다. 학습과 매체의 관계도 마찬가지라고 생각합니다.

① 시간절약을 위해 현장학습 대신 동영상 시청 후 토론수업을 진행하였다.
② 나팔꽃의 개화과정을 보여 주기 위해 비디오의 시간압축 특성을 활용하였다.
③ 인쇄비를 절감하려고 한 학기 보충학습 자료를 CD매체에 저장하여 제공하였다.
④ 방과 후 학교 강사를 구하기 힘들어서 다른 학교의 방과 후 수업을 촬영하여 인터넷으로 제공하였다.
⑤ 새로운 매체사용으로 인한 신기효과(novelty effect)를 얻기 위해 수업에 컴퓨터를 사용하였다.

【해설】 나팔꽃의 개화과정 학습이라는 학습목표를 효율적으로 달성하기 위해 시간압축 특성을 지니고 있는 비디오를 이용하여 학습효과를 극대화하고 있는 경우이므로 매체 그 자체가 학습효과에 영향을 미치는 사례를 제시하고 있다. 이는 B학자인 코즈마의 내용과 관련된다고 할 수 있다.
【정답】 ②

10. 다음은 켈러(F. Keller)의 개별화 교수체제(personalized system of instruction, 일명 keller plan) 모형을 적용하여 e-러닝과 교실수업을 혼합한 블렌디드 러닝(blended learning)을 설계한 것이다. 밑줄 친 (ㄱ)~(ㅁ) 중 개별화 교수체제 원리를 잘못 적용한 것은? <2010. 중등>

> 학생들의 수학 교과 기초능력 결손을 보완하기 위해 김 교사는 개별화 교수체제 원리를 토대로 보충수업을 설계하였다. 김 교사는 (ㄱ) 전체 학습과제를 소단위로 나누어 단계적으로 학습하도록 e-러닝 콘텐츠를 설계하였다. 학생들은 인터넷을 통해 가정에서 (ㄴ) 자신의 학습속도에 맞게 e-러닝을 진행하였다. 각 소단위 학습을 마치면 곧바로 해당 단위에 대한 온라인 평가가 실시되고, (ㄷ) 해당 소단위 목표를 달성한 경우에만 다음 단계의 소단위 학습을 할 수 있었다. 소단위 학습목표 달성에 실패할 때는 해당 단위를 다시 학습하고 평가도 다시 받도록 하였다. e-러닝 시스템은 각 평가문항에 학생이 응답하면 즉시 정답 여부를 알려 주었다. (ㄹ) 별도의 학습 조력자 없이 학생들이 개별적으로 전체 학습을 진행하도록 하였다. 김 교사는 학생의 개별학습에 개입하는 것을 최소화하기 위해 모든 학습자료와 전달사항을 인쇄물로 나누어 주었다. (ㅁ) 김 교사는 학생들에게 학습동기유발이나 학습의 전이를 촉진할 필요가 있다고 판단될 때, 이를 위해 교실에서 강의식 수업을 간단하게 실시하였다.

① ㉠　　② ㉡　　③ ㉢
④ ㉣　　⑤ ㉤

【해설】켈러 플랜은 퀴즈 시험을 자주 보며 퀴즈 시험에서의 결과를 평가할 수 있는 조교를 활용한다. 학습을 도와주거나 시험을 치르는 부분은 감독 조교에 의해 진행되는데 감독 조교는 대체로 동료학생 중 우수한 성적을 거둔 사람이 대신하여 일대일 차원의 개별화된 지도를 해준다. 따라서 (ㄹ)의 진술은 타당하지 않다.

【정답】④

11. 가네(R. Gagne)가 학습결과 중의 하나로 분류한 문제해결력을 기르기 위한 수업을 딕(W. Dick)과 캐리(L. Carey)의 체제적 교수설계 모형에 따라 설계하고자 한다. <보기>에서 옳은 것을 고른 것은? (단, 학습과제는 구조화되어 있다고 가정한다.) <2010. 중등>

<보기>

ㄱ. 학습목표는 '문제 해결에 필요한 원리와 법칙을 정확하게 설명할 수 있다'로 설정한다.
ㄴ. 문제해결력을 육성하는 학습목표에 관한 교수분석은 문제해결력에서부터 시작하여 하향식 위계분석을 실시한다.
ㄷ. 교수분석과정에서 출발점 행동을 설정하기 위해 해당 학생들이 이수한 교육과정 분석과 학생 관찰 결과를 활용한다.
ㄹ. 문제해결력 학습에 필요한 하위능력은 구체적 개념, 정의된 개념, 변별력, 원리와 법칙의 순서로 가르친다.
ㅁ. 학습목표에 기술된 조건과 성취행동(또는 수행)에 부합하는 연습 기회와 교정적 피드백을 제공한다.

① ㄱ, ㄷ, ㄹ　　② ㄱ, ㄷ, ㅁ　　③ ㄴ, ㄷ, ㄹ
④ ㄴ, ㄷ, ㅁ　　⑤ ㄴ, ㄹ, ㅁ

【해설】㉠ 답지에 제시된 것은 문제해결학습이 이루어지기 위한 하나의 선행요소일 뿐이지 그 자체가 학습이 끝마쳐지고 난 후 학습자들에게 기대되는 바람직한 행동의 결과라고 할 수는 없다. ㉣ 가장 높은 단계에 있는 문제해결학습이 이루어지기 위해서는 변별학습, 개념학습, 원리학습 등의 하위능력들이 이와 같은 순서로 진행되어야 한다.

【정답】④

12. 체제적 교수설계 모형(ADDIE 모형, ASSURE 모형, Dick & Carey 모형)에 따라, 김 교사는 가장 먼저 개발할 교사 직무능력 향상 프로그램을 선정하기 위해 요구분석을 실시하였다. (가)와 (나)에 적합한 활동을 <보기>에서 고른 것은? <2010. 중등>

요구분석 단계	요구분석 활동
직무수행의 바람직한 상태 설정	여러 자료를 토대로 직무별로 바람직한 교사의 수행 상태를 설정하였다.
교사의 현재 직무수행 상태 측정	동료 교사와의 인터뷰, 관찰 등을 토대로 교사의 직무별 현재 수행 상태를 측정하였다.
요구의 크기 계산	직무별로 '바람직한 직무수행 상태'와 '교사의 현재 직무수행 상태' 간의 차이를 계산하였다.
요구 우선순위 결정	(가)
요구 발생 원인 분석	(나)
직무연수 프로그램 개발 대상 요구 선정	위의 (나)에서 선정된 요구 중 우선순위가 가장 높은 요구를 충족시키기 위해 직무연수 프로그램을 개발하기로 결정하였다.

〈보기〉

(가)
ㄱ. 직무별 요구의 크기에 따라 요구들의 우선순위를 결정하였다.
ㄴ. 직무별 요구의 크기와 직무 중요도에 따라 요구들의 우선순위를 결정하였다.

(나)
ㄷ. 요구 발생 원인을 분석하여 환경, 조직 운영 및 학교교육정책의 문제로 초래된 요구를 선정하였다.
ㄹ. 요구 발생 원인을 분석하여 교사의 건강, 업무분장 및 업무량의 문제로 초래된 요구를 선정하였다.
ㅁ. 요구 발생 원인을 분석하여 교사의 지식과 기능 부족으로 초래된 요구를 선정하였다.

```
   (가)   (나)
①  ㄱ    ㄷ
②  ㄱ    ㅁ
③  ㄴ    ㄷ
④  ㄴ    ㄹ
⑤  ㄴ    ㅁ
```

【해설】 교사 직무능력 향상 프로그램을 선정하기 위해 요구분석을 실시하고 있으므로 요구가 발생한 원인이 교사의 직무능력 향상에 의해 해결될 수 있어야 한다.

【정답】 ⑤

13. 다음은 각 교수·학습이론과 그것을 구현하기 위한 e-러닝 방법을 짝지은 것이다. 옳은 것을 모두 고른 것은? <2010. 중등>

구분	교수·학습이론	e-러닝 방법
ㄱ	벤더빌트 대학 CTGV의 정착교수(anchored instruction) 이론	상호작용 비디오 체제 활용 수업
ㄴ	브루너(J. Bruner)의 발견학습(discovery learning) 이론	개인교수형 컴퓨터 보조 수업
ㄷ	스피로(R. Spiro)의 인지적 유연성(cognitive flexibility) 이론	하이퍼텍스트와 하이퍼미디어 활용 수업
ㄹ	라이거루스(C. Reigeluth)의 정교화 교수 이론(elaboration theory of instruction)	온라인 문제 기반 학습

① ㄱ, ㄴ   ② ㄱ, ㄷ   ③ ㄴ, ㄹ
④ ㄱ, ㄷ, ㄹ   ⑤ ㄴ, ㄷ, ㄹ

【해설】 개인 교수형은 교사가 정상적 수업을 할 수 없을 때 컴퓨터가 교사가 되어 학생과 1:1의 상호작용을 하는 유형이므로 발견학습과는 거리가 멀다고 할 수 있다. 라이거루스의 정교화 교수 이론은 객관주의에 근거하고 있으나 문제 기반 학습은 구성주의에 기반을 두고 있기 때문에 완전히 반대되는 구조를 가지고 있다.

【정답】 ②

14. 쉐논과 슈람(C. Shannon & W. Schramm)의 통신 모형을 수업과정으로 해석할 때, 설명이 바르지 않은 것은? <2011. 초등>

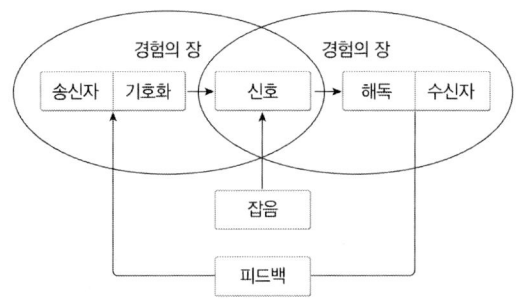

① 학생은 교육내용을 자신의 경험의 장에 비추어 받아들인다.
② 교사와 학생의 의사소통 과정에 불필요한 잡음이 개입될 수 있다.
③ 교사가 교육내용을 전달하는 방식은 교사의 경험의 장에 영향을 받는다.
④ 교사와 학생 사이에 공통된 경험의 장이 없더라도 효과적인 의사소통이 이루어진다.
⑤ 교사와 학생의 의사소통 과정에서 전달내용이나 서로의 경험 차이에 관한 피드백이 이루어진다.

【해설】 쉐논과 슈람(C. Shannon & W. Schramm)의 통신과정 모형은 다음과 같은 특징을 갖고 있다.

　가) 커뮤니케이션이 발생하기 위해서는 송신자와 수신자의 경험의 장이 서로 공통분모를 가져야 함

　나) 커뮤니케이션 과정에는 필연적으로 여러 수준의 다양한 형태의 잡음이 개입될 수 있음

　다) 잡음과 경험의 차원에서 오는 문제는 커뮤니케이션 내용에 대한 피드백이 발생함

【정답】 ④

Ⅴ. 교육평가

1. 교육평가의 개념

교육평가는 교수·학습 경험을 매개로 교수·학습 활동을 전개한 다음 설정된 교육목표가 실제로 어느 정도 달성되었는지 확인하는 것을 의미한다(이형행, 2007). 즉 교육평가는 학습자의 행동이나 학습 또는 교육 계획을 교육의 목적이나 가치관에 비추어 측정하는 것이라 할 수 있다.

특히, 교육평가는 교육의 과정 또는 성과에 대해 어떤 결정을 내릴 목적으로 그 과정과 성과에 대한 가치와 장점을 체계적으로 조사하고 활용하는 과정 및 활동으로 정의할 수 있다(강갑원 외, 2006). 이러한 교육평가는 교육목표에서 기르고자 하는 행동이 무엇인지 이해하고 그 행동이 얼마나 길러졌는가에 관심을 가져야 하며, 학생들에게 원하는 지식, 이해, 기능, 태도, 흥미, 적용력, 분석력, 평가력, 감상력, 가치관 등이 어느 정도 길러졌는가를 측정해야 한다(김운삼, 2003).

한편, 교육평가는 측정, 검사, 교육평가라는 용어와 유사하게 사용되고 있기 때문에, <표 Ⅴ-1>과 같이 비교할 수 있다.

〈표 Ⅴ-1〉 측정, 검사, 교육평가 개념 비교

구분	특징
측정	·사물의 성질을 구체화하기 위해 수를 부여하는 절차 ·어떠한 사물이 갖고 있는 특성을 언어적으로 기술하는 것이 아니라, 숫자로 나타내는 것 ·측정은 검사를 포함하는 개념
검사	·인간에 내재된 잠재적 특성을 측정하기 위한 도구 ·인지적 행동특성 측정검사: 지능검사, 학업적성검사, 학업성취도 검사 ·정의적 행동특성 측정검사: 성격검사, 흥미검사, 불안도 검사, 직업적성 검사 ·심리, 운동적 행동특성 측정검사: 무용실기, 태권도 등 어떤 행위의 숙련도 측정
교육평가	·교육과정과 교수 프로그램을 통해 교육목표가 어느 정도 달성되었나를 판단하는 행위 ·바람직한 행동의 변화가 어느 정도 일어났는지를 확인하는 과정 ·확인하려는 인간행동은 겉으로 드러나는 행동뿐만 아니라, 사고, 가치관, 자아개념 등과 같이 겉으로 드러나지 않는 행동까지 포함 ·수집된 정보나 자료를 사용해서 가치판단과 의사결정을 하는 과정

자료: 김병희·김형구·배재학·이기용·이영애·정길영·최병옥(2008). 『교육학개론』. 공동체. 재구성.

교육평가의 주요 목적으로 첫째, 교수·학습과정에서 학생을 도울 수 있어야 하고 둘째, 학생의 장점과 단점을 확인하는 데 도움을 주어야 하며 셋째, 교사가 자신의 교수·학습을 평가하는 데 도움이 되어야 하며, 넷째, 학생·학부모·관련 당사자에게 학생의 발전 및 성취에 관한 정보를 제공해야 한다(한상길 외, 2007). 이 외에 교육평가의 기능을 살펴보면 첫째, 학습동기를 유발하고 강화시키고 둘째, 학부모·상급학교·취업기관의 필요를 충족시켜 주며 셋째, 교수·학습과정 개선에 도움을 주며 넷째, 학생 선발 및 배치의 기능을 하고 다섯째, 생활지도 및 진로지도를 위한 기본 자료를 제공하며 끝으로 교육연구에 대한 필요한 자료를 제공해 준다(이형행, 2007).

최근의 교육평가는 전통적인 교육평가와 <표 V-2>와 같은 차이를 가지고 있다(한상길 외, 2007).

〈표 V-2〉 전통적인 교육평가와 최근 교육평가의 비교

전통적인 교육평가	최근 교육평가
·결과만 강조	·과정의 평가도 중시
·분절된 기능과 지식 위주 평가	·통합된 기능과 지식의 적용 능력 평가
·지필 위주 평가	·참평가
·탈맥락적 과제	·맥락적 과제
·하나의 정답만 요구	·많은 정답 요구
·공개되지 않은 평가기준과 준거	·공개적인 평가기준과 준거
·개인 위주 평가	·소집단평가 활용
·주로 수업 후 평가 실시	·교수, 학습 중의 평가 강조
·피드백 거의 없음	·상당히 많은 피드백 제공
·객관식 위주의 표준화 시험	·수행평가, 다양한 비형식적 시험
·다른 사람에 의한 학생 평가	·학생의 자기 평가
·한 가지 평가 활용	·다양한 평가 활용
·간헐적 평가 실시(중간, 기말)	·지속적인 평가
·쉽게 측정되는 것을 평가	·가장 가치가 높은 것을 평가
·단절된 과학 지식 평가	·구조화된 지식, 과학적 이해, 사고 평가
·학생들이 알지 못하는 것이 무엇인지 알기 위한 평가	·학생들이 이해하고 있는 것을 알기 위한 평가

2. 교육평가의 유형

가. 평가기능에 따른 분류

평가기능에 따라서 어떤 과제를 학습하기 전에 실시하는 진단평가 교수·학습이 진행되는 과정에서 실시하는 형성평가, 학습이 끝난 후에 수업목표의 달성 여부를 최종적으로 판정하기 위해 실시하는 총괄평가로 구분할 수 있다(<표 V-3> 참조).

〈표 Ⅴ-3〉 평가기능에 따른 분류

구분	특징
진단평가	• 학습자 수준이나 상태를 파악하고 그에 적합한 수업절차와 방법을 적용함으로써 수업의 효과를 극대화하기 위해 실시하는 평가 • 사전학습의 정도, 적성, 흥미, 동기, 지능 등 분석 • 학습 준비도 확인, 학습 곤란에 대한 사전 전략 수립, 학습자의 배치, 학습의 중복 확인
형성평가	• 교수, 학습이 진행되는 과정에서 주어진 교육목표 달성을 위해 정상적으로 진행되는지를 계속적으로 점검해 나가는 평가 • 교육방법이나 교육내용의 개선에 대한 정보 제공 • 학습활동 조정, 학습활동에 대한 강화 제공, 학습활동의 문제점 진단, 학습지도 방법 개선
총괄평가	• 교육과정이나 교육프로그램의 개발이나 편성과 관련하여 개발된 교육프로그램의 효율성을 종합적으로 평가 • 학업성적 부여, 학생들의 미래 성취정도 예측, 집단 간의 성적 비교를 위한 정보 제공, 학생의 자격 인정

특히, 평가기능에 따른 진단평가, 형성평가, 총괄평가를 실시할 경우 <표 Ⅴ-4>와 같은 점들을 유의해야 한다.

〈표 Ⅴ-4〉 진단평가, 형성평가, 총괄평가의 유의점

구분	실시할 때의 유의점
진단평가	• 과제분석의 결과에서 얻어진 선수학습 요소를 대상으로 문항을 작성하되, 반드시 하나의 학습요소에서 하나의 문항만을 제작할 필요는 없음 • 진단결과에 대한 원인도 밝혀질 수 있도록 자세하고 구체적으로 제작하는 것이 바람직 • 절대기준 평가의 방법에 의해 해석 • 진단평가결과를 개인별로 채점하는 것은 가능하나 그 결과를 개인의 평소 성적으로 처리 불가
형성평가	• 주기적으로 자주 실시해야 함 • 학습결함과 학습 곤란을 해소시켜야 함 • 교수활동에 활용해야 함 • 절대기준 평가의 원칙을 따름
총괄평가	• 학습자들의 성적을 결정함 • 학습자들의 미래 학업성적을 예측함 • 집단 간의 성적을 비교할 수 있는 정보를 제공함 • 학습자의 자격을 인정하는 판단이 가능함

자료: 김윤상(2003). 『교육학개론』. 창지사. 재구성.

나. 평가기준에 따른 분류

평가기준이 어디에 있느냐에 따라 학습목표 등의 절대적 준거에 비추어 학생들의 성취 정도를 확인하는 준거지향 평가와 규준을 설정하여 학생들의 성취 정도를 상대적으로 비교하는 규준지향 평가가 있다(<표 Ⅴ-5> 참조).

<표 Ⅴ-5> 평가기준에 따른 분류

구분	특징
준거지향 평가	· 주어진 교수목표를 어느 정도 달성하였는가에 관심 · 절대평가 · 인간의 가능성에 대한 신념 · 성적의 부적인 편포를 기대 · 검사도구의 타당도 강조 · 교수, 학습활동의 개선 · 학습자의 정신 위생에 공헌 · 이해, 비교, 분석, 종합 등의 고등정신 능력 배양 · 수업목표의 성취기준 설정의 어려움
규준지향 평가	· 학습자의 학업성취도가 속해 있는 집단의 결과에 비추어 상대적으로 나타내는 평가 · 상대평가 · 검사의 신뢰도 강조 · 검사점수의 정상분포 기대 · 개인차를 극대화시키는 선발적 기능 강조 · 개인차의 변별 가능 · 교사의 편견 배제 · 학습자들의 경쟁을 통한 동기 유발 유리 · 과대한 경쟁심리로 인한 인성교육 방해할 우려

다. 평가대상에 따른 분류

평가대상에 따른 분류는 학생이 지니고 있는 능력에 비추어 얼마나 최선을 다하였느냐에 초점을 두는 능력참조 평가와 교육과정을 통해 얼마나 성장하였느냐에 관심을 두는 성장참조 평가로 구분할 수 있다(<표 Ⅴ-6> 참조).

<표 Ⅴ-6> 평가대상에 따른 분류

구분	특징
능력참조 평가	· 학생 개인이 지니고 있는 능력을 얼마나 발휘하였느냐에 관심을 두는 평가 · 개인 위주의 평가 · 학생의 능력과 노력에 의해 평가 · 우수한 능력이 있음에도 최선을 다하지 않은 학생과 부족한 능력을 가졌더라도 최선을 다한 학생이 있을 때 더 좋은 평가결과 획득
성장참조 평가	· 최종 성취수준에 대한 관심보다 초기 능력에 비추어 얼마만큼 능력의 향상을 보였느냐를 강조하는 평가 · 사전 능력수준과 관찰된 시간에 측정된 능력수준 간의 차이에 관심 · 학생들에게 학업 증진의 기회 부여 · 개인차 강조

라. 평가대상의 속성에 따른 분류

평가대상의 속성에 따른 분류는 평가대상의 속성은 양으로 존재한다고 가정하는 양적 평가와 수치로 나타내지 않고 속성이 갖는 의미를 해석하는 데 관심을 가지는 질적 평가가 있다(<표 V-7> 참조).

<표 V-7> 평가대상의 속성에 따른 분류

구분	특징
양적 평가	· 평가결과를 수치로 표현 · 수량화한 자료를 가지고 통계적 분석을 통한 결과 기술 · 정확하게 객관적인 평가 · 일반적 법칙 발견하는 데 관심 · 검사도구를 활용한 평가 · 몸무게, 키, 과목의 점수 등
질적 평가	· 평가의 객관성을 유지하려고 노력하지만, 평가자의 주관성 개입 · 일반성보다 특수성 강조 · 평가 도구 없이 평가자가 관찰하여 자료 수집 · 긴 자료 수집기간

3. 평가문항의 유형

교육평가의 단계는 평가목표의 설정, 평가장면의 설정, 평가도구의 제작, 평가 실시와 결과 처리, 평가결과의 해석 및 활용 등 5단계를 거친다(김운삼, 2003). 또한, 평가문항을 제작하는 절차는 일반적으로 평가목적의 확인과 설정, 출제 계획서의 작성, 출제문항의 작성, 지시사항의 적성, 문항의 예비 편집, 예비 검사 실시 및 수정 보완, 최종 문항의 편집과 인쇄의 과정을 거친다(강갑원 외, 2006).

특히, 평가문항의 유형은 채점방법에 따라 주관식과 객관식 문항으로, 피검사자의 반응에 따라 선택형과 서답형 문항으로 구분되고, 선택형은 다시 진위형, 배합형, 선다형, 서답형은 단답형, 완결형, 논문형 등 <표 V-8>과 <표 V-9>와 같이 정리할 수 있다.

<표 V-8> 선택형의 유형

구분	특징
진위형	· 응답자에게 진술물은 제시한 후, 그것의 진위, 정오, 긍정-부정에 대한 이분법적인 판단을 요구하는 문항 · 양자 택일형 · 단위 검사시간에 많은 양의 문항 출제 가능 · 많은 교수목표를 포함시킬 수 있는 장점 · 신뢰롭고 객관적인 채점 · 학생 반응에서의 추측, 우연의 오차 통제 불가능 · 피상적인 학습을 할 가능성 높음
배합형	· 전제와 답지의 2개 군으로 구성 · 지시문에 따라 상호관계가 있는 것끼리 연결

배합형	・전제와 답지에는 단어, 어구, 문장, 기호 등 사용 가능 ・문항 제작이 비교적 간단 ・신뢰롭고 객관적인 채점 ・무리한 억지 답지 생길 가능성 ・배합의 항목이 적어지고 정답의 단서를 줄 가능성
선다형	・진술문과 몇 개의 답지 또는 선택지를 같이 제시하여 놓고 응답자로 하여금 정답을 고르는 형식 ・문항 표집의 대표성이 높음 ・비교적 많은 수의 문항 골고루 출제 ・좋은 문항 제작의 시간과 노력 많은 소요 ・추측이나 시험 치는 요령에 의해 정답 맞힐 가능성

〈표 Ⅴ-9〉 서답형의 유형

구분	특징
단답형	・학습자가 갖고 있는 단순한 지식이나 정보를 측정하는 데 적합한 문항 ・문제를 의문문이나 명령문으로 제시한 후 한두 개의 단어, 숫자, 기호, 짧은 구, 문장으로 답하도록 하는 문항 ・문항 제작이 용이하고, 정의, 개념, 사실 등에 대한 질문을 통한 넓은 범위의 교과내용 평가 ・고차적 학습능력 평가의 어려움 ・단순 지식, 개념, 사실들 측정 가능성
완성형	・진술문의 일부분을 비워 놓고 거기에 적합한 단어, 기호 등을 써 넣는 방법 ・채점의 객관성 높고, 출제하기 용이 ・적용력, 분석력, 종합력 등 고차적인 정신능력을 요구하는 학습 성과 평가의 어려움
논문형	・한 개 또는 여러 개의 문항으로 구성된 문제상황을 제시해 놓고, 응답자에게 몇 개의 문장 또는 여러 페이지에 걸쳐 논술식으로 답을 작성하게 하는 문항 형식 ・반응의 자유도가 크고, 고등 정신 능력 평가 ・문항 제작 용이 ・채점의 객관성과 신뢰성 유지의 어려움 ・문항의 표본 수가 제한 ・학습내용의 고른 평가의 어려움 ・채점하는 데 많은 시간과 노력 소요

4. 평가도구의 기준

좋은 평가도를 판단하는 기준으로 타당도, 신뢰도, 객관도, 실용도 등을 들 수 있는데 이 네 가지 기준이 모두 충족되어야 좋은 평가도구라 할 수 있다(이형행, 2007).

가. 타당도

타당도는 평가도구가 측정하고자 하는 구체적인 목표나 내용을 제대로 측정하고 있는가의 정도를 의미하는데, '무엇'이라는 개념과 관계가 있고, 어떤 준거와의 관련 아래에서만 그 의의가 확인되는 개념이다(한상길 외, 2007). 예를 들면 국어시험은 국어능력을 측정해야 하는데 사회생활능력을 측정대상으로 해서는 안 된다. 이러한 타당도의 유형은 내용타당도,

예언타당도, 구인타당도, 공인타당도 등 네 가지로 구분할 수 있다(<표 V-10> 참조).

<표 V-10> 타당도의 유형

구분	특징
내용 타당도	• 평가도구가 그것이 평가하려고 하는 내용(교육목표)을 어느 정도로 충실히 측정하고 있는지를 분석하 여 측정하는 것 • 교육목표를 평가도구가 얼마나 충실히 측정하고 있느냐를 결정하는 개념 • 검사내용 전문가에 의해 검사가 측정하고자 하는 속성을 제대로 측정하였는지를 주관적으로 판단 • 안면 타당도, 논리적 타당도, 교과 타당도
예언 타당도	• 검사결과가 미래의 행동이나 특성을 예측하는 정도 • 타당도의 준거는 학생의 미래에 나타날 특성 • 현재의 측정치와 미래 행동의 측정치 간의 상관계수 • 학생의 학업성취도를 측정하는 수학능력시험은 학생의 고등학교까지의 학업성취도를 측정할 뿐만 아니라, 대학에 입학하여 수월하게 공부할 수 있는 능력을 갖춘 학생 선발을 위한 잠재적인 목적을 가짐
공인 타당도	• 이미 타당도를 인정받은 검사로부터 얻은 점수와 새롭게 개발된 검사 점수가 일치하는 정도 • 지능검사의 점수가 그 사람의 행동으로 나타난 지능의 정도와 실제로 어느 정도 일치하는가를 검토 하여 검사의 타당도 여부 결정 • 평가도구의 실제적 의미를 풍부히 해 주고, 활용하는 데 유용한 정보 제공, 새로운 연구의 아이디어 제공
구인 타당도	• 조직적으로 정의되지 않은 인간의 심리적 특성이나 성질을 심리적 구인으로 분석하여 조작적 정의를 내린 후 검사점수가 조작적 정의에서 규명한 심리적 구인들을 제대로 측정하였는가를 검증하는 방법 • 측정하고자 하는 구인들을 정의하고 구인들에 관한 논리적 가설을 뒷받침해 주는 경험적 자료를 수 집함으로써 검증 • 시험 수행 시 그 시험이 어떤 심리적 특성을 지니고 있는가에 초점 • 개인적 특성을 설명하거나 많은 특별한 상황에서 사람들이 어떻게 행동할 것인가 예측하는 데 유용

자료: 한상길·김응래·박선환·박숙희·정미경·조금주(2007). 『교육학개론』. 공동체. 재구성.

나. 신뢰도

신뢰도는 측정하려는 것을 얼마나 오차 없이 안정적으로 일관성 있게 측정하는가를 의미하는데, 평가도구가 '어떻게' 측정하고 있는가의 문제이다(한상길 외, 2007). 예를 들면, 같은 줄자로 키를 측정하였는데 처음에는 165cm, 두 번째는 162cm, 세 번째는 167cm이었다면 실제의 키가 도대체 얼마인지 알 수 없어 신뢰도는 매우 낮게 나타나게 된다. 또한, 높은 신뢰도는 타당도의 필요조건이기 때문에, 신뢰도가 낮으면 타당도도 이에 비례하여 낮아진다(김병희 외, 2008).

특히, 검사의 신뢰도를 높이기 위해서는 검사문항이 포괄적이어야 하고, 검사도구가 객관적이어서 우연히 정답을 맞힐 가능성을 줄여야 하며 검사 실시 상황이 균일해야 하며 피험자의 상태가 최적의 상황이고 채점이 객관적으로 실시되어야 한다(김운삼, 2003). 이러한 신뢰도의 유형은 재검사 신뢰도, 동형검사 신뢰도, 반분검사 신뢰도, 문항 내적 일관성 신뢰도 등으로 구분할 수 있다(<표 V-11> 참조).

<표 V-11> 신뢰도의 유형

구분	특징
재검사 신뢰도	• 동일한 검사를 동일한 피험자 집단에게 일정한 시간 간격을 두고, 두 번 실시하여 얻은 두 검사 점수 간의 상관계수에 의해 검증하는 신뢰도 • 두 검사 실시의 시간적 간격은 2~4주 정도 • 두 번 검사 실시에서 동기상태, 수험태도, 검사 지시 등 통제의 어려움 • 두 번 검사로 기억 및 연습효과가 시험결과에 영향을 미칠 가능성
동형검사신뢰도	• 동일한 검사를 두 검사를 제작한 뒤 동일한 피험자 집단에게 검사를 실시하여 두 검사점수의 상관계수로 신뢰도를 추정하는 방법 • 두 검사의 내용이 동질성 • 두 검사의 문항 수, 난이도, 변별도 동일 • 동일한 수준의 문항으로 두 개의 검사를 구성하는 데 어려움
반분검사 신뢰도	• 한 개의 평가도구로 한 집단에 검사를 실시하고, 검사의 결과를 두 부분으로 분할한 뒤, 분할한 두 부분을 독립된 검사로 생각해서 그 사이의 상관을 계산하는 방법 • 재검사 신뢰도가 부적절하거나 동형검사를 만들기 어려울 때 사용 • 양분법: 문항을 꼭 반으로 나누는 방법 • 기우법: 문항을 짝수 번과 홀수 번 문항으로 반분 • 단순 무작위법: 문항을 무작위로 문항을 뽑아 반분
문항 내적 일관성 신뢰도	• 피험자가 검사 속에 포함된 각 문항에 반응하는 일관성, 합치성에 기초를 두고 추정하는 신뢰도 • 검사 속의 각 문항 하나하나를 모두 독립된 한 개의 검사단위로 생각하고, 그들 사이의 합치성, 동질성, 일치성을 종합하는 입장 • 문항의 난이도가 거의 비슷하고, 그 범위가 0.3~0.7 정도(아주 어려운 문항과 아주 쉬운 문항이 없는 경우)인 경우에 적합한 방법 • 학생의 약 90%~95%가 검사문항을 풀어 본 경우에 사용하는 것이 적합한 방법

자료: 김병희·김형구·배재학·이기용·이영애·정길영·최병옥(2008). 『교육학개론』. 공동체. 재구성.

다. 객관도

객관도는 채점 결과가 채점자들 간에 또는 시간의 흐름에 따라 어느 정도 일치하느냐 하는 정도를 의미하는데, 여러 채점자들이 자기의 편견, 의견, 감정을 완전히 제거하고 채점을 하게 되면 완전히 객관적이라 할 수 있다(이형행, 2007). 즉 객관도는 검사자의 신뢰도로서, 검사의 채점자가 주관적인 편견을 갖지 않고 얼마나 객관적인 입장에서 공정하게 채점하느냐 하는 문제와 관련성이 있다.

특히, 객관도를 높이기 위해서는 첫째, 평가기준을 객관화해야 하고 둘째, 평가자의 자질이나 소양을 향상시키며 셋째, 평가에 개인적인 인상, 편견, 감정이 반영되지 않도록 해야 하며 끝으로 여러 사람이 공동으로 평가를 해야 한다(김병희 외, 2008).

라. 실용도

실용도는 한 검사도구가 경비, 시간, 노력을 적게 들이고도 소기의 목적을 얼마나 달성할 수 있느냐의 정도를 의미하는데, 아무리 신뢰도, 타당도가 검증되고 객관도를 유지하는 검사라 할지라도 검사를 실시하는 데 시간, 노력, 경비가 많이 소모된다면 활용하는 데 많은 어려움이 있다(김운삼, 2003).

특히, 실용도를 높이기 위해서는 첫째, 실시나 채점이 용이해야 하고 둘째, 실시조건이 너무 까다롭거나 복잡하지 않아야 하며 셋째, 채점방법이 간단하고 명료해야 하며 넷째, 해석이 용이하고 활용성이 높아야 하며 끝으로, 경비와 시간, 노력이 절약되어야 한다(이형행, 2007).

5. 수행평가

교육평가에서 과거 이미 획득한 지식을 얼마나 정확히 확인할 것인지를 강조했던 평가방법에서 탈피하여 최근에는 각자가 가지고 있는 문제해결 방법으로 학습을 해 나가는 과정, 즉 구성하는 과정을 밝혀낼 수 있는 평가방법, 즉 수행평가를 대두되었다(한상길 외, 2007). 즉 단편적인 지식만을 암기하도록 조장하는 기존의 교수·학습 평가 방식을 지양하고 학생의 창의성이나 문제해결력 등 고차원적 사고 기능을 파악하여 개별적인 학습을 신장시키기 위해 사용될 수 있는 수행평가의 일반적인 특징을 [그림 Ⅴ-1]과 같이 나타낼 수 있다.

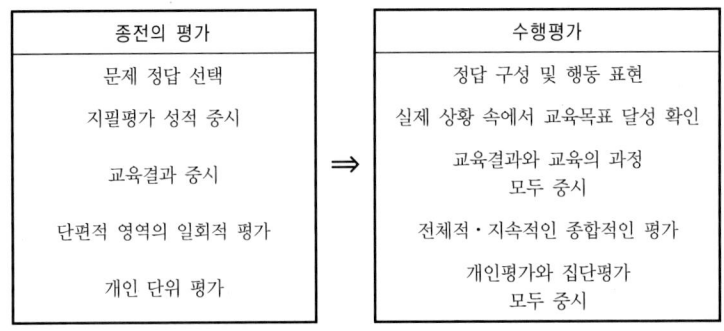

종전의 평가		수행평가
문제 정답 선택		정답 구성 및 행동 표현
지필평가 성적 중시		실제 상황 속에서 교육목표 달성 확인
교육결과 중시	⇒	교육결과와 교육의 과정 모두 중시
단편적 영역의 일회적 평가		전체적·지속적인 종합적인 평가
개인 단위 평가		개인평가와 집단평가 모두 중시

자료: 김정숙(2001), 「탐구지향적 과학의 구체적 수행평가 모형 개발」, 석사학위논문, 연세대학교 교육대학원, 재구성.

[그림 Ⅴ-1] 수행평가의 일반적인 특징

특히, 수행평가의 방법은 서술형 및 논술형 검사, 구술시험, 토론법, 실기시험, 실험·실습법, 면접법, 관찰법, 자기 평가 및 동료 평가 보고서법, 연구보고서법, 포트폴리오법 등 <표 V-12>와 같이 정리할 수 있다(교육인적자원부, 1999).

〈표 V-12〉 일반적인 수행평가 방법

구분	방법
서술형 검사	- 문제의 답을 선택하는 것이 아니라, 직접 구성하는 검사
논술형 검사	- 개인 나름의 생각·주장을 창의적·논리적으로 설득력 있게 작성하는 검사
구술시험	- 교육내용이나 주제에 대해 자신의 의견이나 생각을 발표하게 하여 학생의 준비도·이해력·표현력·판단력·의사소통능력 등 평가
토론법	- 교수·학습활동과 평가 활동을 통합적으로 수행하는 방법 - 특정 주제에 대해 학생들이 서로 토론하는 것을 보고 평가
실기시험	- 교수·학습활동과 평가 활동을 통합적으로 수행하는 방법 - 수업시간에 자연스러운 상황에서 해당 기술에 대해 평가
면접법	- 평가자와 학생이 서로 대화를 통해 얻고자 하는 자료나 정보를 수집하여 평가하는 방법
관찰법	- 자연적인 상황에서 학생들을 이해하고 평가하기 위해 행동을 주의 깊게 살펴보는 방법
자기 평가	- 특정 주제나 교수·학습 영역에 대해 자기 스스로 학습과정이나 학습결과에 대한 평가 보고서 작성·제출
동료평가	- 동료 학생들끼리 서로 평가
연구보고서법	- 연구 주제에 대해 자기 나름대로 자료를 수집·분석·종합하여 연구보고서 작성·제출
포트폴리오법	- 자신이 쓰거나 만든 작품을 지속적·체계적으로 모아둔 개인별 작품집 또는 서류철을 이용한 평가방법

한편, 수행평가 방법들이 수행평가의 본질을 구현할 수 있는 정도를 연속선상에서 제시하면 <표 V-13>과 같다(백순근, 2002).

〈표 V-13〉 수행평가의 본질을 구현하는 정도에 따른 평가방법의 분류

수행평가 본질의 구현 정도	평가방법	비고
매우 높음 ↕ 매우 낮음	실제 상황에서의 평가	널리 사용되고 있는 수행평가
	실기시험, 실험·실습법, 관찰법	
	면접법, 구두시험, 토론법	
	자기 평가 및 동료평가 보고서법	
	포트폴리오	
	연구보고서, 프로젝트법	
	논술형	보통 수행평가 방법에 포함되지 않는 수행평가
	서술형	
	단답형	
	완성형	
	선다형	
	연결형	
	진위형	

교육평가 기출문제 풀이

1. <보기>에서 공인타당도(concurrent validity)에 대한 설명으로 옳은 것을 모두 고르면?
   <2008. 초등>

〈보기〉

가. 계량화되어 타당도에 대한 객관적인 정보를 제공할 수 있다.

나. 타당성이 입증된 기존의 검사가 없을 경우 타당도를 추정하기 어렵다.

다. 검사점수가 심리적 구성요인들을 제대로 측정하였는가를 요인분석을 통해 검정하는 타당도이다.

라. 새로 제작한 인성검사와 MMPI검사를 피험자에게 실시하여 나온 두 검사 점수의 상관계수로 타당도를 검정한 것이 그 예이다.

---

① 가, 나   ② 가, 나, 라

③ 다, 라   ④ 가, 나, 다, 라

【해설】 공인타당도는 객관적으로 인정된 검사와 새로 만든 검사 간의 상관도로 측정한다. 그러므로 타당성이 입증된 기존의 검사가 없을 경우 타당도를 추정하기 어려우며 상관도 분석을 통해 계량화하므로 타당도에 관한 객관적 정보를 제공할 수 있다.

【정답】 ②

2. A 교사는 평가문항 제작원리에 근거하여 수업시간에 다루었던 중요한 교과내용을 중심으로 <보기>와 같이 두 가지 유형의 시험지를 제작하고, 이 중 어느 하나로 학기말고사를 실시하려고 한다. ㉮형과 비교해 볼 때, ㉯형에 대한 설명으로 잘못된 것은?
   <2008. 초등>

〈보기〉

㉮형: 30개의 문항으로 된 사지선다형(multiple-choice type) 시험

㉯형: 2개의 문항으로 된 논술형(essay type) 시험

---

① 문항표집의 대표성이 높다.

② 채점 시 채점자의 주관이 개입될 가능성이 높다.

③ 학생이 정답을 모를 때 추측으로 정답을 할 가능성이 거의 없다.

④ 학생의 표현력과 문장력이 평가결과에 영향을 미칠 가능성이 높다.

【해설】 선다형의 장점으로 객관도와 신뢰도가 보장되는 것과 문항표본의 통계처리가 쉬운 것과 문

항표집의 대표성이 높다는 것이 있다. 따라서 ①은 가형의 장점에 해당하며 나머지는 모두 나형의 특징이다.

【정답】①

3. A 교사는 집단상담이 아동의 자기효능감에 미치는 효과를 알아보기 위하여 <보기>와 같은 절차에 따라 실험 연구를 수행하였다. 이 연구에서 발생할 수 있는 문제가 아닌 것은? <2008. 초등>

─────────── 〈보기〉 ───────────

○ 자신이 근무하고 있는 초등학교의 5학년 학생 300명에게 자기효능감 검사를 실시하였다.
○ 검사 결과 표준점수(Z Score)가 −2.0 이하인 5명을 선정하였다.
○ 선정된 5명에게 6주간 12회기의 집단상담을 실시하였다.
○ 6주간의 실험이 끝나고 사전검사에서 사용하였던 자기효능감 검사로 사후검사를 실시하였다.

① 독립변수 외에 매개변수가 실험결과에 영향을 미칠 수 있다.
② 한 학교에서 연구대상을 선정하였으므로 외적 타당도가 낮다.
③ 통계적 회귀(statistical regression)로 인해 실험의 내적 타당도가 저해될 수 있다.
④ 검사도구의 효과(instrument variation effect)가 연구결과에 영향을 미칠 수 있다.

【해설】검사도구의 효과란 처음에 사용하는 측정도구와 다음에 사용하는 측정도구가 다른 경우 또는 처음과 나중의 관찰자나 채점자가 서로 다른 경우에 문제가 되는 현상이다. 문제에 제시된 보기의 상황은 사전검사와 사후검사가 같으므로 검사도구의 효과가 연구결과에 영향을 미친다고 볼 수 없다.

【정답】④

4. 다음 상황에서 김 교사가 사용한 표집방법은? <2008. 중등>

─────────── 〈보기〉 ───────────

김 교사는 전국의 중등교사 중에서 1,000명을 표집하여 교실환경 개선방향에 대한 의견을 조사하고 있다. 김 교사는 전국의 중등교사가 근무하는 지역을 크게 대도시, 중·소도시, 읍·면 지역으로 나눈 다음, 각 지역에 근무하는 교사 수의 비율을 2:1:1로 가정하여 대도시에 소재한 학교에 근무하는 교사 500명, 중·소도시에 소재한 학교에 근무하는 교사 250명, 읍·면 지역에 소재한 학교에 근무하는 교사 250명을 표집하였다.

① 유층 표집(stratified sampling)
② 의도적 표집(purposive sampling)
③ 편의 표집(convenience sampling)
④ 체계적 표집(systematic sampling)

【해설】 몇 개의 집단으로 나누고 각 집단에서 일정한 표본을 추출하는 방법은 유층표집법에 해당한다.
【정답】 ①

5. 최빈값, 중앙값, 평균에 대한 특성을 설명한 것 중에서 옳은 것은? <2008. 중등>

① 표집에 따른 변화가 가장 작으며 안정성 있는 집중경향값은 최빈값(mode)이다.
② 점수의 분포가 정상분포(normal distribution)를 이루는 경우에는 최빈값, 중앙값, 평균이 일치한다.
③ 명명척도(nominal scale)의 속성을 가진 자료일 경우에는 평균(mean)을 집중경향 값으로 사용하는 것이 바람직하다.
④ 한 전집의 추정 값으로써 표집을 통하여 그 값을 계산하는 경우에, 극단값의 영향을 가장 크게 받는 것은 중앙값(median)이다.

【해설】 표집에 따른 변화가 가장 작으며 안정성 있는 것은 평균값이다. 명명척도의 속성을 가진 자료일 경우에는 최빈값을 집중경향값으로 사용하는 것이 바람직하다. 중앙값이 극단값의 영향을 가장 적게 받는다.
【정답】 ②

6. <보기>에서 스터플빔(D. L. Stufflebeam)의 CIPP모형에 해당하는 설명을 바르게 묶은 것은? <2008. 중등>

--- 〈보기〉 ---

ㄱ. 평가자의 주관적인 전문성을 가장 중요한 평가전략으로 간주한다.
ㄴ. 평가구조의 차원을 수업, 기관, 행동으로 구성된 3차원으로 구분한다.
ㄷ. 평가자의 역할은 최종적인 가치판단이 아니라, 충분한 정보를 수집·제공하는 것이다.
ㄹ. 조직의 관리과정 및 의사결정을 중심으로 평가활동을 수행해야 한다는 점을 강조한다.

① ㄱ, ㄴ　　② ㄱ, ㄷ
③ ㄴ, ㄹ　　④ ㄷ, ㄹ

【해설】 평가자의 주관적인 전문성은 배제되어야 하고 평가구조의 차원을 맥락평가, 투입평가, 과정평가, 산출평가로 구분한다.
【정답】 ④

7. <보기>는 평정법(rating scale method)에 의해서 학생의 수행을 평가할 때, 평정자에 의해 발생할 수 있는 오류의 유형을 설명한 것이다. 옳은 것을 모두 고르면? <2008. 중등>

〈보기〉

ㄱ. 논리적 오류(logical error)는 전혀 다른 두 가지 행동특성을 비슷한 것으로 생각해서 평정하는 경향을 말한다.

ㄴ. 후광 효과(halo effect)는 평정대상에 대해 가지고 있는 특정 인상을 토대로 또 다른 특성을 좋게 또는 나쁘게 평정하는 경향을 말한다.

ㄷ. 집중경향의 오류(error of central tendency)는 아주 높은 점수나 낮은 점수는 피하고 평정이 중간 부분에 지나치게 자주 모이는 경향을 말한다.

---

① ㄱ, ㄴ　　② ㄱ, ㄷ
③ ㄴ, ㄷ　　④ ㄱ, ㄴ, ㄷ

【해설】 위 보기의 내용은 모두 평정의 오류로 맞는 내용이다.
【정답】 ④

8. 내적 일관성 신뢰도(internal consistency reliability)에 대한 설명으로 옳지 <u>않은</u> 것은?
<2008. 중등>

① 호이트(Hoyt) 신뢰도는 분산분석 방법을 사용해서 신뢰도를 추정한다.
② 검사를 한 번만 실시하고도 검사의 신뢰도를 추정할 수 있는 방법이다.
③ 반분검사 신뢰도의 경우 검사를 양분하는 방법에 따라 신뢰도 계수가 다르게 추정된다.
④ 스피어만－브라운(Spearman－Brown) 신뢰도는 각각의 문항을 하나의 검사로 간주하여 문항들 간의 유사성을 측정한다.

【해설】 스피어만－브라운 신뢰도는 반분신뢰도와 관련이 있는 공식이다. 즉 두 부분검사 간의 유사성을 추정한다. 각각의 문항을 하나의 검사로 간주하여 문항들 간의 유사성을 측정하는 것은 문항 내적 합치도이다.
【정답】 ④

9. 수행평가 과제의 제작과 관련하여 교사가 유의해야 할 점으로 가장 적절한 것은?
<2009. 초등>

① 한 가지 이상의 해결책이나 정답이 가능한 과제는 피하도록 한다.
② 학생들의 과제 집중력을 고려하여 과제수행 시간이 최대 20분을 초과하지 않도록 한다.
③ 교육목표 및 교육내용과의 관련성을 확인하여 수행평가 과제의 타당성을 확보하도록 한다.

④ 하나의 수행평가 과제에서는 한 가지 학습 성과만을 평가할 수 있도록 과제를 구조화하도록 한다.
⑤ 객관식 검사가 측정하지 못하는 것을 측정하기 위해 교과학습 목표와는 독립적인 수행평가 과제
　가 되도록 한다.

【해설】 평가문항의 타당성과 신뢰성은 적합하여야 한다. 이 중 타당성을 높이기 위해서는 교육목표
　　　에 알맞은 평가 목표의 설정과 평가 내용의 적합성이 필요하다.
【정답】 ③

10. 검사도구의 양호도에 대한 진술로 적절하지 <u>않은</u> 것은? <2009. 초등>

① 높은 타당도는 높은 신뢰도의 선행조건이다.
② 검사가 너무 어렵거나 쉬우면 신뢰도는 떨어진다.
③ 타당도는 무엇을 측정하느냐의 문제로 반드시 준거의 개념이 수반된다.
④ 객관도는 채점자가 편견 없이 얼마나 공정하게 채점하느냐의 문제와 관련된다.
⑤ 신뢰도는 어떻게 측정하느냐의 문제로 얼마나 오차 없이 측정하고 있느냐를 뜻한다.

【해설】 신뢰도 범위 안에 타당도가 있다. 따라서 높은 신뢰도는 타당도가 높기 위한 선행조건이라
　　　할 수 있다.
【정답】 ①

11. 다음은 물리와 화학 과목에서 철수가 받은 개인점수, 과목 평균 및 표준편차를 제시한
　　것이다. 두 과목의 점수분포가 정규분포를 이루고 있을 때, 규준점수에 대한 설명으로
　　옳은 것을 모두 고른 것은? <2009. 중등>

과목	철수의 점수	과목 평균	과목 표준편차
물리	70점	80점	10점
화학	60점	50점	10점

ㄱ. 철수의 물리 과목 Z점수는 −1.0이고, 화학 과목 Z점수는 1.0이다.
ㄴ. 철수의 물리 과목 T점수는 40점이고, 화학 과목 T점수는 60점이다.
ㄷ. 원점수의 분포가 정규분포이기 때문에 T점수의 분포도 정규분포를 이룬다.
ㄹ. 모집단의 정규분포 가정하에 철수가 받은 물리 점수 70점보다 낮은 점수를 받은 학생의 비율
　은 약 16%이다.

① ㄱ, ㄷ　　　② ㄴ, ㄹ　　　　③ ㄷ, ㄹ
④ ㄱ, ㄴ, ㄷ　⑤ ㄱ, ㄴ, ㄷ, ㄹ

【해설】 Z는 (원점수 - 평균)/표준편차이고, T=50+10Z이므로 각각의 점수를 대입하여 구하면 위 보기의 설명은 모두 옳은 내용이다. 모든 표준점수는 모집단이 정규분포를 이룬다는 가정하에서 처리된다.

【정답】 ⑤

12. 김 교사는 학생들이 '교사'에 대하여 어떤 이미지를 갖고 있는지를 분석하기 위하여 다음과 같은 질문지를 제작하였다. 이때 사용된 척도기법에 대한 설명으로 옳은 것을 모두 고른 것은? <2009. 중등>

지시문: '교사' 개념에 대한 자신의 느낌에 해당하는 번호에 V표 하시오.

교사

1. 인자한   ① ② ③ ④ ⑤ ⑥ ⑦ 엄격한
2. 모호한   ① ② ③ ④ ⑤ ⑥ ⑦ 명확한
3. 전통적인   ① ② ③ ④ ⑤ ⑥ ⑦ 현대적인

ㄱ. 서로 대비되는 형용사군에 응답한 피험자의 반응을 분석하여 의미 공간상의 위치로 표현한다.
ㄴ. 반응하기 어려운 문항에 긍정적인 반응을 한 응답자는 그 문항보다 반응하기 쉬운 모든 문항들에 대하여 언제나 긍정적인 반응을 한다고 이론적으로 가정한다.
ㄷ. 서스톤이 제안한 척도기법으로서, 심리적 연속선상에 등간성을 가진 문항으로 구성된 유사동간 척도를 만든다.
ㄹ. 분석 자료를 해석하기 위하여 평가요인, 능력요인, 활동요인의 3차원 공간으로 점수를 집약하여 해석을 시도한다.

① ㄱ, ㄴ   ② ㄱ, ㄷ   ③ ㄱ, ㄹ
④ ㄴ, ㄷ   ⑤ ㄷ, ㄹ

【해설】 ㄴ은 컴퓨터 이용 개별적응검사(CAT)와 관련이 깊다. ㄷ은 서스턴 척도법으로 척도의 등간성을 확보할 목적으로 개발된 척도구성방법이다.

【정답】 ③

13. 다음에서 최 교사가 수행한 수학 사고력 증진 프로그램의 효과 분석 실험설계에 대한 설명으로 옳은 것을 보기에서 고른 것은? <2009. 중등>

최 교사는 최근에 개발될 수학 사고력 증진 프로그램이 수학 과목 점수 향상에 미치는 효과를 검증하기 위하여 다음과 같은 순서로 연구를 진행하였다.
1단계: 80명의 학생들을 임의로 추출하여 실험집단과 통제집단에 각각 40명씩 무선적으로 배치하였다.
2단계: 사전검사를 실시한 결과 두 집단 평균 간의 차이는 통계적으로 의의가 없는 것으로 나타났다.
3단계: 실험집단에는 수학 사고력 증진 프로그램을 이용하여 수학수업을, 통제집단에는 실험처치 없이 기존 방식으로 수학수업을 각각 4주 동안 진행하였다.
4단계: 4주 동안 수학 수업시간에 배운 내용에 대하여 두 집단에 사후검사를 실시하였다.
최 교사가 수행한 실험설계 방식을 도식으로 나타내면 다음과 같다.

R   O1   X   O2
R   O1   X   O2

R: 무선배치, O1: 사전검사,
X: 실험처치, O2: 사후검사

ㄱ. 두 독립표본 t검증을 사용하여 수학 사고력 증진 프로그램의 효과를 검증할 수 있다.
ㄴ. 이러한 실험설계 방법을 이질통제집단 전후검사 설계라고 한다.
ㄷ. 이러한 실험설계 방법에서 자주 발생하는 내적 타당도를 위협하는 요인으로 '천장효과(ceiling effect)'를 들 수 있다.
ㄹ. 학생들을 임의로 추출하여 실험집단과 통제집단에 무선배치하였기 때문에 진실험설계로 볼 수 있다.

① ㄱ, ㄴ   ② ㄱ, ㄹ   ③ ㄴ, ㄷ
④ ㄴ, ㄹ   ⑤ ㄷ, ㄹ

【해설】2단계의 '사전검사를 실시한 결과 두 집단 평균 간의 차이는 통계적으로 의의가 없는 것으로 나타났다'는 부분을 통해 두 집단이 동질적임을 알 수 있다. '천장효과'란 처치효과가 너무 높아 모든 학생이 최고점을 맞는 경우를 의미하는데 즉 더 이상 올라갈 수 없는 최고 정점에 올라가 있는 상태를 의미한다. 위의 경우 동질집단을 대상으로 실험집단에는 실험처치를 하고 통제집단에는 실험처치를 하지 않았으므로 두 집단의 사후검사 결과를 토대로 실험처치 효과를 파악할 수 있다. 따라서 천장효과가 발생한다고 볼 수 없다.
【정답】②

14. 어떤 학생이 시험에서 84점을 얻었을 경우, 위의 세 교사가 관심을 지니게 될 질문과 참조틀을 <보기>에서 고르면? <2010. 초등>

<보기>

[질문]

ㄱ. 이 학생이 얻은 84점은 과거보다 향상된 점수인가?
ㄴ. 이 학생은 84점을 받았는데 다른 학생들의 점수는 어떤가?
ㄷ. 84점은 이 학생이 성취목표를 어느 정도 달성했다는 의미인가?

[참조틀]

a. 규준 참조
b. 준거 참조
c. 성장 참조

	박 교사	최 교사	김 교사
①	ㄱ-c	ㄴ-a	ㄷ-b
②	ㄱ-c	ㄷ-a	ㄴ-b
③	ㄴ-a	ㄱ-c	ㄷ-b
④	ㄴ-b	ㄷ-c	ㄱ-b
⑤	ㄷ-b	ㄱ-c	ㄴ-a

【해설】 ㄱ은 과거에 비해 어느 정도 향상되었는지를 중시하고 있으므로 성장참조평가에 해당한다. ㄴ은 타인과의 상대적 비교를 중시하고 있으므로 규준참조에 해당한다. ㄷ은 목표달성도를 중시하고 있으므로 준거참조에 해당한다.

【정답】 ③

15. 김 교사는 문항별 배점이 4점인 5지 선다형 수학 시험 25문항을 제작하여 100명의 학생에게 실시한 후, 문항별 평균과 표준편차를 구하였다. 다음 <표>는 이 결과의 일부이다.

문항	평균	표준편차
문항1	2.0	2.0
문항2	0.8	1.6
문항3	3.4	1.4
문항4	0	0
문항5	4.0	0
[이하 생략]		

<보기>는 위의 결과를 근거로 김 교사가 각 문항에 대해 판단한 내용이다. 옳은 것을 모두 고른 것은? <2010. 중등>

<보기>

ㄱ. 문항1은 문항2보다 편차점수 제곱의 합이 더 크다.

ㄴ. 문항2는 문항3보다 변별도가 더 높다.

ㄷ. 문항4의 변별도는 0이다.

ㄹ. 준거참조평가인 경우라면, 문항5는 불필요한 문항이다.

① ㄱ, ㄷ   ② ㄴ, ㄹ   ③ ㄷ, ㄹ

④ ㄱ, ㄴ, ㄷ   ⑤ ㄱ, ㄴ, ㄹ

【해설】일반적으로 변별도는 상위집단의 정답자 수와 하위집단의 정답자 수를 비교하여 계산한다. 위 보기의 경우 이러한 집단 간 정답자수가 제시되지 않고 있기 때문에 변별도에 대해서는 언급할 수가 없다. 문항 5의 경우 모든 학생이 정답을 한 경우에 해당하므로 절대평가에서는 완전학습을 추구하고 있으므로 문항 5는 필요한 문항이다.

【정답】①

16. 학생들에게 독일어와 일본어 시험을 실시하였다. 독일어의 원점수분포는 정적 편포를 이루고 일본어의 원점수분포는 부적 편포를 이루고 있었다. 다음 식을 활용하여 이 두 과목의 과목별 점수를 T점수로 변환하였다. 점수로 변환한 결과에 대한 예측으로 옳은 것을 <보기>에서 모두 고른 것은? <2010. 중등>

$$T = 10\left[\frac{X-\mu}{\sigma}\right] + 50 (\text{X: 원점수, } \mu: \text{X의 평균, } \sigma: \text{X의 표준편차})$$

<보기>

ㄱ. 독일어와 일본어에서 각각 만점을 받은 학생이라 하더라도 점수는 서로 다를 수 있다.

ㄴ. 독일어 과목에서 각 학생의 원점수에 대응하는 점수를 좌표평면에 나타내면 S자 형태가 된다.

ㄷ. 일본어 과목의 점수들의 분포는 부적 편포를 이룬다.

① ㄱ   ② ㄴ   ③ ㄱ, ㄷ

④ ㄴ, ㄷ   ⑤ ㄱ, ㄴ, ㄷ

【해설】독일어와 일본어에서 각각 만점을 받았다 하더라도 각 교과의 표준편차와 평균이 다르므로 T점수는 다를 수 있다.

【정답】③

17. 준거 타당도(criterion validity)를 확인하는 사례에 해당되는 것을 <보기>에서 고르면? <2011. 초등>

> ㄱ. 성격검사의 타당도를 검증하기 위해 성격심리학을 전공한 전문가 집단에게 성격검사 문항에 대한 내용 분석을 의뢰하였다.
> ㄴ. 새로 개발한 지능검사의 타당도를 검증하기 위해 이미 타당성을 인정받고 있는 표준화된 지능검사와의 상관계수를 추정하였다.
> ㄷ. 불안수준 검사의 타당도를 검증하기 위해 불안수준을 구성하는 3개 하위 요인(자신감, 도전성, 개방성) 간의 상관계수를 추정하였다.
> ㄹ. 대학 수학능력 시험의 타당도를 검증하기 위해 대학 수학능력 시험 점수와 대학 학점 간의 상관계수를 추정하였다.

① ㄱ, ㄴ ② ㄱ, ㄷ ③ ㄴ, ㄷ
④ ㄴ, ㄹ ⑤ ㄷ, ㄹ

【해설】 준거타당도는 공인타당도와 예언타당도를 합쳐서 부르는 명칭으로 공인타당도는 한 측정 점수와 어떤 준거 점수와의 상관관계를 통해서 타당도를 검토한다는 점에서 예언타당도와 같으나 준거 점수가 장래의 효과가 아니라 현재의 성과라는 점에 그 차이가 있다. ㄱ. 내용타당도, ㄴ. 공인타당도 ㄷ. 구인타당도 ㄹ. 예언타당도를 말한다.

【정답】 ④

18. 방과 후 학교 프로그램을 평가하는 데 참여한 각각의 교사들이 선호하는 교육평가 모형을 가장 적절하게 짝지은 것은? <2011. 초등>

> 김 교사: 목표 달성 여부를 확인하기 위해 프로그램에 참여한 학생들의 학업성취도를 평가하는 것이 좋겠습니다.
> 이 교사: 제 생각에는 평가의 주된 목적은 프로그램 개선을 위한 의사결정을 돕는 데 있다고 봅니다. 이를 위해서는 상황, 투입, 과정, 산출의 네 가지 측면에서 프로그램을 평가하는 것이 좋다고 생각합니다.
> 박 교사: 저는 프로그램의 부수적인 효과까지 평가 항목에 포함해 분석하는 것이 더 좋다고 생각합니다. 목표 달성에는 실패했지만 부수적인 효과가 큰 경우 그 프로그램을 계속 채택할 수 있기 때문입니다.

	김 교사	이 교사	박 교사
①	타일러(Tyler) 모형	스테이크(Stake) 모형	스터플빔(Stufflebeam) 모형
②	타일러 모형	스터플빔 모형	스크리븐(Scriven) 모형
③	타일러 모형	스크리븐 모형	스테이크 모형
④	스테이크 모형	스크리븐 모형	타일러 모형
⑤	스테이크 모형	타일러 모형	스크리븐 모형

【해설】 타일러 모형은 미리 설정하여 놓은 목표를 평가의 기준으로 삼아 그 목표가 실현된 정도를 판단하는 데 초점을 두는 입장으로 목표 중심적 접근 모형 혹은 목표달성평가 모형으로 불린다. 스터플빔의 모형은 기본적으로 투입과 산출을 기준으로 운영되는 경영체제에서의 효율성을 가늠하는 데 평가과정에 초점을 두는 입장으로 경영적 접근 모형 혹은 의사 결정 모형으로 불린다. 스크리븐의 모형은 미리 설정된 목표뿐만 아니라 다른 유용한 기준도 반영하여 종합적으로 판단하는 모형으로 탈목표평가 모형으로 불린다.

【정답】②

19. 다음은 전국 초등학교 3학년 학생들의 국어과와 영어과의 학업성취도를 알아보기 위해 101명을 무선 표집하여 시험을 실시한 결과이다. 이에 대한 해석으로 옳은 것을 <보기>에서 모두 고르면? <2011. 초등>

교과	평균	표준편차	평균의 표준편차
국어	50	10	1
영어	60	20	2

ㄱ. 영어시험의 성적분포가 국어시험에 비해 더 동질적인 것으로 해석할 수 있다.

ㄴ. 국어시험 점수의 중앙값이 60점이고 최빈값이 68점일 때, 국어시험의 성적분포는 정적으로 편포되어 있다.

ㄷ. 영희는 영어시험에서 80점을 받았다. 영어시험의 성적분포가 정규분포를 이룬다고 가정할 때, 영희의 T점수는 60점이다.

ㄹ. 국어시험의 성적분포가 정규분포임을 가정할 때, 전국 초등학교 국어시험 점수의 평균은 95% 신뢰수준에서 대략 48.04~51.96점 사이에 존재할 것이다.

① ㄱ, ㄴ   ② ㄴ, ㄹ   ③ ㄷ, ㄹ
④ ㄱ, ㄴ, ㄷ   ⑤ ㄱ, ㄴ, ㄹ

【해설】 ㄱ. 영어 시험의 표준편차가 국어시험의 표준편차보다 크기 때문에 동질적이 아니라 이질적으로 해야 맞음. ㄴ. 평균(M), 중앙값(Mdn), 최빈값(Mo)에서 최빈값이 중앙값보다 큰 경우는 부적 분포를 이루기 때문에 정적 편포를 부적 편포로 바꾸어야 한다. ㄷ. 영희의 영어점수 80점에 대한 Z점수는 1, T점수는 10Z+50=60 ㄹ. 신뢰도 수준이 95%인 경우 신뢰구간 => ± 1.96 × 표준편차 /분산 Z × 100% 공식에 대입을 하면 50 ± 1.96 × 1 × 100%=48.04~51.96

【정답】③

20. 다음 대화에서 김 교사가 범하고 있는 평정의 오류는? <2011. 초등>

> 박 교사: 이제 학생들의 실기평가 채점을 하도록 하지요. 오늘 학생들 중에서 제일 잘한 학생을 누구로 할까요?
>
> 이 교사: 철수가 제일 연기를 잘한 것 같아요. 동작의 섬세함이나 대사의 표현력에서 다른 학생들보다 더 뛰어나게 연기한 것 같아요.
>
> 김 교사: 그래요? 저는 철수가 평가장에 들어올 때부터 첫 느낌이 좋지 않았어요. 그래서 연기력도 별로인 것 같아 낮은 점수를 주었어요.

① 대비의 오류(contrast error)
② 관대성의 오류(leniency error)
③ 근접의 오류(approximate error)
④ 인상의 오류(error of halo effect)
⑤ 집중화 경향의 오류(error of central tendency)

【해설】 인상의 오류란 한 개인의 특성을 긍정적으로 보면 다른 특성도 긍정적으로 보이고 부정적으로 보면 다른 특성도 부정적으로 보이는 경향에서 오는 오류를 말한다.

【정답】 ④

21. 다음 사례에서 김 교사가 사용한 표집방법으로 가장 적절한 것은? <2011. 초등>

> 유치원에 근무하고 있는 김 교사는 행동장애 유아의 특성에 관한 조사 연구를 수행하고자 한다. 김 교사는 '유치원 교사 경력 5년 이상인 자로서 유아특수교육학을 전공한 석사학위 취득자'라는 표본 선정 기준을 설정하고, 전국의 유치원 교사 중에서 이 기준을 충족한 100명의 유치원 교사를 대상으로 설문조사를 실시하였다.

① 군집 표집(cluster sampling)
② 의도적 표집(purposive sampling)
③ 체계적 표집(systematic sampling)
④ 유층 표집(stratified random sampling)
⑤ 단순무선 표집(simple random sampling)

【해설】 의도적인 표집이란 일명 주관적인 표집이라고 함. 즉 연구자의 주관적인 판단에 의하여 전집을 잘 대표하리라고 믿는 사례들을 의도적으로 표집하는 방법이다.

【정답】 ②

교육의 운영적 기초

Ⅰ. 학교 및 학급 경영

1. 학교경영

가. 학교경영의 개념

학교경영은 단위학교에서 교육활동에 참여하는 사람들이 교육목표를 달성하는 데 보다 효과적으로 일할 수 있도록 자원을 확보하고 여러 사람들의 노력과 지원을 조화롭게 결합해 나가는 활동이다(주삼환 외, 2004). 즉 학교경영은 단위학교의 학교장을 중심으로 구성원과 집단적 협력 행위를 통해 교육목표를 효율적으로 달성하기 위해 학교가 필요로 하는 자원을 확보하여 배분·계획·집행·평가하는 일련의 봉사활동이라 할 수 있다(한상길 외, 2007).

특히, 학교경영의 원리를 정리하면 <표 Ⅰ-1>과 같이 요약할 수 있다.

〈표 Ⅰ-1〉 학교경영의 원리

구분	개념
합리성의 원리	·합리적인 의사결정을 하고 절차상의 합리성과 과학성이 요구되는 원리
합법성의 원리	·국민의 교육권 보장과 국가 예산의 낭비와 재량권 남용 방지를 위한 원리
민주성의 원리	·학교경영 활동의 모든 절차에 걸쳐 구성원을 모두 참여하게 하고 외부의 간섭 없이 자주적으로 결정하고 운영하는 민주적 기본원리에 충실하고자 하는 원리
효율성의 원리	·설정된 목표의 효과적인 달성을 위해 효율성이 강조되는 원리
지역성의 원리	·지역사회와 학교의 연계성을 유지함으로써 교육의 현실성, 교육의 생활화가 실현될 수 있다는 원리

나. 학교경영의 영역

학교경영의 영역은 교육과정 운영, 학생 인사, 교직원 인사, 학교재정, 학교시설, 지역사회 등 <표 Ⅰ-2>와 같이 구분할 수 있다.

〈표 Ⅰ-2〉 학교경영의 영역

구분	개념
교육과정 운영	·교육과정의 운영과 기간 단위의 시간 편성, 교수기술, 교육과정 개선 등 학교활동과 관련된 영역
학생 인사	·학생의 입학, 진급, 졸업, 학년 편성, 학급 편성, 전입, 전출 등 학생 관리
교직원 인사	·교직원 전보, 승진, 연수, 보직 등 인사에 관한 영역
학교재정	·재원 확보, 편성, 집행, 결산 등 학교 예산에 관한 영역
학교시설	·학교시설을 정비, 확충, 유지, 관리 및 환경 조성
지역사회	·학부모, 동창회와 지역사회, 교육청, 관련 단체 등과의 긴밀한 관계 유지, 학교 발전에 기여하는 영역

다. 학교경영의 과정

학교경영의 과정은 계획하고, 실천하고, 평가하는 일련의 연속적·순환적인 과정으로서, 일반적으로 계획, 조직, 지시, 조정, 평가 등의 순서를 거친다(<표 Ⅰ-3> 참조).

〈표 Ⅰ-3〉 학교경영의 과정

단계	개념
계획	· 한 조직에 있어서 목적이나 목표를 설정하고 그 목표 달성을 위한 최적의 수단, 방법, 절차 등을 상정하는 행위 · 미래의 행동을 예정하고 준비하는 일련의 과정
조직	· 교육목표를 효율적으로 달성하기 위해 분업적 협동체제인 관리 기구를 구성하고 인적 조직과 자원 배정 등 포함
지시	· 교육목표 달성을 위해 교수학습지도, 생활지도, 학급경영 등을 자발적으로 노력하도록 지도 · 지휘, 명령, 자극, 영향, 동기화, 지도
조정	· 교직원의 역할과 노력, 각 부서의 활동과 여러 자원을 학교교육목표의 달성에 이바지하도록 조화하고 통합
평가	· 설정된 목적에 비추어 학교경영 업무의 수행 과정 및 결과를 분석, 검토하여 과정의 합리성과 결과의 효율성을 알아보는 행위

자료: 주삼환 외(2004). 『교육행정 및 교육경영』. 서울: 학지사. 재구성.

특히, 학교경영은 계획, 실천, 평가 등 세 단계로 구분하는데, 계획 단계에서는 문제 규명, 목표 및 방침 설정, 활동 계획, 조직 계획, 평가 계획 등을 포함하고, 실천 단계에서는 조직 편성, 실천 활동을 포함하며, 평가 단계에서는 평가 실천, 결과 처리, 결과 활용 등을 포함한다(문낙진, 1993).

라. 학교경영의 조직

학교경영의 조직은 교수·학습이 증진되어 교육목표를 원활하게 달성할 수 있도록 활동이나 과업을 수행할 부서로서 조직원들의 협동체제를 구성하는 것으로 교과운영 조직, 교직원 조직, 운영회 조직 등 <표 Ⅰ-4>와 같이 정리할 수 있다(한상길 외, 2007).

〈표 Ⅰ-4〉 학교경영의 조직

구분		개념
교과운영 조직	교무분장제	· 교무업무: 교수학습을 제외한 학교 내 또는 관할청과 관련된 모든 행정사무 업무 · 학교경영에 필요한 사무를 부서별로 분류, 능률적으로 업무를 수행할 수 있도록 분담하는 제도
	교과담임제	· 중, 고등학교에서 교과별로 담당하는 교사를 배치하여 학생을 지도하는 제도
	학급담임제	· 학급의 학생들에게 교과의 전부 또는 일부를 제외한 교과목을 담당하여 지도하는 제도
교직원 조직		· 초, 중, 고등학교의 교장, 교감, 교사, 특수교사, 보건교사, 예체능 전담교과, 사무직원 등의 배치 여부, 인원수를 법률로써 정하여 운영하는 제도
운영회 조직		· 학교운영위원회: 학부모 위원(40~50%), 교원 위원(30~40%), 지역 위원(10~30%) · 교직원회, 학부모회

마. 학교경영의 원리

학교경영의 원리는 합목적성의 원리, 합법성의 원리, 민주성의 원리, 자율성의 원리, 능률성의 원리, 과학성의 원리, 지역성의 원리 등 <표 Ⅰ-5>와 같이 정리할 수 있다(문낙진, 1993).

<표 Ⅰ-5> 학교경영의 원리

구분	개념
합목적성의 원리	· 타당성의 원리 · 바람직한 학교교육목표를 설정하고 목표에 부합되는 학교경영활동 전개
합법성의 원리	· 법에 의거하여 법이 정하는 범위 내에서 이루어지는 학교경영 · 헌법 제31조
민주성의 원리	· 학교교육의 목표설정과 경영 계획 수립, 실천, 평가 등 학교경영의 제반 과정과 영역에 교직원과 학생, 학부모의 광범위한 참여를 통해 공정한 의사 반영
자율성의 원리	· 상부나 외부조직의 지시나 간섭 없이 자주적으로 의사를 결정하고 조직체 운영
능률성의 원리	· 최소한의 인적, 물적 자원과 시간 정보 등을 투입하여 최대한의 교육목표 달성
과학성의 원리	· 합리적으로 계획하고, 체계적인 운영체제를 갖추어 실현하여 과학적인 평가
지역성의 원리	· 지역사회의 특성에 맞추어 학교경영 · 사회성의 원리

2. 학급 경영

가. 학급 경영의 개념

학급 경영은 학급의 목적을 달성하기 위해 인적 및 비인적 자원의 활용을 계획, 조직, 지도, 통제하는 일련의 활동으로서, 학교경영의 한 영역으로서 학급을 대상으로 하는 경영활동을 의미한다(김운삼, 2003). 또한, 학급 경영은 학급에서 교육의 기능을 보다 충실하게 보다 능률적으로 보다 바람직하게 발휘시키기 위해서 여러 가지 조건을 정비하는 작용이고(김봉수, 1982), 훈육, 민주적 기술, 물품 및 참고자료의 활용과 보호, 교실의 물리적 특징, 일반적 관리, 학생의 사회적 관계와 같은 문제에 관련된 학급 활동의 운영 또는 지도를 의미한다(Carter, 1973).

특히, 학급 경영은 학급의 목표를 효과적으로 달성하기 위해 교육정책과 관리자의 지도에 따라 학급을 관리, 운영하는 활동(한상길 외, 2007)으로서 학교-학년-학급으로 이어지는 학교조직의 연계성을 바탕으로 학교 및 학년 경영과 상호 유기적인 관계를 유지하면서도 독자적으로 운영해 가는 활동이다(김운삼, 2003).

따라서 학급 경영은 단위 학급수준에서 학급 담임이 학급 교육에 관해 공동목표를 설정하고 그 목표 달성을 위한 제반 조건을 정비 및 확립하고 목표 달성을 위한 지도와 감독을 포함하는 일련의 봉사활동이라 할 수 있다(김종철, 1983).

한편, 학급 경영의 원리는 타당성의 원리, 개별화의 원리, 자율화의 원리, 사회화의 원리, 통합화의 원리, 전문성의 원리 등 <표 Ⅰ-6>와 같이 요약할 수 있다.

<표 Ⅰ-6> 학급 경영의 원리

구분	개념
타당성의 원리	・학교와 학급의 교육목표를 달성하는 수단・보조적 활동
개별화의 원리	・개인의 능력을 최대한으로 발휘시켜 학생의 지능, 정서, 성격, 흥미, 적성 등의 차이를 인정하고 개인차 인정
자율화의 원리	・교사의 주관적 신념과 철학에 입각하여 창의적으로 학급 운영
사회화의 원리	・학급의 집단생활을 통해 상호 신뢰와 협동, 공동의 과제 해결 등 사회성 함양
통합화의 원리	・전인으로서 지・덕・체를 겸비한 조화로운 인간을 육성하여 개인의 인격을 완성하고 사회인 육성
전문성의 원리	・학급 경영의 계획, 프로그램 작성 및 실천, 결과의 평가에 대한 주도권, 학급경영에 대한 이론과 실제 등 전문적인 기술과 지식 필요

나. 학급 경영의 영역

학급 경영의 영역은 학습 지도 및 생활 지도, 특별활동 지도, 학급환경, 학급사무, 지역사회 등 <표 Ⅰ-7>과 같이 구분할 수 있다(한상길 외, 2007).

<표 Ⅰ-7> 학교경영의 영역

구분	개념
학습 지도 및 생활 지도	・교과지도, 인성지도, 진로 및 진학 지도 등
특별활동 지도	・특기활동, 단체활동, 동아리 활동 등
학급환경	・학급 시설, 설비 및 학급환경 정비 등
학급사무	・학생에 관한 제반 기록, 성적 관리 등
지역사회	・학부모 관계, 지역사회와의 관계, 봉사활동 등

다. 학급 경영 체제

학급 경영 체제의 모형은 투입, 과정, 산출에 기초하여 학급 경영 체제의 동태적인 종합 모형으로서, [그림 Ⅰ-1]과 같이 도식화할 수 있다(김명한 외, 1988).

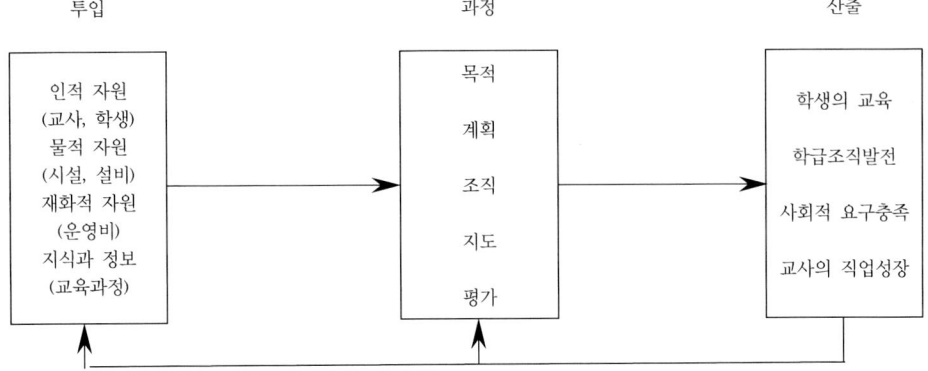

투입   과정   산출

[그림 Ⅰ-1] 학급 경영 체제의 모형

라. 학급 경영자의 역할

담임교사가 수행해야 할 일반적인 학급 경영은 학급 경영 계획, 학생 지도, 학생 평가, 방과후 지도, 학급 단체 활동 지도, 교실 관리, 학급 사무관리, 지역사회 관리 등으로 구분되는데 담임교사가 연간 수행해야 할 업무를 기간별로 구분해 보면 <표 Ⅰ-8>과 정리할 수 있다.

<표 Ⅰ-8> 학교경영자의 역할

구분	개념
매일 수행 업무	· 아침 교실 순회(환경 정리, 청소 상황 점검 등) · 아침 자습 지도 · 조례(출석점검, 전달사항, 훈화 등) · 직원회의 참석 · 점심시간 교실 순회(실내정숙, 학생 상태 파악 등) · 종례(전달사항, 일과 반성, 건의사항 청취 등) · 청소 지도 · 과외활동 지도 · 학급일지, 주번일지 등 검사 · 과제물 및 출석부 정리 · 개별 및 집단 상담(학습 지도 및 생활 지도)
주말 수행 업무	· 주말 출석 통계 · 청소 당번, 주번 결정 · 대청소 실시 지도 · 학습지도안 작성
월말 수행 업무	· 월말 출석 통계 · 여러 가지 장부나 서류의 정리나 제출 · 월말고사(평가) 결과 처리 · 주번일, 학급일지 정리 · 학급 경영안(교사수첩) 정리 · 월중 행사 계획안 작성 · 분장 사무에 따른 월말 또는 분기별 보고

학기 말 및 학년 말 수행 업무	・학기 말 또는 학년 말 성적 처리 ・진급 및 졸업 사정회 참석 ・여러 가지 장부 정리 및 제출 ・분장 사무에 따른 학기 말 또는 학년 말 보고 ・방학 중 학생 지도 계획 ・각종 시상대상자 선정 ・가정통신문 또는 성적통지표 작성 및 발송

자료: 김운삼(2003). 『교육학개론』. 창지사. 재구성.

마. 학급 경영의 평가

학급 경영 평가의 내용은 일반적으로 경영계획 면, 학습지도 면, 생활지도 면, 환경구성 면, 학급사무 면 등 다섯 가지로 구분할 수 있는데, 투입평가, 과정평가, 산출평가, 총합평가 등 <표 Ⅰ-9>와 같이 구분할 수 있다.

〈표 Ⅰ-9〉 학교경영의 평가

구분	개념
투입평가	・학급 경영 활동에 투입된 요소들의 질과 양 평가 ・교사(학력, 경력, 경영능력), 학생(선수학습 능력, 학습태도, 가정환경), 학습 시설과 설비, 경비, 교육 과정, 시간과 노력, 학부모 지원 등
과정평가	・학급 경영 계획을 실천하는 활동 평가 ・학급 경영안 작성, 학급의 물리적 환경 정비, 학급 집단 지도, 학습 지도, 특별활동 지도, 생활 지도, 학급 사무 관리, 지역사회와의 관계 등
산출평가	・학급의 산출, 즉 목표가 어느 정도 달성되었는가를 판단하여 학급 경영의 효과를 측정하는 평가 ・학생 행동의 변화(지적, 정의적, 신체발달 등)
총합평가	・투입 평가, 과정 평가, 산출 평가의 결과를 결합시키거나 종합하여 학급 경영을 총괄적으로 평가

자료: 김명한 외(1988). 『교육행정 및 경영』. 서울: 형설출판사. 재구성.

학교 및 학급 경영 기출문제 풀이

1. 다음은 홀(R. H. Hall)의 교육조직구조 유형을 나타낸 것이다. (나)에 대한 설명으로 가장 올바른 것은? <2008. 초등>

		전문성 정도	
		높음	낮음
관료성정도	높음	(가)	<u>(나)</u>
	낮음	(다)	(라)

① 일상적 운영에서 혼돈과 갈등이 전형적으로 나타나는 구조이다.
② 의사결정의 실질적인 권한이 교사들에게 위임되어 있는 구조이다.
③ 규칙과 절차가 인정에 얽매이지 않고 일관성 있게 적용되는 구조이다.
④ 베버(M. Weber)가 주장한 이상적 관료제의 모습과 가장 유사한 구조이다.

【해설】 (나)의 구조는 권위주의형 구조로 기계론적인 구조로 탄탄하게 연결된 조직구조에서 존재한다. 획일화된 의사소통 구조가 특징이며 교사들은 교장의 지시에 순종한다.
【정답】 ③

2. 허시(P. Hersey)와 블랜차드(K. H. Blanchard)의 상황적 지도성이론에서 구성원의 성숙 수준과 효과적 지도성이 바르게 연결된 것은? <2008. 초등>

<u>구성원의 성숙 수준</u>　　　　<u>효과적 지도성</u>
① 대단히 낮음(M1)　　　낮은 과업, 높은 관계 중심 행동
② 보통보다 조금 낮음(M2)　높은 과업, 낮은 관계 중심 행동
③ 보통보다 조금 높음(M3)　높은 과업, 높은 관계 중심 행동
④ 대단히 높음(M4)　　　낮은 과업, 낮은 관계 중심 행동

【해설】 상황적 지도성이론에 따른 효과적 지도유형
　　　① 대단히 낮음(M1) - 높은 과업과 낮은 관계 중심의 지도성
　　　② 보통보다 조금 낮음(M2) - 높은 과업과 높은 관계 중심의 지도성
　　　③ 보통보다 조금 높음(M3) - 낮은 과업과 높은 관계 중심의 지도성
　　　④ 대단히 높음(M4) - 낮은 과업과 낮은 관계 중심의 지도성
【정답】 ④

3. 동기부여에 관한 아담스(J. S. Adams)의 '공정성 이론'에서 가장 중시하는 인간의 욕구
   는? <2008. 중등>

① 정서적 유대를 위한 소속의 욕구
② 타인과의 비교를 통한 형평의 욕구
③ 기본적 생존을 위한 생물학적 욕구
④ 조직의 목표 설정에 대한 참여의 욕구

【해설】 공정성 이론은 개인이 다른 사람들에 비해 얼마나 공정하게 대우받느냐에 따라 동기가 달라
      진다는 사회적 비교이론이다.
【정답】 ②

4. 학교에 대한 브루코버(W. B. Brookover)와 그 동료들의 사회체제 접근 모형에 관한 설명
   으로 옳은 것을 모두 고른 것은? <2009. 중등>

> ㄱ. 학교의 사회, 심리적 풍토를 강조한다.
> ㄴ. 학교 사회에 대한 거시적 접근방식을 취한다.
> ㄷ. 교장, 교사, 직원의 배경 요인을 과정 변인으로 설정한다.
> ㄹ. 학교를 분석하기 위해 투입-과정-산출 모형을 도입한다.
> ㅁ. 학교 구성원 상호 간의 역할 지각, 기대, 평가 등을 강조한다.

① ㄱ, ㄴ   ② ㄱ, ㄹ, ㅁ   ③ ㄴ, ㄷ, ㅁ
④ ㄷ, ㄹ, ㅁ   ⑤ ㄱ, ㄴ, ㄹ, ㅁ

【해설】 ㉠ 학교의 사회체제는 학교의 학습풍토에 의해 규정되며 학교의 사회심리적 요소, 학교조직
      구조, 수업실천행위 3가지 요인을 포함한다. ㉡ 학교 구성원들 사이의 상호작용에 대해서 연
      구하므로 미시적 관점에서의 연구이다. ㉢ 교장, 교사, 학생의 배경요인을 투입변인으로 설정
      한다. ㉣ 투입요인으로는 학교배경, 인적 구성, 학교특성을 들며, 과정요인으로는 학교 사회
      구조, 교육과정 운영 및 구성, 학교와 지역사회의 관계, 학습풍토, 학습 내 상호작용을 들며,
      결과 요인으로는 교육효과와 지적·비지적 성취를 들고 있다. ㉤ 앞에서 말했듯이 구성원들
      사이의 상호작용에 대한 연구이므로 상호 간의 역할 지각, 기대, 평가 등을 강조한다.
【정답】 ②

5. 현행 우리나라의 학교단위 책임경영 제도에 대한 설명으로 옳은 것을 모두 고른 것은?
    <2009. 중등>

> ㄱ. 단위학교의 자율성, 창의성, 책무성을 강조한다.
> ㄴ. 학교운영위원회를 설치하여 단위학교 내 의사결정의 분권화를 추구하고 있다.
> ㄷ. 단위학교 예산은 예산과목인 '장·관·항·세항·목'으로 편성, 집행되는 예산방식을 취한다.
> ㄹ. 교육청에 의한 규제와 지시 위주의 학교경영 방식을 지양하고, 학교경영에 대한 권한을 단위학교에 부여한다.

① ㄱ, ㄴ   ② ㄱ, ㄷ   ③ ㄷ, ㄹ
④ ㄱ, ㄴ, ㄹ   ⑤ ㄴ, ㄷ, ㄹ

【해설】 단위학교 책임경영제란 교육행정기관이 가지고 있던 교육과정 운영, 재정과 인사 권한을 단위학교에 위임하여 자율적으로 운영하도록 하는 것인데 ㄷ은 품목별 예산제도로 단위학교 책임경영제 이후 단위학교로 예산편성권한을 위임하였다.
【정답】 ④

6. 교사들에게 보상을 대가로 일정한 노력을 요구하기보다는, 교사들의 의식을 변화시키고 지적 자극을 주어 학교조직의 변화를 도모하려는 리더십을 지닌 교장이 일반적으로 가지는 교사관이나 학교경영 전략이 <u>아닌</u> 것은? <2010. 초등>

① 교사들의 잠재력이나 업무 수행 능력 등을 발전시키는 일은 교장의 책임이라고 생각한다.
② 교사들이 수동적이고 학교 변화에 저항적인 것은 그들의 과거 교직 경험에서 기인한다고 생각한다.
③ 교장이 통제하지 않아도 교사들은 스스로 자기 책임을 수행하고 자기 통제를 행사할 수 있다고 믿는다.
④ 교장은 학교의 여건과 운영방식을 개선하여 교사들이 스스로 조직목표를 위해 노력하도록 해야 한다고 생각한다.
⑤ 학교경영은 학교의 변화를 주도하기 위하여 교사들의 행동을 관리하고, 그들에게 책무성을 요구하는 과정이라고 생각한다.

【해설】 교사의 행동을 관리하고 책무성을 요구하면 교사들은 수동적이고 타율적으로 변하게 된다.
【정답】 ⑤

7. 다음은 교장과의 의사소통에 곤란을 겪고 있는 교사들의 대화내용이다. 각각의 경우에 교사들이 교장에게 기대하는 교육조직에서의 의사소통 원리를 옳게 짝지은 것은? <2010. 초등>

> 박 교사: 교장 선생님은 부장 선생님에게만 말씀하시면 그것으로 다 됐다고 생각하시나 봐요. 어제는 나를 보자마자 지난번에 말한 일은 어떻게 됐냐고 하시지 뭐예요. 글쎄 알아보니 부장 선생님께만 말씀하셨던 모양이에요. 그렇게 중요한 일이면 저에게도 알려주셨어야죠.
> 최 교사: 그랬어요? 저도 지난주 운동회 진행하느라 정신없이 바쁜데, 운동장에서 다음 달에 있을 학교평가를 앞두고 준비할 일을 자세하게 말씀하셔서 힘들었어요. 그런 일이면 조용할 때 교장실에서 말씀하시면 좋잖아요.

	박 교사	최 교사
①	분포성	적응성
②	적량성	명료성
③	일관성	적응성
④	적응성	명료성
⑤	분포성	일관성

【해설】 의사소통의 7가지 원리
　　① 명료성의 원리: 전달자가 의도하는 바를 표현할 때 정확히 이해할 수 있도록 간결한 문장과 쉬운 용어의 사용이 필요하다.
　　② 일관성을 원리: 의사소통 내용의 앞뒤가 일치해야 한다.
　　③ 적절성의 원리: 정보의 양이 적당해야 한다.
　　④ 적시성의 원리: 필요한 정보는 필요한 시기에 적절히 투입되어야 한다.
　　⑤ 분포성의 원리: 정보는 의사소통의 대상 모두에게 골고루 전달되어야 한다.
　　⑥ 적응성과 통일성의 원리: 내용은 상황에 맞게 융통적으로 적응할 수 있어야 하며, 전체적인 통일성이 조화되어야 한다.
　　⑦ 관심과 수용의 원리: 수신자의 관심과 수용적 태도가 있어야 능률적인 의사소통이 가능하다.
【정답】 ①

8. 학급경영의 주체를 다음과 같이 파악하고 있는 교사들이 학급경영 과정에서 보이는 행동특성을 <보기>에서 모두 고르면? <2010. 초등>

> 교육의 목적은 학생들이 민주 사회의 시민으로 성장하도록 돕는 데 있다. 자율적으로 자신의 책임을 다하는 시민만이 민주 사회에서 바람직한 삶을 영위할 수 있다. 학급경영에서도 마찬가지이다. 학생들이 학급 공동체를 구성하고, 자율적으로 학급 내의 문제를 발견하고 해결할 권리와 책임이 있다.

ㄱ. 학생들의 개인차를 중시한다.

ㄴ. 학급 내의 의사결정에서 학생에게 재량과 자유를 충분하게 부여한다.

ㄷ. 학급경영에 소요되는 시간을 의미 있고 생산적인 것으로 활용한다.

ㄹ. 학급경영 과정에서 스티커 제도를 활용하는 등 보상적 권한을 자주 행사한다.

ㅁ. 문제행동을 할 때, 예상되는 결과의 경중에 따라 학생이 자연적 결과를 경험하도록 지켜보기도 한다.

① ㄱ, ㄹ   ② ㄱ, ㄴ, ㄷ   ③ ㄱ, ㄷ, ㄹ

④ ㄱ, ㄴ, ㄷ, ㅁ   ⑤ ㄱ, ㄴ, ㄷ, ㄹ, ㅁ

【해설】 위의 교사들은 학급경영에서 학생의 자율성을 강조하는 학생주도적 접근을 하고 있는 교사들이다. 토큰보상의 경우 교사 중심의 접근이라고 볼 수 있다.

【정답】 ④

9. 학교조직에 대한 학자들의 설명으로 옳지 <u>않은</u> 것은? <2010. 중등>

① 코헨(M. Cohen) 등에 의하면, 학교는 구성원들의 참여가 고정적이고 조직의 목표와 기술이 명확한 조직이다.

② 민츠버그(H. Mintzberg)에 의하면, 학교는 전문적 성격이 강하지만 관료적 성격도 동시에 지니는 전문적 관료제 조직이다.

③ 에치오니(A. Etzioni)의 순응에 기반을 둔 조직 분류에 의하면, 학교는 규범적 권력을 사용하여 구성원들의 높은 헌신적 참여를 유도하는 규범 조직이다.

④ 파슨스(T. Parsons)의 사회적 기능에 따른 조직 분류에 의하면, 학교는 유형유지 조직에 속하며 체제의 문화를 유지하고 새롭게 하는 기능을 수행한다.

⑤ 와익(K. Weick)에 의하면, 학교는 조직구조 연결이 자체의 정체성과 독립성을 가지고 있어서 다른 조직에 비해서 구조적으로 느슨하게 결합되어 있는 조직이다.

【해설】 코헨은 학교조직을 불명확한 목표, 불확실한 수업기술, 유동적인 참여 등의 성격을 지닌 조직화된 무정부조직으로 보았다.

【정답】 ①

10. 다음에서 공통적으로 설명하고 있는 학교경영 관리기법은? <2010. 중등>

○ 드러커(P. Drucker)가 소개하고, 오디온(G. Odiorne)이 체계화하였다.
○ 조직 구성원의 전체적인 참여와 합의를 중시한다.
○ 활동의 과정과 결과에 대해 평가하며 수시로 피드백 과정을 거친다.
○ 학교운영의 분권화와 참여를 통해 관료화를 방지할 수 있다.

① 델파이기법(delphi technique)
② 비용-수익분석법(cost-benefit analysis)
③ 목표관리기법(management by objectives)
④ 영기준예산제(zero-base budgeting system)
⑤ 정보관리체제(management information system)

【해설】목표 관리기법은 조직 구성원의 참여의 과정을 통해 목표를 구체화하고 체계화하여 관리의
효율성을 기하는 기법으로 상사와 부하가 공동의 목표를 향하여 활동하고 그 결과를 목표에
비추어 평가하고 피드백하는 관리기법이다.
【정답】③

II. 생활지도 및 상담

1. 생활지도

가. 생활지도의 개념

생활지도는 학생 자신과 그를 둘러싼 현실 환경을 이해하여 건전한 적응이 가능하도록 돕는 활동으로서(이영덕·정원식, 1994), 일시적인 해결이나 구체적인 행동의 변화보다 인간의 전반적인 성장 및 발달을 촉진하여 학생의 자아실현을 돕는 행위를 의미한다(한용진 외, 2007).

특히, Shertzer 등(1966)에 의하면 생활지도는 개인들이 자기 자신과 자신의 세계를 이해할 수 있도록 도와주는 과정을 말하고, Jones(1970)은 개인들이 지적인 선택과 적응을 할 수 있도록 도와주는 것으로 정의하였다. 또한, 박성수(1993)는 생활지도를 개개인의 인지적·정의적·신체적 특성과 잠재 가능성을 바르게 이해하고 발달시켜 개인의 교육적·직업적·사회적·심리적 발달을 가능성의 최고 수준까지 도달할 수 있도록 원조하는 봉사활동으로 정의하였다.

따라서 생활지도는 한 개인이 가지고 있는 능력과 소질을 스스로 발견하게 하여 최대한으로 발달·발휘하고 육성시키도록 돕는 과정, 즉 자기 지도를 이루게 하는 과정이라 할 수 있다(한은숙·김종두, 2008). 이러한 생활지도는 학교교육에서 교과활동 이외의 모든 교육으로서, 학생의 학업, 진로, 문제행동 등 전문적인 도움을 주는 활동과 예절교육, 청결위생, 생활습관 등 전반적인 지도를 하는 비전문적 활동까지 포함한다(한상길 외, 2007).

그러나 최근 생활지도는 단순히 문제학생의 지도나 훈육에 제한하는 것이 아니라, 문제 학생이 발생하지 않도록 적극적인 예방활동까지 포함하고 있다.

지금까지 살펴본 것처럼, 생활지도는 교육의 목적을 달성하기 위한 방법으로 학생들이 일상생활에서 해결해야 할 교육적·직업적·사회적·신체적·도덕적 문제를 자기 힘으로 해결할 수 있도록 돕는 활동으로서 학생들이 가지고 있는 흥미·적성·능력·인격 등 인성적 특성과 잠재력을 발견하고 이해하게 하여 이를 최대한으로 발전시켜 나가며 현명한 선택과 적응을 위해 조직적인 봉사가 이루어지고 자기 지도 및 자아실현을 돕기 위한 활동이다(이형행, 2007).

한편, 생활지도의 목적은 첫째, 자신을 올바르게 이해하도록 돕고 둘째, 자신의 잠재력을 발견하고 계발하도록 도우며 셋째, 당면한 문제를 정확히 파악하여 스스로 해결할 수 있도록 도우며 넷째, 신체적·인지적·정의적·사회적 측면이 골고루 성장·발달하도록 돕고 다섯째, 모든 환경에 건전하고 성숙하게 적응하도록 도우며 끝으로 민주시민의 자질을 갖추도록 돕는다(강갑원 외, 2006).

나. 생활지도의 원리

생활지도의 기본적인 방향은 모든 학생을 대상으로 해야 하고 개인의 존엄성과 전인적 성장 및 발달에 중점을 두며 학생의 처벌이나 치료보다 선도나 비행의 예방에 초점을 두며 의사의 자기 결정 및 문제의 자기 해결을 도와주어야 하고 생활지도는 과학적으로 추진하며 관련 인사 또는 관계 기관과의 협동적인 노력이 필요하다(김운삼, 2003). 이러한 생활지도의 원리는 존엄성 인정과 수용의 원리, 자율성 존중의 원리, 적응의 원리, 인간관계의 원리, 자아실현의 원리 등 기본 원리와 계속 과정의 원리, 균등의 원리, 전인의 원리, 과학적 기초의 원리, 적극성의 원리, 협동성의 원리 등 실천 원리로 이원화하여 <표 Ⅱ-1>과 같이 구분할 수 있다.

〈표 Ⅱ-1〉 생활지도의 원리

구분		개념
기본 원리	존엄성 인정과 수용의 원리	· 학생의 존엄성을 인정하고 어떤 경우이든 학생을 긍정적으로 수용
	자율성 존중의 원리	· 자신의 문제를 해결하는 데 있어서 스스로 판단하고 결정
	적응의 원리	· 개인의 능력과 특성을 살려 적극적으로 자신을 이끌어 가도록 하여 전반적인 생활에 적응
	인간관계의 원리	· 교사와 학생 간에 참다운 인간관계 유지
	자아실현의 원리	· 개인의 자아실현 달성
실천 원리	계속 과정의 원리	· 한 번으로 끝나는 것이 아니라, 계속적인 추수활동 포함
	전인의 원리	· 개인의 특수한 영역이나 기능의 일부만 다루는 것이 아니라, 모든 측면을 통합적으로 지도
	균등의 원리	· 문제학생만 대상으로 하는 것이 아니라, 모든 학생을 대상
	과학적 기초의 원리	· 구체적이고 객관적 자료를 토대로 과학적 이론을 토대로 실천
	적극성의 원리	· 문제행동의 치료에만 국한하는 것이 아니라, 예방에 더 초점
	협동성의 원리	· 담임교사나 생활지도 교사만이 아니라, 전 교직원, 부모, 지역사회 인사, 전문가 등의 상호 협력

자료: 강갑원·박영진·안병환·이경희(2006). 『교육학개론』. 교육과학사. 재구성.

다. 생활지도의 영역

생활지도의 영역은 교육 지도, 진로 지도, 인성 지도, 사회성 지도, 건강 지도, 여가 지도, 다문화이해 지도 등 <표 Ⅱ-2>와 같이 분류할 수 있다(김병희 외, 2008).

구분	개념	세부 활동
교육 지도	· 학교교육에 필수적인 교과과정에 대한 안내와 효과적인 학습방법 및 올바른 학습습관 지도, 학습부진 지도, 학습동기 유발을 포함한 학업에 관한 모든 지도	신입생 오리엔테이션, 학업부진아, 학습방법 지도, 독서, 기타 학업문제 지도
진로 지도	· 학생의 욕구, 적성, 능력, 흥미 등을 파악하고 그에 따른 상급학교 진학이나 자신에게 적합한 직업을 선택하도록 돕는 활동	상급학교 진학 관련 정보, 다양한 직업세계에 대한 정보 제공, 진학 및 취업 상담, 직업적성 진단, 추수지도
인성 지도	· 학생 개인의 심리적·정서적 문제를 다루어 개인의 원활한 학교생활 적응을 돕는 활동	정서와 성격문제, 욕구불만의 진단과 해석, 습관 교정, 심리적 장애 진단과 치료
사회성 지도	· 민주시민으로서 갖추어야 할 자질과 의무, 권한과 책임을 이해하고 민주적인 태도, 기능, 습관, 협동정신 함양	교우관계 지도, 이성관계 지도, 가족관계 지도, 대인관계 문제 지도, 사회에 대한 봉사정신 지도
건강 지도	· 학생 개인의 건강에 관한 중요성을 인식하고 자신의 건강을 위한 적절한 대책을 세울 수 있도록 지도	건강한 신체 유지를 위한 보건 및 건강 교육, 각종 질병 예방 방법, 사고 예방을 위한 안전 지도 및 교육
여가 지도	· 학생의 욕구, 흥미, 능력, 소질에 따라 다양한 과외활동을 할 수 있도록 지도 및 조언	스포츠 활동, 취미 활동, 독서, 음악 및 미술 감상, 사회봉사활동, 놀이

라. 생활지도의 활동

생활지도의 활동은 조사활동, 정보활동, 상담활동, 정치활동, 추수활동 등 <표 Ⅱ-3>과 같이 요약할 수 있다(김병희 외, 2008; 이형행, 2007; 김운삼, 2003; 조영일, 2003).

〈표 Ⅱ-3〉 생활지도의 활동

구분	개념
조사 활동	· 계획이나 실천을 위해 보다 과학적이고 정확한 학생들의 실태를 파악하거나 학생들의 자기 이해를 돕기 위한 활동 · 각종 표준화 검사, 학업성취도 검사, 환경조사, 질병조사, 생활사 조사, 가족관계 조사, 교우관계 조사, 관찰에 의한 행동의 누가기록 · 학생의 현재, 미래 활동에 대한 정확한 판단을 목적으로 학생에 대한 정보를 수집하는 과정 · 학생의 개별성을 찾아내는 자료 제공 · 학생이해 활동, 학생평가 활동
정보 활동	· 학생들이 필요로 하는 각종 정보 및 자료를 제공하여 학생들의 개인적 성장과 사회적 적응을 돕기 위한 활동 · 교육정보, 직업정보, 개인적 및 사회적 정보 · 정보는 학교 자체에서 조사하거나 인쇄물을 통해 수집, 정리, 보관하여 개인상담이나 집단상담 시 제공 · 정보 수집 방법: 인터넷 정보, TV, 신문, 잡지, 각 분야 전문가, 각종 간행물 및 논문, 전문서적 등 · 정보 제공 방법: 강의, 개인 및 집단 상담, 온라인 상담, 안내 책자, 게시판, 편지, 교내 방송, 오리엔테이션, 현장 견학, 전문가 초빙 등
상담 활동	· 상담자와 내담자 간의 관계에서 면접상담의 기술을 통해 학생들의 자율능력과 문제해결력을 기르는 동시에 학생들의 적절한 감정 처리를 위해 조력함으로써 정신건강을 향상시키고 적응을 돕는 활동 · 협력적인 관계 형성→문제 탐색→문제 해석→방향 설정
상담 활동	· 상담활동의 목적: 학생들의 행동 변화 촉진, 학교 적응능력 향상, 합리적인 의사결정 능력 배양, 대인관계 기술 증진, 학생 개인의 잠재능력 개발 · 개인상담, 집단상담, 전화상담, 쪽지상담, 온라인상담, 또래상담 등

정치 활동	·자신의 적성 및 진로의 특성을 정확하게 이해하여 진로를 현명하게 선택하도록 도와주는 활동 ·진학지도, 취업지도, 상위학교나 계열, 학과 선택
추수 활동	·지도를 받은 학생들의 추후 적응상태를 확인하여 항상 보살피고 부적응에 대한 조력과 보다 나은 적응을 돕는 활동 ·사후 점검활동 ·상담자나 교사가 학생에게 제공한 도움의 성과를 알아보기 위한 우발적인 추수활동 ·사례연구의 대상이 되었거나 집중적인 교정 지도를 받은 학생에 대한 추수활동 ·졸업생, 중퇴자, 졸업예정자, 진학예정자에 대한 추수활동

자료: 조영일(2003). 『새로운 접근의 교육학개론』, 교육과학사. 재구성.

2. 상담

가. 상담의 개념

상담의 사전적 의미는 의논, 충고, 조언, 협의, 정보 제공으로 정의할 수 있는데, 이장호(1988)는 도움을 필요로 하는 내담자가 전문적으로 훈련을 받은 상담자와의 대면관계에서 생활과제의 해결과 사고, 행동 및 감정 측면의 인간적 성장을 위해 노력하는 학습과정으로 상담을 정의하였다.

또한, 이영덕과 정원식(1994)은 도움을 필요로 하는 사람과 도움을 줄 수 있는 사람 사이의 개별적인 관계를 통해 새로운 학습이 이루어지는 과정으로 정의하였고, 황응연과 윤희준(1983)은 도움이 필요로 하는 사람을 다른 사람이 도와주는 상호작용의 인간관계로 정의하였으며, 이재창(1995)은 상담이란 전문적인 훈련을 받은 상담자가 도움을 필요로 하는 내담자에게 자신과 주위환경에 대한 이해를 촉진시킴으로써 적응과 발달을 할 수 있도록 행동의 변화를 가져오게 하는 상호작용의 학습과정으로 보았다.

특히, 상담의 궁극적인 목표는 인간으로 하여금 자신의 잠재력을 최대한으로 발휘하도록 돕고 일상생활에서 보다 건강하고 행복한 삶을 누릴 수 있도록 도와주는 것이다(한상길 외, 2007). 이러한 상담의 구체적인 목표는 첫째, 행동의 변화를 가져오게 하고 둘째, 정신 건강의 증진시키며 셋째, 문제해결 및 증세를 제거하며 넷째, 내담자의 잠재력 촉진과 효율성을 증진시키며 끝으로 의사결정 능력을 증진시키는 것이다(김운삼, 2003).

한편, 상담의 기본 조건으로 진실성, 존경, 공감적 이해 등 <표 Ⅱ-4>와 같이 정리할 수 있다(Patterson, 1971).

<표 Ⅱ-4> 상담의 기본 조건

구분	개념
공감적 이해	· 감정이입 · 상담자 자신이 내담자의 입장이 되어 내담자의 문제를 느끼고 이해하는 것
진실성	· 일치성, 진지성, 순수성 · 대인관계에서 자신의 실제적인 경험을 정확하게 깨닫고 거리낌 없이 깊이 있게 자기 자신을 드러내는 것
존경	· 상담자가 내담자를 귀중한 인간, 어떤 다른 사람과도 비교할 수 없는 그 사람만의 독특한 가치를 지닌 인간으로 받아들이는 관계

또한, 상담의 기본 원리는 개별화의 원리, 감정 표현의 원리, 통제된 정서 관여의 원리, 수용의 원리, 비심판적 태도의 원리, 자기 결정의 원리, 비밀보장의 원리 등 <표 Ⅱ-5>와 같이 요약할 수 있다.

<표 Ⅱ-5> 상담의 기본 원리

구분	개념
개별화의 원리	· 상담자는 내담자의 말을 경청하고 세밀하게 관찰하며 내담자와 견해가 다를 경우 적절하게 선택하도록 해야 하는 원리
감정표현의 원리	· 내담자의 감정을 솔직하게 표현하도록 상담자가 모든 노력을 기울여야 한다는 원리
통제된 정서 관여의 원리	· 내담자가 표현한 감정에 민감하고 의도적으로 적절하게 반응해야 하는 원리
수용의 원리	· 내담자에게 따뜻하고 명랑하고 친절하게 대해 주고 내담자를 수용해 준다는 원리
비심판적 태도의 원리	· 내담자의 행위에 대해 상담자가 판단이나 비판을 하지 않는다는 원리
자기 결정의 원리	· 상담자가 결정하는 것이 아니라, 내담자가 선택하고 결정해야 한다는 원리
비밀 보장의 원리	· 상담과정에 있었던 모든 사항에 대해 제3자가 알지 못하도록 하는 원리

자료: 강갑원·박영진·안병환·이경희(2006). 『교육학개론』. 교육과학사. 재구성.

나. 상담의 과정

상담의 과정은 준비 단계, 상담 초기 단계, 상담 중심 단계, 종결과 평가 단계 등으로 <표 Ⅱ-6>과 같이 구분할 수 있다.

<표 Ⅱ-6> 상담의 과정

구분	개념
준비 단계	· 면접에 들어가기 전 또는 면접과 거의 동시에 내담자에 관한 각종 자료를 가능한 한 체계적·종합적으로 수집하는 과정 · 내담자의 인적 사항, 신체발달 기록, 학업성적 기록, 각종 심리검사 결과, 사례사, 과거의 상담 기록 등을 준비하는 단계
상담 초기 단계	· 내담자에게 자신의 결정 문제, 찾아온 이유 및 배경 등을 진술하는 단계 · 내담자에게 자기의 문제를 회피하거나 운명론적이거나 피해자란 지각에서 벗어나 전문적인 상담의 필요성을 절실하게 느끼도록 하는 단계

상담 초기 단계	・관심집중 기술: 내담자 향해 앉기, 개방적인 몸자세 취하기, 가끔 상대방을 향해 몸을 기울여 앉기, 시선을 통한 접촉을 적절히 하기, 긴장 풀기 ・경청 기술: 내담자의 비음성적 표현 경청하기, 경청 확인하기, 내담자의 음성언어 경청하기
상담 중심 단계	・상담문제를 보다 구체적으로 정의하고 명료하게 한 후 문제행동과 목표행동에 대한 내담자의 자각과 문제해결 과정에서의 실제적인 노력을 촉진하는 과정
종결 및 평가 단계	・종결은 내담자와 상담자의 합의에 의해 결정 ・종결 전 그동안 성취한 것을 상담목표에 비추어 평가하고 성취하지 못한 경우 왜 그렇게 되었는지 토의

자료: 조영일(2003), 『새로운 접근의 교육학개론』, 교육과학사, 재구성.

다. 상담의 이론

상담이론은 지시적 상담, 개인구념 이론, 합리적・정서적 행동상담 등 인지적 영역의 상담이론과 정신분석적 상담, 실존주의 상담, 인간 중심적 상담 등 정의적 영역의 상담이론, 행동수정, 상호 제지 이론 등의 행동적 영역 상담이론으로 구분할 수 있다.

1) 정신분석적 상담

정신분석적 상담은 프로이드(Freud)의 정신분석학의 원리와 방법을 응용한 것으로서, 정신분석적 기법, 즉 자유연상, 꿈과 환상의 분석, 저항과 전이의 해석과 훈습 등을 이용하여 내담자를 면접하는 것이다(이병승 외, 2006). 이러한 정신분석적 상담의 목표는 무의식적 갈등을 의식화시켜 개인의 성격 구조를 재구성하는 데 있다(조영일, 2003).

특히, 정식분석적 상담은 무의식적 심리과정과 동기에 대한 이해를 촉진하고 역사적인 근거를 탐색함으로써 현재의 문제행동을 해결하는 것을 치료의 초점으로 삼고 있다(김운삼, 2003).

한편, 불안은 기본적인 갈등을 억압한 결과로서 나타나는데, 개인의 자아가 합리적이고 직접적인 방법으로 불안을 조절할 수 없을 경우 <표 Ⅱ-7>과 같은 방어기제를 의존하여 조절한다(김계현 외, 2000).

〈표 Ⅱ-7〉 방어기제의 유형

구분	개념
투사	・자신의 바람직하지 못한 특성들을 다른 사람에게 전가함으로써 불편한 마음과 자기 책임으로부터 벗어나려 함
합리화	・용납할 수 없는 자신의 행동과 감정을 정당화하기 위해 사회적으로 받아들일 수 있는 이유를 붙여 자기 보호와 체면을 유지하고 사회적 비판을 피하려고 함
부인	・고통스럽거나 위협적인 상황을 받아들이기 두려울 때 그 상황의 존재를 부정함
승화	・억압된 충동이나 감정을 사회적으로 잘 수용될 수 있는 형태의 욕구로 변형시켜 표현하는 것
반동형성	・자신이 가지고 있는 것과는 반대되는 생각이나 감정을 과장되게 표현함으로써 본래 자신이 가지고 있는 생각이나 감정을 은폐시키려 함

퇴행	・현실적으로 만족할 수 없는 위협이나 불만, 불안 등을 어린 시절의 원시적이고 유치한 행동 수준으로 후퇴하여 해소시킴
억압	・사회적으로 수용될 수 없거나 매우 고통스러운 감정이나 생각, 욕구 등을 의식수준 아래로 밀어내는 것
백일몽	・불쾌한 문제나 현실에 처해 있을 경우 이를 배제시키려는 시도로 보다 유쾌한 일을 마음속으로 상상함으로써 현실적으로 불가능한 것을 가능한 것으로 생각함
동일시	・자신보다 우월하다고 생각되는 타인의 가치나 성격 특성을 자기의 것으로 내면화함으로써 자신의 무능력이나 나약함을 회피하는 것
고립	・어떤 일에 관련되는 것을 거절하고 회피함으로써 그로 인해 생길지도 모르는 정서적 긴장과 갈등의 상황을 벗어나려는 행동양식
보상	・자신의 부족한 점을 감추기 위해 약점을 지각하지 않거나 어떤 다른 특성을 발전시키는 것

또한, 정신분석학적 상담의 주요 기술로는 자유연상법, 해석, 꿈의 분석, 전이 등 <표 Ⅱ-8>과 같이 정리할 수 있다.

〈표 Ⅱ-8〉 정신분석학적 상담의 기술

구분	개념
자유연상	・내담자에게 머리에 떠오르는 것을 자유롭게 말하도록 하는 방법 ・억압된 과거의 경험을 회상하거나 정서적 문제의 원인이 되는 단서를 찾아내는 데 도움이 되는 방법
해석	・무의식적 경험이 의식수준으로 떠오는 것을 방해하는 내담자의 심리적 저항이 있을 경우에 그 저항을 이해하도록 도와줌으로써 자유연상을 촉진할 수 있는 방법
꿈의 분석	・내담자의 잠재몽이나 현재몽에 나타난 무의식적인 동기를 이해하는 중요한 수단 ・현실적으로 이루어질 수 없는 무의식적인 욕망이나 소원 등이 꿈속에서 실현되게 하는 방법
전이	・내담자가 어렸을 때 중요한 타인들과의 관계에서 경험했던 억압된 감정을 정신분석학자에게 재현하는 심리적 현상

자료: 이형행(2007). 『교육학개론』(전정 2판). 양서원. 재구성.

2) 인간 중심 상담

인간 중심 상담은 로저스(Rogers)에 의해 창시된 것으로 내담자 중심 상담, 비지시적 상담이라고도 한다. 내담자로 하여금 충분히 기능하는 인간으로 성장하도록 하는 것, 즉 내담자의 자아개념과 유기체적 경험 간의 불일치를 제거하고 내담자가 느끼는 자아에 대한 위협을 제거하도록 하는 것을 의미한다(한상길 외, 2007).

특히, 인간 중심 상담에서 상담자는 내담자가 스스로 치료할 수 있는 능력을 가지고 있다고 믿기 때문에, 바람직한 행동을 가르치는 교사나 숨겨진 의도를 분석하는 분석가이기보다 내담자의 잠재력이 충분히 발휘될 수 있도록 분위기를 제공하는 조력자가 되어야한다(김운삼, 2003). 이러한 인간 중심 상담의 목표는 한 개인의 자아실현 경향성의 발현과 완전히 기능하는 인간의 육성에 있기 때문에서, 상담자와 내담자의 관계 형성과 조력이 무엇보다 중요하다(김병희 외, 2008).

따라서 인간 중심 상담이 잘 이루어지기 위해서는 상담자의 따뜻한 마음과 태도, 진솔함, 자유롭게 이야기할 수 있는 부드러운 상담 분위기와 비밀 보장, 우호적인 관계 형성이 매우 중요하고 무조건적인 긍정적인 수용, 진실성, 공감적 이해 등의 태도를 상담자는 지니고 있어야 한다(한상길 외, 2007).

3) 특성-요인 상담

특성-요인 상담은 윌리암슨(Williamson)에 의해 진로상담을 기초로 출발한 이론으로서 상담자의 주도하에 내담자의 문제에 대한 자료를 수집, 분석, 종합, 진단, 예측, 상담과정을 거쳐서 정보를 제공하고 조언, 충고, 프로그램을 계획하는 등 상담자의 적극적이고 주도적인 역할을 강조한다(한상길 외, 2007). 이러한 특성-요인 상담은 지시적 상담, 이성적 지시적 상담, 상담자 중심 상담, 의사결정 상담 등으로 불리고 있다(김성회, 1997).

특히, 특성-요인 상담의 궁극적인 목표는 개인의 자기 가능성을 최대한 실현할 수 있도록 개인의 전체적인 발달을 촉진하도록 돕는 데 있다(강갑원 외, 2006).

한편, 특성-요인 상담의 과정은 <표 Ⅱ-9>와 같은 단계를 거친다.

<표 Ⅱ-9> 특성-요인 상담의 단계

구분	개념
수집·분석 단계	·객관적, 주관적 방법을 동원해 내담자(적성, 지능, 흥미, 학업성취도 등)에 관한 자료 수집 및 분석
종합 단계	·심리검사 결과, 사례연구 결과 등 종합
진단 단계	·내담자의 특성과 진로 문제를 기술하고 이에 대응하는 교육 및 직업 능력을 비교하여 문제 진단
예측 단계	·진로와 관련된 문제를 해결할 수 있는 대안과 가능성 탐색
상담 단계	·내담자가 무엇을 어떻게 해야 하는가에 대한 정보 제공 및 협의

자료: 한상길·김응래·박선환·박숙희·정미경·조금주(2007). 『교육학개론』. 공동체. 재구성.

또한, 특성-요인 상담의 주요 기술을 살펴보면 첫째, 대답을 예/아니오 또는 구체적인 정보를 한정하면서 매우 구체적인 질문을 하고 둘째, 설명하고 논의하고 문제나 치료에 관련이 있는 정보를 제공하며 셋째, 화제를 제시하지만 대화의 전개는 내담자에게 맡기며 넷째, 내담자의 행동을 주시하고 다섯째, 내담자가 방금 이야기한 주제의 내용을 인정하며 여섯째, 증거를 정리하고 내담자에게 제시한 행동을 하도록 설득하며 끝으로 문제나 교정이 필요한 조건을 지적해야 한다(조영일, 2003).

4) 합리적-정서적 상담

합리적-정서적 상담은 엘리스(Ellis)에 의해 창시된 것으로 인간의 감정과 문제가 대부분 비합리적인 사고로부터 생겨나기 때문에, 내담자의 비현실적이고 비이성적인 관점을 바꾸어 자신과 환경 또는 대인관계를 합리적으로 접근하고 수용하도록 논리적인 판단과 자기주장을 강조하였다(김운삼, 2003). 이러한 합리적-정서적 상담의 목표는 내담자가 자기 파괴적인 신념들을 줄이고 보다 합리적이고 현실적인 관대한 신념과 인생관을 갖도록 함으로써 보다 융통성 있고 생산적인 삶을 살도록 조력하는 것이다(한상길 외, 2007).

특히, 합리적-정서적 상담의 단계는 ABCDE모형으로서 <표 Ⅱ-10>과 같은 과정을 거친다.

〈표 Ⅱ-10〉 합리적-정서적 상담의 단계

구분	개념
A	·내담자가 생각하는 문제 장면이나 선행 사건
B	·선행 사건에 대한 내담자의 신념
C	·선행 사건 A에 대한 비합리적 신념 때문에 생긴 정서, 행동적인 결과
D	·비합리적 신념 B에 대한 상담자의 적극적인 논박
E	·비합리적인 신념을 논박한 후의 효과

자료: 김병희·김형구·배재학·이기용·이영애·정길영·최병욱(2008). 『교육학개론』. 공동체. 재구성.

한편, 합리적-정서적 상담에서 상담자는 내담자가 가지고 있는 불합리한 사고와 신념을 반박하고 부정하는 설득과 주장, 권고, 격려 등을 하기 위해 논박, 과제 제시, 독서법, 자기 진술, 수용 등의 기술을 사용한다(한상길 외, 2007).

5) 행동 수정 상담

행동 수정 상담은 행동주의 학습이론에 기초한 것으로 사회기술훈련 등 내담자에게 필요한 사회행동을 학습시키는 행동치료와 왜곡된 신념과 사고방식을 수정하는 인지적, 재구성, 문제해결적 사고방식의 훈련을 목표로 하는 '인지적 훈련' 등이 배합된 접근방법이다(김운삼, 2003). 따라서 행동 수정 상담의 목표는 잘못 학습된 바람직하지 않은 문제행동은 소거하고 보다 효율적이고 바람직한 행동을 새로 학습하도록 조성해 나가는 것이다(한상길 외, 2007).

특히, 행동 수정 상담은 객관적으로 관찰할 수 있고 측정 가능한 행동을 상담 대상으로 삼기 때문에 상담의 효과와 진전 상태 등을 객관적으로 평가할 수 있다(조영일, 2003).

한편, 행동 수정 상담의 주요 기술은 체계적 감감법, 혐오치료, 강화, 대리경제체제, 행동조성, 시범보이기, 역할연기, 사고중지, 자기 지도, 인지적 행동수정 등 <표 II-11>과 같이 정리할 수 있다(김계현 외, 2000).

<표 II-11> 행동 수정 상담의 주요 기술

구분	개념
강화	・목표행동을 할 때마다 보상을 주어 바람직한 행동의 빈도를 높이는 방법
체계적 감감법	・주로 공포증을 치료할 때 많이 쓰이는 방법으로 불안을 일으키는 자극에 대해 불안 위계를 작성한 다음, 하위 불안 위계부터 시작, 가장 위협적인 불안수준까지 단계적으로 노출, 불안대상에 직면하도록 하면서 각 단계에서 불안 장면을 상상하고 이완절차를 거쳐 불안을 극복해 나가는 방법
혐오치료	・불쾌하거나 혐오스러운 자극을 제공하여 부적응 행동을 치료하는 방법
대리경제체제	・직접적으로 강화물을 쓰지 않고 후에 내담자가 원하는 것과 교환할 수 있는 토큰을 보상으로 제공하는 방법
행동조성	・원하는 바람직한 행동을 쉬운 것부터 여러 단계로 나누어 강화시킴으로써 점진적으로 목표행동에 도달하도록 하는 방법
자기 지도법	・내담자 스스로 문제점을 파악하고 교정해 나가는 방법으로 자기 관찰, 자기 계약, 자기 교수 훈련 등을 이용

또한, 행동 수정 상담의 과정은 상담관계의 형성, 문제행동 규명, 현재 상태 파악, 상담 목표 설정, 상담기술 적용, 상담결과 평가, 상담 종결 등 7단계를 거친다(한상길 외, 2007).

6) 현실 상담

현실 상담은 글래이저(Glasser)에 의해 창시된 단기상담으로서 과거나 무의식적 동기보다 현재의 행동과 사고에 초점을 두고 행동을 선택하는 책임감을 강조하며 현재보다 심리적 욕구를 바르게 만족시켜 줄 수 있는 효과적인 행동을 학습하도록 해서 성공적인 자기상, 즉 성공적 정체감을 갖도록 하는 데 목적이 있다(김병희 외, 2008). 즉 현실 상담의 궁극적인 목적은 내담자가 자신의 욕구와 바람을 충족시켜 자신이 원하는 삶을 살도록 하는 데 있다(강갑원 외, 2006).

특히, 현실 상담의 과정은 WDEP체계로서 <표 II-12>와 같은 단계를 거친다(Wubbolding, 2000).

<表 Ⅱ-12> 현실 상담의 단계

구분	개념
Want (바람)	· 상담자는 숙련된 질문을 통해 내담자로 하여금 자신의 욕구 충족을 위한 바람이 무엇인지 그리고 그 바램들의 우선순위를 결정하는 단계
Doing (-하기)	· 내담자로 하여금 바람을 충족하기 위해 어떤 행동을 하고 있는지 인식하는 단계
Evaluation (평가)	· 내담자가 현재 하고 있는 행동이 현실적으로 자신의 바람을 충족하기 위한 적절한 행동인지 평가하는 단계
Plan (평가)	· 내담자로 하여금 자신의 바람과 욕구를 보다 효과적으로 충족할 수 있는 계획을 세우고 실천하도록 돕는 단계

한편, 현실 상담의 주요 기술은 내담자와 개인적인 친밀한 유대 관계 맺기, 내담자의 감정보다 현재 행동에 과거보다 현재에 초점 두기, 내담자로 하여금 자신의 행동을 평가하고 판단하도록 돕기, 책임 있게 행동하는 계획 세우기, 내담자가 책임 있는 행동 단계를 결성하고 서약하도록 돕기, 내담자가 계획을 수행 또는 완수하지 못한 경우 변명을 허용하지 않기, 처벌을 사용하지 않기, 절대 포기하지 않기 등이 있다(김병희 외, 2008).

7) 교류 분석적 상담

교류 분석적 상담은 번(Berne)에 의해 창시된 것으로 자신의 삶에 책임을 지고 스스로 자신을 지도할 수 있는 자율적인 인간이 되는 것이 궁극적인 목적이다(강갑원 외, 2006). 이러한 교류 분석적 상담의 일반적인 목표는 첫째, 집단원들로 하여금 자아상태의 오염을 제거하도록 돕는 것, 둘째, 생활 면의 요구에 따라 모든 자아생태를 고르게 활용할 수 있는 능력을 개발하도록 돕는 것, 셋째, 개인이 부적절한 생활각본을 버리고 생산적인 생활각본을 지니도록 보는 것 끝으로 상담자와 집단원들에게 적절한 구체적인 목표를 계약 형태로 문서화하는 것이다(김운삼, 2003).

8) 형태주의적 상담

형태주의적 상담은 펄스(Perls)에 의해 창시된 것으로 부적응자들을 보다 성숙한 인간으로 성장시키고 그들의 감정, 지각, 행동, 사고, 신체 모두가 하나의 전체로 통합된 기능을 발휘할 수 있도록 도와주는 것이다(김병희 외, 2008). 이러한 형태주의적 상담은 정신분석학적 상담에 반대하여 집단구성원들 간의 상호작용에 초점을 두기보다 상담자가 중심이 되어 한 번에 한 집단원의 문제를 집중적으로 다루어 '집단 속의 개인상담'이라고 부른다

(김운삼, 2003).

특히, 형태주의적 상담의 목표는 내담자로 하여금 체험을 통해 현재 자신이 경험하고 행동하고 있는 것이 무엇인지 자각해서 지금 순간에 에너지를 쏟고 자신의 행동을 선택하고 책임질 수 있도록 돕는 것에 있다(김병희 외, 2008). 즉 형태주의적 상담은 상담자가 집단원의 현재 경험에 중점을 두고, 그것에 대한 집단원의 자각이 이루어지도록 돕는다(김운삼, 2003).

한편, 형태주의적 상담의 주요 기술을 살펴보면 <표 Ⅱ-13>과 같이 요약할 수 있다.

〈표 Ⅱ-13〉 형태주의적 상담의 주요 기술

구분	개념
신체 자각	· 내담자의 신체표현을 관찰하고 거기에 초점을 둠으로써 내담자로 하여금 현재 상황에서 느끼는 신체감각을 자각하게 해 주는 기법
환경 자각	· 내담자로 하여금 주위환경에 대해 자각하도록 해 줌으로써 환경과의 접촉을 증진시켜 주는 기법
언어 자각	· 내담자의 언어사용 습관을 잘 관찰하여 잘못된 언어 습관을 고쳐 주는 기법
빈 의자 기법	· 내담자로 하여금 지니고 있는 감정들을 빈 의자 또는 빈자리에 투사하게 함으로써 감정을 스스로 확실히 체험하고 자각할 수 있도록 하는 기법
대화게임 기법	· 내담자의 마음속에 있는 서로 상반되는 극단적인 사고나 감정을 대화로 엮어 보게 함으로써 내담자가 자신의 일치되지 못한 면이나 양극성을 수용하고 통합하게 하는 기법
과장하기 기법	· 내담자의 어떤 행동이나 언어를 과장하여 표현하도록 요구함으로써 내담자로 하여금 자신의 무의식적 욕구나 감정 또는 행동을 명료하게 자각하도록 돕는 기법

자료: 김병희 · 김형구 · 배재학 · 이기용 · 이영애 · 정길영 · 최병옥(2008). 『교육학개론』. 공동체. 재구성.

9) 집단 상담

집단 상담은 한 사람의 상담자가 여러 내담자를 대상으로 공통의 문제에 대해 상담을 하는 형태로서 내담자 간 상호 의견을 교환함으로써 도움을 서로 주고받는다(강갑원 외, 2006).

특히, 집단 상담의 장점으로 첫째, 여러 사람을 상대하므로 상담자의 영향력이 여러 사람에게 동시에 미치고 둘째, 개인 상담에서 느끼는 위압감이나 긴장감을 주지 않으며 셋째, 집단이라는 상황과 동료의식을 효과적으로 이용하며 넷째, 상담자는 학생들의 경험을 촉진하고 수용하는 사람의 역할을 수행하며 끝으로 개인 상담을 촉진하는 계기가 되고 기타 학생들의 필요를 충족시키는 새로운 기회를 쉽게 만들 수 있다는 것이다(한은숙 · 김종두, 2008).

따라서 집단 상담은 일반적으로 자신을 이해하고, 표현하며 의사소통하는 능력, 대인관계 능력 등을 신장시키는 데 목표가 있다(강갑원 외, 2006).

생활지도 및 상담 기출문제 풀이

1. <보기>의 상담사례에서 교사가 사용한 상담기법을 바르게 나열한 것은? <2008. 초등>

〈보기〉

아동: 어제 오빠랑 싸웠다고 엄마에게 혼났어요. 전 억울해요.

교사: ㉠ 엄마에게 혼나서 억울하다는 거구나.

아동: 예, 정말 오빠가 먼저 잘못했단 말이에요. 그런데도 엄마는 저를 인정하지 않으시고 항상 저만 혼내세요.

교사: ㉡ 엄마가 너를 좀 인정해 주셨으면 하는 마음이 있구나. 그런데 그렇지 않았으니 정말 섭섭했겠다.

아동: (울면서) 정말이에요. 엄마는 계속 저를 인정해 주지 않았어요.

교사: 그래, 울어도 괜찮아. 그동안 많이 울고 싶었겠다.

　　　㉠　　　　　㉡
① 명료화　　즉시적 반응
② 명료화　　공감적 이해
③ 재진술　　즉시적 반응
④ 재진술　　공감적 이해

【해설】 명료화는 내담자가 추상적이고 애매하게 말한 것을 상담자가 분명하고 간결하게 알 수 있도록 정리를 해 주는 것이며, 즉시적 반응은 상담자의 감정을 지금－여기의 형태로 반응을 하는 기법이다. 여기서는 내담자가 한 말을 단순히 반복하거나 바꾸어 말하는 재진술과 내담자의 입장이 되어서 그를 이해해 주는 기법인 공감적 이해의 기법을 사용하였다.

【정답】 ④

2. <보기>의 두 사례에 공통적으로 나타난 방어기제는? <2008. 초등>

〈보기〉

○ 민수는 진영이가 싫지만 오히려 진영이가 자기를 싫어한다고 생각한다.

○ 승희는 밤길을 무서워한다. 어느 날 밤, 엄마가 심부름을 시키자 언니에게 함께 나가자고 하면서 "언니, 무섭지? 내가 같이 가니까 괜찮지?"라고 말한다.

---

① 투사　　② 승화
③ 동일시　　④ 합리화

【해설】 자신이 받아들일 수 없는 충동이나 태도를 무의식적으로 타인이나 환경의 탓으로 돌리는 행

동으로 원인이 자신에게 있으면서 남에게 원인이 있다고 생각하는 것은 투사에 해당한다.

【정답】①

3. <보기>의 대화에서 합리적-정서적 행동치료의 ABCDE 상담모형 중 B단계에 해당하는 것은? <2008. 초등>

<보기>

가. 교사: 어떤 이야기를 하고 싶니?
　　아동: 너무 화가 나서 죽겠어요.
나. 교사: 무슨 일이 있었기에 그러니?
　　아동: 호영이가 다른 애랑만 놀아요.
다. 교사: 어떤 생각이 들어 화가 난 걸까?
　　아동: 호영이는 나랑만 놀아야 해요.
라. 교사: 호영이는 정말 너랑만 놀아야 될까?
　　아동: 꼭 그렇지는 않지만…. 나랑 많이 놀면 좋겠어요.

① 가　② 나
③ 다　④ 라

【해설】 B단계는 비합리적인 신념을 확인하는 단계이다.
【정답】③

4. 수업에서 활용한 상담기법을 옳게 제시한 것은? <2008. 중등>

김 교사는 수학시간에 ⊙ 일차 방정식을 푸는 과정을 보여주고 학생들에게 그 방법을 적용하여 문제를 따라서 풀어 보도록 하였다. 그리고 ⓛ 학생들이 문제를 맞게 풀 때마다 칭찬을 하고 스티커 한 장을 주며 네 장 이상 모으면 자기가 하고 싶은 활동을 해도 좋다고 허락하였다. ⓒ 문제를 풀지 않고 떠들거나 다른 행동을 하는 학생에게는 교실 뒤편에 서서 김 교사가 풀어 놓은 방정식을 보도록 하였다.

	⊙	ⓛ	ⓒ
①	모델링	부적강화	자극통제
②	모델링	토큰강화	타임아웃
③	조성법	토큰강화	자극통제
④	조성법	부적강화	타임아웃

【해설】 바람직한 행동을 보고 따라 하게 하는 것은 모델링의 기법이며, 스티커를 활용하는 보상은

토큰강화에 해당한다. 그리고 학생이 흥미를 느끼는 바람직하지 못한 행동을 차단시키는 기법은 타임아웃기법이다.

【정답】②

---

5. 상담교사가 '재진술'을 사용하여 학생과 상담하려고 한다. 다음 빈칸에 들어갈 알맞은 반응은? <2008. 중등>

> 학생: 친구들이 저만 따돌리고, 선생님들께서도 저에게 관심이 없어요.
> 교사: _____

① 친구들이 너만 따돌리고 선생님들께서도 관심이 없단 말이구나.
② 선생님도 예전에 친구들한테 따돌림을 당했을 때 몹시 힘들었단다.
③ 친구들이 너만 따돌린다는 말이 무슨 말인지 좀 더 이야기해 줄 수 있니?
④ 친구들이 따돌리지 않고 선생님들도 너에게 관심을 가져 주었으면 했는데, 그렇지 않아서 많이 힘들었겠다.

【해설】 재진술이란 내담자가 말하는 것을 상담자가 다시 진술해 주는 것으로 이 기법은 상담자가 내담자의 입장을 이해하려 노력한다는 것을 알려 주며, 상담자가 내담자의 말한 바를 제대로 이해하고 있는지 확인해 볼 수 있는 방법이 된다.

【정답】①

---

6. 게슈탈트(Gestalt) 상담이론의 특징은? <2008. 중등>

① 자유와 책임, 삶의 의미, 죽음과 비존재, 진실성을 강조한다.
② 미해결사태를 해결하기 위해 전경과 배경의 자연스러운 교체를 강조한다.
③ 개인의 사회적 관심과 생활양식에 초점을 두고, 열등감의 극복을 강조한다.
④ 자아 상태를 부모 자아, 성인 자아, 어린이 자아로 나누고, 세 가지 자아 상태의 균형을 강조한다.

【해설】 게슈탈트란 통일된 전체를 의미하며 형태 형성으로 접근, 연속, 유사성 등의 원리를 토대로 전경과 배경의 관계를 다루는 상담기법이다.

【정답】②

7. 다음 대화에서 김 교사가 적용한 상담이론은? <2008. 중등>

> 철 수: 인터넷 게임을 너무 많이 하고 지각을 자주 하니까 성적이 말이 아니에요.
> 김 교사: 그래, 인터넷 게임 시간을 줄이고, 지각을 하지 않았으면 좋겠단 말이지? 그런데 게임 시간과
>   지각을 줄일 자신이 있니? 완전히 줄일 수 있는 것을 100점으로 하면 몇 점을 줄 수 있어?
> 철 수: 인터넷 게임 줄이기는 80점 정도 자신 있고요, 지각 안 하기는 95점 정도 자신 있어요.
> 김 교사: 철수야, 네가 원하는 대로 이루어진다면 너에게 어떤 일이 일어날 것 같아?
> 철 수: 당연히 성적이 오르겠죠. 부모님이 제일 좋아하실 것 같아요. 요즘 집안 분위기가 별로 안
>   좋아요. 그런데 제가 성적이 오르고, 게임도 덜 하고, 부모님이 기뻐하실 것 같아요.

① 인지치료 상담   ② 해결중심 상담
③ 현실요법 상담   ④ 합리적・정서적 행동 상담

【해설】 해결 중심치료는 문제의 해결에 초점을 두는 상담기법으로 상담자는 문제 그 자체보다는 그
         문제를 해결하는 데 도움을 줌으로써 내담자를 도와주는 상담방법이다.
【정답】 ②

8. 진로상담에 관련된 설명으로 옳지 <u>않은</u> 것은? <2008. 중등>

① 진로를 결정한 학생도 진로상담의 대상이다.
② 누구에게나 한 가지 이상의 직업적성과 직업흥미가 있다.
③ 홀랜드(J. L. Holland)는 진로발달에서 자아개념을 가장 중시하였다.
④ 크럼볼츠(J. D. Krumboltz)는 진로의사결정에 영향을 미치는 요인들의 상호작용을 중시하였다.

【해설】 홀랜드는 개인의 행동양식이나 인성유형이 직업의 선택과 발달에 중요한 영향을 미친다고
         보았다. 자아 개념을 중시한 이론은 수퍼의 진로발달이론이다.
【정답】 ③

9. 다음 대화의 ㉠, ㉡, ㉢에서 김 교사가 활용하고 있는 상담기법으로 가장 적절한 것은?
    <2009. 중등>

> 철 수: 친구들이 모두 저를 싫어하는 거 같아요. 저한테는 아무도 말을 걸지 않아요.
> 김 교사: ㉠ <u>친구들과 친하게 지내고 싶은데 철수에게 말을 거는 친구가 없어 속상한가 보구나.</u>
> 철 수: 네.
> 김 교사: 그런데 친구들이 철수를 싫어한다는 것은 어떻게 알게 되었지?
> 철 수: 그냥 알아요. 직접 듣지는 않았지만 느낌으로 알아요.

김 교사: ⓛ 철수 얘기를 들어 보니 선생님 생각에는 그것이 사실이라기보다 철수 혼자서 그럴 거라고 짐작하고 있는 것 같구나.

철 수: 아니에요. 진짜 싫어해요.

김 교사: 그렇다면 철수 생각이 맞는지 우리 한번 확인해 보면 어떨까?

철 수: 어떻게요?

김 교사: 혹시 철수가 친구들한테 먼저 말을 걸어 본 적 있니?

철 수: 아니요.

김 교사: 이번에는 철수가 친구들한테 먼저 말을 걸어 보면 어떨까? 만약 다섯 명의 친구들에게 말을 건다면 몇 명이나 대답을 할 거 같아?

철 수: 아마 한 명도 없을 걸요?

김 교사: ⓒ 그럼 내일 다섯 명의 친구들에게 말을 걸어 보고, 친구들이 한 명도 대답을 하지 않을 거라는 철수의 생각이 맞는지 확인해 보자. 그리고 방과 후에 나랑 만나서 결과를 살펴보고 다음 단계를 의논해 보는 거야. 할 수 있겠니?

철 수: 한번 해 볼게요. 그런데 무슨 말을 하죠?

김 교사: 아무 말이라도 좋아. 지우개를 빌려 달라고 해도 좋고 말이야.

	㉠	㉡	㉢
①	반영	직면	행동수정
②	재진술	해석	행동실험
③	반영	직면	문제해결
④	반영	해석	행동실험
⑤	재진술	해석	행동수정

【해설】 재진술이란 내담자의 말에서 인지적 측면의 내용을 상담자가 다시 한 번 진술하는 것을 의미하며 반영은 내담자의 말에서 정서적인 측면을 다시 표현해 주는 것을 의미한다. 따라서 여기서는 반영의 기법이 사용되었다. 직면은 내담자가 의식하지 못하거나 감추고 싶은 것들을 상담자가 들추어내는 기법이며, 해석은 특정 행동의 원인에 대한 상담자의 생각을 가설의 형태로 이야기하는 것이다. 행동 수정은 부적응 행동을 적응행동으로 바꾸어 주는 것을 말하며 행동 실험은 부정적인 사고를 알아보기 위해 실험의 형태로 어떤 행동을 하게 해보는 것을 말한다.

【정답】 ④

10. 책상 앞에 앉아 공부하는 습관을 들이도록 다음과 같은 행동 조성(shaping) 절차를 적용하였다. 여기에서 사용되지 않은 기법은? <2009. 중등>

목표행동	책상 앞에 앉아 90분 이상 공부하는 습관을 들이도록 한다.
기저선	학교에서 돌아온 후 책상 앞에 앉아 공부하는 시간은 평균 20분 정도였다.
강화물	자유시간을 준다.
목표행동 세분화	책상 앞에 앉아 공부하는 시간을 30분, 60분, 90분으로 세분화하였다.
강화계획 1	처음 1주일 동안에는 30분 이상 책상 앞에 앉아 공부한 날에만 자유시간 30분을 주었다.
강화계획 2	2주일째부터는 60분 이상 책상 앞에 앉아 공부한 날에만 자유시간 30분을 주었다.
강화계획 3	3주일째부터는 90분 이상 책상 앞에 앉아 공부한 날에만 자유시간 60분을 주었다.
강화계획 4	4주일째부터는 90분 이상 책상 앞에 앉아 공부한 날이라도 어떤 날은 자유시간 60분을 주고, 어떤 날은 자유시간을 주지 않았다.

① 간헐적 강화   ② 점진적 접근   ③ 차별적 강화
④ 연속적 강화   ⑤ 대리적 강화

【해설】 대리적 강화는 관찰학습과 관계된다.
【정답】 ⑤

11. 다음 사례의 박 교사와 같이 청소년 비행에 접근하는 이론으로 가장 적절한 것은?
    <2009. 중등>

A 중학교에서 박 교사가 맡고 있는 반의 많은 학생들은 지각과 무단결석을 일삼고 학교폭력을 비롯한 크고 작은 말썽을 피웠다. 문제의 원인을 찾던 박 교사는 다른 아이들과는 달리 문제행동을 일으키지 않는 재민이를 주목하였다. 관찰 결과, 박 교사는 재민이가 교우관계가 좋고 부모와의 관계도 친밀할 뿐만 아니라 이웃과도 사이좋게 지낸다는 것을 알게 되었다. 이에 박 교사는 재민이 주변에 있는 좋은 친구와 부모, 이웃이 재민이가 문제행동을 자제하도록 하는 데 중요한 역할을 하고 있다고 생각하게 되었다.

① 낙인 이론   ② 편류 이론   ③ 아노미 이론
④ 문화 일탈 이론   ⑤ 사회 통제 이론

【해설】 사회통제 이론은 사회와 맺고 있는 억압, 통제가 풀릴 때 비행이 발생한다는 이론으로 정상 소년과 비행 소년은 그 성향에 있어서 차이가 없다고 보는 이론이다.
【정답】 ⑤

12. 다음의 민호에게서 나타나는 문제행동의 원인에 대한 가설을 상담이론별로 다양하게 세울 수 있다. 주요 상담이론과 가설이 옳게 짝지어진 것은? <2010. 초등>

초등학교 5학년, 외동아들인 민호는 엄격하고 폭력적인 아버지와 무엇이든 다 받아 주는 어머니 밑에서 자라 왔다. 어려서는 얌전하고 말을 잘 듣는 아이였으나, 커 가면서 점점 폭력적이고 반항적인 아이로 변해 가고 있다. 최근에 민호는 싸움에서 친구의 앞니를 부러뜨렸는데, 어머니가 사태를 해결해 주지 않으면 학교에 안 가겠다며 버티고 있다.

① 인지치료 – 엄격하고 폭력적인 아버지의 행동방식을 보고 배운 것이다.
② 행동수정 – 존중과 이해를 받지 못해 부정적 자아개념을 형성한 것이다.
③ 정신분석 – 무조건 다 받아 주는 어머니로 인해 폭력적인 행동이 강화되었다.
④ 인간 중심 – 폭력적인 행동의 이면에는 외동아들로서의 의존적 성격이 깔려 있다.
⑤ 현실치료 – 결핍된 힘의 욕구를 충족하기 위해 폭력이라는 잘못된 방법을 선택한 것이다.

【해설】 ①의 설명은 행동수정이론과 관계가 있으며 ②는 인간 중심 상담이론, ③은 행동수정이론, ④는 정신분석적이론과 관계가 있다.
【정답】 ⑤

13. 시험불안 증상이 있는 학생과의 상담에서 해결 중심(solution focused) 상담이론의 전형적인 질문의 예시라고 할 수 <u>없는</u> 것은? <2010. 초등>

① 시험을 볼 때마다 불안하다고 했는데, 혹시 불안하지 않은 적은 없니?
② 만약 오늘 밤 기적이 일어난다면, 내일 아침 무슨 일이 일어나 있을 것 같니?
③ 그렇게 불안해하면서도 어떻게 그동안 결석 한 번 없이 학교를 잘 다닐 수 있었니?
④ 시험을 앞두고 매번 반복적으로 떠오르는 생각이 있니? 그렇게 생각하는 근거는 뭐지?
⑤ 가장 불안할 때를 10점, 전혀 불안하지 않을 때를 0점이라고 한다면, 지금은 몇 점 정도 될까?

【해설】 해결 중심 상담이론은 예외질문, 대처질문, 기적질문, 척도화질문 등 질문기법을 사용하며 ①은 예외질문, ②는 기적질문, ③은 대처질문, ⑤는 척도화 질문에 해당한다. ④번의 질문은 합리적 정서이론에서 많이 사용하는 질문이다.
【정답】 ④

14. 상담에서 활용되는 심리검사와 관련된 진술로 옳은 것은? <2010. 초등>

① 문장완성검사는 투사법 검사의 일종이다.
② 아동용 회화통각검사(TAT)는 성격평가를 위한 표준화 검사이다.
③ MBTI는 성격문제의 원인과 증상 정도를 평가하는 임상진단검사이다.
④ MMPI는 성격유형의 장단점을 밝혀 줌으로써 진로결정 등에 도움을 준다.
⑤ 개인용 지능검사는 주로 영재판별 목적으로 쓰이며, 상담교사라면 실시와 해석이 가능하다.

【해설】 아동용 회화통각검사는 TAT가 아닌 CAT이며 ③은 MMPI에 대한 설명, ④는 MBTI에 관한 설
명이며, ⑤ 개인용 지능 검사는 영재판별만을 목적으로 하는 것이 아니다.
【정답】 ①

15. 상담을 구조화하기 위해 상담교사가 학생에게 하는 말로 적절한 것을 <보기>에서 모
두 고르면? <2010. 초등>

〈보기〉

ㄱ. 상담은 40분에서 50분 정도 하게 될 거고, 일주일에 한 번씩 약 네 번쯤 만나게 될 것이야.
ㄴ. 나는 진심으로 너를 도와줄 생각이야. 그러니까 힘든 일이 있을 때는 언제든지 나를 찾아와도 돼.
ㄷ. 이 시간은 훈계를 듣는 시간이 아니니까 네가 생각하고 느끼는 것을 솔직하게 이야기하는 게
무엇보다 중요하단다.
ㄹ. 여기서 하는 이야기는 모두 비밀이야. 하지만 너나 다른 사람에게 해로울 수 있는 내용에 대
해서는 예외가 있을 수 있지.
ㅁ. 우선 이렇게 시작하지만, 혹시 힘든 점이 있으면 중간에라도 이야기해 주면 좋겠구나. 어떤
식으로 할지는 다시 정할 수 있으니까.

【해설】 구조화란 상담을 통해 기대할 수 있는 것이 무엇인지를 내담자에게 알려주고 상담자와 합의
를 이루는 과정으로 상담의 특성, 한계, 조건, 기대되는 결과, 상담목표, 비밀보장, 비용 등에
대한 정보를 제시하는 과정이다.
【정답】 ④

16. 상담이론에 대한 설명으로 옳은 것을 <보기>에서 고른 것은? <2010. 중등>

> **〈보기〉**
>
> ㄱ. 합리적 정서적 행동치료(REBT)에서는 정서적 문제를 유발하는 원인이 사건 자체가 아니라 그 사건에 대한 비합리적인 신념 때문이라고 본다.
> ㄴ. 인간 중심 상담이론에서는 성장을 위한 적절한 조건이 갖추어지면 누구나 자아실현을 이룰 수 있다고 본다.
> ㄷ. 정신분석 상담이론에서는 '지금-여기'에 초점을 두며 접촉을 통한 자각으로 통합을 이루게 된다고 본다.
> ㄹ. 게슈탈트 상담이론에서는 죽음과 비존재, 실존적 불안, 삶의 의미를 강조한다.

① ㄱ, ㄴ　　② ㄱ, ㄹ　　③ ㄴ, ㄷ
④ ㄴ, ㄹ　　⑤ ㄷ, ㄹ

【해설】 ㄷ은 형태주의 상담에 관한 내용이고 ㄹ은 실존주의 상담의 특징이다.
【정답】 ①

17. 진로이론에 대한 설명 중 옳은 것을 <보기>에서 고른 것은? <2010. 중등>

> **〈보기〉**
>
> ㄱ. 수퍼(D. Super)의 발달이론에서는 직업선택이 부모-자녀 관계에서 형성된 개인의 성격과 욕구구조에 의해서 결정된다고 본다.
> ㄴ. 홀랜드(J. Holland)의 인성이론에서는 성격유형과 직업환경을 각각 6가지로 분류하고, 개인의 성격유형에 맞는 직업환경을 찾아야 한다고 본다.
> ㄷ. 파슨스(F. Parsons)의 특성요인이론에서는 자아개념을 중요시하며, 진로선택을 타협과 선택이 상호작용하는 적응과정으로 본다.
> ㄹ. 블로(P. Blau)의 사회학적 이론에 따르면 가정, 학교, 지역사회 등의 사회적 요인이 직업선택에 큰 영향을 미친다.

① ㄱ, ㄴ　　② ㄱ, ㄷ　　③ ㄴ, ㄷ
④ ㄴ, ㄹ　　⑤ ㄷ, ㄹ

【해설】 ㄱ은 로우의 욕구이론에 관한 설명이며, ㄷ은 수퍼의 발달이론과 관계된 설명이다.
【정답】 ④

18. 상담면접 방법 중 '감정의 반영'에 대한 설명으로 옳은 것을 <보기>에서 모두 고른 것은? <2010. 중등>

〈보기〉

ㄱ. 상담자는 내담자가 진술하거나 함축적으로 표현한 감정을 내담자에게 반영해 준다.
ㄴ. 상담자는 내담자가 자신의 문제를 새로운 관점에서 볼 수 있도록 행동, 사고, 감정의 새로운 의미를 설명해 준다.
ㄷ. 상담자는 내담자로 하여금 자신의 감정을 알아차리고 경험하게 함으로써 문제해결에 이르도록 돕는다.
---

① ㄱ   ② ㄴ   ③ ㄱ, ㄷ
④ ㄴ, ㄷ   ⑤ ㄱ, ㄴ, ㄷ

【해설】감정의 반영은 내담자의 말과 행동에서 표현되는 기본적인 감정, 생각 및 태도를 상담자가 다른 말로 부연해 주는 기법으로 내담자가 자신의 감정을 더욱 잘 이해하여 상담을 촉진하는 데 많은 도움을 준다. ㄴ은 해석의 기법에 대한 설명이다.
【정답】③

Ⅲ. 교육행정 및 장학

1. 교육행정

가. 교육행정의 개념

교육행정은 사회적·공공적 현상으로서의 교육활동에 대한 목표를 설정하고 그 목표 달성을 위해 필요한 조건을 정비하고 확립하여 목표를 지도하고 조성하는 것으로 정의할 수 있다(김운삼, 2003). 이러한 교육행정의 개념은 교육에 관한 행정, 교육을 위한 행정, 행동과학의 교육행정 등 <표 Ⅲ-1>과 같이 분류할 수 있다(한상길 외, 2007).

〈표 Ⅲ-1〉 교육행정의 개념 분류(1)

구분	개념
교육에 관한 행정	· 국가공권설 입장에서 법규해석적 또는 공권적 정의 · 행정의 종합성을 강조하여 국가 통치작용을 입법, 사법, 행정 3권으로 나누고 입법, 사법을 제외한 행정 중에 하나로 보는 교육보다 행정을 우선시하는 입장
교육을 위한 행정	· 교육활동을 원활하게 하기 위해 필요한 인적·물적 자원을 지원하는 조건 정비적·기능학설적 견해 · 교육을 중요시하는 서구의 민주적 사조 바탕 · 행정은 교육을 위한 목적이 아닌 수단
행동과학의 교육행정	· 공동목표를 추구하기 위해 구성한 사회체제의 하나인 교육조직의 목표 달성을 위한 협동 행위로 보는 견해

특히, 교육행정의 개념을 좀 더 구체적으로 살펴보면, 법규해석적 정의, 기능론적 정의, 일원론적 정의, 행위론적 정의 등으로 <표 Ⅲ-2>와 같이 구분할 수 있다(한은숙·김종두, 2008).

〈표 Ⅲ-2〉 교육행정의 개념 분류(2)

구분	개념
법규해석적 정의	· 교육에 관한 행정 · 행정의 종합성 강조 · 교육법규 해석 및 교육정책 집행에 중점 · 전근대적인 시대의 교육행정 · 교육행정의 전문성, 독자성, 특수성 미흡 · 국가공권설
기능론적 정의	· 교육을 위한 행정 · 교육의 자주성 강조 · 교육이 효과적으로 수행되도록 지원하는 행정 · 행정은 교육에 필요한 인적·물적 제반 조건을 정비하고 확립시켜 주는 보조적인 봉사활동

일원론적 정의	・국가의 권력기관이 교육정책을 실현하는 과정 ・교육정책 수립에 유용한 정보 제공 및 전문적 조언 ・정치, 행정 일원론 ・교육의 사회성, 공공성 강조
행위론적 정의	・교육조직의 공동목표를 달성하기 위해 합리적 협동 행위를 이룩하려는 작용 ・협동적 집단행위, 합리적 협동 행위

따라서 교육행정은 학교활동의 핵심이 되는 교수-학습 활동을 지원하기 위한 봉사적 활동으로써 교육의 전문성과 특수성을 고려함과 동시에 행정에서 요구되는 효율성과 능률성을 극대화할 수 있는 방법을 강구하여 이것을 교육행위에 적응시키기 위한 활동행위라 할 수 있다(김운삼, 2003).

나. 교육행정의 성격

교육행정의 성격은 조장적・봉사적 성격, 수단적・기술적 성격, 민주적・중립적 성격, 전문적 성격, 특수한 성격 등 <표 III-3>과 같이 요약할 수 있다(한은숙・김종두, 2008; 한상길 외, 2007).

〈표 III-3〉 교육행정의 성격

구분	개념
조장적・봉사적 성격	・개인과 사회의 복지 증진 ・정신적, 물질적 봉사에 역점을 두는 행정
수단적・기술적 성격	・교육목표 달성을 위해 필요한 인적・물적 제반 조건을 정비하고 확립하여 실천
민주적・중립적 성격	・자주성과 중립성을 보장하고, 전문성과 특수성에 맞추어 독자적인 견지에서 교육 본래의 목적에 의거하여 운영 및 실시
전문적 성격	・전문적 교육과 훈련을 받은 전문가에 의해 수행
특수한 성격	・장기적 투자, 교육성과 평가의 어려움 ・비긴급성 ・공개성과 개방성, 독자성과 협력성

특히, 현대 교육행정은 행정력의 강화, 직무의 전문화, 합리화의 촉진, 민주적 운영, 중립화, 학교교육과 더불어 사회교육에 관심 증가 등 직무가 세분화되고 행정활동이 전문화되어 가고 있는 특징을 가지고 있다(이형행, 2007).

다. 교육행정의 원리

교육행정의 원리는 법규 면의 원리와, 운영 면의 원리로 구분할 수 있다(<표 III-4> 참조).

〈표 Ⅲ-4〉 교육행정의 원리

구분		특징
운영면	타당성	· 교육계획을 세워 실천하는 교육활동에 목적과 수단 간 괴리감 제거
	민주성	· 교육정책 수립에 있어 광범위한 참여로 교육행정에 국민의 의사를 반영하여 행정의 공개성과 공익성, 행정과정의 민주화 추구
	능률성	· 최소한 노력과 경비를 투입하고 소비를 극소화하여 최대한 효과를 올리려는 원리
	적응성	· 발전하는 사회에 신축성 있게 대응해 나감으로써 조화적 관계와 능률적 성과를 계속 확보해 가는 원리
	안정성	· 교육활동의 지속성과 안정성을 주기 위해 전통을 계승하여 장점을 강화, 발전시키는 원리
	균형성	· 원리 간의 상충을 조절하여 전체 원리 간에 조화를 도모하는 원리
법규면	합법성	· 교육행정의 모든 활동이 법률에 적합해야 하고 법률에 근거
	기회 균등	· 신앙, 사회적 신분, 경제적 지위 등에 차별 없이 누구나 능력에 따라 균등하게 교육을 받는 권리
	자주성 존중	· 교육 본질을 추구하기 위해 독자성과 자주성 존중 · 종교, 정치, 일반 행정으로부터 독립해 중립성 유지
	적도 집권	· 중앙 집권과 지방 분권이 적절하게 균형점 유지

자료: 한상길 · 김응래 · 박선환 · 박숙희 · 정미경 · 조금주(2007). 『교육학개론』. 공동체. 재구성.

라. 교육행정의 과정

교육행정의 과정을 살펴보기 전에 먼저 일반행정의 과정은 기획, 조직, 인사배치, 지시, 지시, 조정, 보고, 예산편성 등 <표 Ⅲ-5>와 같이 정리할 수 있다(Gulick & Urwick, 1937).

〈표 Ⅲ-5〉 일반행정의 과정

단계	특징
기획	· 조직의 목적을 달성하기 위해 해야 할 일과 그 일을 하는 방법에 대해 포괄적으로 윤곽을 정하는 일
조직	· 설정된 목적을 위해 업무를 배분하고 규정하며 조정하는 권한 구조를 공식적으로 수립하는 일
인사배치	· 직원을 채용하고 훈련하며 작업에 유리한 모든 조건을 유지하는 등 일체의 인사에 관한 일
지시	· 조직의 주도자로서 끊임없이 여러 가지 결정을 하며 그 결정을 구체적이고 일반적인 명령 및 지시와 봉사의 형태로 구체화하는 일
조정	· 작업의 여러 부분을 상호 관련시키는 일
보고	· 최고 집행자가 하위 직원들에게 작업의 진전 상황을 알리는 것으로 기록, 조사, 연구, 감독을 통해 자기 자신은 물론, 하위 직원들에게 상황을 알려 주는 일
예산편성	· 재정 계획, 회계 및 재정 통계의 원칙에 따라 예산을 편성하는 데 수반되는 모든 일

특히, 교육행정의 과정은 의사결정, 프로그램 짜기, 자극하기, 조정하기, 평가하기 등 5단계로 구분할 수 있다(<표 Ⅲ-6> 참조).

〈표 Ⅲ-6〉 교육행정의 과정

단계	특징
의사결정	· 문제를 분석하여 원인을 탐색하고 문제를 해결하기 위한 방법을 결정하거나 문제가 주는 부정적인 효과를 줄이기 위한 행동 전략 선택
프로그램 짜기	· 중요한 결정이 이루어진 후 그것을 수행하기 위한 프로그램 짜기(조직하기)
자극하기	· 명령이나 지식을 통해 조직 구성원 자극(지시, 명령)
조정하기	· 조직체가 조직의 목적을 달성하는 데 필요한 인적 자원과 물적 조건을 적절한 관계로 조정
평가하기	· 실행하는 과정을 지속적으로 평가하고 재평가

자료: Campell, R. F., Bridges, E. M., and Nystrand, R. O.(1983). Introduction to Educational Administration, 6th ed. Boston: Allyn and Bacon Inc. 재구성.

마. 교육행정의 이론

교육행정의 이론은 고전적 관리론, 인간관계론, 행동과학론, 체제론, 동기론, 의사결정론, 지도성이론 등 <표 Ⅲ-7>과 같이 요약할 수 있다(한상길 외, 2007).

〈표 Ⅲ-7〉 교육행정의 이론

구분		특징
고전적 관리론	과학적 관리론	· 학교의 비효율과 낭비를 제거하고 관리의 효율성을 극대화하기 위해 과학적 관리 적용 · 모든 시간에 교육시설을 활용하고 교직원 수를 최소화하여 교직원 능률을 최대한 신장시키고 교육행정에서 낭비를 최소화하며 학교행정을 교원들에게 맡기지 않고 학생들을 가르치는 데 활용 · Taylor, Bobbit
	행정 관리론	· 조직 전체의 거시적인 조직경영의 원리 및 행정원리에 관심 · 기획, 조직, 명령, 조정, 통제 · Fayol, Gulick, Urwick, Sers
	관료제론	· 현대 모든 조직에서 통치구조 또는 조직구조의 기초가 되는 이론 · 분업과 전문화, 비인격 지향성, 권위의 위계, 규칙과 규정, 경력지향성, 능률성 · Weber, Bidwell
인간관계론		· 작업실 밝기가 계전기 조립생산량과 비례하여 증가할 것이라는 가설하에 실험집단과 비교집단을 비교하였으나, 조명과 같은 물리적 요인이 아닌 심리적·사회적 요인이 더 큰 영향을 미침 (Hawthrone 실험) · 학교 내 비공식적 조직에 관심 · 민주적 지도성 중시 · 조직 구성원들의 의사소통 원활 · Mayo, Follett, Rotehlisberger
행동과학론		· 고전적 관리론과 인간관계론의 갈등을 해소하고자 새롭게 등장한 이론 · 공식조직과 비공식조직의 존재 인정 · 공식조직의 구조적 측면과 비공식적 조직 역할의 균형 · Barnard, Simon
체제론		· 환경으로부터 에너지와 정보가 투입되고 전환과정을 거쳐 산출을 하며 다시 환류시켜 재투입하는 순환 · Getzels, Guba, Thelen
동기론		· 인간에게 동기를 부여하는 특별한 요인을 식별하는 데 관심을 두는 내용이론(Maslow의 욕구위계론, Herzberg의 동기위생 이론, Alderfer의 ERG이론) · 동기를 유발하기 위해 동기요인들이 어떻게 상호작용하는가에 관심을 둔 과정이론(Vroom의 기대이론, Adams의 공정성이론, McGregor의 X·Y이론, Argyris의 미숙－성숙이론)

의사결정론	• 여러 대안 중에서 최선의 대안을 선택하는 행위 또는 미래의 행동노선을 선택하고 결정하는 행위 • 합리적 모형, 만족화 모형, 점증적 모형, 혼합형 모형, 쓰레기통 모형
지도성이론	• 조직이 추구하는 목표를 효과적으로 달성하기 위해 지도자와 추종자 간의 관계를 긍정적으로 변화시키고 그 조직의 구성원인 개인과 집단의 행동 조정 • 전통적 지도성 이론(특성이론, 행동이론, 상황이론, 상황적 지도성 이론) • 현대적 지도성 이론(카리스마적 지도성이론, 변혁적 지도성이론)

바. 교육재정

교육재정은 국가나 지방공공단체가 교육활동에 필요한 제반 경비를 공권력에 의해 확보하여 관리·지출하는 일련의 활동으로서, 공경제활동, 교육활동의 수단, 교육경비의 획득·배분·관리 기능을 수행한다(한은숙·김종두, 2008). 이러한 교육재정 가운데 가장 중요한 교육예산 원칙은 사전승인의 원칙, 공개성의 원칙, 명료성의 원칙, 완전성의 원칙, 단일성의 원칙, 엄밀성의 원칙, 한정성의 원칙, 통일성의 원칙 등 <표 Ⅲ-8>과 같이 정리할 수 있다.

〈표 Ⅲ-8〉 교육예산의 원칙

원칙	개념
사전승인	• 예산은 집행하기 전에 국회 의견을 거쳐야 함
공개성	• 예산안 편성, 심의, 의결, 집행, 결산을 국민에게 공개
명료성	• 예산은 국민에게 이해될 수 있도록 명료하게 편성
완전성	• 세입과 세출은 모두 예산에 편입되어야 하는 예산 총계주의
단일성	• 국가 회계연도를 종합적으로 밝히고 예산 항목 간 상호 관련성을 명확히 하기 위해 예산이 단일해야 함
엄밀성	• 예산과 결산의 일치
한정성	• 예산의 각 항목은 서로 분명한 한계
통일성	• 세입과 세출은 통일적으로 정리되고 전체 세입에서 세출이 지변되어야 함 • 수지 간 담보금지 원칙

자료: 조영일(2003). 『새로운 접근의 교육학개론』. 교육과학사. 재구성.

사. 교육예산

교육예산은 일반회계예산과 특별회계예산, 본예산·수정예산·추가경정예산, 잠정예산·가예산·준예산 등으로 구분되는데, <표 Ⅲ-9>와 같다.

〈표 Ⅲ-9〉 교육예산의 유형

구분	개념
일반회계예산	・일반적인 재정 수입(조세, 전매수입 등)
특별회계예산	・국가가 특정 사업을 운영할 경우, 특정 자금을 보유한 경우, 특정한 세입으로 특정한 세출 충당
본예산	・정상적인 회계절차를 거쳐 당초 성립한 예산
수정예산	・정부가 예산안을 국회에 제출한 후 심의, 확정되기 전에 부득이한 사정으로 내용의 일부를 수정하여 확정된 예산
추가경정예산	・예산이 확정된 후 생긴 사유로 인해 이미 성립된 예산을 수정한 예산
잠정예산	・수개월분에 해당하는 예산을 잠정적으로 지출하도록 허가하는 예산
가예산	・부득이한 사유로 예산이 국회 통과하지 못할 경우 1개월분의 금액을 의결로 집행할 수 있는 예산
준예산	・회개연도 개시일 30일 전까지 예산이 성립되지 못할 경우 전년도에 준해서 지출하는 예산

자료: 한은숙・김종두(2008). 『교육학개론』. 교육과학사. 재구성.

2. 장학

가. 장학의 개념

장학의 본질을 이해할 수 있는 몇 가지 결정요인을 제시하면 다음과 같다(김정한, 2003).

첫째, 장학이란 교사를 대상으로 하는 봉사활동으로서 교사의 교육행위의 변화를 전문적으로 조력해 줌으로써 교사의 성장, 전문성 개발, 문제해결력 등을 키워 주는 활동이다.

둘째, 장학의 초점은 교수–학습 개선에 있고 효과적 수업을 통하여 학생의 학습의 효과를 증진시키는 활동이다.

셋째, 장학은 수업과정에 직접 영향을 미치는 교사, 교육과정, 교육환경, 교육운영 등 인적・물적 과정적 자원을 변화시키고 조정하는 활동이다.

따라서 장학이란 수업개선, 경영과 지도성, 인간관계, 인적 자원 개발 등 복합적인 과정으로서 교사나 다른 교육자들이 학교의 교수–학습의 질을 향상시키기 위하여 협력적・동료적으로 함께 일하는 과정이며 교사의 평생발달이 일어날 수 있게 돕는 과정이다.

다시 말하면, 장학은 교수・학습의 효율화를 목적으로 교사의 전문성의 신장, 교육과정의 운영 및 학교경영의 합리화를 위해 제공되는 지도, 조언・조정, 정보제공, 자원봉사 등 일련의 전문적・기술적 활동이라 할 수 있다(임호성, 2002).

나. 장학의 원리

장학의 원리는 장학의 개념처럼 학자들마다 다양하게 제시하고 있지만 공통점을 발견할 수 있다. Parker는 효과적인 장학을 위한장학의 원리로 다음과 같이 계획, 필요성, 협력, 전문성, 효과, 지역성, 민주적 지도성 등 <표 Ⅲ-10>과 같이 제시하였다(김종철, 1982).

<표 Ⅲ-10> Parker의 장학 원리

장학의 원리	개념
계획의 원리	장학은 계획성을 지니고 있으며, 교내 교육을 실천하고 운영하는 수단으로서 학교운영에 있어서 계획성이 요구됨
필요성의 원리	장학은 형식적이어서는 안 되고 교수-학습개선에 초점을 두고 상호 신뢰하는 분위기에서 교사의 문제해결 및 필요에 부응
협력의 원리	장학은 상호작용의 과정으로서, 교사는 자기 발전을 위하여 전문성을 고취시키고 보다 능동적으로 참여해야 하며 장학담당자는 감독적 위치가 아니라 조언자적 입장에서 지도
전문성의 원리	교사의 교수-학습향상에 대한 전문적 지식과 기술을 토대로 장학이 전개될 때 권위와 신뢰가 뒤따르고 장학의 목적 달성 가능
효과의 원리	장학의 평가는 여러 가지 방법을 활용하고 적용하여 그 목적에 어느 정도 기여했는지 확인할 필요
지역성의 원리	지역의 특수성에 맞춰 학교를 경영하고 학교교육이 사회 발전에 기여
민주적 지도성의 원리	학교장의 민주적 지도성 발휘가 중요하고 전 교직원들의 적극적인 협조 요구

특히, 자율화·민주화·개방화를 지향하는 시대적 변화추세를 고려할 때, 보다 효과적인 장학이 되기 위하여 <표 Ⅲ-11>과 같이 시대적 변화추세를 고려한 장학의 원리를 제시할 수 있다.

<표 Ⅲ-11> 시대적 변화추세를 고려한 장학의 원리

장학의 원리	개념
학교 중심성 존중	학교현장의 인적·물적 조건 및 조직적·사회심리적 특성을 존중
자율성 존중	학교기관으로서 자율성과 학교 내 구성원으로서 자율성을 존중
협력성 존중	장학담당자, 학교관리자, 고직원, 외부인사 등 협력적인 공동 노력 유도
다양성 존중	학교현장의 조건·특성 및 교직원의 필요·요구에 기초한 다양한 내용과 방법 활용
계속성 존중	일시적·단기적이 아니라, 계속적·장기적인 방향
자기 발전성 존중	기관으로서 학교의 발전, 학교 내 구성원으로서 개인의 발전, 장학담당자의 발전 도모

자료: 이윤식(1999). 『장학론-유치원·초등·중등 자율장학론』. 서울: 교육과학사, 재구성.

다. 장학의 유형

장학의 유형은 시각에 따라 달리 해석할 수 있다. 장학의 조직, 주체, 내용, 방법 등에 따라 구분되기도 하고, 연구자의 관점이나 실무자의 편의에 따라 다르게 구분되기 때문에 다양한 방식으로 분류할 수 있다. 이렇게 장학의 개념이 다양한 것처럼 장학의 유형도

<표 III-12>, <표 III-13>과 같이 다양하게 분류할 수 있다.

〈표 III-12〉 장학의 조직과 주체에 따른 장학의 유형

연구자	분류 기준	장학의 유형
강영삼 (1994)	교육조직의 수준	① 문교장학 ② 학무장학 ③ 수업장학 ④ 임상장학
주삼환 (1984)	교육조직의 수준	① 교육부장학 ② 교육청장학 ③ 교내장학
윤정일 외 (1995)	장학의 형태	① 종합장학 ② 확인장학 ③ 수업장학 ④ 개별장학 ⑤ 요청장학 ⑥ 자율장학 ⑦ 교내장학
	장학의 방법	① 일반장학 ② 특수장학 ③ 협동장학 ④ 통신장학
김윤태 (1995)	장학의 주체	① 행정장학-교육부장학-지방교육행정기관 장학 ② 교내자율장학-임상장학-동료장학-자율적 장학-행정적 감독
이윤식 (1999)	장학의 주체	① 교육행정기관이 주도하는 행정적 장학-역할로서의 장학 ② 교직원들이 협력적·자율적 성격이 강한 자율장학-과정으로서의 장학
윤보영 (1999)	수업개선 관련정도	① 일반장학 ② 수업장학 ③ 임상장학
	교사의 참여정도	① 참여장학 ② 동료장학 ③ 자기장학
김명대 (1996)	장학의 발전단계	① 전통적(과학적 관리)장학 ② 인간관계장학 ③ 인간자원론 장학

〈표 III-13〉 연구자의 관점이나 실무자의 편의에 따른 장학의 유형

연구자	장학의 유형	장학의 방법
강영삼	문교장학 학무장학 수업장학 임상장학	임상장학, 동료장학 자기장학, 행정적 확인장학 선택적 장학
조병효	일반장학 수업장학 임상장학	임상장학, 동료장학 자기장학, 확인장학 교내연수
주삼환	일반장학 수업장학 임상장학	전통적장학 동료장학 자기장학, 확인장학 교내연수
이윤식	교내자율장학	수업장학, 동료장학 자기장학, 전통적 장학 교내연수
변영계	일반장학 수업장학 임상장학	임상장학, 동료장학 자기장학, 약식장학 교내연수
강영삼 외 4인	일반장학 수업장학 임상장학	임상장학, 동료장학 자기장학, 약식장학 선택적 장학

자료: 차광숙(2003). 「교내 자율장학 활성화 방안에 관한 연구」. 석사학위논문. 경주대학교 교육대학원.

한편, 교육행정기관이 주도하는 장학, 즉 교육부 장학, 시·도교육청 장학, 지역교육청 장학은 <표 Ⅲ-14>와 같이 다양한 형태와 방법으로 전개되고 있다(이윤식, 1999)

〈표 Ⅲ-14〉 교육행정기관이 주도하는 장학의 유형과 방법

유형	개념	방법
종합장학	교육시책 추진사항, 교육과정운영, 학교경영 등 전반 영역에 대해 종합적으로 수명의 장학지도반이 실시하는 장학	학교현황 파악, 수업참관, 협의, 확인, 평가
담임장학	각 학교 담당 장학사가 해당 학교교육활동 전반에 대해 수시로 실시하는 장학	상담, 협의, 참관, 확인, 평가
표집장학	학교별 또는 주제별로 학교를 무선표집하는 장학	학교경영 또는 주제활동을 점검·협의·지원
확인장학	장학지도시 시정·보완 지시사항에 대한 이행을 확인하거나 학교경영활동을 확인하기 위한 장학	지시사항 및 학교경영사항 확인
요청장학	학교의 필요에 의해 장학사를 초청하여 실시하는 장학	수업참관, 연구회 참석, 상담, 협의
특별장학	특별한 문제가 발생하거나 발생이 우려될 때 해당 문제의 해결이나 예방을 위하여 실시하는 장학	지도, 조언
협동장학	장학사, 학교관리자, 교사 등 장학협동체를 구성하여 실시하는 장학	장학협동체 구성, 협의, 정보교환
개별장학	장학사 개인별로 담당 학교에 대해 실시하는 장학	상담, 협의, 참관, 확인, 평가
교과장학	각 교과별로 교과담당 장학사가 해당 교과활동 중심으로 실시하는 장학	수업참관, 수업협의
교과장학	교과장학 담당자가 교과관련 교육정책 수립, 교육과정 운영지도, 교구설비의 확보와 사용계획 수립·조정·보급, 자료개발과 연구·실험·시범학교의 운영, 각종 교원연수 및 학교의 교과 관련 교육행사를 지도하는 장학	교육정책 수립, 교육과정 운영지도, 교육행사 지도
일반장학	학교교육활동 또는 사업내용에 대하여 협의·검토, 지도·조언하는 장학	협의, 검토, 지도, 조언
방문장학	학교의 요청 또는 교육행정기관의 필요에 따라 해당 학교 담당 장학사나 해당 업무 담당장학사가 학교를 방문하여 실시하는 장학	요청, 방문
통신장학	교육과정운영, 학교경영, 기타 학교에서 질의·협의 요청한 사항에 대해 통신수단을 이용하여 지도·조언하는 장학	통신수단을 이용한 지도·조언

교육행정 및 장학 기출문제 풀이

1. <보기>와 같은 원칙을 제시하고 있는 교육행정이론은? <2008. 초등>

〈보기〉

○ 교육에서의 낭비 요소를 최대한 제거하여야 한다.
○ 가능한 한 모든 시간에 모든 교육시설을 활용하여야 한다.
○ 교직원의 작업능률을 최대로 유지하며, 교직원의 수를 최소로 감축하여야 한다.
○ 교사들에게 학교행정을 맡기기보다는 학생들을 가르치는 데에 전념하도록 한다.

---

① 행동과학론　　② 인간관계론
③ 과학적 관리론　④ 사회체제론

【해설】 보기는 과학적 관리론에 관련된 내용으로 보비트가 제시한 과학적 관리의 원칙으로 볼 수 있다. 과학적 관리론은 인간을 효율적인 기계와 같이 할 수 있다고 가정한다.
【정답】 ③

2. 장학의 유형 중 컨설팅장학의 특징을 가장 잘 설명한 것은? <2008. 초등>

① 교육청이 주제별로 학교를 무선 표집하여 주제 활동을 점검한다.
② 장학지도반이 교육청의 시책에 대한 학교별 추진사항을 파악하고 평가한다.
③ 각 학교 담당 장학사가 이전 장학지도 시의 지시사항에 대한 이행 여부를 확인한다.
④ 교원의 의뢰에 따라 전문성을 갖춘 장학요원들이 교원들의 직무상 문제를 진단하고 해결을 위한 대안 마련 및 실행 과정을 지원한다.

【해설】 컨설팅장학은 단위학교 및 학교현장의 현안 과제에 대해서 교육청 장학 담당자와 교원들이 함께 해결방안을 모색하는 장학의 유형이며 요청장학, 종합장학과 연계한다. 이와 관련된 내용이 ④이다.
【정답】 ④

3. <보기>에서 '인력수요 접근법(manpower approach)'에 의한 교육계획의 수립 절차를 순서대로 바르게 나열한 것은? <2008. 중등>

〈보기〉

ㄱ. 교육자격별 노동력의 부족분 계산
ㄴ. 인력수요 자료의 교육수요 자료로의 전환

ㄷ. 학교수준 및 학교종류(학과)별 적정 양성규모 추정
ㄹ. 기준 연도와 추정 연도의 산업부문별, 직종별 인력 변화 추정

① ㄱ→ㄷ→ㄴ→ㄹ　　② ㄱ→ㄹ→ㄷ→ㄴ
③ ㄹ→ㄴ→ㄱ→ㄷ　　④ ㄹ→ㄷ→ㄴ→ㄱ

【해설】 인력수요 접근법은 인력수요를 예측하고 그에 기초하여 인력수요를 충족시키도록 교육면의 공급을 조절해 나가는 방법으로, 목표연도의 인력수요를 추정한 다음 그것을 교육자격별 인력수요 자료로 전환하고 추정된 노동력의 교육자격별 구조와 현재의 교육자격별 노동구력 구조를 비교하여 부족분을 계산하고 끝으로 교육수준별 부문(종류)별로 적정 양성 규모를 추정한다.

【정답】 ③

4. <보기> 중 각 공립학교에서 운영비를 확보하는 방식을 바르게 설명한 것을 모두 고른 것은? <2008. 중등>

〈보기〉

ㄱ. 수업료 등 학생 납입금액은 각 학교가 자체적으로 결정하여 징수한다.
ㄴ. 학교별로 배분되는 운영비가 부족할 경우 각 학교는 공채를 발행하여 보충한다.
ㄷ. 교육세로 확보한 재정은 각 지방자치단체에 배분되고, 각 지방자치단체는 그 재정을 공립학교에 배분한다.
ㄹ. 지방교육재정교부금의 대부분은 내국세의 법정 비율로 확보되어 각 지방자치단체를 통해 공립학교로 배분된다.

① ㄱ, ㄷ　　② ㄷ, ㄹ
③ ㄱ, ㄴ, ㄹ　　④ ㄴ, ㄷ, ㄹ

【해설】 'ㄷ'과 'ㄹ'은 지방교육재정교부금법에 제시되어 있다.
【정답】 ②

5. 서지오바니의 인적 자원론적 장학의 관점을 가장 잘 나타낸 것은? <2009. 초등>

① 교사의 만족도가 증가하면 학교의 효율성이 증가하고, 이를 통해 공동의 의사결정이 달성된다.
② 교사의 만족도가 증가하면 공동의 의사결정이 달성되고, 이를 통해 학교의 효율성이 증가된다.
③ 학교의 효율성이 증가하면 만족도가 증가하고, 이를 통해 공동의 의사결정이 달성된다.
④ 공동의 의사결정을 도입하고 나면 학교의 효율성이 증가하고, 이를 통해 교사의 만족도가 증가한다.
⑤ 공동의 의사결정을 도입하고 나면 교사의 만족도가 증가하고, 이를 통해 학교의 효율성이 증가한다.

【해설】인적 자원적 장학에서는 학교의 효과성을 증대시킬 목적으로 교사들을 의사결정에 참여시키고, 그 결과 교사들은 중요하고 뜻있는 일을 성취하는 경험을 통해 직무만족을 느끼게 된다고 본다.

【정답】④

6. 중등학교의 교육과 학교행정에 관한 현행 우리나라 법률의 내용으로 옳은 것을 모두 고른 것은? <2009. 중등>

> ㄱ. 모든 국민은 6년의 초등교육과 3년의 중등교육을 받을 권리를 가진다.
> ㄴ. 학생의 자치활동은 권장, 보호되며, 그 조직 및 운영에 관한 기본적인 사항은 법률로 정한다.
> ㄷ. 학교의 설립자, 경영자와 학교의 장은 헌법과 국제인권조약에 명시된 학생의 인권을 보장하여야 한다.
> ㄹ. 학생의 진급 또는 졸업은 학기제에 의한다. 그러나 학교의 장은 필요한 경우 자율적으로 학년제를 채택할 수 있다.
> ㅁ. 학교의 장은 교육상 필요할 때에는 법령 및 학칙이 정하는 바에 의하여 학생을 징계하거나 기타의 방법으로 지도할 수 있다. 다만, 의무교육과정에 있는 학생을 퇴학시킬 수 없다.

① ㄱ, ㄷ   ② ㄴ, ㄹ   ③ ㄱ, ㄷ, ㅁ
④ ㄱ, ㄴ, ㄹ, ㅁ   ⑤ ㄴ, ㄷ, ㄹ, ㅁ

【해설】'ㄱ'은 교육기본법 제 8조에 명시되어 있고 'ㄷ'은 초·중등 교육법 제18조의 4에 명시되어 있다. 'ㅁ'은 초·중등 교육법 제18조 제1항에 명시되어 있다.

【정답】③

7. 다음의 학교예산 편성과정에 활용한 예산편성 기법으로 가장 적절한 것은?
<2009. 중등>

> 올해 9월 A중학교에 부임한 김 교장은 금년도 예산에 구애받지 않고, 모든 사업과 활동을 전면적으로 재검토하여 내년도 사업계획안을 마련하였다. 그리고 교직원 회의를 거쳐 사업의 우선순위를 결정한 다음, 김 교장은 이에 근거하여 한정된 예산을 우선순위에 따라 배분하는 내년도 예산안을 편성하여 학교운영위원회의 심의를 거쳐 확정하였다.

① 목표관리제도   ② 기획예산제도   ③ 품목별 예산제도
④ 영 기준 예산제도   ⑤ 성과주의 예산제도

【해설】영 기준 예산제도는 전년도의 사업을 전혀 고려하지 않고, 학교계획의 목표에 따라 신년도 사업을 재평가하여 우선순위를 정하고 한정된 예산을 배분하는 것이다. 이는 학교경영에 전

직원을 참여하도록 유도하여 창의적이고 자발적인 사업구상과 실행을 유인할 수 있게 한다.
【정답】④

8. 다음은 어떤 교육행정이론에 대한 설명이다. 이 이론을 적용한 학교행정의 특징으로 옳은 것을 <보기>에서 모두 고른 것은? <2010. 중등>

○ 교육행정의 민주화에 공헌하였다.
○ 비공식 집단의 중요성을 강조한다.
○ 인간은 경제적 요인보다는 사회적·심리적 요인으로 동기 유발된다.

〈보기〉

ㄱ. 조직 구성원 간의 권위의 위계가 명확하다.
ㄴ. 동료 교사 간의 인간관계와 교사의 개인적 사정에 대한 배려를 중시한다.
ㄷ. 교사와 행정직원의 역할 구분이 명확하여 교사는 가르치는 일에 전념한다.
ㄹ. 교장은 의사결정 과정에 교사 친목회, 교사 동호회의 의견을 반영한다.
ㅁ. 교원 평가결과를 바탕으로 성과 상여금을 지급한다.

① ㄱ, ㄷ   ② ㄱ, ㅁ   ③ ㄴ, ㄹ
④ ㄱ, ㄷ, ㄹ   ⑤ ㄴ, ㄹ, ㅁ

【해설】 문제에 제시된 이론은 인간관계론으로 이는 과학적 관리론에서 야기된 인간의 소외현상, 주체성 상실 등의 결함을 보완하고 인간의 정서적·비합리적 면을 중시하여 작업능률을 향상시키기 위해 대두된 이론이다. 이와 관련하여 옳은 내용은 'ㄴ'과 'ㄹ'이다.
【정답】③

9. 다음은 어느 교육청의 인사발령에 관한 내용이다. (ㄱ)~(ㅁ) 중 전직(轉職)에 해당하는 것을 모두 고른 것은? <2010. 중등>

(ㄱ) 교육청 중등교육과장(장학관)이 A중학교의 교장으로 부임하였고, (ㄴ) 이전 교장은 인근 고등학교의 교장으로 이동하였다. 한편 (ㄷ) 관내 초등학교 교사가 A중학교 국어교사로 부임하였고, (ㄹ) 이전 국어교사는 교육청의 장학사로 이동하였다. 또한 (ㅁ) 교육청 중등교육과장(장학관)에는 교육연수원에 근무하던 교육연구관이 임용되었다.

① (ㄱ), (ㄹ)   ② (ㄴ), (ㅁ)   ③ (ㄴ), (ㄷ), (ㅁ)
④ (ㄱ), (ㄴ), (ㄷ), (ㄹ)   ⑤ (ㄱ), (ㄷ), (ㄹ), (ㅁ)

【해설】 'ㄴ'은 전보에 해당하는 내용이다.

【정답】⑤

10. 다음 내용에 가장 부합하는 교육정책 결정 모형은? <2011. 초등>

· 정책 결정이 항상 합리적으로 이루어지는 것은 아니다.
· 부족한 자원, 불충분한 정보, 불확실한 상황 등이 정책의 합리성을 제약한다.
· 때때로 직관이나 초합리적인 생각도 정책을 결정하는 데 중요한 요인이 된다.
· 창의적인 정책 결정에 도움을 주지만, 너무 이상에만 치우칠 수 있다는 비판을 받는다.

① 최적 모형(optimal model)
② 만족 모형(satisfying model)
③ 점증 모형(incremental model)
④ 혼합 모형(mixed-scanning model)
⑤ 쓰레기통 모형(garbage can model)

【해설】 최적 모형에 대한 설명으로 점증 모형의 타성적이고 현실안주적인 성격을 비판하면서 드로어가 제안하였다. 의사결정 시 합리적 요소뿐만 아니라 직관적 판단이나 상상력과 같은 초합리성도 고려하여 모든 가능성을 검토한다.
【정답】①

Ⅳ. 교육제도 및 법규

1. 교육제도

가. 학제의 유형

학제는 계통성을 중심으로 하는 복선형 제도와 단계성을 중심으로 하는 단선형 제도로 구분되는데, 과거에는 국가 간에 복선형 제도와 단선형 제도의 형태가 뚜렷하게 구별되었지만, 최근에는 각국 교육제도의 장점을 서로 인정하거나 모방하는 방식으로 발전하고 있기 때문에, 점차 뚜렷한 구분이 사라지고 있는 실정이다.

특히, 단선형 학제와 복선형 학제, 분기형 학제를 서로 비교해 보면 <표 Ⅳ-1>과 같이 정리할 수 있다(이정표 · 권영신, 2008; 이형행, 2007).

〈**표 Ⅳ-1**〉 단선형 학제와 복선형 학제의 비교

단선형	복선형	분기형
· 모든 국민들이 단일체계의 학교교육을 받는 제도 · 사회계층, 종교, 성별에 구애받지 않고 누구나 능력에 따라 취학, 진학 가능 · 계층형 · 미국 중심의 민주형 학제	· 둘 이상의 학교계통으로 나누어지는 형태 · 서로 다른 체계 간의 학생 이동이 불가능한 제도 · 단계성보다 계통성 중시 · 유럽권 중심으로 발전 · 유럽형 학제	· 단선형과 복선형의 중간 형태 · 복선형의 기초학교 부분이 통일되고 그 위에 동격이 아닌 복수의 학교계통이 병존하는 학교제도 · 영국과 독일의 최근 학제

한편, 우리나라 학제의 주요 특징을 살펴보면 첫째, 기간학제로서 초등학교, 중학교, 고등학교, 대학교로 연결되는 학교계통으로 세워졌는데 6-3-3-4의 연계를 이루어 총 교육연한은 16년이고 둘째, 교원양성 교육기관으로서 교육대학, 사범대학, 한국교원대학교가 있으며 수업연한은 4년제 대학과 동일하며 셋째, 고등학교 중에 농 · 공 · 상 · 수산 · 가정 · 가사 등 전문계 고등학교가 있으나 이는 주로 교육과정 중 전문계열 과목의 비중에 의해 결정되기 때문에, 단선형 기간학제라 할 수 있다. 넷째, 전문직업인 양성을 목적으로 하는 고등교육기관으로 2년~3년제 과정의 전문대학 제도가 신설되었고 다섯째, 기간학제와 병립하여 일종의 사회교육기관으로서 공민학교(3년), 고등공민학교(1년 이상 3년), 고등기술학교(1년 이상 3년)의 계통이 있어 어느 정도 복선형 요소를 내포하며 끝으로 맹아 · 농

아·정신박약아 등의 교육기관으로서 특수학교, 방송통신고등학교, 산업체 부설 중·고등학교, 취학 전 교육기관으로서 유치원 등의 학교가 있다.

그러나 최근 학제는 대학교육의 종전 엘리트교육에서 대중교육으로 전환, 인적 자원 개발의 강조, 정보화 추세 가속화, 지식기반사회 심화, 교육제도로의 학제 범위 확장, 현행 교육제도의 경직성과 운영의 획일성, 청소년 성장 발달의 조기화, 교육기간의 장기화에 따른 사회진출 시기의 지연, 수요자에 대한 민감한 교육 지원, 세계화의 가속화에 대비한 국제적 표준에 따른 학제 개편 등의 이유로 개편의 필요성이 대두되고 있다(이정표·권영신, 2008).

2. 교육기본법

가. 제1장 총칙

제1조(목적) 이 법은 교육에 관한 국민의 권리·의무 및 국가·지방자치단체의 책임을 정하고 교육제도와 그 운영에 관한 기본적 사항을 규정함을 목적으로 한다.

제2조(교육이념) 교육은 홍익인간(弘益人間)의 이념 아래 모든 국민으로 하여금 인격을 도야(陶冶)하고 자주적 생활능력과 민주시민으로서 필요한 자질을 갖추게 함으로써 인간다운 삶을 영위하게 하고 민주국가의 발전과 인류공영(人類共榮)의 이상을 실현하는 데에 이바지하게 함을 목적으로 한다.

제3조(학습권) 모든 국민은 평생에 걸쳐 학습하고, 능력과 적성에 따라 교육받을 권리를 가진다.

제4조(교육의 기회균등) ① 모든 국민은 성별, 종교, 신념, 인종, 사회적 신분, 경제적 지위 또는 신체적 조건 등을 이유로 교육에서 차별을 받지 아니한다. ② 국가와 지방자치단체는 학습자가 평등하게 교육을 받을 수 있도록 지역 간의 교원 수급 등 교육여건 격차를 최소화하는 시책을 마련하여 시행하여야 한다.

제5조(교육의 자주성 등) ① 국가와 지방자치단체는 교육의 자주성과 전문성을 보장하

여야 하며, 지역 실정에 맞는 교육을 실시하기 위한 시책을 수립·실시하여야 한다. ② 학교운영의 자율성은 존중되며, 교직원·학생·학부모 및 지역주민 등은 법령으로 정하는 바에 따라 학교운영에 참여할 수 있다.

제6조(교육의 중립성) ① 교육은 교육 본래의 목적에 따라 그 기능을 다하도록 운영되어야 하며, 정치적·파당적 또는 개인적 편견을 전파하기 위한 방편으로 이용되어서는 아니 된다. ② 국가와 지방자치단체가 설립한 학교에서는 특정한 종교를 위한 종교교육을 하여서는 아니 된다.

제7조(교육재정) ① 국가와 지방자치단체는 교육재정을 안정적으로 확보하기 위하여 필요한 시책을 수립·실시하여야 한다. ② 교육재정을 안정적으로 확보하기 위하여 지방교육재정교부금 등에 관하여 필요한 사항은 따로 법률로 정한다.

제8조(의무교육) ① 의무교육은 6년의 초등교육과 3년의 중등교육으로 한다. ② 모든 국민은 제1항에 따른 의무교육을 받을 권리를 가진다.

제9조(학교교육) ① 유아교육·초등교육·중등교육 및 고등교육을 하기 위하여 학교를 둔다. ② 학교는 공공성을 가지며, 학생의 교육 외에 학술 및 문화적 전통의 유지·발전과 주민의 평생교육을 위하여 노력하여야 한다. ③ 학교교육은 학생의 창의력 계발 및 인성(人性) 함양을 포함한 전인적(全人的) 교육을 중시하여 이루어져야 한다. ④ 학교의 종류와 학교의 설립·경영 등 학교교육에 관한 기본적인 사항은 따로 법률로 정한다.

제10조(사회교육) ① 국민의 평생교육을 위한 모든 형태의 사회교육은 장려되어야 한다. ② 사회교육의 이수(履修)는 법령으로 정하는 바에 따라 그에 상응하는 학교교육의 이수로 인정될 수 있다. ③ 사회교육시설의 종류와 설립·경영 등 사회교육에 관한 기본적인 사항은 따로 법률로 정한다.

제11조(학교 등의 설립) ① 국가와 지방자치단체는 학교와 사회교육시설을 설립·경영한다. ② 법인이나 사인(私人)은 법률로 정하는 바에 따라 학교와 사회교육시설을 설립·경영할 수 있다.

나. 제2장 교육당사자

제12조(학습자) ① 학생을 포함한 학습자의 기본적 인권은 학교교육 또는 사회교육의 과정에서 존중되고 보호된다. ② 교육내용, 교육방법, 교재 및 교육시설은 학습자의 인격을 존중하고 개성을 중시하여 학습자의 능력이 최대한으로 발휘될 수 있도록 마련되어야 한다. ③ 학생은 학습자로서의 윤리의식을 확립하고, 학교의 규칙을 준수하여야 하며, 교원의 교육·연구활동을 방해하거나 학내의 질서를 문란하게 하여서는 아니 된다.

제13조(보호자) ① 부모 등 보호자는 보호하는 자녀 또는 아동이 바른 인성을 가지고 건강하게 성장하도록 교육할 권리와 책임을 가진다. ② 부모 등 보호자는 보호하는 자녀 또는 아동의 교육에 관하여 학교에 의견을 제시할 수 있으며, 학교는 그 의견을 존중하여야 한다.

제14조(교원) ① 학교교육에서 교원(敎員)의 전문성은 존중되며, 교원의 경제적·사회적 지위는 우대되고 그 신분은 보장된다. ② 교원은 교육자로서 갖추어야 할 품성과 자질을 향상시키기 위하여 노력하여야 한다. ③ 교원은 교육자로서의 윤리의식을 확립하고, 이를 바탕으로 학생에게 학습윤리를 지도하고 지식을 습득하게 하며, 학생 개개인의 적성을 계발할 수 있도록 노력하여야 한다. ④ 교원은 특정한 정당이나 정파를 지지하거나 반대하기 위하여 학생을 지도하거나 선동하여서는 아니 된다. ⑤ 교원은 법률로 정하는 바에 따라 다른 공직에 취임할 수 있다. ⑥ 교원의 임용·복무·보수 및 연금 등에 관하여 필요한 사항은 따로 법률로 정한다.

제15조(교원단체) ① 교원은 상호 협동하여 교육의 진흥과 문화의 창달에 노력하며, 교원의 경제적·사회적 지위를 향상시키기 위하여 각 지방자치단체와 중앙에 교원단체를 조직할 수 있다. ② 제1항에 따른 교원단체의 조직에 필요한 사항은 대통령령으로 정한다.

제16조(학교 등의 설립자·경영자) ① 학교와 사회교육시설의 설립자·경영자는 법령으로 정하는 바에 따라 교육을 위한 시설·설비·재정 및 교원 등을 확보하고 운용·관리한다. ② 학교의 장 및 사회교육시설의 설립자·경영자는 법령으로 정하는 바에 따라

학습자를 선정하여 교육하고 학습자의 학습성과 등 교육의 과정을 기록하여 관리한다. ③ 학교와 사회교육시설의 교육내용은 학습자에게 미리 공개되어야 한다.

제17조(국가 및 지방자치단체) 국가와 지방자치단체는 학교와 사회교육시설을 지도·감독한다.

다. 제3장 교육의 진흥

제17조의 2(남녀평등교육의 증진) ① 국가와 지방자치단체는 남녀평등정신을 보다 적극적으로 실현할 수 있는 시책을 수립·실시하여야 한다. ② 국가 및 지방자치단체와 제16조에 따른 학교 및 사회교육시설의 설립자·경영자는 교육을 할 때 합리적인 이유 없이 성별에 따라 참여나 혜택을 제한하거나 배제하는 등의 차별을 하여서는 아니 된다. ③ 제1항에 따른 시책에는 체육·과학기술 등 여성의 활동이 취약한 분야를 중점 육성할 수 있는 교육적 방안이 포함되어야 한다. ④ 학교교육에서 남녀평등을 증진하기 위한 학교교육과정의 기준과 내용 등 대통령령으로 정하는 사항에 관한 교육과학기술부장관의 자문에 응하기 위하여 남녀평등교육심의회를 둔다<개정 2008.2.29>. ⑤ 제4항에 따른 남녀평등교육심의회 위원의 자격·구성·운영 등에 필요한 사항은 대통령령으로 정한다.

제17조의 3(학습윤리의 확립) 국가와 지방자치단체는 모든 국민이 학업·연구·시험 등 교육의 모든 과정에 요구되는 윤리의식을 확립할 수 있도록 필요한 시책을 수립·실시하여야 한다.

제17조의 4(건전한 성의식 함양) ① 국가와 지방자치단체는 학생의 존엄한 성(性)을 보호하고 학생에게 성에 대한 선량한 정서를 함양시킬 수 있도록 필요한 시책을 수립·실시하여야 한다. ② 제1항에 따른 시책에는 학생 개인의 존엄과 인격이 존중될 수 있는 교육적 방안과 남녀의 성 특성을 고려한 교육·편의시설 마련 방안이 포함되어야 한다.

제18조(특수교육) 국가와 지방자치단체는 신체적·정신적·지적 장애 등으로 특별한 교육적 배려가 필요한 자를 위한 학교를 설립·경영하여야 하며, 이들의 교육을 지원하기

위하여 필요한 시책을 수립·실시하여야 한다.

제19조(영재교육) 국가와 지방자치단체는 학문·예술 또는 체육 등의 분야에서 재능이 특히 뛰어난 자의 교육에 필요한 시책을 수립·실시하여야 한다.

제20조(유아교육) 국가와 지방자치단체는 유아교육을 진흥하기 위하여 필요한 시책을 수립·실시하여야 한다.

제21조(직업교육) 국가와 지방자치단체는 모든 국민이 학교교육과 사회교육을 통하여 직업에 대한 소양과 능력을 계발하기 위한 교육을 받을 수 있도록 필요한 시책을 수립·실시하여야 한다.

제22조(과학·기술교육) 국가와 지방자치단체는 과학·기술교육을 진흥하기 위하여 필요한 시책을 수립·실시하여야 한다.

제22조의 2(학교체육) 국가와 지방자치단체는 학생의 체력 증진과 체육활동 장려에 필요한 시책을 수립·실시하여야 한다.

제23조(교육의 정보화) 국가와 지방자치단체는 정보화교육 및 정보통신매체를 이용한 교육을 지원하고 교육정보산업을 육성하는 등 교육의 정보화에 필요한 시책을 수립·실시하여야 한다.

제23조의 2(학교 및 교육행정기관 업무의 전자화) 국가와 지방자치단체는 학교 및 교육행정기관의 업무를 전자적으로 처리할 수 있도록 필요한 시책을 마련하여야 한다.

제23조의 3(학생정보의 보호원칙) ① 학교생활기록 등의 학생정보는 교육적 목적으로 수집·처리·이용 및 관리되어야 한다. ② 부모 등 보호자는 자녀 등 피보호자에 대한 제1항의 학생정보를 제공받을 권리를 가진다. ③ 제1항에 따른 학생정보는 법률로 정하는 경우 외에는 해당 학생(학생이 미성년자인 경우에는 학생 및 학생의 부모 등 보호자)의

동의 없이 제3자에게 제공되어서는 아니 된다.

제24조(학술문화의 진흥) 국가와 지방자치단체는 학술문화를 연구·진흥하기 위하여 학술문화시설 설치 및 연구비 지원 등의 시책을 수립·실시하여야 한다.

제25조(사립학교의 육성) 국가와 지방자치단체는 사립학교를 지원·육성하여야 하며, 사립학교의 다양하고 특성 있는 설립목적이 존중되도록 하여야 한다.

제26조(평가 및 인증제도) ① 국가는 국민의 학습성과 등이 공정하게 평가되어 사회적으로 통용될 수 있도록 학력평가와 능력인증에 관한 제도를 수립·실시할 수 있다. ② 제1항에 따른 평가 및 인증제도는 학교의 교육과정 등 교육제도와 상호 연계되어야 한다.

제26조의 2(교육 관련 정보의 공개) ① 국가와 지방자치단체는 국민의 알권리와 학습권을 보장하기 위하여 그 보유·관리하는 교육 관련 정보를 공개하여야 한다. ② 제1항에 따른 교육 관련 정보의 공개에 관한 기본적인 사항은 따로 법률로 정한다.

제27조(보건 및 복지의 증진) ① 국가와 지방자치단체는 학생과 교직원의 건강 및 복지를 증진하기 위하여 필요한 시책을 수립·실시하여야 한다. ② 국가 및 지방자치단체는 학생의 안전한 주거환경을 위하여 학생복지주택의 건설에 필요한 시책을 수립·실시하여야 한다.

제28조(장학제도 등) ① 국가와 지방자치단체는 경제적 이유로 교육받기 곤란한 자를 위한 장학제도(獎學制度)와 학비보조 제도 등을 수립·실시하여야 한다. ② 국가는 다음 각 호의 자에게 학비나 그 밖에 필요한 경비의 전부 또는 일부를 보조할 수 있다.
1. 교원양성교육을 받는 자
2. 국가가 특히 필요로 하는 분야를 국내외에서 전공하거나 연구하는 자
③ 제1항 및 제2항에 따른 장학금 및 학비보조금 등의 지급 방법 및 절차, 지급받을 자의 자격 및 의무 등에 관하여 필요한 사항은 대통령령으로 정한다.

제29조(국제교육) ① 국가는 국민이 국제사회의 일원으로서 갖추어야 할 소양과 능력을 기를 수 있도록 국제화교육에 노력하여야 한다. ② 국가는 외국에 거주하는 동포에게 필요한 학교교육 또는 사회교육을 실시하기 위하여 필요한 시책을 마련하여야 한다. ③ 국가는 학문연구를 진흥하기 위하여 국외유학에 관한 시책을 마련하여야 하며, 국외에서 이루어지는 우리나라에 대한 이해와 우리 문화의 정체성 확립을 위한 교육·연구활동을 지원하여야 한다. ④ 국가는 외국정부 및 국제기구 등과의 교육협력에 필요한 시책을 마련하여야 한다.

3. 유아교육법

가. 제1장 총칙

제1조(목적) 이 법은 교육기본법 제9조의 규정에 따라 유아교육에 관한 사항을 정함을 목적으로 한다.

제2조(정의) 이 법에서 사용하는 용어의 정의는 다음 각 호와 같다.
1. '유아'라 함은 만 3세부터 초등학교 취학 전까지의 어린이를 말한다.
2. '유치원'이라 함은 유아의 교육을 위하여 이 법에 따라 설립·운영되는 학교를 말한다.
3. '보호자'라 함은 친권자·후견인 그 밖의 자로서 유아를 사실상 보호하는 자를 말한다.
4. '반일제'라 함은 1일 3시간 이상 5시간 미만의 교육과정을 말한다.
5. '시간연장제'라 함은 1일 5시간 이상 8시간 미만의 교육과정을 말한다.
6. '종일제'라 함은 1일 8시간 이상의 교육과정을 말한다.

제3조(책임) 국가 및 지방자치단체는 보호자와 더불어 유아를 건전하게 교육할 책임을 진다.

제4조(유아교육·보육위원회) ① 유아교육 및 영유아보육법 제2조의 규정에 의한 보육에 관한 다음 각 호의 사항을 심의하기 위하여 국무총리 소속하에 유아교육·보육위원회를 둔다.
1. 유아교육 및 보육에 관한 기본계획

2. 유치원 및 보육시설간의 연계운영

3. 그 밖에 위원장이 부의하는 사항

② 제1항의 규정에 의한 위원회는 위원장을 포함한 11인의 위원으로 구성하되, 위원장은 국무조정실장이 되고 위원은 다음 각 호의 자가 된다.

1. 기획재정부차관·교육과학기술부차관·보건복지가족부차관 및 여성부차관

2. 교육과학기술부차관·보건복지가족부차관 및 여성부차관이 추천하여 국무총리실장이 위촉하는 유아교육계·보육계 및 여성계를 대표하는 자 각 2인

③ 제1항의 규정에 의한 위원회의 구성 및 운영에 관하여 필요한 사항은 대통령령으로 정한다.

제5조(유아교육위원회) ① 유아교육에 관한 정책, 사업의 기획·조사 등에 관한 사항을 심의하기 위하여 교육과학기술부에 중앙유아교육위원회를 두고, 특별시·광역시·도(이하 '시·도'라 한다) 교육청에 시·도 유아교육위원회를 둔다. ② 중앙유아교육위원회 및 시·도 유아교육위원회는 유아교육전문가, 유치원대표, 유치원교사대표, 학부모대표 및 관계공무원 등으로 구성한다. ③ 중앙유아교육위원회 및 시·도 유아교육위원회의 조직·운영 등에 관하여 필요한 사항은 대통령령으로 정한다.

제6조(유아교육진흥원) ① 국가 및 지방자치단체는 유아교육에 관한 연구와 정보제공, 프로그램 및 교재 개발, 유치원교원 연수 및 평가를 담당하는 유아교육진흥원을 설치하거나 당해 업무를 교육관련연구기관 등에 위탁할 수 있다. ② 제1항의 규정에 따른 유아교육진흥원의 설치·운영 및 위탁 등에 관하여 필요한 사항은 대통령령으로 정한다.

나. 제2장 유치원의 설립 등

제7조(유치원의 구분) 유치원은 다음 각 호와 같이 구분한다.

1. 국립유치원: 국가가 설립·경영하는 유치원

2. 공립유치원: 지방자치단체가 설립·경영하는 유치원(설립 주체에 따라 시립유치원과 도립유치원으로 구분할 수 있다)

3. 사립유치원: 법인 또는 사인이 설립·경영하는 유치원

제8조(유치원의 설립 등) ① 유치원을 설립하고자 하는 자는 시설·설비 등 대통령령이 정하는 설립기준을 갖추어야 한다. ② 사립유치원을 설립하고자 하는 자는 특별시·광역시 또는 도교육감(이하 '교육감'이라 한다)의 인가를 받아야 한다. ③ 사립유치원을 설립·경영하는 자가 유치원을 폐쇄하거나 대통령령이 정하는 중요사항을 변경하고자 하는 경우에는 교육감의 인가를 받아야 한다.

제9조(유치원의 병설) 유치원은 초·중등교육법 제2조의 규정에 따른 초등학교·중학교 및 고등학교에 병설될 수 있다.

제10조(유치원규칙) ① 유치원의 장(유치원을 설립하는 경우에는 당해 유치원을 설립하고자 하는 자를 말한다)은 법령의 범위 안에서 지도·감독기관(국립유치원인 경우에는 교육과학기술부장관, 공·사립유치원인 경우에는 교육감을 말한다. 이하 '관할청'이라 한다)의 인가를 받아 유치원규칙을 제정할 수 있다. ② 유치원규칙의 기재사항 및 제정절차 등에 관하여 필요한 사항은 대통령령으로 정한다.

제11조(입학연령) 유치원에 입학할 수 있는 자는 제2조 제1호의 규정에 따른 유아로 한다.

제12조(학년도 등) ① 유치원의 학년도는 3월 1일부터 다음 해 2월 말일까지로 한다. ② 유치원은 보호자의 요구 및 지역실정에 따라 반일제·시간연장제·종일제 등을 운영할 수 있다. ③ 유치원의 학기·수업일수·학급편성·휴업일 및 반의 편성·운영 등에 관하여 필요한 사항은 대통령령으로 정한다.

제13조(교육과정 등) ① 유치원은 교육과정을 운영하여야 한다. ② 교육과학기술부장관은 제1항의 규정에 따른 교육과정의 기준과 내용에 관한 기본적인 사항을 정하며, 교육감은 교육과학기술부장관이 정한 소정의 교육과정의 범위 안에서 지역의 실정에 적합한 기준과 내용을 정할 수 있다. ③ 교육과학기술부장관은 유치원의 교육과정 운영을 위한 프로그램 및 교재를 개발하여 보급할 수 있다.

제14조(유치원생활기록) 유치원의 장(이하 '원장'이라 한다)은 유아의 발달 등을 종합적으

로 관찰·평가하여 유아생활지도 및 초등학교교육과의 연계지도에 활용할 수 있도록 하기 위하여 교육과학기술부장관이 정하는 기준에 따라 생활기록부를 작성·관리하여야 한다.

제15조(특수학교 등) ① 특수학교는 신체적·정신적·지적 장애 등으로 인하여 특수교육을 필요로 하는 유아에게 유치원에 준하는 교육과 실생활에 필요한 지식·기능 및 사회적응 교육을 하는 것을 목적으로 한다. ② 국가 및 지방자치단체는 특수교육을 필요로 하는 유아가 유치원에서 교육을 받고자 하는 경우에는 별도의 입학절차·교육과정 등을 마련하는 등 유치원과의 통합교육의 실시에 필요한 시책을 강구하여야 한다.

제16조(외국인유치원) ① '외국인유치원'이라 함은 국내에 체류 중인 외국인의 자녀에 대한 교육을 위하여 설립된 유치원을 말하며, 외국인유치원에 대하여는 제11조 내지 제14조·제17조·제18조 제2항·제19조·제22조·제24조 내지 제27조의 규정을 적용하지 아니한다. ② 외국인유치원의 설립기준·교육과정·수업연한·학력인정 그 밖에 설립·운영에 관하여 필요한 사항은 대통령령으로 정한다.

제17조(건강검진 및 급식) ① 원장은 교육하고 있는 유아에 대한 건강검진을 실시하고, 그 결과 치료를 요하는 유아에 대하여는 보호자와 협의하여 필요한 조치를 취하여야 한다. ② 원장은 교육하고 있는 원아에게 적합한 급식을 제공할 수 있다. ③ 제1항의 규정에 따른 건강검진의 실시시기 및 그 결과처리에 관한 사항과 제2항의 규정에 따른 급식 시설·설비기준 등에 관하여 필요한 사항은 교육과학기술부령으로 정한다.

제18조(지도·감독) ① 국립유치원은 교육과학기술부장관의 지도·감독을 받으며, 공·사립유치원은 교육감의 지도·감독을 받는다. ② 교육과학기술부장관 및 교육감은 유아교육을 충실히 하기 위하여 유치원에 대하여 교육과정 운영에 대한 장학지도를 실시할 수 있다.

제19조(평가) ① 교육과학기술부장관은 유아교육의 효율적 수행을 위하여 필요한 경우 유치원 운영실태 등에 대한 평가를 실시할 수 있다. ② 제1항의 규정에 따른 평가의 대상·기준 및 절차와 평가결과의 공개 등에 관하여 필요한 사항은 대통령령으로 정한다.

다. 제3장 교직원

제20조(교직원의 구분) ① 유치원에는 교원으로 원장·원감 및 교사를 두되, 대통령령이 정하는 일정 규모 이하의 유치원에는 원감을 두지 아니할 수 있다. ② 유치원에는 교원 외에 촉탁의사, 영양사, 간호사 또는 간호조무사, 행정직원 등을 둘 수 있다. ③ 유치원에 두는 교원과 직원(이하 '교직원'이라 한다)의 정원·배치기준 등에 관하여 필요한 사항은 대통령령으로 정한다.

제21조(교직원의 임무) ① 원장은 원무를 통할하고 소속교직원을 지도·감독하며 원아를 교육한다. ② 원감은 원장을 보좌하여 원무를 관리하고 원아를 교육하며, 원장이 부득이한 사유로 직무를 수행할 수 없는 때에는 그 직무를 대행한다. 다만, 원감을 두지 아니하는 유치원의 경우에는 원장이 미리 지명한 교사가 그 직무를 대행한다. ③ 교사는 법령이 정하는 바에 따라 원아를 교육한다. ④ 행정직원 등 직원은 원장의 명을 받아 유치원의 행정사무와 그 밖의 사무를 담당한다.

제22조(교원의 자격) ① 원장 및 원감은 별표 1의 자격기준에 해당하는 자로서 대통령령이 정하는 바에 따라 교육과학기술부장관이 검정·수여하는 자격증을 받은 자이어야 한다. ② 교사는 정교사(1급·2급)·준교사로 나누되, 별표 2의 자격기준에 해당하는 자로서 대통령령이 정하는 바에 따라 교육과학기술부장관이 검정·수여하는 자격증을 받은 자이어야 한다. ③ 제1항 및 제2항의 규정에 따른 교원자격의 검정에 관한 사항을 심의하기 위하여 교육과학기술부장관소속하에 유치원교원자격검정위원회를 둔다. ④ 제3항의 규정에 따른 유치원교원자격검정위원회는 초·중등교육법 제21조 제3항의 규정에 따른 교원자격검정위원회와 통합·운영할 수 있다. ⑤ 제3항 및 제4항의 규정에 따른 교원자격검정위원회의 조직·권한·운영 및 교원의 자격검정에 관하여 필요한 사항은 대통령령으로 정한다.

제23조(강사 등) ① 유치원에는 교육과정 운영상 필요한 경우에 제20조 제1항의 규정에 따른 교원 외에 강사, 기간제 교사 또는 명예교사 등을 두어 유아교육을 담당 또는 보조하게 할 수 있다. ② 제1항의 규정에 따라 유치원에 두는 강사 등의 종류·자격기준 및

임용 등에 관하여 필요한 사항은 대통령령으로 정한다.

라. 제4장 비용

제24조(무상교육) ① 초등학교 취학직전 1년의 유아교육은 무상으로 하되, 대통령령이 정하는 바에 따라 순차적으로 실시한다. ② 제1항의 규정에 따른 무상교육에 필요한 비용은 국가 및 지방자치단체가 이를 부담하되, 유아의 보호자에게 지원하는 것을 원칙으로 한다. ③ 제2항의 규정에 따른 지원방법 등에 관하여 필요한 사항은 교육과학기술부령으로 정한다.

제25조(교육비용 등) ① 유치원의 설립·경영자는 교육과학기술부령이 정하는 바에 따라 수업료 등 교육비용 그 밖의 납부금을 받을 수 있다. 이 경우 다음 각 호의 1에 따라 교육비용 그 밖의 납부금을 달리 정할 수 있다.

1. 제12조 제2항의 규정에 따른 유치원의 이용형태
2. 교육대상 유아의 국민기초생활보장법의 규정에 의한 수급권자의 자녀 여부
3. 당해 지역의 저소득층 밀집지역 또는 농어촌지역 등 사회적 취약지역 여부

② 제1항 제3호의 규정에 따른 사회적 취약지역의 결정기준에 대하여는 대통령령으로 정하고, 교육비용 그 밖의 납부금의 징수방법 등에 관하여 필요한 사항은 교육과학기술부령으로 정한다.

제26조(비용의 부담 등) ① 국가 및 지방자치단체는 제24조 제1항의 규정에 따른 무상교육 대상이 아닌 유아 중에서 국민기초생활보장법의 규정에 따른 수급권자와 대통령령이 정하는 저소득층 자녀의 유아교육에 필요한 비용의 전부 또는 일부를 예산의 범위 안에서 부담하되, 유아의 보호자에게 지원하는 것을 원칙으로 한다. ② 제1항의 규정에 따른 지원방법 등에 관하여 필요한 사항은 교육과학기술부령으로 정한다. ③ 국가 및 지방자치단체는 대통령령이 정하는 바에 따라 사립유치원의 설립 및 유치원교사의 인건비 등 운영에 소요되는 경비의 전부 또는 일부를 보조한다.

제27조(종일제 운영 등에 대한 지원) 국가 및 지방자치단체는 종일제를 운영하거나 제

12조 제3항의 규정에 따라 대통령령이 정하는 수업일수를 초과하여 운영하는 유치원에 대하여는 대통령령이 정하는 바에 따라 운영에 소요되는 경비를 보조할 수 있다.

제28조(보조금의 반환) 국가 및 지방자치단체는 사립유치원의 장이 다음 각 호의 1에 해당하는 때에는 이미 교부한 보조금의 전부 또는 일부의 반환을 명할 수 있다.
  1. 유치원의 목적 외에 보조금을 사용한 때
  2. 거짓 그 밖의 부정한 방법으로 보조금의 교부를 받은 때
  3. 제22조의 규정에 따른 교원자격기준을 갖추지 아니한 자를 교원으로 임용한 때

마. 제5장 보칙 및 벌칙

제29조(권한의 위임) 교육과학기술부장관은 이 법에 의한 권한의 일부를 대통령령이 정하는 바에 의하여 교육감에게 위임할 수 있다.

제30조(시정 또는 변경 명령) ① 관할청은 유치원이 시설·설비, 교육과정 운영 및 그 밖의 사항에 관하여 교육관계법령 또는 이에 의한 명령이나 유치원규칙을 위반한 경우에는 원장 또는 그 설립·경영자에게 기간을 정하여 그 시정 또는 변경을 명할 수 있다. ② 관할청은 제1항의 규정에 따른 시정 또는 변경 명령을 받은 자가 정당한 사유 없이 지정된 기간 이내에 이를 이행하지 아니한 경우에는 대통령령이 정하는 바에 따라 당해 유치원의 정원의 감축, 학급의 감축 또는 유아모집의 정지 등의 조치를 취할 수 있다.

제31조(휴업 및 휴원 명령) ① 관할청은 재해 등의 긴급한 사유로 정상적인 교육이 불가능하다고 인정하는 경우에는 원장에게 휴업을 명할 수 있다. ② 제1항의 규정에 따른 명령을 받은 원장은 지체 없이 휴업을 하여야 한다. ③ 관할청은 원장이 제1항의 규정에 따른 명령에 불구하고 휴업을 하지 아니하거나 특별히 긴급한 사유가 있는 경우에는 휴원처분을 할 수 있다. ④ 제1항 및 제2항의 규정에 따라 휴업된 유치원은 휴업기간 중 원아의 등교와 교육이 정지되며, 제3항의 규정에 따라 휴원된 유치원은 휴원기간 중 단순한 관리업무를 제외하고는 유치원의 모든 기능이 정지된다.

제32조(유치원의 폐쇄) ① 관할청은 유치원이 다음 각 호의 1에 해당하여 정상적인 교육과정 운영이 불가능한 경우에는 그 폐쇄를 명할 수 있다.

1. 원장 또는 설립·경영자가 고의 또는 중과실로 이 법 또는 이 법에 따른 명령을 위반한 경우

2. 원장 또는 설립·경영자가 이 법 또는 그 밖의 교육관계법령에 따른 관할청의 명령을 3회 이상 위반한 경우

3. 휴업기간을 제외하고 계속하여 3월 이상 교육과정을 운영하지 아니한 경우

② 관할청은 제8조 제2항의 규정에 따른 유치원 설립인가를 받지 아니하고 유치원의 명칭을 사용한 자에 대하여 그 시설의 폐쇄를 명할 수 있다.

제33조(청문) 관할청은 제32조의 규정에 따라 유치원 또는 시설의 폐쇄를 명하고자 하는 경우에는 청문을 실시하여야 한다.

제34조(벌칙) ① 다음 각 호의 1에 해당하는 자는 3년 이하의 징역 또는 2천만 원 이하의 벌금에 처한다.

1. 제8조 제2항의 규정에 따른 유치원 설립인가를 받지 아니하고 유치원을 운영한 자

2. 제8조 제3항의 규정을 위반하여 폐쇄인가 또는 변경인가를 받지 아니한 자

3. 거짓 그 밖의 부정한 방법으로 제8조 제2항 또는 제3항의 규정에 따른 유치원의 설립인가·폐쇄인가 또는 변경인가를 받은 자

② 다음 각 호의 1에 해당하는 자는 1년 이하의 징역 또는 500만 원 이하의 벌금에 처한다.

1. 제30조 제1항의 규정에 따른 명령을 위반한 자

2. 제32조 제1항의 규정에 따른 명령을 위반한 자

4. 초·중등교육법

가. 제1장 총칙

제1조(목적) 이 법은 교육기본법 제9조의 규정에 따라 초·중등교육에 관한 사항을 정함을 목적으로 한다.

제2조(학교의 종류) 초·중등교육을 실시하기 위하여 다음 각 호의 학교를 둔다.
1. 삭제
2. 초등학교·공민학교
3. 중학교·고등공민학교
4. 고등학교·고등기술학교
5. 특수학교
6. 각종 학교

제3조(국·공·사립학교의 구분) 제2조 각 호의 학교(이하 '학교'라 한다)는 국가가 설립·경영하는 국립학교, 지방자치단체가 설립·경영하는 공립학교(설립 주체에 따라 시립학교·도립학교로 구분할 수 있다), 법인 또는 사인이 설립·경영하는 사립학교로 구분한다.

제4조(학교의 설립 등) ① 학교를 설립하고자 하는 자는 시설·설비 등 대통령령이 정하는 설립기준을 갖추어야 한다. ② 사립학교를 설립하고자 하는 자는 특별시·광역시 또는 도 교육감(이하 '교육감'이라 한다)의 인가를 받아야 한다. ③ 사립학교를 설립·경영하는 자가 학교를 폐지하거나 대통령령이 정하는 중요 사항을 변경하고자 하는 경우에는 교육감의 인가를 받아야 한다.

제5조(학교의 병설) 초등학교·중학교 및 고등학교는 지역의 실정에 따라 상호 병설할 수 있다.

제6조(지도·감독) 국립학교는 교육과학기술부장관의 지도·감독을 받으며, 공·사립학교는 교육감의 지도·감독을 받는다.

제7조(장학지도) 교육과학기술부장관 및 교육감은 학교에 대하여 교육과정운영 및 교수·학습방법 등에 대한 장학지도를 실시할 수 있다.

제8조(학교규칙) ① 학교의 장(학교를 설립하는 경우에는 당해 학교를 설립하고자 하는 자를 말한다)은 법령의 범위 안에서 지도·감독기관(국립학교인 경우에는 교육과학기술부장관, 공·사립학교인 경우에는 교육감을 말한다. 이하 '관할청'이라 한다)의 인가를 받아 학교규칙(이하 '학칙'이라 한다)을 제정할 수 있다. ② 학칙의 기재사항 및 제정절차 등에 관하여 필요한 사항은 대통령령으로 정한다.

제9조(평가) ① 교육과학기술부장관은 학교에 재학 중인 학생의 학업성취도를 측정하기 위한 평가를 실시할 수 있다. ② 교육과학기술부장관은 교육행정의 효율적 수행을 위하여 필요한 경우에는 지방자치단체의 교육·과학·기술·체육 기타 학예에 관한 사무를 관장하는 지방교육행정기관과 학교에 대하여 평가를 실시할 수 있다. ③ 제2항의 규정에 의한 평가의 대상·기준 및 절차와 평가결과의 공개 등에 관하여 필요한 사항은 대통령령으로 정한다. ④ 평가대상기관의 장은 특별한 사유가 있는 경우를 제외하고는 제1항 및 제2항의 규정에 의한 평가에 응하여야 한다.

제10조(수업료 등) ① 학교의 설립·경영자는 수업료 기타 납부금을 받을 수 있다. ② 제1항의 규정에 따른 수업료 기타 납부금의 징수 등에 관하여 필요한 사항은 국립학교에 있어서는 교육과학기술부령으로 정하고, 공립 및 사립학교에 있어서는 특별시·광역시 또는 도(이하 '시·도'라 한다)의 조례로 정한다. 이 경우 국민의 교육을 받을 권리를 본질적으로 침해하는 내용을 정하여서는 아니 된다.

제11조(학교시설 등의 이용) 모든 국민은 학교교육에 지장이 없는 범위 안에서 국립학교의 경우에는 학교의 장이, 공립 및 사립학교의 경우에는 시·도의 교육규칙이 정하는 바에 의하여 학교시설 등을 이용할 수 있다.

나. 제2장 의무교육

제12조(의무교육) ① 국가는 교육기본법 제8조 제1항의 규정에 의한 의무교육을 실시하여야 하며, 이를 위한 시설의 확보 등 필요한 조치를 강구하여야 한다. ② 지방자치단체는 그 관할구역 안의 의무교육대상자 전원을 취학시키는 데 필요한 초등학교 및 중학교와 초등학교 및 중학교의 과정을 교육하는 특수학교를 설립·경영하여야 한다. ③ 지방자치단체는 지방자치단체가 설립한 초등학교·중학교 및 특수학교에 그 관할구역안의 의무교육대상자 전원을 취학시키는 것이 곤란한 경우에는 인접한 지방자치단체와 협의하여 합동으로 초등학교·중학교 또는 특수학교를 설립·경영하거나, 인접한 지방자치단체나 국립 또는 사립의 초등학교·중학교 또는 특수학교에 위탁하여 의무교육대상자의 일부에 대한 교육을 실시할 수 있다. ④ 국·공립학교의 설립·경영자 및 제3항의 규정에 의하여 의무교육대상자를 위탁받은 사립학교의 설립·경영자는 의무교육을 받는 자에 대하여 수업료를 받을 수 없다.

제13조(취학의무) ① 모든 국민은 그가 보호하는 자녀 또는 아동이 만 6세가 된 날이 속하는 해의 다음 해 3월 1일부터 만 12세(제27조의 규정에 의하여 조기진급 또는 조기졸업을 하는 자의 경우에는 만 12세에서 해당 연수(연수)를 뺀 연령을 말하고, 출석일수의 부족 등으로 인하여 진급 또는 졸업하지 못한 자의 경우에는 해당 연수를 더한 연령을 말한다)가 되는 날이 속하는 해의 다음 해 2월 말까지 그 자녀 또는 아동을 초등학교에 취학시켜야 한다. ② 제1항에도 불구하고 자녀 또는 아동의 보호자는 만 5세가 된 날이 속하는 해의 다음 해 또는 만 7세가 된 날이 속하는 해의 다음 해에 그 자녀 또는 아동을 입학시킬 수 있다. 이 경우 만 5세가 된 날이 속하는 해의 다음 해에 입학한 자녀 또는 아동을 보호하는 자는 그 자녀 또는 아동이 만 11세, 만 7세가 된 날이 속하는 해의 다음 해에 입학한 자녀 또는 아동을 보호하는 자는 그 자녀 또는 아동이 만 13세[제27조에 따라 조기진급 또는 조기졸업을 하는 자의 경우에는 만 11세 또는 만 13세에서 해당 연수(年數)를 뺀 연령을 말하고, 출석일수의 부족 등으로 인하여 진급 또는 졸업하지 못한 자의 경우에는 해당 연수를 더한 연령을 말한다]가 되는 날이 속하는 해의 다음 해 2월 말까지 그 자녀 또는 아동을 초등학교에 취학시켜야 한다. ③ 모든 국민은 그가 보호하는 자녀 또는 아동이 초등학교를 졸업한 학년의 다음 학년 초부터 만 15세(제2항의 규정에 의하여 만 5세가 된 날이 속하는 해의 다음 해에 입학한 자의 경우에는 만 14세를 말하고, 만 7세가

된 날이 속하는 해의 다음 해에 입학한 자의 경우에는 만 16세를 말하며, 제27조의 규정에 의하여 조기진급 또는 조기졸업을 하는 자의 경우에는 해당 연수(연수)를 뺀 연령을 말하고, 출석일수의 부족 등으로 인하여 진급 또는 졸업하지 못한 자의 경우에는 해당 연수를 더한 연령을 말한다)가 되는 날이 속하는 해의 다음 해 2월 말까지 그 자녀 또는 아동을 중학교에 취학시켜야 한다. ④ 제1항 내지 제3항의 규정에 의한 취학의무의 이행 및 독려 등에 관하여 필요한 사항은 대통령령으로 정한다.

제14조(취학의무의 면제 등) ① 질병·발육상태 등 부득이한 사유로 인하여 취학이 불가능한 의무교육대상자에 대하여는 대통령령으로 정하는 바에 따라 제13조에 따른 취학의무를 면제하거나 유예할 수 있다. ② 제1항의 규정에 의하여 취학의무를 면제 또는 유예받은 자가 다시 취학하고자 하는 경우에는 대통령령이 정하는 바에 의하여 학습능력을 평가한 후 학년을 정하여 취학하게 할 수 있다. 이 경우 다시 취학하는 자의 학년이 취학의무를 면제 또는 유예받지 아니하고 계속 취학하였을 때의 학년과 차이가 있는 경우에는 제13조의 규정에 의한 연령에 그 해당 연수를 더한다.

제15조(고용자의 의무) 의무교육대상자를 고용하는 자는 그 고용으로 인하여 당해 의무교육대상자가 의무교육을 받는 것을 방해하여서는 아니 된다.

제16조(친권자 등에 대한 보조) 국가 및 지방자치단체는 의무교육대상자의 친권자 또는 후견인이 경제적 사유로 의무교육대상자를 취학시키기 곤란할 때에는 교육비를 보조할 수 있다.

다. 제3장 학생과 교직원

1) 제1절 학생

제17조(학생자치활동) 학생의 자치활동은 권장·보호되며, 그 조직 및 운영에 관한 기본적인 사항은 학칙으로 정한다.

제18조(학생의 징계) ① 학교의 장은 교육상 필요한 때에는 법령 및 학칙이 정하는 바

에 의하여 학생을 징계하거나 기타의 방법으로 지도할 수 있다. 다만, 의무교육과정에 있는 학생을 퇴학시킬 수 없다. ② 학교의 장은 학생을 징계하고자 하는 경우 해당 학생 또는 학부모에게 의견진술의 기회를 부여하는 등 적정한 절차를 거쳐야 한다.

제18조의 2(재심청구) ① 제18조 제1항에 따른 징계처분 중 퇴학조치에 대하여 이의가 있는 학생 또는 그 보호자는 그 조치를 받은 날부터 15일 이내 또는 그 조치가 있음을 안 날부터 10일 이내에 제18조의 3에 따른 시·도학생징계조정위원회에 그 재심을 청구할 수 있다. ② 제18조의 3에 따른 시·도학생징계조정위원회는 제1항에 따른 재심청구를 받은 때에는 30일 이내에 이를 심사·결정하여 청구인에게 통보하여야 한다. ③ 제2항의 심사결정에 이의가 있는 청구인은 그 통보를 받은 날부터 60일 이내에 행정심판을 제기할 수 있다. ④ 제1항에 따른 재심청구, 제2항에 따른 심사 절차와 결정 통보 등에 필요한 사항은 대통령령으로 정한다.

제18조의 3(시·도학생징계조정위원회의 설치) ① 제18조의 2 제1항에 따른 재심청구를 심사·결정하기 위하여 교육감 소속으로 시·도학생징계조정위원회(이하 '징계조정위원회'라 한다)를 둔다. ② 징계조정위원회의 조직·운영 등에 필요한 사항은 대통령령으로 정한다.

제18조의 4(학생의 인권보장) 학교의 설립자·경영자와 학교의 장은 「헌법」과 국제인권조약에 명시된 학생의 인권을 보장하여야 한다.

2) 제2절 교직원

제19조(교직원의 구분) ① 학교에 두는 교원은 다음 각 호와 같다.
1. 삭제
2. 초등학교·중학교·고등학교·공민학교·고등공민학교·고등기술학교 및 특수학교에는 교장·교감 및 교사를 둔다. 다만, 학생 수 100명 이하인 학교 또는 학급 수 5학급 이하인 학교 중 대통령령으로 정하는 일정규모 이하의 학교에는 교감을 두지 아니할 수 있다.

3. 각종 학교에는 제1호 및 제2호의 규정에 준하여 필요한 교원을 둔다.

② 학교에는 교원 외에 학교운영에 필요한 행정직원 등 직원을 둔다. ③ 학교에 두는 교원과 직원(이하 '교직원'이라 한다)의 정원·배치기준 등에 관하여 필요한 사항은 대통령령으로 정한다.

제19조의 2(전문상담교사의 배치 등) ① 학교에 전문상담교사를 두거나 시·도교육행정기관에 교육공무원법 제22조의 2의 규정에 의하여 전문상담순회교사를 둔다. ② 제1항의 순회교사의 정원·배치기준 등에 관하여 필요한 사항은 대통령령으로 정한다.

제20조(교직원의 임무) ① 교장은 교무를 통할하고, 소속 교직원을 지도·감독하며, 학생을 교육한다. ② 교감은 교장을 보좌하여 교무를 관리하고 학생을 교육하며, 교장이 부득이한 사유로 직무를 수행할 수 없는 때에는 그 직무를 대행한다. 다만, 교감을 두지 아니하는 학교의 경우에는 교장이 미리 지명한 교사가 그 직무를 대행한다. ③ 교사는 법령이 정하는 바에 따라 학생을 교육한다. ④ 행정직원 등 직원은 교장의 명을 받아 학교의 행정사무와 기타의 사무를 담당한다.

제21조(교원의 자격) ① 교장 및 교감은 별표 1의 자격기준에 해당하는 자로서 대통령령이 정하는 바에 의하여 교육과학기술부장관이 검정·수여하는 자격증을 받은 자이어야 한다. ② 교사는 정교사(1급·2급)·준교사·전문상담교사(1급·2급)·사서교사(1급·2급)·실기교사·보건교사(1급·2급) 및 영양교사(1급·2급)로 나누되, 별표 2의 자격기준에 해당하는 자로서 대통령령이 정하는 바에 의하여 교육과학기술부장관이 검정·수여하는 자격증을 받은 자이어야 한다. ③ 제1항 및 제2항의 규정에 의한 교원자격의 검정에 관한 사항을 심의하기 위하여 교육과학기술부장관소속하에 교원자격검정위원회를 둔다. ④ 제3항의 규정에 의한 교원자격검정위원회의 조직·권한 및 운영과 교원의 자격검정에 관하여 필요한 사항은 대통령령으로 정한다.

제22조(산학겸임교사 등) ① 학교에는 교육과정운영상 필요한 경우에 제19조 제1항의 규정에 의한 교원 외에 산학겸임교사·명예교사 또는 강사 등을 두어 학생의 교육을 담당하게 할 수 있다. ② 제1항의 규정에 의하여 학교에 두는 산학겸임교사 등의 종류·자

격기준 및 임용 등에 관하여 필요한 사항은 대통령령으로 정한다.

라. 제4장 학교

1) 제1절 통칙

제23조(교육과정 등) ① 학교는 교육과정을 운영하여야 한다. ② 교육과학기술부장관은 제1항의 규정에 의한 교육과정의 기준과 내용에 관한 기본적인 사항을 정하며, 교육감은 교육과학기술부장관이 정한 교육과정의 범위 안에서 지역의 실정에 적합한 기준과 내용을 정할 수 있다. ③ 학교의 교과는 대통령령으로 정한다.

제24조(수업 등) ① 학교의 학년도는 3월 1일부터 시작하여 다음 해 2월 말일까지로 한다. ② 수업은 주간·전일제로 함을 원칙으로 한다. 다만, 법령 또는 학칙이 정하는 바에 의하여 야간수업·계절수업·시간수업 또는 방송·통신에 의한 수업 등을 할 수 있다. ③ 학교의 학기·수업일수·학급편성 및 휴업일과 반의 편성·운영 기타 수업에 관하여 필요한 사항은 대통령령으로 정한다.

제25조(학교생활기록) ① 학교의 장은 학생의 학업성취도 및 인성 등을 종합적으로 관찰·평가하여 학생지도 및 상급학교(「고등교육법」 제2조 각 호의 규정에 의한 학교를 포함한다. 이하 같다)의 학생선발에 활용할 수 있는 다음 각 호의 자료를 교육과학기술부령이 정하는 기준에 따라 작성·관리하여야 한다.
  1. 인적사항
  2. 학적사항
  3. 출결상황
  4. 자격증 및 인증취득상황
  5. 교과학습발달상황
  6. 행동특성 및 종합의견
  7. 그 밖에 교육목적에 필요한 범위 안에서 교육과학기술부령이 정하는 사항
② 학교의 장은 제1항의 규정에 의한 자료를 제30조의 4의 규정에 의한 교육정보시스

템으로 작성·관리하여야 한다. ③ 학교의 장은 소속 학교의 학생이 전출하는 때에는 제1항의 규정에 의한 자료를 전입하는 학교의 장에게 이관하여야 한다.

제26조(학년제) ① 학생의 진급 또는 졸업은 학년제에 의한다. ② 제1항의 규정에 불구하고 학교의 장은 관할청의 승인을 얻어 학년제 외의 제도를 채택할 수 있다.

제27조(조기진급 및 조기졸업 등) ① 초등학교·중학교·고등학교 및 이에 준하는 각종학교의 장은 재능이 우수한 자에 대하여 제23조·제24조·제26조·제39조·제42조 및 제46조의 규정에 불구하고 수업연한의 단축(수업상의 특례를 포함한다)에 의하여 조기진급 또는 조기졸업을 할 수 있도록 하거나 상급학교 조기입학을 위한 자격을 부여할 수 있다. ② 제1항의 규정에 의하여 상급학교로의 조기입학을 위한 자격을 부여받아 상급학교에 입학한 경우에는 조기졸업한 것으로 본다. ③ 제1항 및 제2항의 규정에 의한 재능이 우수한 자의 선정과 조기진급, 조기졸업 및 상급학교 조기입학자격의 부여 등에 관하여 필요한 사항은 대통령령으로 정한다.

제28조(학습부진아 등에 대한 교육) 국가 및 지방자치단체는 학습부진 또는 성격장애 등의 사유로 정상적인 학교생활을 하기 어려운 학생 및 학업을 중단한 학생들을 위하여 대통령령이 정하는 바에 의하여 수업일수 및 교육과정의 신축적 운영 등 교육상 필요한 시책을 강구하여야 한다.

제29조(교과용도서의 사용) ① 학교에서는 국가가 저작권을 가지고 있거나 교육과학기술부장관이 검정 또는 인정한 교과용 도서를 사용하여야 한다. ② 교과용 도서의 범위·저작·검정·인정·발행·공급·선정 및 가격사정에 관하여 필요한 사항은 대통령령으로 정한다.

제30조(초·중·고등학교의 통합·운영) ① 학교의 설립·경영자는 효율적인 학교운영을 위하여 필요한 경우 지역의 실정에 따라 초등학교 및 중학교, 중학교 및 고등학교 또는 초등학교·중학교 및 고등학교의 시설·설비 및 교원 등을 통합하여 운영할 수 있다. ② 제1항의 규정에 의하여 통합·운영하는 학교의 시설·설비기준 및 교원배치기준 등에

관하여 필요한 사항은 대통령령으로 정한다.

제30조의 2(학교회계의 설치) ① 국·공립의 초등학교·중학교·고등학교 및 특수학교에 학교회계를 설치한다. ② 학교회계는 다음 각 호의 수입을 세입으로 한다.

1. 국가의 일반회계 또는 지방자치단체의 교육비특별회계로부터의 전입금

2. 제32조 제7호의 학교운영지원비

3. 제33조의 학교발전기금으로부터의 전입금

4. 제10조의 규정에 의한 수업료 기타 납부금 및 학교운영지원비 외에 학교운영위원회의 심의를 거쳐 학부모가 부담하는 경비

5. 국가 또는 지방자치단체의 보조금 및 지원금

6. 사용료 및 수수료

7. 이월금

8. 물품매각대금

9. 기타 수입

③ 학교회계는 학교운영 및 학교시설의 설치 등을 위하여 필요한 일체의 경비를 세출로 한다. ④ 학교회계는 예측할 수 없는 예산 외의 지출 또는 예산초과지출에 충당하기 위하여 예비비로서 상당한 금액을 세출예산에 계상할 수 있다. ⑤ 학교회계의 설치에 관하여 필요한 사항은 국립학교의 경우에는 교육과학기술부령으로, 공립학교의 경우에는 시·도의 교육규칙으로 정한다.

제30조의 3(학교회계의 운영) ① 학교회계의 회계연도는 매년 3월 1일에 시작하여 다음 해 2월 말일에 종료한다. ② 학교의 장은 회계연도마다 학교회계세입·세출예산안을 편성하여 회계연도 개시 30일 전까지 제31조의 규정에 의한 학교운영위원회에 제출하여야 한다. ③ 학교운영위원회는 학교회계세입·세출예산안을 회계연도 개시 5일 전까지 심의하여야 한다. ④ 학교의 장은 제3항의 규정에 의한 예산안이 새로운 회계연도가 개시될 때까지 확정되지 아니한 때에는 다음 각 호의 경비를 전년도 예산에 준하여 집행할 수 있다. 이 경우 전년도 예산에 준하여 집행된 예산은 당해연도의 예산이 확정되면 그 확정된 예산에 의하여 집행된 것으로 본다.

1. 교직원 등의 인건비

2. 학교교육에 직접 사용되는 교육비

3. 학교시설의 유지관리비

4. 법령상 지급의무가 있는 경비

5. 이미 예산으로 확정된 경비

⑤ 학교의 장은 회계연도마다 결산서를 작성하여 회계연도 종료 후 2월 이내에 학교운영위원회에 제출하여야 한다. ⑥ 학교회계의 운영에 관하여 필요한 사항은 국립학교의 경우에는 교육과학기술부령으로, 공립학교의 경우에는 시·도의 교육규칙으로 정한다.

제30조의 4(교육정보시스템의 구축·운영 등) ① 교육과학기술부장관 및 교육감은 학교 및 교육행정기관의 업무를 전자적으로 처리할 수 있도록 교육정보시스템(이하 '정보시스템'이라 한다)을 구축·운영할 수 있다. ② 교육과학기술부장관 및 교육감은 정보시스템의 운영 및 지원을 위하여 정보시스템운영센터를 설치·운영하거나 정보시스템의 효율적 운영을 위하여 필요하다고 인정되는 경우 정보시스템의 운영 및 지원업무를 교육의 정보화를 지원하는 법인 또는 기관에게 위탁할 수 있다. ③ 제1항의 규정에 의한 정보시스템의 구축·운영·접속방법 및 제2항의 규정에 의한 정보시스템운영센터의 설치·운영 등에 관하여 필요한 사항은 교육과학기술부령으로 정한다.

제30조의 5(정보시스템에 의한 업무처리) ① 교육과학기술부장관 및 교육감은 소관업무의 전부 또는 일부를 정보시스템을 이용하여 처리하여야 한다. ② 학교의 장은 제25조 제2항의 규정에 의한 학교생활기록 및 「학교보건법」 제7조의 3제2항의 규정에 의한 건강검사기록을 정보시스템을 이용하여 처리하는 외에 소관업무의 전부 또는 일부를 정보시스템을 이용하여 처리하여야 한다.

제30조의 6(학생 관련 자료제공의 제한) ① 학교의 장은 제25조의 규정에 의한 학교생활기록 및 「학교보건법」 제7조의 3의 규정에 의한 건강검사에 관한 자료를 당해 학생(학생이 미성년자인 경우에는 학생 및 학생의 부모 등 보호자)의 동의 없이 제3자에게 제공하여서는 아니 된다. 다만, 다음 각 호의 어느 하나에 해당하는 경우에는 그러하지 아니하다.

1. 학교에 대한 감독·감사의 권한을 가진 행정기관이 그 업무를 처리하기 위하여 필요한 경우

2. 제25조의 규정에 의한 학교생활기록을 상급학교의 학생선발에 이용하기 위하여 제공하는 경우

3. 통계작성 및 학술연구 등의 목적을 위한 경우로서 특정 개인을 식별할 수 없는 형태로 제공하는 경우

4. 범죄의 수사와 공소의 제기 및 유지에 필요한 경우

5. 법원의 재판업무수행을 위하여 필요한 경우

6. 그 밖에 관계법률의 규정에 의하여 제공하는 경우

② 학교의 장은 제1항 단서의 규정에 의하여 자료를 제3자에게 제공하는 때에는 당해 자료를 제공받은 자에 대하여 사용목적·사용방법 그 밖에 필요한 사항에 대하여 제한을 하거나 당해 자료의 안전성 확보를 위하여 필요한 조치를 강구하도록 요청할 수 있다. ③ 제1항의 규정에 의하여 자료를 제공받은 자는 그 본래의 목적 외의 용도로 이를 이용하여서는 아니 된다.

제30조의 7(정보시스템에 의한 업무처리 등에 대한 지도·감독) 교육과학기술부장관 및 교육감은 필요하다고 인정하는 때에는 제30조의 5의 규정에 의한 업무처리 및 제30조의 6의 규정에 의한 자료제공 또는 이용에 관한 사항을 지도·감독할 수 있다. <개정 2008.2.29>

2) 제2절 학교운영위원회

제31조(학교운영위원회의 설치) ① 학교운영의 자율성을 높이고 지역의 실정과 특성에 맞는 다양한 교육을 창의적으로 실시할 수 있도록 하기 위하여 국·공립 및 사립의 초등학교·중학교·고등학교 및 특수학교에 학교운영위원회를 구성·운영하여야 한다. ② 국·공립학교에 두는 학교운영위원회는 당해 학교의 교원대표·학부모대표 및 지역사회 인사로 구성한다. ③ 국·공립 및 사립학교에 두는 학교운영위원회의 위원정수는 5인 이상 15인 이내의 범위 안에서 학교의 규모 등을 고려하여 대통령령으로 정한다.

제31조의 2(결격사유) ① 국가공무원법 제33조 각 호의 1에 해당하는 자는 학교운영위원회의 위원으로 선출될 수 없다. ② 학교운영위원회의 위원이 국가공무원법 제33조 각 호의 1에 해당할 때에는 당연히 퇴직한다.

제32조(기능) ① 국·공립학교에 두는 학교운영위원회는 다음 각 호의 사항을 심의한다.

1. 학교헌장 및 학칙의 제정 또는 개정에 관한 사항

2. 학교의 예산안 및 결산에 관한 사항

3. 학교교육과정의 운영방법에 관한 사항

4. 교과용도서 및 교육자료의 선정에 관한 사항

4의 2. 교복·체육복·졸업앨범 등 학부모가 경비를 부담하는 사항

5. 정규학습시간 종료 후 또는 방학기간 중의 교육활동 및 수련활동에 관한 사항

6. 교육공무원법 제31조 제2항의 규정에 의한 초빙교원의 추천에 관한 사항

7. 학교운영지원비의 조성·운용 및 사용에 관한 사항

8. 학교급식에 관한 사항

9. 대학입학 특별전형 중 학교장 추천에 관한 사항

10. 학교운동부의 구성·운영에 관한 사항

11. 학교운영에 대한 제안 및 건의 사항

12. 기타 대통령령, 시·도의 조례로 정하는 사항

② 사립학교의 장은 제1항 각 호의 사항(제6호의 사항은 제외한다)에 대하여 학교운영위원회의 자문을 거쳐야 한다. 다만, 제1호의 사항에 대하여는 학교법인의 요청이 있는 경우에 한한다. ③국·공립 및 사립학교에 두는 학교운영위원회는 학교발전기금의 조성·운용 및 사용에 관한 사항에 대하여 심의·의결한다.

제33조(학교발전기금) ① 제31조의 규정에 의한 학교운영위원회는 학교발전기금을 조성할 수 있다. ② 제1항의 규정에 의한 학교발전기금의 조성 및 운용방법 등에 관하여 필요한 사항은 대통령령으로 정한다.

제34조(학교운영위원회의 구성·운영) ① 제31조의 규정에 의한 학교운영위원회 중 국립학교에 두는 학교운영위원회의 구성·운영에 관하여 필요한 사항은 대통령령으로 정하고, 공립학교에 두는 학교운영위원회의 구성·운영에 관하여 필요한 사항은 대통령령이 정하는 범위 안에서 시·도의 조례로 정한다. ② 사립학교에 두는 학교운영위원회의 위원 구성에 관한 사항은 대통령령으로 정하고, 기타 운영에 관하여 필요한 사항은 정관으로 정한다.

제34조의 2(학교운영위원회 위원의 연수 등) ① 교육감은 학교운영위원회 위원의 자질과 직무수행능력의 향상을 위한 연수를 실시할 수 있다. ② 교육감은 제1항에 따른 연수를 연수기관 또는 민간기관에 위탁하여 실시할 수 있다. ③ 교육감은 제2항에 따라 연수를 위탁받은 기관에 대하여 행정적·재정적 지원을 할 수 있다. ④ 그 밖에 필요한 사항은 대통령령으로 정한다.

5. 평생교육법

가. 제1장 총칙

제1조(목적) 이 법은 「헌법」과 「교육기본법」에 규정된 평생교육의 진흥에 대한 국가 및 지방자치단체의 책임과 평생교육제도와 그 운영에 관한 기본적인 사항을 정함을 목적으로 한다.

제2조(정의) 이 법에서 사용하는 용어의 정의는 다음과 같다.
1. '평생교육'이란 학교의 정규교육과정을 제외한 학력보완교육, 성인 기초·문자해득교육, 직업능력 향상교육, 인문교양교육, 문화예술교육, 시민참여교육 등을 포함하는 모든 형태의 조직적인 교육활동을 말한다.
2. '평생교육기관'이란 다음 각 목의 어느 하나에 해당하는 시설·법인 또는 단체를 말한다.
가. 이 법에 따라 인가·등록·신고된 시설·법인 또는 단체
나. 「학원의 설립·운영 및 과외교습에 관한 법률」에 따른 학원 중 학교교과교습학원을 제외한 평생직업교육을 실시하는 학원
다. 그 밖에 다른 법령에 따라 평생교육을 주된 목적으로 하는 시설·법인 또는 단체
3. '문자해득교육'이란 일상생활을 영위하는 데 필요한 기초능력이 부족하여 가정·사회 및 직업생활에서 불편을 느끼는 자들을 대상으로 문자해득(文字解得) 능력을 갖출 수 있도록 하는 조직화된 교육프로그램을 말한다.

제3조(다른 법률과의 관계) 평생교육에 관하여 다른 법률에 특별한 규정이 있는 경우를 제외하고는 이 법을 적용한다.

제4조(평생교육의 이념) ① 모든 국민은 평생교육의 기회를 균등하게 보장받는다. ② 평생교육은 학습자의 자유로운 참여와 자발적인 학습을 기초로 이루어져야 한다. ③ 평생교육은 정치적·개인적 편견의 선전을 위한 방편으로 이용되어서는 아니 된다. ④ 일정한 평생교육과정을 이수한 자에게는 그에 상응하는 자격 및 학력인정 등 사회적 대우를 부여하여야 한다.

제5조(국가 및 지방자치단체의 임무) ① 국가 및 지방자치단체는 모든 국민에게 평생교육 기회가 부여될 수 있도록 평생교육진흥정책을 수립·추진하여야 한다. ② 국가 및 지방자치단체는 그 소관에 속하는 단체·시설·사업장 등의 설치자에 대하여 평생교육의 실시를 적극 권장하여야 한다.

제6조(교육과정 등) 평생교육의 교육과정·방법·시간 등에 관하여 이 법과 다른 법령에 특별한 규정이 있는 경우를 제외하고는 평생교육을 실시하는 자가 정하되, 학습자의 필요와 실용성을 존중하여야 한다.

제7조(공공시설의 이용) ① 평생교육을 실시하는 자는 평생교육을 위하여 공공시설을 그 본래의 용도에 지장이 없는 범위 안에서 관련 법령으로 정하는 바에 따라 이용할 수 있다. ② 제1항의 경우 공공시설의 관리자는 특별한 사유가 없는 한 그 이용을 허용하여야 한다.

제8조(학습휴가 및 학습비 지원) 국가·지방자치단체와 공공기관의 장 또는 각종 사업의 경영자는 소속 직원의 평생학습기회를 확대하기 위하여 유급 또는 무급의 학습휴가를 실시하거나 도서비·교육비·연구비 등 학습비를 지원할 수 있다.

나. 제2장 평생교육진흥기본계획 등

제9조(평생교육진흥기본계획의 수립) ① 교육과학기술부장관은 5년마다 평생교육진흥기본계획(이하 '기본계획'이라 한다)을 수립하여야 한다. ② 기본계획에는 다음 각 호의 사항이 포함되어야 한다.

1. 평생교육진흥의 중·장기 정책목표 및 기본방향에 관한 사항

2. 평생교육의 기반구축 및 활성화에 관한 사항

3. 평생교육진흥을 위한 투자확대 및 소요재원에 관한 사항

4. 평생교육진흥정책에 대한 분석 및 평가에 관한 사항

5. 그 밖에 평생교육진흥을 위하여 필요한 사항

③ 교육과학기술부장관은 기본계획을 관계 중앙행정기관의 장, 특별시장·광역시장·도지사·특별자치도지사(이하 '시·도지사'라 한다), 시·도교육감 및 시장·군수·자치구의 구청장에게 통보하여야 한다.

제10조(평생교육진흥위원회의 설치) ① 평생교육진흥정책에 관한 주요사항을 심의하기 위하여 교육과학기술부장관 소속으로 평생교육진흥위원회(이하 '진흥위원회'라 한다)를 둔다. ② 진흥위원회는 다음 각 호의 사항을 심의한다.

1. 기본계획에 관한 사항

2. 평생교육진흥정책의 평가 및 제도개선에 관한 사항

3. 평생교육지원 업무의 협력과 조정에 관한 사항

4. 그 밖에 평생교육진흥정책을 위하여 대통령령으로 정하는 사항

③ 진흥위원회는 위원장을 포함하여 20인 이내의 위원으로 구성한다. ④ 진흥위원회의 위원장은 교육과학기술부장관으로 하고, 위원은 평생교육과 관련된 관계 부처 차관, 평생교육과 관련된 전문가 등 평생교육에 관한 전문지식 및 경험이 풍부한 자 중에서 위원장이 위촉한다. ⑤ 진흥위원회의 구성·운영에 필요한 사항은 대통령령으로 정한다.

제11조(연도별 평생교육진흥시행계획의 수립·시행) 시·도지사는 기본계획에 따라 연도별 평생교육진흥시행계획(이하 '시행계획'이라 한다)을 수립·시행하여야 한다. 이 경우 시·도교육감과 협의하여야 한다.

제12조(시·도평생교육협의회) ① 시행계획의 수립·시행에 필요한 사항을 심의하기 위하여 시·도지사 소속으로 시·도평생교육협의회(이하 '시·도협의회'라 한다)를 둔다. ② 시·도협의회는 의장·부의장을 포함하여 20인 이내의 위원으로 구성한다. ③ 시·도협의회의 의장은 시·도지사로 하고, 부의장은 시·도의 부교육감으로 한다. ④ 시·도협

의회 위원은 관계 공무원, 평생교육과 관련된 전문가, 평생교육 관계 기관의 운영자 등 평생교육에 관한 전문지식 및 경험이 풍부한 자 중에서 해당 시·도의 교육감과 협의하여 의장이 위촉한다. ⑤ 시·도협의회의 구성·운영에 필요한 사항은 해당 지방자치단체의 조례로 정한다.

제13조(관계 행정기관의 장 등의 협조) ① 교육과학기술부장관은 기본계획을 수립하기 위하여 필요하다고 인정하는 때에는 관계 행정기관이나 그 밖의 기관 또는 단체의 장에게 관련 자료를 요청할 수 있다. ② 시·도지사는 시행계획을 수립하기 위하여 필요하다고 인정하는 때에는 관계 행정기관이나 그 밖의 기관 또는 단체의 장에게 관련 자료를 요청할 수 있다. ③ 제1항 및 제2항에 따라 자료를 요청 받은 기관 또는 단체의 장은 특별한 사정이 없는 한 협조하여야 한다.

제14조(시·군·자치구평생교육협의회) ① 시·군 및 자치구에는 지역주민을 위한 평생교육의 실시와 관련되는 사업간 조정 및 유관기관 간 협력 증진을 위하여 시·군·자치구평생교육협의회(이하 '시·군·구협의회'라 한다)를 둔다. ② 시·군·구협의회는 의장 1인과 부의장 1인을 포함하여 12인 이내의 위원으로 구성한다. ③ 시·군·구협의회의 의장은 시장·군수 또는 자치구의 구청장으로 하고, 위원은 시·군·자치구 및 지역교육청의 관계 공무원, 평생교육 전문가, 관할 지역 내 평생교육 관계 기관의 운영자 중에서 의장이 위촉한다. ④ 시·군·구협의회의 구성·운영 등에 필요한 사항은 지방자치단체의 조례로 정한다.

제15조(평생학습도시) ① 국가는 지역사회의 평생교육 활성화를 위하여 시·군 및 자치구를 대상으로 평생학습도시를 지정 및 지원할 수 있다. ② 제1항에 따른 평생학습도시 간의 연계·협력 및 정보교류의 증진을 위하여 전국평생학습도시협의회를 둘 수 있다. ③ 제2항에 따른 전국평생학습도시협의회의 구성·운영에 필요한 사항은 대통령령으로 정한다. ④ 제1항에 따른 평생학습도시의 지정 및 지원에 필요한 사항은 교육과학기술부장관이 정한다.

제16조(경비보조 및 지원) ① 국가 및 지방자치단체는 이 법과 다른 법령으로 정하는 바에

따라 다음 각 호의 어느 하나에 해당하는 평생교육진흥사업을 실시 또는 지원할 수 있다.

1. 평생교육기관의 설치·운영
2. 제24조에 따른 평생교육사의 양성 및 배치
3. 평생교육프로그램의 개발
4. 그 밖에 국민의 평생교육 참여를 촉진하기 위하여 수행하는 사업 등

② 지방자치단체의 장은 해당 지방자치단체의 조례로 정하는 바에 따라 주민을 위한 평생교육진흥사업을 실시하거나 지원할 수 있다. 이 경우 교육감 또는 지역교육장과 협의하여야 한다.

제17조(지도 및 지원) ① 국가 및 지방자치단체는 평생교육기관의 요청이 있는 때에는 그 기관의 평생교육활동을 지도 또는 지원할 수 있다. ② 국가 및 지방자치단체는 평생교육기관의 요청이 있는 때에는 그 기관에서 평생교육활동에 종사하는 자의 능력향상에 필요한 연수를 실시할 수 있다.

제18조(평생교육 통계조사 등) ① 교육과학기술부장관 및 시·도지사는 평생교육의 실시 및 지원에 관한 현황 등 기초자료를 조사하고 이와 관련된 통계를 공개하여야 한다. ② 평생교육과 관련된 업무 담당자 및 평생교육기관 운영자 등은 제1항의 조사에 협조하여야 한다.

다. 제3장 평생교육진흥원 등

제19조(평생교육진흥원) ① 국가는 평생교육진흥과 관련된 업무를 지원하기 위하여 평생교육진흥원(이하 '진흥원'이라 한다)을 설립한다. ② 진흥원은 법인으로 한다. ③ 진흥원은 주된 사무소의 소재지에서 설립등기를 함으로써 성립한다. ④ 진흥원은 다음 각 호의 업무를 수행한다.

1. 평생교육진흥을 위한 지원 및 조사 업무
2. 진흥위원회가 심의하는 기본계획 수립의 지원
3. 평생교육프로그램 개발의 지원
4. 제24조에 따른 평생교육사를 포함한 평생교육 종사자의 양성·연수

5. 평생교육기관 간 연계체제의 구축

6. 제20조에 따른 시·도평생교육진흥원에 대한 지원

7. 평생교육 종합정보시스템 구축·운영

8. 「학점인정 등에 관한 법률」 및 「독학에 의한 학위취득에 관한 법률」에 따른 학점 또는 학력인정에 관한 사항

9. 제23조에 따른 학습계좌의 통합 관리·운영

10. 그 밖에 진흥원의 목적수행을 위하여 필요한 사업

⑤ 진흥원의 정관에는 다음 각 호의 사항을 기재하여야 한다.

1. 목적

2. 명칭

3. 주된 사무소의 소재지

4. 사업에 관한 사항

5. 임원 및 직원에 관한 주요 사항

6. 이사회에 관한 사항

7. 재산 및 회계에 관한 사항

8. 정관의 변경에 관한 사항

⑥ 제5항에 따른 정관의 내용을 변경하고자 하는 때에는 교육과학기술부장관의 인가를 받아야 한다. ⑦ 국가는 예산의 범위 내에서 진흥원의 설립·운영에 필요한 경비를 출연할 수 있다. ⑧ 진흥원에 관하여 이 법에서 정하는 것을 제외하고는 「민법」 중 재단법인에 관한 규정을 준용한다.

제20조(시·도평생교육진흥원의 운영) ① 시·도지사는 대통령령으로 정하는 바에 따라 시·도평생교육진흥원을 설치 또는 지정·운영할 수 있다. ② 시·도평생교육진흥원은 다음 각 호의 업무를 수행한다.

1. 해당 지역의 평생교육기회 및 정보의 제공

2. 평생교육 상담

3. 평생교육프로그램 운영

4. 해당 지역의 평생교육기관 간 연계체제 구축

5. 그 밖에 평생교육진흥을 위하여 시·도지사가 필요하다고 인정하는 사항

제21조(시·군·구 평생학습관 등의 설치·운영 등) ① 시·도교육감은 관할 구역 안의 주민을 대상으로 평생교육프로그램 운영과 평생교육 기회를 제공하기 위하여 평생학습관을 설치 또는 지정·운영하여야 한다. ② 시장·군수·자치구의 구청장은 평생학습관의 설치 또는 재정적 지원 등 해당 지방자치단체의 평생교육을 진흥하기 위하여 필요한 사업을 실시할 수 있다. ③ 제1항 및 제2항에 따른 평생학습관의 설치·운영 등에 필요한 사항은 해당 지방자치단체의 조례로 정한다.

제22조(정보화 관련 평생교육의 진흥) ① 국가 및 지방자치단체는 각급 학교·민간단체·기업 등과 연계하여 교육의 정보화와 이와 관련된 평생교육과정의 개발을 위하여 노력하여야 한다. ② 국가 및 지방자치단체는 각급 학교·평생교육기관 등이 필요한 인적 자원을 활용할 수 있도록 하기 위하여 대통령령으로 정하는 바에 따라 강사에 관한 정보를 수집·제공하는 제도를 운영할 수 있다.

제23조(학습계좌) 국가는 국민의 평생교육을 촉진하고 인적 자원의 개발·관리를 위하여 학습계좌(국민의 개인적 학습경험을 종합적으로 집중 관리하는 제도를 말한다)를 도입·운영할 수 있도록 노력하여야 한다.

라. 제4장 평생교육사

제24조(평생교육사) ① 교육과학기술부장관은 평생교육 전문인력을 양성하기 위하여 다음 각 호의 어느 하나에 해당하는 자에게 평생교육사의 자격을 부여한다.

1. 「고등교육법」 제2조에 따른 학교(이하 '대학'이라 한다) 또는 이 법 시행 당시 종전의 제22조 제3항에 따른 원격대학형태의 평생교육시설에서 학위과정으로 평생교육과 관련된 과목을 일정한 학점 이상 이수한 자
2. 제25조에 따른 평생교육사 양성기관에서 필요한 과정을 이수한 자
3. 그 밖에 대통령령으로 정하는 자격요건을 갖춘 자

② 평생교육사는 평생교육의 기획·진행·분석·평가 및 교수업무를 수행한다. ③ 제28조 제2항 각 호의 어느 하나에 해당하는 자는 평생교육사가 될 수 없다. ④ 평생교육사의 등급, 직무범위, 이수과정, 연수 및 자격증의 교부절차 등에 필요한 사항은 대통령령으로 정한다.

제25조(평생교육사 양성기관) ① 교육과학기술부장관은 평생교육사의 양성과 연수에 필요한 시설·교육과정·교원 등을 고려하여 대통령령으로 정하는 바에 따라 평생교육기관을 평생교육사 양성기관으로 지정할 수 있다. ② 교육과학기술부장관은 평생교육사의 양성에 관한 업무를 진흥원에 위탁할 수 있다.

제26조(평생교육사의 배치 및 채용) ① 평생교육기관에는 제24조 제1항에 따른 평생교육사를 배치하여야 한다. ②「유아교육법」,「초·중등교육법」및「고등교육법」에 따른 유치원 및 학교의 장은 평생교육프로그램을 운영함에 있어서 필요한 경우에 평생교육사를 채용할 수 있다. ③ 제20조에 따른 시·도평생교육진흥원 및 제21조에 따른 시·군·구 평생학습관에 평생교육사를 배치하여야 한다. ④ 제1항부터 제3항까지의 규정에 따른 평생교육사의 배치대상기관 및 배치기준은 대통령령으로 정한다.

제27조(평생교육사 채용에 대한 경비보조) 국가 및 지방자치단체는 제26조 제2항에 따른 평생교육프로그램 운영 및 평생교육사 채용에 사용되는 경비 등을 보조할 수 있다.

마. 제5장 평생교육기관

제28조(평생교육기관의 설치자) ① 평생교육기관의 설치자는 다양한 평생교육프로그램을 실시하여 지역사회 주민을 위한 평생교육에 기여하여야 한다. ② 다음 각 호의 어느 하나에 해당하는 자는 평생교육기관의 설치자가 될 수 없다.

1. 금치산자 또는 한정치산자
2. 금고 이상의 실형을 선고받고 그 집행이 종료(집행이 종료된 것으로 보는 경우를 포함한다)되거나 집행이 면제된 날부터 3년이 경과되지 아니한 자
3. 금고 이상의 형의 집행유예를 선고받고 그 유예기간 중에 있는 자
4. 법원의 판결 또는 다른 법률에 따라 자격이 정지 또는 상실된 자
5. 제42조에 따라 인가 또는 등록이 취소되거나 평생교육과정이 폐쇄된 후 3년이 경과되지 아니한 자
6. 임원 중 제1호부터 제5호까지의 어느 하나에 해당하는 자가 있는 법인

③ 제2조 제2호 가목에 따른 평생교육기관의 설치자는 특별시·광역시·도·특별자치

도(이하 '시·도'라 한다)의 조례로 정하는 바에 따라 평생교육시설의 운영과 관련하여 그 시설의 이용자에게 발생한 생명·신체상의 손해를 배상할 것을 내용으로 하는 보험가입 또는 공제사업에의 가입 등 필요한 안전조치를 하여야 한다. ④ 평생교육기관의 설치자는 학습자가 학습을 계속할 수 없는 경우 또는 평생교육기관의 폐쇄 등으로 교습을 계속할 수 없는 경우에는 대통령령으로 정하는 바에 따라 학습자로부터 받은 학습비 등의 반환 등 학습자의 보호를 위하여 필요한 조치를 하여야 한다. ⑤ 제31조 제2항에 따른 학력인 정 평생교육시설의 설립 주체는 「사립학교법」에 따른 학교법인 또는 「공익법인의 설립·운영에 관한 법률」에 따른 재단법인으로 한다.

제29조(학교의 평생교육) ① 「초·중등교육법」 및 「고등교육법」에 따른 각급 학교의 장은 평생교육을 실시함에 있어서 평생교육의 이념에 따라 교육과정과 방법을 수요자 관점으로 개발·시행하도록 하며, 학교를 중심으로 공동체 및 지역문화 개발에 노력하여야 한다. ② 각급 학교의 장은 해당 학교의 교육여건을 고려하여 학생·학부모와 지역 주민의 요구에 부합하는 평생교육을 직접 실시하거나 지방자치단체 또는 민간에 위탁하여 실시할 수 있다. 다만, 영리를 목적으로 하는 법인 및 단체는 제외한다. ③ 제2항에 따른 학교의 평생교육을 실시하기 위하여 각급 학교의 교실·도서관·체육관, 그 밖의 시설을 활용하여야 한다. ④ 제2항 및 제3항에 따라 학교의 장이 학교를 개방할 경우 개방시간 동안의 해당 시설의 관리·운영에 필요한 사항은 해당 지방자치단체의 조례로 정한다.

제30조(학교 부설 평생교육시설) ① 각급 학교의 장은 학생·학부모와 지역 주민을 대상으로 교양의 증진 또는 직업교육을 위한 평생교육시설을 설치·운영할 수 있다. 평생교육시설을 설치하는 경우 각급 학교의 장은 관할청에 보고하여야 한다. ② 대학의 장은 대학생 또는 대학생 외의 자를 대상으로 자격취득을 위한 직업교육과정 등 다양한 평생교육과정을 운영할 수 있다. ③ 각급 학교의 시설은 다양한 평생교육을 실시하기에 편리한 형태의 구조와 설비를 갖추어야 한다.

제31조(학교형태의 평생교육시설) ① 학교형태의 평생교육시설을 설치·운영하고자 하는 자는 대통령령으로 정하는 시설·설비를 갖추어 교육감에게 등록하여야 한다. ② 교육감은 제1항에 따른 학교형태의 평생교육시설 중 일정 기준 이상의 요건을 갖춘 평생교육

시설에 대하여는 이를 고등학교졸업 이하의 학력이 인정되는 시설로 지정할 수 있다. ③ 제2항에 따른 학력인정 평생교육시설에는 「초·중등교육법」 제19조 제1항의 교원을 둘 수 있다. 이 경우 교원의 복무·국내연수와 재교육에 관하여는 국·공립학교의 교원에 관한 규정을 준용한다. ④ 「초·중등교육법」 제54조 제4항에 따라 전공과를 설치·운영하는 고등기술학교는 교육인적자원부장관의 인가를 받아 전문대학졸업자와 동등한 학력·학위가 인정되는 평생교육시설로 전환·운영할 수 있다. 이 경우 전공대학의 명칭을 사용할 수 있다. ⑤ 제2항에 따른 학력인정 평생교육시설의 지정 기준·절차, 입학자격, 교원자격 등과 제4항에 따른 평생교육시설의 인가 기준·절차, 학사관리 등의 운영 방법 등에 필요한 사항은 대통령령으로 정한다. ⑥ 지방자치단체는 해당 지방자치단체의 조례로 정하는 바에 따라 예산의 범위 내에서 제2항에 따른 학력인정 평생교육시설에 필요한 보조금을 교부하거나 그 밖의 지원을 할 수 있다. ⑦ 제2항에 따른 학력인정 평생교육시설로 지정을 받은 자가 그 시설을 폐쇄하고자 하는 때에는 재학생 처리방안 등 대통령령으로 정하는 사항을 갖추어 관할 교육감의 인가를 받아야 한다.

제32조(사내대학형태의 평생교육시설) ① 대통령령으로 정하는 규모 이상의 사업장의 경영자는 교육과학기술부장관의 인가를 받아 전문대학 또는 대학졸업자와 동등한 학력·학위가 인정되는 평생교육시설을 설치·운영할 수 있다. ② 제1항에 따른 사내대학형태의 평생교육시설은 해당 사업장에 고용된 종업원을 대상으로 하되, 교육에 필요한 비용은 고용주가 부담함을 원칙으로 한다. ③ 제1항에 따른 사내대학형태의 평생교육시설의 설치기준·학점제 등 운영에 필요한 사항은 대통령령으로 정한다. ④ 제1항에 따른 사내대학형태의 평생교육시설을 폐쇄하고자 하는 경우에는 교육과학기술부장관에게 신고하여야 한다.

제33조(원격대학형태의 평생교육시설) ① 누구든지 정보통신매체를 이용하여 특정 또는 불특정 다수인에게 원격교육을 실시하거나 다양한 정보를 제공하는 등의 평생교육을 실시할 수 있다. ② 제1항에 따라 불특정 다수인을 대상으로 학습비를 받고 교육을 실시하고자 하는 경우에는 대통령령으로 정하는 바에 따라 교육과학기술부장관에게 신고하여야 한다. 이를 폐쇄하고자 하는 경우에는 그 사실을 교육과학기술부장관에게 통보하여야 한다. ③ 제1항에 따라 전문대학 또는 대학졸업자와 동등한 학력·학위가 인정되는 원격

대학형태의 평생교육시설을 설치하고자 하는 경우에는 대통령령으로 정하는 바에 따라 교육과학기술부장관의 인가를 받아야 한다. 이를 폐쇄하고자 하는 경우에는 교육과학기술부장관에게 신고하여야 한다. ④ 교육과학기술부장관은 제3항에 따라 인가한 원격대학형태의 평생교육시설에 대하여는 평가를 실시하고 그 결과를 공개하여야 한다. ⑤ 제3항에 따른 원격대학형태의 평생교육시설의 설치기준, 학사관리 등 운영방법과 제4항에 따른 평가에 필요한 사항은 대통령령으로 정한다. ⑥ 제28조 제2항 각 호의 어느 하나에 해당하는 자는 원격대학형태의 평생교육시설의 설치자가 될 수 없다.

제34조(준용 규정) 제33조 제3항에 따른 원격대학형태의 평생교육시설을 설치·운영하는 자와 그 시설에 대하여는 「사립학교법」 제28조·제29조·제31조·제70조를 준용한다.

제35조(사업장 부설 평생교육시설) ① 대통령령으로 정하는 규모 이상 사업장의 경영자는 해당 사업장의 고객 등을 대상으로 하는 평생교육시설을 설치·운영할 수 있다. ② 제1항에 따른 사업장 부설 평생교육시설을 설치하고자 하는 자는 대통령령으로 정하는 바에 따라 교육감에게 신고하여야 한다. 이를 폐쇄하고자 하는 경우에는 그 사실을 교육감에게 통보하여야 한다.

제36조(시민사회단체 부설 평생교육시설) ① 시민사회단체는 상호 유기적인 협조체제를 구축하고 공공시설 및 민간시설 등 유휴시설을 활용하여 해당 시민사회단체의 목적에 부합하는 평생교육과정을 운영하도록 노력하여야 한다. ② 대통령령으로 정하는 시민사회단체는 일반 시민을 대상으로 하는 평생교육시설을 설치·운영할 수 있다. ③ 제2항에 따른 시민사회단체 부설 평생교육시설을 설치하고자 하는 자는 대통령령으로 정하는 바에 따라 교육감에게 신고하여야 한다. 이를 폐쇄하고자 하는 경우에는 그 사실을 교육감에게 통보하여야 한다.

제37조(언론기관 부설 평생교육시설) ① 신문·방송 등 언론기관을 경영하는 자는 해당 언론매체를 통하여 다양한 평생교육프로그램을 방영하는 등 국민의 평생교육진흥에 기여하여야 한다. ② 대통령령으로 정하는 언론기관을 경영하는 자는 일반 국민을 대상으로 교양의 증진과 능력향상을 위한 평생교육시설을 설치·운영할 수 있다. ③ 제2항에 따른 언론기관 부설 평생교육시설을 설치하고자 하는 자는 대통령령으로 정하는 바에 따라 교

육감에게 신고하여야 한다. 이를 폐쇄하고자 하는 경우에는 그 사실을 교육감에게 통보하여야 한다.

제38조(지식·인력개발 관련 평생교육시설) ① 국가 및 지방자치단체는 지식정보의 제공과 교육훈련을 통한 인력개발을 주된 내용으로 하는 지식·인력개발사업을 진흥·육성하여야 한다. ② 제1항에 따른 지식·인력개발사업을 경영하는 자 중 대통령령으로 정하는 자는 평생교육시설을 설치·운영할 수 있다. ③ 제2항에 따른 지식·인력개발사업과 관련하여 평생교육시설을 설치하고자 하는 자는 대통령령으로 정하는 바에 따라 교육감에게 신고하여야 한다. 이를 폐쇄하고자 하는 경우에는 그 사실을 교육감에게 통보하여야 한다.

바. 제6장 문자해득교육

제39조(문자해득교육의 실시 등) ① 국가 및 지방자치단체는 성인의 사회생활에 필요한 문자해득능력 등 기초능력을 높이기 위하여 노력하여야 한다. ② 교육감은 대통령령으로 정하는 바에 따라 관할 구역 안에 있는 초·중학교에 성인을 위한 문자해득교육 프로그램을 설치·운영하거나 지방자치단체·법인 등이 운영하는 문자해득교육 프로그램을 지정할 수 있다. ③ 국가 및 지방자치단체는 제2항에 따른 문자해득교육 프로그램을 위하여 대통령령으로 정하는 바에 따라 재정적 지원을 할 수 있다.

제40조(문자해득교육 프로그램의 교육과정 등) 제39조에 따라 설치 또는 지정된 문자해득교육 프로그램을 이수한 자에 대하여는 그에 상응하는 학력을 인정하되, 교육과정 편성 및 학력인정 절차 등에 필요한 사항은 대통령령으로 정한다.

사. 제7장 평생학습결과의 관리·인정

제41조(학점, 학력 등의 인정) ① 이 법에 따라 학력이 인정되는 평생교육과정 외에 이 법 또는 다른 법령의 규정에 따른 평생교육과정을 이수한 자는 「학점인정 등에 관한 법률」로 정하는 바에 따라 학점 또는 학력을 인정받을 수 있다. ② 다음 각 호의 어느 하나에 해당하는 자는 「학점인정 등에 관한 법률」로 정하는 바에 따라 그에 상응하는 학점 또는

학력을 인정받을 수 있다.

1. 각급 학교 또는 평생교육시설에서 각종 교양과정 또는 자격취득에 필요한 과정을 이수한 자

2. 산업체 등에서 일정한 교육을 받은 후 사내인정자격을 취득한 자

3. 국가, 지방자치단체, 각급 학교, 산업체 또는 민간단체 등이 실시하는 능력측정검사를 통하여 자격을 인정받은 자

4. 「문화재보호법」에 따라 인정된 중요무형문화재보유자와 그 문하생으로서 일정한 전수교육을 받은 자

5. 대통령령으로 정하는 시험에 합격한 자

③ 각급 학교 및 평생교육시설의 장은 학습자가 제31조에 따라 국내외의 각급 학교·평생교육시설 및 평생교육기관으로부터 취득한 학점·학력 및 학위를 상호 인정할 수 있다.

아. 제8장 보칙

제42조(행정처분) 교육과학기술부장관 또는 교육감은 평생교육시설의 설치자가 다음 각 호의 어느 하나에 해당하는 경우에는 그 시설의 설치인가 또는 등록을 취소하거나 평생교육과정을 폐쇄할 수 있고, 1년 이내의 기간을 정하여 평생교육과정의 전부 또는 일부에 대한 운영의 정지를 명할 수 있다. 다만, 제1호 및 제4호의 경우에는 그 인가 또는 등록을 취소하여야 한다.

1. 거짓이나 그 밖의 부정한 방법으로 인가를 받거나 등록 또는 신고한 경우

2. 인가 또는 등록 시의 기준에 미달하게 된 경우

3. 평생교육시설을 부정한 방법으로 관리·운영한 경우

4. 제28조 제2항 각 호의 어느 하나의 결격사유에 해당하는 경우

제43조(청문) 교육과학기술부장관 또는 교육감은 제42조에 따라 인가 또는 등록을 취소하고자 하는 경우에는 청문을 실시하여야 한다.

제44조(권한의 위임) 이 법에 따른 교육과학기술부장관 또는 교육감의 권한은 그 일부를 대통령령으로 정하는 바에 따라 대학기관의 장, 교육감 또는 교육장에게 위임할 수 있다.

제45조(유사 명칭의 사용 금지) 이 법에 따른 진흥위원회·진흥원·평생교육협의회 및 평생학습관이 아니면 이와 비슷한 명칭을 사용하지 못한다.

제46조(과태료) ① 다음 각 호의 어느 하나에 해당하는 자에게는 500만 원 이하의 과태료를 부과한다.

1. 제18조 제2항을 위반하여 자료를 제출하지 아니하거나 거짓의 자료를 제출한 자

2. 제32조 제4항, 제33조 제2항·제3항, 제35조 제2항, 제36조 제3항, 제37조 제3항 및 제38조 제3항에 따른 신고를 태만히 한 자

3. 제45조를 위반하여 유사 명칭을 사용한 자

② 제1항에 따른 과태료는 대통령령으로 정하는 바에 따라 관할청이 부과·징수한다. ③ 제2항에 따른 과태료 처분에 불복하는 자는 그 처분을 고지받은 날부터 30일 이내에 관할청에 이의를 제기할 수 있다. ④ 제2항에 따른 과태료 처분을 받은 자가 제3항에 따라 이의를 제기한 때에는 관할청은 지체 없이 관할 법원에 그 사실을 통보하여야 하며, 통보를 받은 관할 법원은 「비송사건절차법」에 따른 과태료 재판을 한다. ⑤ 제3항에 따른 기간에 이의를 제기하지 아니하고 과태료를 내지 아니한 때에는 국세 또는 지방세 체납 처분의 예에 따라 징수한다.

교육제도 및 법규 기출문제 풀이

1. 현행 법령상 국가공무원인 교원의 복무규정으로 잘못된 것은? <2008. 초등>

① 근무 중 그 품위를 유지할 수 있는 단정한 복장을 착용하여야 한다.
② 겸임 근무하는 자는 복무에 관하여 본직 기관의 장의 지휘·감독을 받는다.
③ 다른 기관에 파견 근무하는 자는 복무에 관하여 원 소속 기관의 장의 지휘·감독을 받는다.
④ 국민 전체의 봉사자로서 직무를 민주적이고 능률적으로 수행하기 위하여 창의와 성실로써 맡은 바 책임을 완수하여야 한다.

【해설】 국가공무원 복무규정 제7조에 따르면 다른 기관에서 파견 근무하는 자는 복무에 관하여 파견 받은 기관의 장의 지휘·감독을 받는다.
【정답】 ③

2. 현행 「지방교육자치에 관한 법률」에 규정된 내용으로 옳은 것은? <2008. 초등>

① 교육위원회는 교육의원만으로 구성한다.
② 교육감과 교육의원은 학교운영위원들이 선출한다.
③ 교육감의 임기는 4년이며, 계속 재임은 2기에 한한다.
④ 교육의원은 시·도의회 의원의 지위와 권한을 갖는다.

【해설】 지방교육자치에 관한 법률 제6조 제1항에 ④가 명시되어 있다.
【정답】 ④

3. 현행 '교육공무원 승진 규정'에 근거할 때, 공립학교 교사 근무성적평정에 대한 설명으로 옳은 것은? <2008. 초등>

① 근무성적의 확인자가 다면평가자를 구성한다.
② 다면평가자는 평가대상자의 동료교사 2인으로 한다.
③ 근무성적평정은 매년 2월 말을 기준으로 하여 정기적으로 실시한다.
④ 다면평가점과 근무성적평정점을 각각 50점 만점으로 하여 합산한다.

【해설】 다면 평가자는 동료교사 3인 이상으로 구성한다. 근무 성적 평정은 매년 12월 31일을 기준으로 하여 실시한다. 다면평가점은 30점 만점, 근무성적평정점은 70점 만점으로 산출하여 100점 만점으로 합산한다.
【정답】 ①

4. 장학의 유형 중 컨설팅장학의 특징을 가장 잘 설명한 것은? <2008. 초등>

① 교육청이 주제별로 학교를 무선 표집하여 주제 활동을 점검한다.
② 장학지도반이 교육청의 시책에 대한 학교별 추진사항을 파악하고 평가한다.
③ 각 학교 담당 장학사가 이전 장학지도 시의 지시사항에 대한이행 여부를 확인한다.
④ 교원의 의뢰에 따라 전문성을 갖춘 장학요원들이 교원들의 직무상 문제를 진단하고 해결을 위한 대안 마련 및 실행 과정을 지원한다.

【해설】컨설팅장학은 단위학교 및 학교현장의 현안 과제에 대하여 교육청 장학 담당자와 교원들이 함께 해결방안을 모색하는 맞춤형 장학으로 ④가 가장 적절하다.
【정답】④

5. 현행 지방교육재정교부금에 대한 설명으로 옳은 것은? <2008. 초등>

① 특별교부금은 당해 연도 교육세 세입액 전액으로 한다.
② 재원은 내국세 총액의 100분의 25에 해당하는 금액으로 한다.
③ 기준재정수요액은 일반회계 전입금 등 교육과 학예에 관한 지방자치단체 교육비특별회계의 수입예상액으로 한다.
④ 보통교부금은 기준재정수입액이 기준재정수요액에 미달하는 지방자치단체에 그 미달액을 기준으로 하여 총액으로 교부한다.

【해설】특별교부금의 재원은 당해 연도의 내국세 총액의 2,027/1만에 해당하는 금액의 4/100으로 한다. 교부금의 재원은 당해 연도의 내국세 총액의 2,027/1만에 해당하는 금액과 당해 연도의 교육세법에 의한 교육세 세입액 전액에 해당하는 금액을 합산한 금액을 말한다. 기준재정수요액이 아니라 기준재정수입액에 대한 설명이다.
【정답】④

6. 현행 제도상 개별학교의 운영에서 최종적인 의결권을 행사할 수 있는 기구는? <2008. 중등>

① 사립학교의 이사회
② 국립학교의 전체 교직원회
③ 공립학교의 학교운영위원회
④ 자율학교의 학교운영위원회

【해설】사립학교법 제16조에 나타나 있다.
【정답】①

7. 교육제도의 운영에 관한 지방자치단체의 권한에 해당하는 것은? <2008. 중등>

① 6-3-3-4제의 기본 학제 변경
② 지방교육재정교부금 제도의 개편
③ 공립학교의 운영에 관한 조례의 제정
④ 교원의 자격에 관한 일반 기준의 설정

【해설】 중앙정부의 권한에 해당하는 것들이다.
【정답】 ③

8. 다음 내용을 모두 규정하고 있는 현행 법률은? <2008. 중등>

> ○학교운영위원회의 기능
> ○학교운영위원회의 설치 목적
> ○학교운영위원회 위원 정수의 범위
> ○학교운영위원회를 설치하는 학교의 종류

【해설】 초 · 중등교육법 제 31조와 32조에 명시되어 있다.
【정답】 ③

9. 현행 교육기본법에 제시된 교원에 관한 내용이 아닌 것은? <2009. 초등>

① 학교교육에서 교원의 전문성은 존중된다.
② 교원의 복무 및 연금에 관한 사항은 단체교섭으로 정한다.
③ 교원의 경제적 · 사회적 지위는 우대되고 그 신분은 보장된다.
④ 교원은 법률이 정하는 바에 따라 다른 공직에 취임할 수 있다.
⑤ 교원은 교육자로서의 품성과 자질을 향상시키기 위하여 노력해야 한다.

【해설】 교육기본법 제14조 제6항에 교원의 임용 · 복무 · 보수 및 연금 등에 관하여 필요한 사항은 따로 법률로 정한다고 명시되어 있다.
【정답】 ②

10. ≪지방교육자치에 관한 법률≫(1차 개정 2007.5.11)의 내용으로 옳은 것을 모두 고른 것은? <2009. 중등>

> ㄱ. 교육의원은 시·도의회의원의 지위와 권한을 갖는다.
> ㄴ. 교육의원은 학교운영위원회의 선거인단에서 선출한다.
> ㄷ. 교육감의 임기는 4년으로 하며, 교육감의 계속 재임은 2기에 한한다.
> ㄹ. 교육감은 교육·학예에 관한 소관 사무로 인한 소송이나 재산의 등기 등에 대하여 당해 시·도를 대표한다.
> ㅁ. 시·도의회에 교육·학예에 관한 의안과 청원 등을 심사·의결하기 위하여 상임위원회('교육위원회')를 둔다.

① ㄱ, ㄷ   ② ㄴ, ㅁ
③ ㄷ, ㄹ   ④ ㄱ, ㄹ, ㅁ
⑤ ㄴ, ㄷ, ㄹ

【해설】지방교육자치에 관한 법률에서 'ㄱ'은 제6조 제1항, 'ㄹ'은 제18조 제2항, 'ㅁ'은 제4조에 명시되어 있다. 교육의원은 주민의 보통·평등·직접·비밀선거에 따라 선출한다. 교육감의 임기는 4년으로 하며, 교육감의 계속재임은 3기에 한한다.

【정답】④

11. 우리나라 국·공립 중등학교 교원에 대한 설명으로 옳은 것을 모두 고른 것은? <2009. 중등>

> ㄱ. 교원은 법률이 정하는 바에 따라 다른 공직에 취임할 수 있다.
> ㄴ. 교원은 현행범일 경우를 제외하고는 소속 학교의 장의 동의 없이 학원 안에서 체포되지 아니한다.
> ㄷ. 교원은 경제적·사회적 지위를 향상시키기 위하여 각 지방자치단체와 중앙의 교원단체를 조직할 수 있다.
> ㄹ. 각급 학교 교원의 임용권자는, 교육공무원이었던 자의 지식이나 경험을 활용할 필요가 있을 때, 교원의 자격증을 가진 자 중에서 기간제 교원을 임용할 수 있다.

① ㄱ, ㄴ   ② ㄴ, ㄷ
③ ㄱ, ㄷ, ㄹ   ④ ㄴ, ㄷ, ㄹ
⑤ ㄱ, ㄴ, ㄷ, ㄹ

【해설】'ㄱ'은 교육기본법 제14조 제5항, 'ㄷ' 제15조 제1항, 'ㄴ'은 교원지위 향상을 위한 특별법 제4조, 'ㄹ'은 교육공무원법 제32조 제1항에 명시되어 있다.

【정답】⑤

12. 임용후보자 선정 경쟁시험을 거쳐 임용되는 공립 유치원·초등학교·특수학교 교사의 신분에 관한 설명으로 옳은 것은? <2010. 초등>

① 특수경력직공무원으로서 국가공무원의 신분을 갖는다.
② 복무에 관해서는 국가공무원법의 규정을 적용받지 않는다.
③ 법관·검사·경찰공무원·군인과 함께 특정직공무원으로 분류된다.
④ 형의 선고를 제외하고는 본인의 의사에 반하여 면직당하지 않는다.
⑤ 교육감과 임용계약 관계에 있는 고용직공무원으로서 지위를 갖는다.

【해설】 국가공무원법 제2조 제2항에 명시되어 있다. 교사는 경력직 공무원이다. 교육공무원은 복무에 관해서 국가공무원법의 규정을 적용받으며 형의 선고 및 징계처분 또는 이 법으로 정하는 사유에 따르지 않고서는 본인의 의사에 반하여 휴직 및 강임 또는 면직을 당하지 않는다. 고용직 공무원은 단순 노무에 종사하는 공무원으로 특수 경력직 공무원이다.
【정답】 ③

13. 교유공무원인 공립학교 교사의 임용에 관한 설명을 옳지 <u>않은</u> 것은? <2010. 초등>

① 임용은 자격·재교육성적·근무성적 기타 능력의 실증에 의한다.
② 능력에 따라 균등한 임용의 기회를 보장하는 것이 임용의 원칙이다.
③ 임용에는 신규채용 외에도 승진, 전직, 전보, 휴직, 해임 등이 포함된다.
④ 교사의 승진은 상위직인 부장교사, 교감, 교장으로 임용되는 것을 말한다.
⑤ 전직은 종별과 자격을 달리하는 것으로, 교사가 장학사로 임용되는 것이 한 예이다.

【해설】 부장교사는 보직교사로서 실제적으로는 분야별로 지도적 위치에 있으나 자격도 직위도 아니다. 다만 승진규정상 가산점을 받고 예산 범위 안에서 직무수당을 받을 뿐이다.
【정답】 ④

14. 초등학교 교사의 행위 중 <u>위법</u>인 경우를 <보기>에서 고르면? <2010. 초등>

> **〈보기〉**
> ㄱ. 환경보호를 강령으로 하는 정당에 가입하고 퇴근 후에 이 정당이 주관하는 환경보호활동에 참여하고 있는데, 근무시간 이후니까 괜찮겠지?
> ㄴ. 그동안 교원단체에 가입해 왔는데, 교원노조법이 법제화된 후에 교원노조에도 가입했어. 모두 합법적인 단체들이니까 양 단체에 동시에 가입해도 괜찮겠지?
> ㄷ. 학교폭력대책자치위원회 위원인데, 분쟁조정이 어려워 지역상담교사 모임에 사건경위와 가해 및 피해학생의 성명 등을 소개하고 자문을 구했는데, 전문가들이니까 괜찮겠지?
> ㄹ. 지난주 일요일에 교원노조에서 당국에 신고하고 허용된 공교육정상화를 위한 축구대회를 열기에 참석했었는데, 집회도 평화적으로 끝났고 내가 조합원이니까 괜찮겠지?

① ㄱ, ㄴ   ② ㄱ, ㄷ
③ ㄴ, ㄷ   ④ ㄴ, ㄹ
⑤ ㄷ, ㄹ

【해설】 '*ㄱ*' 국가 공무원법 제65조 제1항에 의거해 공무원은 정당이나 그 밖의 정체단체의 결성에 관여하거나 가입할 수 없다. '*ㄷ*' 국가공무원법 제60조에 의거하여 공무원은 재직 중은 물론 퇴직 후에도 직무상 알게 된 비밀을 엄수해야 한다.
【정답】 ②

15. 교원단체와 교원노동조합 모두에 적용되는 진술은? <2010. 초등>

① 학교의 장과 대학의 교원은 가입할 수 없다.
② 파업 및 태업 등 일체의 쟁의행위를 할 수 없다.
③ 교육감 또는 교육과학기술부장관과 단체협약서를 작성한다.
④ 교육기본법에 근거하여 지방자치단체와 중앙에 조직할 수 있다.
⑤ 사립학교 설립·경영자는 전국 또는 시·도 단위로 연합하여 교섭해야 한다.

【해설】 교원단체와 교원노동조합에 모두 적용되는 것은 ②이다.
【정답】 ②

16. 헌법 제31조에 규정되어 있는 조항을 <보기>에서 모두 고른 것은? <2010. 중등>

─────────── 〈보기〉 ───────────

ㄱ. 모든 국민은 능력에 따라 균등하게 교육을 받을 권리를 가진다.
ㄴ. 모든 국민은 그 보호하는 자녀에게 적어도 초등교육과 3년의 중등교육을 받게 할 의무를 지닌다.
ㄷ. 교육의 자주성, 전문성, 정치적 중립성 및 대학의 자율성은 법률이 정하는 바에 의하여 보장된다.
ㄹ. 국가는 특수교육을 진흥하여야 한다.
ㅁ. 학교교육 및 평생교육을 포함한 교육제도와 그 운영, 교육재정 및 교원의 지위에 관한 기본적인 사항은 법률로 정한다.

① ㄱ, ㄷ, ㅁ   ② ㄴ, ㄷ, ㄹ
③ ㄴ, ㄹ, ㅁ   ④ ㄱ, ㄴ, ㄷ, ㄹ
⑤ ㄱ, ㄴ, ㄷ, ㅁ

【해설】 헌법은 법의 규정에 있어서 기본적인 틀을 제시하되 구체적인 사항은 하위범주의 법률이나 시행령에서 지정한다.
【정답】 ①

17. 현행 지방교육재정교부금 제도에 대한 설명으로 옳지 <u>않은</u> 것은? <2010. 중등>

① 지방교육재정교부금은 보통교부금과 특별교부금으로 나누어진다.
② 지방교육재정교부금의 목적은 지방교육의 균형 있는 발전을 도모함에 있다.
③ 특별교부금은 시책사업수요, 지역교육현안수요, 재해대책수요 있을 때 교부한다.
④ 의무교육기관 교원에 대한 종전의 봉급교부금은 보통교부금에 통합되어 있다.
⑤ 보통교부금의 재원은 내국세 총액의 20% 해당액과 교육세 세입액 전액을 합한 금액이다.

【해설】지방교육재정교부금법 제3조 제3항에 의하면 보통교부금의 재원은 교육세 세입액 전액에 당해 연도의 내국세 총액의 2,027/1만에 해당하는 금액의 96/100에 해당하는 금액을 합산한 금액으로 한다.
【정답】⑤

18. (가)~(마) 중에서 현재 시·도교육청의 세입 재원이 아닌 것은? <2011. 초등>

시·도교육청의 예산은 중앙정부로부터의 재정 지원이 대부분을 차지하지만, 지방자치단체로부터의 재정 지원도 적지 않은 비중을 차지하고 있다. 즉 중앙정부로부터의 (가) 보통교부금, (나) 특별교부금, (다) 봉급교부금, (라) 국고보조금뿐만 아니라 (마) 지방자치단체로부터의 전입금 등이 그 세입 재원을 이루고 있는 것이다. 따라서 교육자치와 일반자치는 재정적 측면에서도 동반자 관계를 맺고 있다고 할 수 있다.

① (가)   ② (나)
③ (다)   ④ (라)
⑤ (마)

【해설】봉급 교부금은 2004년 지방교육재정교부금법 개정으로 폐지되었다.
【정답】③

19. 다음 사례를 읽고 (가)~(마) 중에서 현행 지방교육자치제도에 비추어 잘못된 것을 모두 고르면? <2011. 초등>

초등학교에 근무하던 김 교사는 (가) 정당의 추천을 받아 교육 의원 선거에 출마하였다. 참신하고 현실성 있는 공약을 내세운 덕분에, 그는 (나) 주민의 보통·평등·직접·비밀 선거에 의해 선출되는 교육의원에 당선될 수 있었다. 취임을 한 후, 그는 (다) 도의회의 상임위원회인 교육위원회의 위원으로서 (라) 교육 예산안을 심사(심의)·의결하고, (마) 교육규칙을 제정하는 등 교육의원으로서 의미 있는 일들을 많이 하였다.

① (가), (나)　　② (가), (다)
③ (가), (마)　　④ (나), (다), (마)
⑤ (나), (라), (마)

【해설】 정당은 교육의원선거에 후보자를 추천할 수 없다. 교육규칙의 제정은 교육의원이 아니라 교육감의 관장사무에 속한다.

【정답】 ③

20. 교원의 인사행정과 관련된 진술로 옳은 것은? <2011. 초등>

① 국·공·사립학교 교원의 신분은 교육공무원이다.
② 공립학교 교사의 임용권은 대통령으로부터 교육감에게 위임되어 있다.
③ 교육공무원인 교원의 임용은 자격·재교육성적·근무성적 기타 능력의 실증에 의하여 행한다.
④ 초·중등교육법에 규정된 교원의 자격은 교장, 교감, 수석교사, 부장교사, 정교사(1급, 2급)로 구분된다.
⑤ '음주운전'은 파면·해임된 뒤 다시 신규 또는 특별 채용될 수 없는 사유의 하나로 교육공무원법과 사립학교법에 규정되어 있다.

【해설】 사립학교의 교원은 교육공무원이 아니다. 공립학교의 교사 임용권은 대통령으로부터 교육과학기술부장관에게 위임되어 있다. 초중등교육법 제21조에 명시되어 있다. 음주운전은 파면·해임된 뒤 다시 신규 또는 특별 채용될 수 없는 사유가 아니다.

【정답】 ③

21. 국·공립 유·초·중등학교 교원에게 적용되는 국가공무원법상 복무규정에 관한 설명으로 옳은 것은? <2011. 초등>

① 소속 기관장의 허가 없이 다른 직무를 겸할 수 없다.
② 퇴직 후에는 직무상 알게 된 비밀을 엄수할 의무가 없다.
③ 직무상 관계가 없는 경우 그 소속 상관에게 증여할 수 있다.
④ 직무 외적인 경우에는 품위 유지의 의무가 적용되지 않는다.
⑤ 외국 정부로부터 증여를 받을 경우에는 대통령의 허가가 필요하나 영예의 경우는 불필요하다.

【해설】 공무원은 퇴직 후에도 직무상 알게 된 비밀을 엄수해야 한다. 공무원은 직무상 관계가 있든 없든 그 소속 상관에게 증여하거나 소속 공무원으로부터 증여를 받아서는 안 된다. 공무원은 직무의 내외를 불문하고 그 품위가 손상되는 행위를 해서는 안 된다. 영예나 증여를 받아도 허가가 필요하다.

【정답】 ①

V. 교직과 교사

1. 교직의 개념

교사의 정의는 광의의 개념 측면에서 사회적으로 학식이 있거나 존경하고 본받을 만한 사람을 가리키고, 협의의 개념 측면에서는 학교에서 학생들을 가르치는 사람과 가르치는 일을 직업으로 하는 사람을 통칭할 때를 의미한다.

특히, 교육현장에서 교육과 관련된 사람, 즉 교원에 포함되는 영역은 학생을 대상으로 수업에 참여하는 사람, 학생을 위해 전문적인 지원을 제공하는 사람, 교육서비스의 경영과 행정에 참여하는 사람, 학교의 유지와 운영을 지원하는 직원, 일시적으로 근무하고 있지 않은 직원, 학교나 다른 교육기관에 서비스를 제공하는 기업에 하부계약 관계로 근무하는 직원 등이 포함된다(한국교육개발원, 2004).

한편, 교직의 개념은 가르치는 일에 종사하는 직업을 의미하여 가르치는 일에 종사하는 사람을 교직자 또는 교육자라고 부르고 교직자는 직업 측면을, 교육자는 교육 측면을 강조한 의미이다(강갑원 외, 2006).

2. 교직의 특성

교직의 특성을 살펴보기 위해서 [그림 V-1]과 같은 직업이 형성되는 관계요소의 망에 비추어 보면 쉽게 알 수 있다.

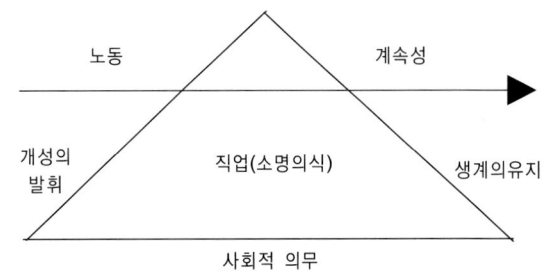

자료: 김운삼(2003). 『교육학개론』, 창지사, 재구성

[그림 V-1] 직업 형성의 관계요소

특히, [그림 V-1]에서도 알 수 있듯이, 교직은 생계유지를 위한 수단을 제공하고 개성의 발휘를 목표로 하며 사회적 책무를 강조하며 직업의 계속성과 노동이 뒤따라야 하는 다섯 가지 직업적 속성을 가지고 있다(한은숙·김종두, 2008).

구체적인 교직의 특성을 정리하면 <표 V-1>과 같이 요약할 수 있다.

〈표 V-1〉 교직의 특성

구분	세부 내용
생계유지	·사회 목적달성에 공헌하여 보상 형식으로 받는 보수 ·생계유지를 위한 경제적 유인가 제공
개성 발휘	·자신의 적성, 흥미, 능력, 미래 발전 가능성 고려 ·인간에 대한 헌신과 봉사를 전제로 하기에 적성 중시
사회적 책무	·개인의 삶 개선 및 인간적인 권리 신장 ·사회의 발전과 개혁
노동	·정신적인 노동 ·무엇인가를 생각, 추리, 기획, 가치 판단하는 활동
계속성	·교사자격증 제도를 통해 사회적으로 전문성을 인정받고 있는 동시에 계속적인 연찬과 자기 발전 중시

자료: 김운삼(2003). 『교육학개론』. 창지사. 재구성.

따라서 교직은 미성숙한 아동을 대상으로 그들의 전인적인 성장 발달을 도모하고 훌륭한 사회인이 되어 사회와 국가 발전에 기여할 수 있도록 교육하는 전문적이고 봉사적인 특성을 가진 직업이라 할 수 있다(강갑원 외, 2006).

3. 교직관의 변천

교직을 바라보는 관점은 과거의 전통적인 성직자관에서 교육을 경제유지의 수단으로 인식하는 노동자관으로 변천하여 현대에는 교직수행의 특수성, 자율성, 책임성을 강조하는 전문직관을 중시하는 경향을 보이고 있다(한은숙·김종두, 2008). 이러한 교직관의 변천의 특징을 살펴보면 <표 V-2>와 같이 요약할 수 있다.

〈표 V-2〉 교직관의 변천

구분	관점	특징	장·단점
성직자관	·성직자 같은 성스러운 정신적·봉사적 소명의식을 가진 활동 ·인간의 영혼과 정신을 대상으로 하는 정신활동	·한없는 사랑과 헌신, 희생과 봉사의 정신활동 ·사회생활, 정치적 활동 등 제한 ·지식전달자 역할 ·교수방법 무관심	·교사의 높은 인격성과 도덕성 강조 ·교사 권리 침해 및 희생 요구

구분		세부 내용	
노동자관	・노동자의 근무조건과 처우 개선을 위한 단체활동 가능 ・교사 자신의 교육권, 학습자, 학부모의 학습권 보호	・노동조합을 통한 집단행동으로 정부나 고용주에 맞서 투쟁 ・교사 경제적 지위와 향상 중시	・교직은 전문직이므로 노동자라는 것은 부적절
전문직관	・성직자관과 노동자관 통합 ・전문적 교육이론, 방법, 기술 등을 훈련하여 자율성 보장 ・전문단체를 통한 권익옹호 및 윤리강령 준수 ・영리추구보다 사회봉사 우선	・전문 자율성 중심 ・교과내용의 전문가, 학생 발달에 대한 전문지식 보유	・오랜 교육연한, 자격증 제도, 사회적 우대, 자율성, 전문직 단체의 기능과 역할 등 전문직 조건을 충족시키지 못함

자료: 강갑원・박영진・안병환・이경희(2006). 『교육학개론』. 교육과학사. 재구성.

4. 교사의 자질

교사의 자질은 전공교과에 대한 전문적인 지식, 훌륭한 인성, 교육하는 방법과 기술, 교육에 대한 열정과 신념 있는 태도 등으로 제시할 수 있는데, 이외에도 계속 노력하는 교사, 학생과 함께 지내며 사랑할 줄 아는 교사, 젊음과 총명성을 지닌 교사, 개인차를 존중하는 교사, 공평무사한 교사, 명랑한 성격을 지니고 열의와 성의가 있는 교사, 자기 평가를 하는 교사로 요약할 수 있다(김운삼, 2003).

또한, 교사가 갖추어야 할 바람직한 자질로 전문적 자질과 개인적 자질로 구분하여 <표 Ⅴ-3>과 같이 나타낼 수 있다.

〈표 Ⅴ-3〉 교사가 갖추어야 할 바람직한 자질

구분		세부 내용
전문적 자질	교직에 대한 태도 및 가치관	・교직에 대한 사명감 ・건전한 교직관
	교직에 대한 지식 및 이해	・교과에 대한 지식 및 이해 ・학생에 대한 지식 및 이해 ・교육조직 생활 및 업무처리에 대한 지식 및 이해
	교직에 대한 기술 및 실기능력	・교과지도에 대한 기술 및 실기능력 ・학생지도에 대한 기술 및 지도능력 ・특별활동 지도에 대한 기술 및 능력 ・교육조직생활 및 업무처리에 대한 기술 및 능력
개인적 자질	인성과 인품	・원만한 인격, 올바른 언행과 예절, 건전한 자아개념과 인생관
	정신적 건강	・정서심리적 안정감 및 건강
	신체적 건강	・교직수행에 필요한 신체적 건강

특히, 좋은 교사의 자질은 교직으로부터 부름을 받았다는 소명의식이 필요하고 깊은

이해심과 사랑과 봉사의 정신을 가져야 하며 인간을 존중하는 태도를 가지고 행동으로 옮기는 사람, 학생들에게 희망을 주는 사람이 됨으로써 넓고 신성한 교육관을 실천해야 한다(이형행, 2007).

한편, 오늘날 학교현장에서 기대하는 이상적인 교사상은 [그림 Ⅴ-2]와 같이 도식화할 수 있다.

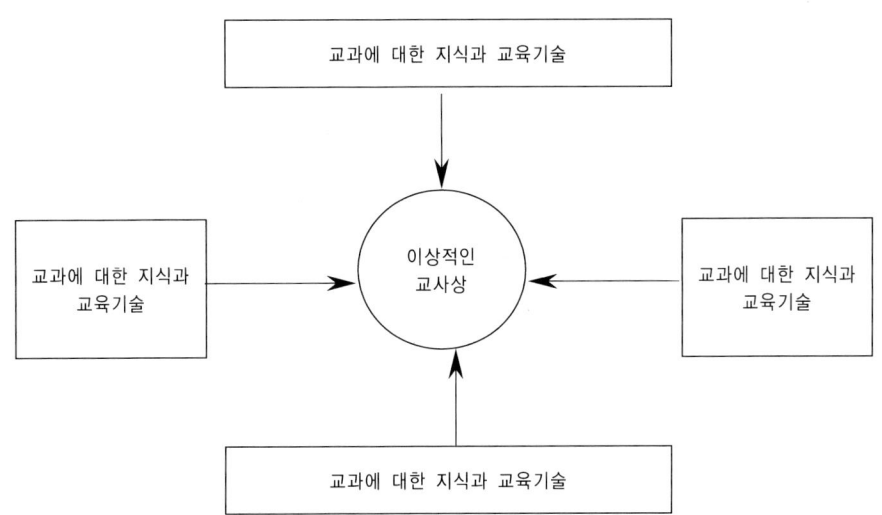

자료: 김운삼(2003). 『교육학개론』. 창지사.

[그림 Ⅴ-2] 이상적인 교사상

5. 교사의 역할

Redle과 Watenberg에 의하면 교사로서 수행해야 할 역할을 14개 항목으로 구분하였다 (<표 Ⅴ-4> 참조).

〈표 Ⅴ-4〉 교사의 역할(1)

구분	세부 내용
사회대표자	·사회의 가치와 규범, 생활양식 전달
판단자	·교과성적이나 행동발달 상황 평가
지식 자원	·지식 전수
학습의 조력자	·학습활동의 제 활동에 조력
심판관	·갈등과 대립에 대해 시비 가림

훈육자	· 사회생활에 적응하는 데 필요한 습관 형성
동일시 대상	· 모범적인 행동과 태도, 사고를 시범을 통해 전수
불안 제거자	· 생활에서 발생하는 불안의 해소 도움
자아 옹호자	· 학생의 자신감 형성
집단 지도자	· 집단 사기 진작, 응집력 향상
부모 대리자	· 부모처럼 보살펴 주기
친구	· 심리적 친밀감 형성
적대 감정	· 성인들에 대한 적대감 해소
애정 대상자	· 학생의 심리적 욕구 충족 및 인도

자료: 강갑원·박영진·안병환·이경희(2006). 『교육학개론』. 교육과학사. 재구성.

또한, 강갑원 외(2006)는 교사의 역할을 학급에서 역할, 학교에서 역할, 사회에서 역할 등 <표 V-5>와 같이 구분하였다.

<표 V-5> 교사의 역할(2)

구분		세부 내용
학급에서 역할	학생 지도자	· 교육목표 설정, 교육내용 선정 및 조직, 수업 운영, 생활지도, 교육평가
	학급 경영자	· 교실환경 정리정돈, 장부 정비, 학생실태 파악
학교에서 역할	학급경영 참여자	· 교육조직, 사무조직, 운영조직
	행사 교육자	· 국가적 행사, 지역사회적 행사, 학교 자체 행사
	직장인	· 조직체 일원, 다른 구성원들과 협력 및 인간관계 유지
사회에서 역할	사회 모범	· 학생의 행동 모델
	변화 촉진자	· 사회 통합 및 문화 전달 기능 및 창조적 기능
	교권 신장 주체	· 자율권, 생활권, 신분유지권 신장
	연수 및 연구자	· 학생 특성 이해, 교육이론, 교육실제 등 지속적인 연구

이 외에도 김운삼(2003)은 교사로서의 역할을 학생과 교사와의 관계를 통해 인생을 배우는 인생안내자로서 역할, 학생들의 학업성장과 학습 조력을 수행하는 학습조력자 역할, 사회의 가치와 규범, 생활양식을 배우는 모형으로서 역할 등을 제시하였다.

6. 교사의 유형

교사의 유형은 일반적으로 전제형, 자유방임형, 민주형 등 <표 V-6>과 같이 구분할 수 있다.

〈표 V-6〉 교사의 유형

전제형	자유방임형	민주형
· 교사 권위에 따른 결정 · 교상에 의한 전제적 방법 · 교사의 자의에 따른 상찬, 벌, 체벌 등 양극적 평가 · 학생의 창의성 부재, 적극적인 자기 반응 및 자기 평가 부재	· 개인 자의에 의한 결정 · 교사는 관여하지 않고 개인의 자유에 일임 · 개인 활동에 대해 원칙적으로 평가하지 않음 · 무책임한 정신 자세, 교육적 사랑과 열정의 포기 및 단념	· 집단 토론에 의한 결정 · 민주적인 토론과 협동을 통한 참여 및 권장 · 객관적인 사실이나 기준에 따른 상과 벌 · 집단활동의 적극 참여, 봉사, 협동정신, 대화와 관용 중심, 교사와 학생의 상호작용

7. 교직의 전문성

교직의 전문성은 교사로서 갖추어야 할 지식, 기술, 태도 등 개인 차원, 교사의 직무와 관련된 조직 차원, 사회와 문화에서 교사에게 요구하는 사회 차원 등 [그림 V-3]과 같이 도식화할 수 있다.

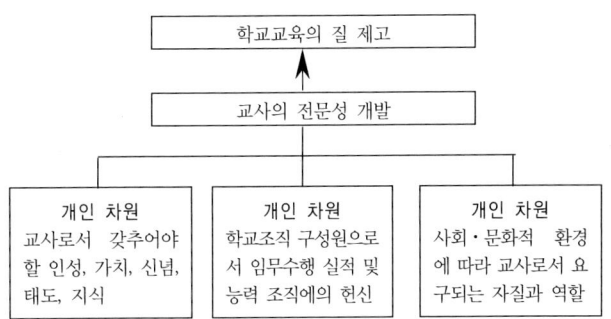

자료: 강갑원·박영진·안병환·이경희(2006). 『교육학개론』. 교육과학사.

[그림 V-3] 교직의 전문성 차원

8. 교원의 권리와 의무

교원의 권리는 <표 V-7>과 같이 적극적 권리와 소극적 권리로 구분하고, 교원의 의무는 <표 V-8>과 같이 적극적 의무와 소극적 의무로 구분할 수 있다(한상길 외, 2007).

<표 Ⅴ-7> 교원의 권리

구분		내용
적극적 권리	자율성 보장	・교육의 자주성과 교육의 전문성, 정치적 중립성 보장
	생활보장	・교원의 경제적・사회적 지위가 우대되고 신분이 보장되는 법률적 생활보장
	근무조건 개선	・학생과 수업에 대한 부담, 과다한 행정업무 등 개선
	후생, 복지제도 확충	・보수, 연금제도, 자녀 학비 지급제도, 교원 공제회 제도, 보건보험제도, 주택자 융자제도
소극적 권리	신분보장	・권고사직 금지, 불체포 특권 등 강력한 신분보장
	쟁송제기권	・징계처분 기타 그 의사에 반하는 불리한 처분에 대해 소청 기타 행정상 쟁송제기권 보유
	불체포특권	・현행범을 제외하고는 소속 학교장의 도의 없이 학원 안에서 체포 불가
	단체행동권	・교원단체 조직 및 운영을 통한 유대강화, 복지향상 도모

<표 Ⅴ-8> 교원의 의무

구분		내용
적극적 의무	교육 및 연구활동	・전문지식인으로서 사표로서의 품성과 새로운 학문적 지식 전달의 선도적 역할
	선서, 성실, 복종	・근무기강 확립, 직장이탈 금지, 당직근무, 출장, 공무원으로서 업무 수행
	품위유지	・공, 사적으로 모든 행위에 있어 품위 손상 금지
	비밀엄수	・재직 중이나 퇴직 후에도 직무상 알게 된 비밀 엄수
소극적 의무	정치활동 금지	・정치적 중립성 보장
	영리업무 및 겸직금지	・공무 이외의 영리 목적으로 인한 업무에 종사하지 못하고 직무수행에 지장이 없는 한 소속기관장은 겸직 허가
	집단행위 금지	・제한적으로 단체행동권 보장

교직과 교사 기출문제 풀이

1. 다음은 UNESCO 권고문의 일부이다. 이것이 가장 잘 나타내고 있는 교직에 대한 입장은? <2001. 초등>

> 교직은 교사에게 끊임없는 연구를 통한 지식 및 기능을 갖출 것이 요구되는 공공적 직무이며, 담당하는 학생의 교육과 복지에 대해 개인 및 공동의 책임감이 요구되는 업무이다.

① 교직은 전문직으로 인정되어야 한다.
② 교직은 고도의 윤리 의식이 요구되어야 한다.
③ 교직은 학생 이익을 위한 이익 단체로서 활용해야 한다.
④ 교직이 활성화되기 위해서는 복지 후생 제도의 마련이 우선되어야 한다.

【해설】 유네스코에서 1966년 10월 5일 채택한 '교원 지위에 관한 권고'로서 이는 교직을 전문직으로 인정해야 한다는 주장이다.
【정답】 ①

2. 교사의 의무를 적극적 의무와 소극적 의무로 구분할 때 적극적 의무에 속하는 것은? <2002. 초등>

① 정치활동 금지의 의무
② 집단행위 제한의 의무
③ 교육 및 연구 활동의 의무
④ 영리 업무 및 겸직 금지의 의무

【해설】 소극적 의무가 '해서는 안 된다'의 측면이라면 적극적 의무는 '해야 한다'의 의미로 교사는 교육 및 연구 활동을 지속적으로 행해야 할 의무가 있다는 것이다.
【정답】 ③

3. 교사의 역할 중에서 우리나라 전통 사회의 교직관과 거리가 먼 것은? <2005. 초등>

① 친구로서의 역할
③ 부모 대리자로서의 역할
② 훈육자로서의 역할
④ 지식 자원으로서의 역할

【해설】 리들과 바텐버그가 제시한 교사의 역할에 관계된 것으로 우리 전통 사회의 교직관은 가르치
  다와 기르다의 의미를 지닌 교육에 있어서 지식의 전수자이자 바람직한 모범에 대한 의미를
  지닌다. 이에 있어서 친구로서의 역할의 교직관은 교사와 학생과의 형식적인 관계만이 아니
  라 비형식적인 관계까지도 포함되므로 거리가 멀다.
【정답】 ①

4. <보기>의 내용에 공통적으로 나타나 있는 교원의 의무는? <2005. 초등>

<보기>

· 교원은 모든 학생을 똑같이 대한다. 입학 허가, 성적 부여, 교육상의 모든 서류의 작성이 친소 관계
  와 물질적 보상, 개인적인 이해관계로 좌우되어서는 안 된다.
· 교원은 인종, 성, 종교, 신념 등을 이유로 특정한 학생에게 이익을 주어서는 안 된다.
· 교원은 부모의 경제적·사회적 지위를 함부로 이용하지 않으며, 이에 좌우되지 않는다.

① 공정의 의무
② 청렴의 의무
③ 선서의 의무
④ 품위 유지의 의무

【해설】 보기에 나타난 내용은 교원의 평등, 차별금지, 공정의 의무에 관한 내용이다.
【정답】 ①

5. 교직관에 대한 설명으로 가장 적절한 것은?

① 노동직관은 일부에서 주장되고 있지만 아직은 법적으로 전혀 인정되지 않고 있다.
② 전문직관은 교원 양성기관의 설립과 자격제도의 도입으로 설명될 수 있는 교직관이다.
③ 성직관은 성직자가 교직을 담당하였던 것에서 유래한 것으로, 오늘날 전면 부정되고 있다.
④ 공직관은 국가공무원 신분에 근거한 것이므로 공·사립학교 교원에게는 해당되지 않는다.
⑤ 성직관, 전문직관, 노동직관, 공직관은 상호 배타적이기 때문에 한 시대에 공존할 수 없다.

【해설】 노동직관은 교원 노조의 설립이 가능하다는 점에서 법적으로 인정이 되고 있다. 성직관은 교
  직을 성스러운 직업으로 인정하고 그에 대한 소명의식을 지녀야 한다는 입장으로 오늘날에
  도 인정되고 있다. 공직관은 국가공무원뿐만 아니라 교원에게도 해당되는 교직관이다. 성직
  관, 전문직관, 노동직관, 공직관은 서로 상호 보완적으로 유동적이다.
【정답】 ②

교육의 형태적 기초

Ⅰ. 가정교육

1. 가정의 교육적 기능

가정은 생존을 위한 의·식·주의 제공이 이루어지는 장소이고 전인격의 가장 기초가 되는 곳이기 때문에, 사회 적응을 위한 초보적인 사회화가 이루어지는 최초의 교육기관이다(김의석 외, 2007). 또한, 가정은 우리가 경험하는 최초의 기관이며 인간교육의 기본적인 터전을 제공해 주기 때문에, 학교교육보다도 오랫동안 다양한 형태의 교육이 이루어지는 교육환경이라 할 수 있다(한은숙·김종두, 2008). 그리고 가정은 혼인, 입양, 혈연으로 결속된 하나의 집단으로 생활 근거가 되며 삶과 앎의 터전이다.

특히, 인간의 선천적인 경향의 발현이 환경에 따라 크게 달라진다는 가소성 때문에, 가정은 인간형성과정에서 신체적 발달뿐만 아니라, 정의적 발달과 사고방식, 가치관 및 태도 등 지적 발달과 성격 형성에 중요한 영향을 주는 교육적 기능을 가지고 있다(정명화, 2009). 인간발달에 있어서 가소성이 가장 큰 시기는 미성숙 기간의 대부분을 가정에서 보내는 영유아기이기 때문에 가정은 교육적으로 매우 중요한 장소라고 할 수 있다(조영일, 2003).

한편, Bossard가 제시한 가정의 교육적 기능을 살펴보면 첫째, 가정은 아동에게 만족감을 제공하여 안정성을 이루게 하고 둘째, 가정은 아동의 능력을 개발하고 발달시키는 장소이며 셋째, 아동은 인격을 인정받는다는 것을 가정 내에서 충족하기 때문에, 사회적인 인격의 기반이 이루어지고 넷째, 아동은 지배, 복종, 협동, 대립, 경쟁 등의 인간관계를 가정에서 체험하고 사회생활에 대한 준비를 하게 되며 다섯째, 아동은 가정에서 자기중심적인 행동만을 하는 것이 아니라, 언제나 다른 사람과 행동하지 않으면 안 된다는 것을 익히게 되며 여섯째, 아동은 가정 내에서의 상호작용을 통해 교육에 필요한 수단인 언어 등을 획득하고 끝으로 아동은 가정에서의 경험을 통해 사회생활에 필요한 습관, 예의, 태도 등을 학습하게 된다(김의석 외, 2007).

2. 가정교육의 특징

가정교육은 자연성, 즉 무의도적이고, 강한 애정으로 결속되어 있으며 항상 자녀 심신의 보호와 배려가 배경이 되기 때문에, 아동의 건전한 심신발달을 도모하고 안정된 생활을 영위하는 데 매우 중요한 교육적 의의를 지닌다(한은숙·김종두, 2008).

특히, 가정교육은 가정에서 의도적이건 무의도적이건 부모, 형제 등 가족과의 상호작용 과정을 통해서 이루어지는 교육을 의미한다(정명화, 2009). 이러한 가정교육의 일반적은 특징을 살펴보면 첫째, 가정교육은 가족적 유대라는 강한 연대감과 동질감을 바탕으로 어우러지며 삶 속에서 지속적으로 이루어진다는 점에서 기본적 인성, 가치관 및 생활태도의 형성, 규범적 태도 형성에 매우 큰 영향력을 미치고 둘째, 가정교육의 내용은 삶의 과정에서 요구되는 기본 지식, 기능, 덕성 등 언어, 예절, 식사 교육이 대표적이며 셋째, 가정교육의 기능은 자녀의 심신 보호와 배려가 배경이 되고 있는 특징을 가진다(윤정일 외, 2002). 이러한 가정교육은 현대사회의 산업화와 도시화에 따른 변화로 인해 <표 Ⅰ-1>과 같은 다양한 문제점을 안고 있다(한은숙·김종두, 2008).

〈표 Ⅰ-1〉 가정교육의 특징 변화와 문제점

구분	특징 및 문제점
가정의 기능상 변화	·가정의 경제적 기능 변화에 따른 맞벌이 부부 증가 ·생식과 자녀보호 기능 제외
가족 구성상의 변화	·조부모의 자연스런 교육적 경험이나 형제자매 간의 상호작용 기회 감소 ·가정보다 밖에서 보내는 시간 증가
가족구성원 간 갈등 증가	·가족 대화의 시간 축소 및 세대 간의 갈등 증가 ·가정의 문화적 전통 계승 및 발전의 문제점

자료: 한은숙·김종두(2008). 『교육학개론』. 교육과학사. 재구성.

한편, 가정교육에 있어서 부모들의 자녀들에 대한 태도를 살펴보면, 민주적 태도, 과잉보호적 태도, 거부적인 태도, 지배적인 태도, 부모의 자녀에 대한 방임적 태도 등 <표 Ⅰ-2>와 같이 정리할 수 있다.

〈표 Ⅰ-2〉 부모들의 자녀에 대한 태도

구분	특징
민주적 태도	·자녀를 독립적 인격체로서 존중하고 관심과 이해를 가지고 자애롭게 대우하는 부모의 양육태도 ·자율적, 능동적, 타인 존중, 사교적, 성실, 정서적 안정
과잉보호적 태도	·외동아이, 허약한 아이, 신체적 결함이 있는 아이 등의 경우 부모가 지나치게 보호하고 지나친 애정을 나타내는 양육태도 ·독립성 결여, 의타심 강함, 자기중심적인 성격, 타인에 대한 애정이나 관심 부족, 이타심 부족
거부적 태도	·원치 않은 자녀를 불가피하게 두었을 경우나 결혼생활에 대한 불만이나 갈등을 자녀에게 전가하는 양육태도 ·안정감과 자신감 부족, 무기력, 반항적, 공격적, 퇴행적

지배적 태도	• 부모의 열등감이나 허영심 또는 가문이나 부모의 권위로 인해 자녀를 지나치게 통제하고 엄격하고 완고하게 지시하고 복종을 강요하는 양육태도 • 겸손, 조심성, 순종, 수동적, 자주성과 독창성 부족, 이율배반적인 행동
방임적 태도	• 부모가 자신의 일에만 몰두하며 자녀에게 관심이 없는 양육 태도 • 생활의 규범이나 질서를 잃게 되고 애정을 갈망하며 관심이나 애정을 구하려고 사회적으로 용인되지 않는 행동을 할 가능성이 높음

자료: 김의석·이우언·정석환(2007). 『최신 교육학개론』. 양서원. 재구성.

또한, 부모의 양육태도가 자녀의 성격 형성에 미치는 영향을 연구한 결과, [그림 Ⅰ-1]에서도 알 수 있듯이 부모의 양육태도가 자율-통제, 수용-거부로 구별하여 부모가 어떤 태도를 하느냐에 따라 창의적 성격, 방임적 성격, 폐쇄적 성격, 안일 또는 전제적 성격, 과보호적 성격, 개방적 성격 등으로 형성된다고 밝히고 있다(정명화, 2009).

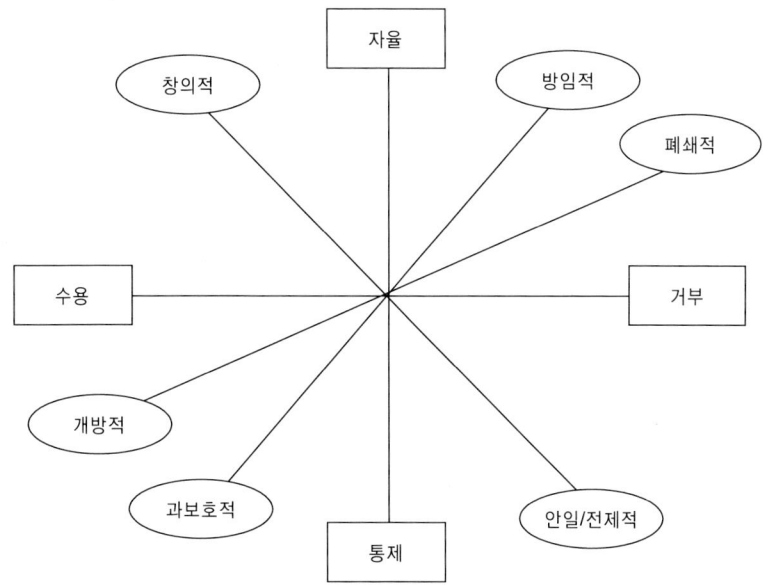

[그림 Ⅰ-1] 부모의 양육태도에 따른 아동의 성격

II. 학교교육

1. 학교의 기원

학교라는 교육기관은 사회적 필요에 의해 만들어져 인류가 문자를 발명하여 사용하게 되고 문자를 통한 지식의 축적과 전달이 가능하게 되면서 보다 체계적이고 효율적으로 지식을 가르치기 위해 학교라는 제도적 교육기관이 만들어지게 되었다(이정표·권영신, 2008). 또한, 학교는 일정한 교직원, 학교건물, 설비 등을 갖추고 정선된 문화유산으로 구성된 교육과정에 의해 전문적인 지식을 계속적으로 가르치고 배우는 제도화된 교육활동이 이루어지는 곳이다(강영삼 외, 2007).

특히, 학교는 제도화된 틀 속에서 전문적인 소양과 지식을 갖춘 교사가 일정한 연령층의 학생을 대상으로 교육내용을 구성하여 계획적으로 교육하는 기관이라 할 수 있다(권정숙 외, 2008).

한편, 학교의 개념에 대한 비유로 공장, 병원, 기업, 학습공동체 등 <표 II-1>과 같이 네 가지로 구분하고 있다(한은숙·김종두, 2008).

<표 II-1> 학교의 개념에 대한 비유

구분	개념	목적	특징	문제점
공장으로서 학교	·교사: 숙련된 기술자 ·학생: 원자재	·사회적 수요에 맞춰 필요 인력 양성	·효율성, 합리성 추구 ·표준화, 통제, 규제 중시	·수동적 학습자관 ·교사 통제 기반
병원으로서 학교	·교사: 서비스를 제공하는 전문가 ·학생: 환자	·학생들에게 강요된 고통과 괴로움 경감	·인성교육, 개별화, 교사의 전문화	·교사-학생 관계가 치유자-환자의 도식
기업으로서 학교	·기업경영의 관점 ·품질혁신운동의 대상	·시장원리에 따라 교육 수요 충족	·학교평가, 교원평가, 교원성과급, 경쟁입시	·평가 기준 설정에 대한 논란과 불만
학습공동체로서 학교	·교장, 교사, 학생 등 구성원 모두 평등과 상호신뢰를 바탕으로 능동적 학습 참여	·교학상장의 학습공동체 구성	·정보공유와 협력과정 ·학습목표 스스로 결정	·공동체 실현의 현실적 방법론 미비

자료: 강명희·임병노(2002). 『미래를 준비하는 학교』. 서울: 학지사, 재구성.

2. 학교의 교육적 기능

학교의 기능은 인류문화를 후대에게 전달하는 문화유산 전달 기능, 인간의 발전 가능성을 최대한으로 신장시켜 주는 자아실현 기능, 사회를 개혁하고 혁신하여 새로운 문화를 창조하는 사회개혁 기능으로 구분할 수 있다(조영일, 2003).

좀 더 구체적으로 학교교육의 기능적 특징을 살펴보면 첫째, 학교교육은 개인의 성장과 발달을 최대한으로 신장시키려는 환경을 조성하여 자아실현의 기능을 가지고 있고 둘째, 문화유산을 전승함으로써 사회의 유지와 존속을 가능케 하며 셋째, 문화유산을 전달함으로써 사회의 통합과 통제의 기능을 수행하고 넷째, 사회적 선발 및 지위 결정의 기능을 하며 끝으로 사회변화 및 발전의 기능을 한다(권정숙 외, 2008).

그러나 학교교육은 교육받는 대상자를 일정한 틀에 획일적으로 맞추어 넣게 되는 위험성이 있고, 학력에 따른 취업기회의 차이, 소득수준의 차이 등 균형적인 사회문화 발전의 저해요소가 될 수 있다(한은숙·김종두, 2008). 이러한 학교교육에 반대하는 대안교육은 산업사회에서 정보화 사회로 패러다임의 전환, 공리주의에서 공동체주의로 전환, 근대적 목적합리성에서 가치합리성으로 전환, 개인주의적 세계관에서 생태주의적 세계관으로 전환, 경쟁에서 상생으로 전환, 지식 위주의 입시에서 다양한 재능의 선발로 전환 등의 이유로 등장하게 되었다(한용진 외, 2007).

특히, 대안교육이 추구하는 이념은 아동존중, 즉 아동 중심 교육이고 공동체의 가치를 중시하며 생명존중 사상 및 생태주의 이념을 기반으로 노동을 중시하고 작은 학교를 지향하며 지역사회와의 긴밀한 관계를 유지하는 것이다(이정표·권영신, 2008).

한편, 학교교육의 재정립 방향에 대해 제시하면 첫째, 학습자의 차이는 무시에서 인정, 즉 배려로 바뀌어야 하고 둘째, 학습자 경험을 바탕으로 성찰적 창조의 학습이 이루어져야 하며 셋째, 정신과 육체의 분리관할에서 통합으로 변화되어야 하며 끝으로 학습자의 감정을 배제에서 동력으로 이용해야 한다(한용진 외, 2007).

학교교육 기출문제 풀이

1. 우리나라 대안학교의 성격 및 형태와 가장 거리가 먼 것은? <2002. 중등>

① 주로 노작교육과 생태교육을 강조한다.
② 일반학교에 비해 교육과정을 자유롭게 운영할 수 있다.
③ 관련 법령에 의해 일부 대안학교는 특성화학교로 전환되었다.
④ 대안학교 졸업자가 상급학교에 진학하려면 검정고시에 합격해야 한다.

【해설】 우리나라의 대안학교(자율학교)
　　　・학교교육 제도를 모방한 교육제도의 개선과 발전을 위하여 특히 필요하다고 인정되는 경우
　　　　자율학교를 운영할 수 있도록 허용하고 있다.
　　　・교육감의 추천을 받아 교육부장관이 지정하도록 되어 있다.
　　　・자율학교지정 형태
　　　① 학습부진아 등에 대한 교육을 실시하는 학교
　　　② 개별학생의 적성・능력을 고려한 열린교육 또는 수준별 교육과정을 운영하는 학교
　　　③ 특성화 중학교
　　　④ 특성화 고등학교
　　　⑤ 기타 교육부장관이 필요하다고 인정하는 학교
【정답】 ④

2. 다음 중 북한 교육에 대한 설명으로 맞는 것은? <2002. 중등>

① 초등교육 기간은 4년이다.
② 초등교육 단계까지 의무교육이다.
③ 중등교육은 중학교와 고등학교로 분리되어 운영된다.
④ 고등교육 기관의 수는 이공계보다 인문사회계가 많다.

【해설】 북한교육의 초등교육의 의무교육기간은 유치원 높은 반 1년, 초등교육 4년, 중등교육 6년으
　　　로 통합되어 있으며, 고등교육에 있어서 이공계가 인문 사회계보다 많다.
【정답】 ①

3. 현행 초・중등교육법 시행령에 근거한 '특수목적고등학교'에 가장 가까운 학교는?
　　<2003. 중등>

① 대안학교
② 체육계 고등학교

③ 디자인 고등학교

④ 자립형 사립고등학교

【해설】 초중등교육법시행령 제90조(특수목적고등학교)

　　　① 교육감은 다음 각 호의 1에 해당하는 학교 중에서 특수분야의 전문적인 교육을 목적으로 하는 고등학교(이하 '특수목적고등학교'라 한다)를 지정·고시할 수 있다.

　　　1. 기계·전기·전자·건설 등 공업계열의 고등학교

　　　2. 농업자영자 양성을 위한 농업계열의 고등학교

　　　3. 수산자영자 양성을 위한 수산계열의 고등학교

　　　4. 선원 양성을 위한 해양계열의 고등학교

　　　5. 과학영재 양성을 위한 과학계열의 고등학교

　　　6. 어학영재 양성을 위한 외국어계열의 고등학교

　　　7. 예술인 양성을 위한 예술계열의 고등학교

　　　8. 체육인 양성을 위한 체육계열의 고등학교

　　　9. 국제관계 또는 외국의 특정지역에 관한 전문인의 양성을 위한 국제계열의 고등학교

　　　② 제1항의 고시에는 학교명·설치학과·학급수·학생모집지역 및 적용시기가 포함되어야 한다.

【정답】 ②

III. 평생교육

1. 평생교육의 개념

평생교육의 필요성은 경제와 고용 구조의 변화, 세계화의 가속화, 정보화 기술에 대한 적응, 일의 형태와 내용, 기회의 변화 등으로 인해 대두하고 있다(김범준·구병두, 2007). 또한, 지식과 정보의 폭발적인 증가, 직업세계의 변화, 인간 수명의 연장과 교육권 보장, 현대인의 정신적 위기와 가치관 재정립, 현대 학교교육의 위기 등으로 인해 평생교육이 필요하다(김병희 외, 2008). 이러한 평생교육의 개념은 시간과 공간을 통합한 교육의 과정이라 할 수 있는데, 시간적으로는 한 개인이 요람에서 무덤까지의 전체 생애의 주기 동안 이루어지는 교육의 과정이고, 공간적으로는 개인이 위치하고 있는 가정, 학교, 사회의 모든 생활의 장에서 이루어지는 교육의 과정을 의미한다(강영삼 외, 2007).

특히, 평생교육은 인간 삶의 질 향상이라는 이념 추구를 위해 태교에서부터 시작하여 유아교육, 아동교육, 청년교육, 성인전기교육, 싱인후기교육, 노인교육을 수직적으로 통합한 교육과 가정교육, 사회교육, 학교교육을 수평적으로 통합한 교육을 총칭하여 개인의 잠재 능력의 최대한 신장과 사회 발전에 참여하는 능력 개발을 목적으로 한다(김종서 외, 1992).

이 외에도 랑그랑(Lengrand)에 의하면 평생교육의 개념을 개인의 출생부터 죽을 때까지의 생애에 걸친 교육(수직적 또는 시간적 차원)과 개인 및 사회전체의 교육(수평적 또는 공간적 차원)의 통합이라고 말함으로써 삶을 구성하는 총체적 시간과 공간을 아우르는 틈새 없는 교육망으로 정의하였다(이정표·권영신, 2008).

한편, 평생교육의 개념과 유사한 개념으로 사회교육, 성인교육, 계속교육, 순환교육 <표 III-1>과 같이 구분할 수 있다(강영삼 외, 2007).

〈표 Ⅲ-1〉 평생교육과 유사한 개념

구분	개념
사회교육	• 학교 밖 또는 학교교육 이후의 청소년, 성인들을 위한 보충교육, 계속교육 • 학교교육 이외에서 이루어지는 의도적·조직적·계획적인 학습활동 • 직업선택, 직업에 관한 지식 및 기술 훈련, 인간존중, 준법정신, 질서의식, 봉사와 협동 등 민주시민으로서 자질을 갖추기 위한 교육
성인교육	• 성인들이 참여하는 모든 조직적 교육활동, 성인들의 능력과 소질을 계발하여 지식을 획득하고 직업이나 직업적 자질향상, 직업전환을 위해 실시하는 교육활동, 조화롭고 영속적인 사회, 경제, 문화발전에 기여할 수 있도록 태도와 행동을 변화시켜 주는 조직적인 교육활동, 자신이 속해 있는 국가나 사회가 성인이라고 인정하는 사람을 대상으로 실시하는 조직적인 교육활동
계속교육	• 의무교육을 마친 사람들을 대상으로 전일제 또는 정시제로 계속하여 교육을 받을 수 있는 기회를 부여하는 사회교육 형태 • 성인을 대상으로 하는 형식적 교육의 하위 개념
순환교육	• 학교교육과 직업생활을 주기적·순환적으로 반복하여 연계 짓는 교육체제 • 사회에 진출한 사람들을 다시 정규교육기관, 즉 대학이나 직업훈련기관에 입학시켜 재학습의 기회를 주어 직업적, 기술적으로 자질 향상을 목적으로 하는 교육
생애교육	• 개인이 생활의 일부로 또는 생활수단으로서 일을 배우고 일에 종사하기 위해 준비할 수 있는 경험의 총체 또는 개개인 모두가 일을 중심으로 한 사회의 가치관에 익숙해지고 가치관이 인격체제에 통합되어 일이 개인에게 보람 있고 만족될 수 있도록 생활화하는 데 도움을 주는 학교와 지역사회 간의 노력 총체

2. 평생교육의 특성

지금까지 살펴본 평생교육의 이념은 모든 국민은 평생교육의 기회를 균등하게 보장받고, 학습자의 자유로운 참여와 자발적인 학습을 기초로 이루어져야 하며 정치적·개인적 편견의 선전을 위한 방편으로 이용되어서는 안 되며 일정한 평생교육과정을 이수한 자에게는 그에 상응한 사회적 대우를 부여해야 한다(김병희 외, 2008).

특히, 평생교육이 지니고 있는 개념적 특성을 살펴보면 첫째, 다양한 장소에서 실시되는 조직적인 교육활동이고 둘째, 인간의 일평생에 걸쳐서 평생학습의 기회를 보장하기 위한 교육활동이며 셋째, 모든 사람을 대상으로 하는 교육활동이며 넷째, 교육자와 피교육자, 피교육자와 피교육자 간의 상호작용을 통해 행동의 변화를 추구하는 상호 교육활동이고 다섯째, 자발적인 참여로 이루어지는 교육활동이며 끝으로 실생활 중심의 다양한 교육활동이라 할 수 있다(한용진 외, 2007).

따라서 평생교육은 첫째, 평생교육은 삶의 질 향상을 목적으로 하고 둘째, 모든 교육을 포섭하는 상위의 개념이며 셋째, 교육을 수직적·수평적으로 통합하고 있으며 넷째, 현행 학교교육의 개혁을 촉구하는 특성을 가지고 있다(조영일, 2003). 이러한 평생교육이 현대사회에서 지니는 의의를 제시하면 첫째, 전체 평생교육 체제의 중요한 부분을 차지하는 것으로 일생을 통해 계속해서 학습할 수 있는 기회를 제공함으로써 인간의 자질 형성에 이바지하고 둘째, 계속적인 교육활동을 통해 인생의 각 시기에 필요로 하는 발달과업을 적절히 완수하도록 함으로써 인생의 각 시기에 나타나는 교육적 요구를 적절하게 충족시키는 데 기여하며 셋째, 교육기회의 계속성을 보장함으로써 인간의 지속적인 성장에 기여하며 넷째, 2차적인 교육기회를 제공함으로써 교육기회의 확대를 가져오고 그것을 통해 교육기회의 균등에 이바지하며 끝으로 각 계층 간의 갈등을 해소하는 데 도움을 줄 뿐만 아니라, 인간에 대한 인식을 새롭게 하기 위한 기회를 제공하는 데 이바지하고 있다(한용진 외, 2007).

한편, 세계은행은 평생교육의 특징을 전통적 학교교육과 평생교육과 비교하여 <표 Ⅲ-2>와 같이 제시하였다.

〈표 Ⅲ-2〉 평생교육의 특징

구분	전통적 학교교육	평생교육
교육범위	·형식적 학교교육인 초등교육부터 고등교육까지 포함	·전 생애에 걸친 학습, 학교, 직장, 지역사회교육 포함
교육내용	·지식내용의 습득과 반복 ·교육과정 및 교육기간 중심	·지식의 창조, 습득, 적용 ·학습자의 자기주도성 강조 ·능력 및 성과 중심
전달방식	·강의 중심의 제한적 학습방법 ·획일적 중앙통제형 관리 ·교사 중심	·다양한 학습방법 적용 ·다양하고 유연한 지방분권적 관리 ·학습자 중심

자료: 이정표·권영신(2008). 『교육학개론』. 교육과학사.

3. 평생교육의 내용 및 방법

평생교육의 내용을 분류하는 방법은 다양한데 일반적으로 <표 Ⅲ-3>과 같이 구분할 수 있다.

〈표 Ⅲ-3〉 평생교육의 내용

학자	교육내용의 분류
스미스 (Smith)	·기초교육, 인간관계 훈련, 가정생활 교육, 사회적 공공책임 교육, 직업 및 기술 교육, 여성의 계속 교육
박노열	·기초교육, 건강 및 보건 교육, 직업 및 기술교육, 교양교육, 가정생활 교육, 경제생활 교육, 시민생활 교육, 인간관계 교육, 여가와 취미생활
이석재	·인간의 발달 단계에 따른 과업 및 성별에 따른 교육, 직업과 관련된 교육, 자기성장을 위한 기본교육, 여가선용을 위한 교육, 사회적응 위한 교육, 교양교육

자료: 윤정일·허형·이성호·이용남·박철홍·박인우(2003). 『신교육의 이해』. 서울: 학지사. 재구성.

특히, 대학부설 평생교육원 교육과정의 내용을 살펴보면 <표 Ⅲ-4>와 같이 정리할 수 있다.

<표 Ⅲ-4> 대학부설 평생교육원 교육과정의 내용

유형	교육과정 내용
일반 교양교육과정	・인문, 사회과학 계통과 예, 체능 계통 ・외국어 강좌, 문학, 역사, 심리학, 철학, 여성학, 교육학, 종교학, 음악, 미술, 체육 관련 강좌 등
직업 관련 전문교육과정	・특정 직업 분야별로 전문지식 향상 및 재교육 실시 ・보육교사, 공인중개사, 미용전문가, 학원최고경영자 과정
대학전공 관련 전문과정	・정규 대학 교육과정에 준하는 전공교육과정 ・문예, 창작, 일본어, 중국어, 경영학, 음악, 연극영화, 무용
특수목적 전략 과정	・사회적 차원의 관심 부각 영역 전략적 발굴, 개발 ・여성 자원 개발과정, 국제학 과정, 여성지도자 과정
특수집단 교육과정	・특수 대상층 목표 교육과정 개설 ・신부대학과정, 주부대학과정, 노인복지대학과정, 직장여성과정
독학학위 취득 과정	・독학학위과정 전공입문 과정(1단계 교양과정) ・전공심화 종합과정(2단계 전공 기초과정) ・학위취득 전문과정(3단계 전공 기초과정) ・독학사취득(4단계 종합시험 대비 교육과정-국어, 국문학, 영어, 경영학, 가정학, 법학, 전산학, 행정학, 유아교육학)

자료: 강영삼・이성흠・김진영・조상철(2007). 『새로운 교직과정을 위한 교육학개론』. 교육과학사. 재구성.

평생교육 기출문제 풀이

1. 우리나라 평생교육의 역사에 대한 설명으로 적합하지 않은 것은? <2007. 초등>

① 여성들의 직업훈련을 실시했던 단체는 일제시대에도 있었다.
② 야학은 한국전쟁 이후 처음 생겨났다.
③ 최초의 노인 교육기관은 1972년 종로 태화관의 '서울평생교육원'인 것으로 알려져 있다.
④ 1999년에 사회교육법 이 평생교육법으로 개정되었다.

【해설】② 우리나라 야학은 1906년 함흥의 보성야학을 시작으로 일제시대 억압적 제도교육에 대한
대안으로 등장하여 현재까지 지속되어 오고 있다.
【정답】②

2. 학습사회에 대한 기구나 학자의 주장이 바르게 진술된 것은? <2007. 초등>

① 유네스코는 1972년에 '소유를 위한 학습(learning to have)'을 강조하는 학습사회를 주장하였다.
② 허친스(R. Hutchins) 는 노동시장의 변화에 대응한 인적 자원 개발을 강조하는 학습사회를 주장하
였다.
③ 카네기 고등교육위원회는 1973년에 직업교육보다 개인의 자아실현을 강조하는 학습사회를 주장하
였다.
④ 일리치(I. Illich)는 학습자원을 쉽게 활용할 수 있도록 지역 차원의 연계된 학습망에 기초한 학습사
회를 주장하였다.

【해설】① 유네스코는 '생존을 위한 학습'을 강조하는 학습사회를 주장하였다.
② 허친스는 모든 사회구성원들이 언제라도 접할 수 있는 다양한 형식의 교육기회를 통해 자
기실현을 이루는 교육을 강조하였다. 즉 학습사회의 목적이 직업획득만을 위한 것이 아닌
것이다.
③ 카네기고등교육위원회에서는 개인의 자아실현이라는 인간가치를 중시하지만, 직업교육중
심의 입장을 피력하고 있다.
④ 일리치는 탈학교정책으로 학교지배의 교육제도에서 벗어나야 한다고 지역차원의 연계된
학습망을 중시하고 있다.
【정답】④

3. 우리나라 노인교육의 현황에 대한 설명으로 적절하지 <u>않은</u> 것은? <2007. 초등>

① 노인학습자에게 강좌를 개방하는 대학교도 있다.
② 국가가 지정한 노인대학이 광역시와 도별로 운영되고 있다.
③ 노인학교는 노인단체 종교단체 민간단체 또는 개인 등에 의해 운영된다.
④ 노인복지관에서는 노인의 여가활동을 증진하는 차원에서 노인교육프로그램을 운영하고 있다.

【해설】②는 광역시와 도별로 운영되고 있는 것이 아니라 자치구의 조례로 운영이 되고 있다.
【정답】②

4. 평생교육제도로서의 순환교육(recurrent education)에 대한 설명으로 잘못된 것은?
   <2008. 초등>

① 유급 교육휴가제는 순환교육 제도 가운데 하나이다.
② 학교에서의 학습과 일터에서의 학습이 상호 보완적으로 이루어진다.
③ 유네스코(UNESCO)에서 저개발국의 교육 발전을 지원하기 위한 목적으로 제안하였다.
④ 경제협력개발기구(OECD)의 '순환교육: 평생학습의 전략보고서' 이후 순환교육의 개념이 널리 사용되었다.

【해설】③은 유네스코의 대표 사업 중 '모든 사람을 위한 교육'을 의미한다. 따라서 순환교육에 관한
        설명으로는 적절하지 않다.
【정답】③

5. 우리나라의 평생학습도시 사업에 대한 설명으로 잘못된 것은? <2008. 초등>

① 평생학습도시는 광역시 · 도마다 한 곳씩 선정한다.
② 주민자치센터를 기초단위 평생교육의 장으로 활용하고 있다.
③ '평생학습진흥종합계획'에 의거하여 2001년부터 조성사업이 시작되었다.
④ 평생학습도시로 선정되면 지방자치단체의 대응투자를 원칙으로 국고가 지원된다.

【해설】① 평생교육법 제15조 제1항에 "국가는 지역사회의 평생교육 활성화를 위하여 시, 군 및 자치
        구를 대상으로 평생학습도시를 지정 및 지원할 수 있다"고 규정하고 있다 따라서 1번의 주장
        은 적절하지 못하다.
【정답】①

6. 유네스코(UNESCO) 보고서 '학습: 내재된 보물(Learning: The Treasure Within)'(1996)에 제시된 평생교육의 '네 가지 기둥(4 pillars)'을 <보기>에서 고르면? <2008. 초등>

〈보기〉

가. 알기 위한 학습(learning to know)

나. 존재하기 위한 학습(learning to be)

다. 행동하기 위한 학습(learning to do)

라. 활력화를 위한 학습(learning to empower)

마. 함께 살기 위한 학습(learning to live together)

① 가, 나, 다, 마   ② 가, 나, 라, 마
③ 가, 다, 라, 마   ④ 나, 다, 라, 마

【해설】교육의 4가지 기둥은

　　　　1. 알기 위한 학습-실생활의 문제를 해결하기 위한 지식의 습득

　　　　2. 행동하기 위한 학습-환경에 대한 창조적 대응 능력의 획득에 대한 학습

　　　　3. 함께 살기 위한 학습-공동체 속에서 다른 사람과 조화 있는 삶의 영위와 공존을 할 수 있는 능력 학습

　　　　4. 존재하기 위한 학습-교육의 궁극적 목표로서 앞의 세 가지 교육적 기능의 총체로서 나타난다.

【정답】①

7. 성인학습 이론 중 다음의 특성에 가장 부합되는 이론은? <2008. 중등>

○ 경험, 비판적 성찰, 발달이 핵심 요소이다.

○ 학습자의 내부에서 발생하는 인지적 과정을 집중적으로 규명한다.

○ 자신을 구속하는 자기 신념, 태도, 가치로부터 자신을 해방시킨다.

① 실천학습(action learning)   ② 경험학습(experience learning)
③ 전환학습(transformative learning)   ④ 자기주도학습(self-directed learning)

【해설】보기에서는 학습자 내부의 인지적 과정을 규명하여 의식의 전환을 추구하고 있다. 결국 학습자의 의식전환을 주목적으로 하고 있는 메지로의 전환학습이론을 이야기하고 있는 것이다.

【정답】③

8. 다음은 학습의 공식성과 형식성의 차원에 따라 학습유형을 분류하여 나타낸 것이다. '사내대학'의 학습결과가 공식 학력으로 인정받게 되는 과정을 바르게 제시한 것은? <2008. 중등>

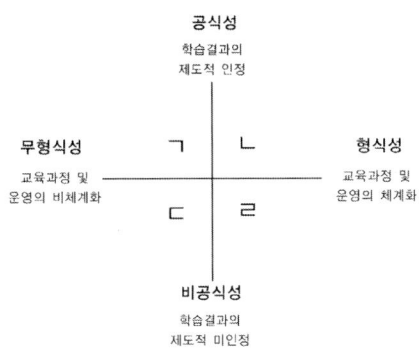

① ㄷ → ㄱ   ② ㄷ → ㄴ
③ ㄹ → ㄱ   ④ ㄹ → ㄴ

【해설】 사내대학은 계획적이고 의도적으로 이루어지고 있는 형식교육이다. 그러나 과거에는 학습결과가 인정되지 않았다. 그렇기 때문에 ㄹ에 해당한다. 현재는 일정 규모(300명 이상)의 사업장에 사내대학을 설립하고 졸업하면 학위가 인정된다. 그러므로 ㄴ이 되었다고 할 수 있다.
【정답】 ④

9. 교육계좌제에 대한 설명으로 가장 적절한 것은? <2009. 초등>

① 학습자 스스로 독학을 하여 일정 시험을 통과한 자에게 학사 학위를 부여하는 제도이다.
② 여러 직종에서 공통적으로 요구되는 직무기초소양과 직무수행능력을 평가하여 인증하는 제도이다.
③ 저소득층 성인의 직업능력개발을 장려하기 위해 교육비를 지원하는 제도로서 일종의 평생교육복지제도이다.
④ 인적 자원의 효율적 개발·관리를 위해 개인의 일생에 걸친 총체적 학습경험을 종합적으로 누적하여 집중 관리하는 제도이다.
⑤ 학교 안팎의 다양한 학습경험과 자격을 학점으로 인정하고 학점이 누적되어 일정기준을 충족하면 학위취득을 가능하게 하는 제도이다.

【해설】 ① 독학 학위제에 관한 내용이다. ② 직업능력인증제에 관한 설명이다. ③ 직업능력계좌제에 관한 설명이다. ④ 교육계좌제에 관한 내용이다. ⑤ 학점인정제에 관한 내용이다.
【정답】 ④

10. 다음에 해당하는 평생학습 제도는? <2009. 중등>

> • 국가의 총체적인 인적 자원 관리를 위한 장치
> • 국민의 개인적 학습 경험을 종합적으로 집중, 관리하는 제도
> • 모든 성인의 다양한 교육과 학습 활동을 누적, 기록하는 '종합교육, 학습기록부'

① 학습계좌제
② 학점은행제
③ 전문인력정보은행제
④ 문하생 학점·학력인정제도
⑤ 독학에 의한 학위취득제도

【해설】 ① 평생교육법 제23조에 국가는 국민의 평생교육을 촉진하고 인적 자원의 개발 관리를 위하여 학습계좌(국민의 개인적 학습 경험을 종합적으로 집중 관리하는 제도)를 도입 운영하도록 한다고 규정하고 있다.
　　　② 학점은행제는 학교교육뿐만 아니라 다양한 사회교육의 결과를 공정하게 평가하기 위하여 학점을 한국교육개발원에 등록하는 것이다.
　　　③ 전문인력정보은행제는 강사에 관한 인적 정보를 수집하여 관리하는 제도이다.
　　　④ 문하생 학점인정제도는 인정된 중요무형문화재보유자의 문하생에게 학점을 인정하는 것이다.
　　　⑤ 독학에 의한 학위취득제도는 독학자에게 학사학위의 취득 기회를 부여하는 것이다.
【정답】 ①

11. 노울즈(M. Knowles)가 말한 안드라고지(andragogy)의 기본 가정에 해당하는 것을 <보기>에서 모두 고르면? <2010. 초등>

<보기>

ㄱ. 학습자의 학습 성향은 생활과업·문제 중심적이다.
ㄴ. 학습은 내적 동기보다 외적 동기에 의해 이루어진다.
ㄷ. 학습자는 자신의 결정과 삶에 대하여 책임지려고 한다.
ㄹ. 학습지는 학습하기 전에 학습할 필요가 있는지 알고자 한다.
ㅁ. 학습자의 경험은 학습자원으로 중요하게 간주되지 않는다.

① ㄱ, ㄴ, ㄷ　　　② ㄱ, ㄷ, ㄹ
③ ㄴ, ㄷ, ㅁ　　　④ ㄷ, ㄹ, ㅁ
⑤ ㄱ, ㄴ, ㄹ, ㅁ

【해설】 노울즈의 안드라고지는 페다고지와 대립되는 개념으로서 성인 학습자들의 학습활동을 돕는 것을 의미한다. 보기에서 ㄴ에서는 외적 동기가 아닌 내적 동기를 더욱 중요시하며 ㅁ에서는 학습자 본인의 경험을 최대한 활용하도록 하는 것을 중요시 여긴다.

【정답】 ②

12. 현행 「평생교육법」에 의하여 학력이 인정되는 평생교육시설 유형은? <2010. 중등>

① 사업장 부설 평생교육시설
② 사내대학 형태 평생교육시설
③ 언론기관 부설 평생교육시설
④ 시민사회단체 부설 평생교육시설
⑤ 지식·인력개발사업 관련 평생교육시설

【해설】 평생교육법 제32조에 의하면 대통령령으로 정하는 규모 이상 사업장의 경영자는 교육과학기술부장관의 인가를 받아 전문대학 또는 대학졸업자와 동등한 학력, 학위가 인정되는 평생교육시설을 설치, 운영할 수 있다.

【정답】 ②

13. 다음 설명에 해당하는 평생교육제도 모형은? <2010. 중등>

○ 사상적 기초는 개인주의이다.
○ 교육에 드는 비용은 학습자가 주로 부담한다.
○ 교육에 대한 국가 통제력은 약하다.

① 시장모형
② 통제모형
③ 복지모형
④ 발전주의모형
⑤ 사회주의모형

【해설】 평생교육제도 모형은 교육활동에 대한 국가통제 수준 및 비용부담의 주체를 중심으로 통제모형, 사회주의 모형, 복지모형, 시장모형으로 나뉜다. 보기에서는 개인주의를 사상적 기초로 두고 있으며 교육을 공공재가 아닌 사유재로 인식하는 시장모형을 설명하고 있다.

【정답】 ①

14. 다음 상황에 가장 적합한 평생교육 제도는? <2011. 초등>

> 새봄초등학교에서는 학부모와 지역 주민을 대상으로 방과 후와 주말에 평생교육 프로그램을 운영하고 있다. 학부모와 지역 주민들이 프로그램에 참여하는 주된 목적은 취미와 여가를 위한 것이다. 주민들은 자신들의 평생교육 경험이 체계적으로 누적되어 사회적으로 인정받을 수 있도록 국가가 관리하고 인증해 주기를 바라고 있다.

① 독학학위제
② 학습계좌제
③ 학습휴가제
④ 직업능력인증제
⑤ 문하생학력인정제

【해설】 개인의 다양한 학습경험을 학습계좌(온라인 학습이력 관리시스템)에 기록, 누적하여 체계적인 학습설계를 지원하고 학습결과를 학력이나 자격인정과 연계하거나 고용정보로 활용할 수 있게 하는 제도이다.

【정답】②

15. 다음에 해당하는 평생학습 제도는? <2011. 중등>

> ·국가의 총체적인 인적 자원 관리를 위한 장치
> ·국민의 개인적 학습 경험을 종합적으로 집중 관리하는 제도
> ·모든 성인의 다양한 교육과 학습 활동을 누적·기록하는 종합교육 학습기록부

① 학습계좌제
② 학점은행제
③ 전문인력정보은행제
④ 문하생 학점·학력인정제도
⑤ 독학에 의한 학위취득제도

【해설】 개인의 다양한 학습경험을 학습계좌(온라인 학습이력 관리시스템)에 기록·누적하여 체계적인 학습설계를 지원하고 학습결과를 학력이나 자격인정과 연계하거나 고용정보로 활용할 수 있게 하는 제도이다.

【정답】①

Ⅳ. 특수교육

1. 특수교육의 개념

초등학교에서부터 고등학교까지 학생들이 누구나 공통적으로 이수할 교과목을 중심으로 교육과정 편제에 의한 교육인 일반교육과는 달리, 특수교육은 신체적·정신적으로 특별한 아동, 학생, 성인에게 행하는 교육으로서 대체로 특수학교 및 특수학급에서 실시한다.

그러나 특수교육은 특수학생의 독특한 욕구를 충족시켜 주기 위해 마련된 수업으로 과거에는 분리하여 따로 가르치는 학습을 의미하였지만, 오늘날에는 특수한 학습자를 일반학급에서 수업을 받게 하고 있으며 일반학급의 교사는 특수학생의 교육을 위해 더욱 많은 역할을 수행하고 있다(Eggen & Kauchak, 2004).

특히, 특수학생을 교육시키기 위해 필요한 모든 종류의 교육봉사를 체계적으로 잘 조정된 서비스 체계를 구성하여 제공하는 종합적인 접근으로서의 완전통합은 특수학생을 정규학교 시설에 포함하고 특수학생은 연령에서 또는 학년에서 적절한 학습에 배치하며 정규학급에서 특수교육을 위한 지원을 제공하는 것과 같은 요소로 구성될 수 있다(강영삼 외, 2007).

한편, 특수교육은 특정한 일 또는 직업의 특정한 내용과 그 표준에 비추어 요구되는 지식이나 기술적인 능력을 기르는 교육으로서 그 능력에 필요한 한정된 사람 또는 특별한 사람에게만 요구되는 내용의 교육이라 할 수 있다(정명화, 2009).

2. 특수교육의 유형

특수교육의 유형은 시각 장애, 청각 장애, 정신 지체, 지체부자유, 정서 장애, 의사소통 장애, 학습 장애 등 <표 Ⅳ-1>과 같이 분류할 수 있다.

<表 IV-1> 특수교육의 유형

구분	개념 및 특징
시각 장애	·학습에 방해가 되는 교정될 수 없는 시각적 손상
청각 장애	·부분적 청각 손상: 보조청각기구를 사용하여 음성적 채널을 통해 충분히 학교교육을 받을 수 있는 정도의 손상 ·농아: 의사소통을 위해 다른 감각을 사용해야 할 정도로 청각이 완전히 손상된 경우
정신 지체	·정신적으로 모자란 학생, 교육적으로 지체된 학생, 교육적으로 장애가 있는 학생
지체부자유	·지체의 기능형태상 장애를 지니고 있고 체간의 지지 또는 손발의 운동, 동작이 불가능하거나 곤란하여 일반적인 교육시설을 이용하여 학습이 곤란한 것
정서(행동) 장애	·열등감, 지나친 자아의식, 사회적 위축, 수줍음, 불안, 공포, 과민, 우울, 자신감 부족 등으로 학교생활을 포함한 일상생활이 힘들고 정서, 감정조절 발달에 문제가 생기는 장애
의사소통 장애	·다른 사람으로부터 정보를 이해하고 자신의 생각을 표현하는 능력에 심각한 제한을 가지고 있는 상태
학습 장애	·평균 또는 그 이상의 지능을 가지고 있지만, 말과 글을 이해하고 이를 사용하는 데 관련되는 기초적 심리과정의 장애로 인해 이해하고, 사고하고 말하고 글을 읽고 쓰는 능력, 철자법, 셈하기 등에서 장애를 보이는 경우

V. 영재교육

영재아는 아동기부터 다양한 환경에서 잘 적응하고 정서적으로 안정되어 있을 뿐만 아니라, 자아존중감이 높고 직업세계에서 성공을 많이 경험하는 특성을 가지고 있다(강영삼 외, 2007). 이러한 영재를 판별하는 방법은 교사의 추천에 지나치게 의존하고 있기 때문에, 영재아 선발을 놓치는 경우가 많다(Eggen & Kauchak, 2004).

특히, 영재의 준거로 평균 이상의 지적 능력, 높은 과제 집착력, 높은 창의성 등 [그림 V-1]과 같이 지적 요인뿐만 아니라, 정의적인 요인도 포함하고 있다(Renzulli, 1986).

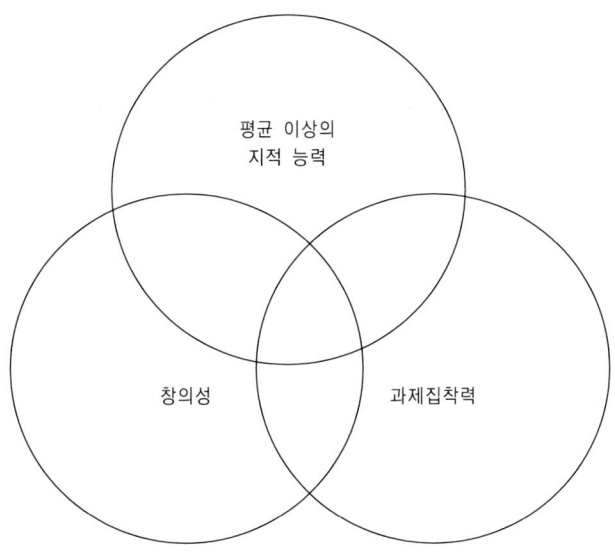

[그림 V-1] Renzulli의 영재 정의

한편, 우리나라 영재교육진흥법 제2조 1항을 살펴보면 영재는 재능이 뛰어난 사람으로 타고난 잠재력을 계발하기 위해 특별한 교육을 필요로 하는 자를 의미하고 있고 제5조 1항에 의하면 영재교육의 대상자로 일반지능, 특수학문 적성, 창의적 사고능력, 예술적 재능, 신체적 재능, 기타 특별한 재능이 있는 자로 설정하고 있다.

영재교육 기출문제 풀이

1. 그림은 렌줄리(J. Renzulli)가 제시한 영재 특성 모형이다. (가)에 해당하는 것은?
   <2005. 초등>

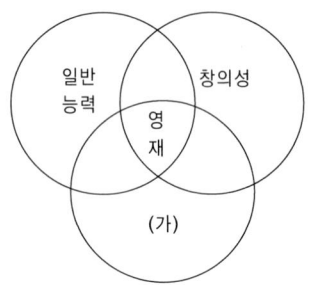

① 학업 성취도
② 과제 집착력
③ 정보처리 능력
④ 상위인지 능력

【해설】 렌줄리는 영재성은 평균 이상의 지적 능력(일반 능력), 과제 집착력, 창의성이라는 세 가지 요인들의 상호 작용의 결과로 나타난다고 주장하였다.
【정답】 ②

2. 렌줄리(J. Renzulli)가 제안한 영재성 개념의 구성 요소가 아닌 것은? <2007. 초등>

① 사회성
② 창의성
③ 과제 집착력
④ 평균 이상의 일반 능력

【해설】 렌줄리는 영재성은 평균 이상의 지적 능력(일반 능력), 과제 집착력, 창의성이라는 세 가지 요인들의 상호 작용 결과로 나타난다고 주장하였다.
【정답】 ①

3. 렌줄리(J. S. Renzulli)의 심화학습모형에 대한 <보기>의 설명 중 옳은 것을 고르면?
    <2008. 초등>

〈보기〉

가. 처음에는 영재 학생들을 위해 제안된 수업모형이었으나, 일반 학생들을 포함한 학교 전체 심화학습모형으로 발전하였다.

나. 이 모형에 근거한 최초의 프로그램은 중등학교 학생들을 대상으로 개발되었다.

다. 수업의 전개는 일반적 탐색활동 → 집단 훈련활동 → 개인과 소집단의 실제문제 탐구활동의 3단계로 이루어진다.

라. 개인과 소집단의 실제문제 탐구활동은 영재 수준의 학생들보다 보통 수준의 학생들에게 더 적합하다.

---

① 가, 나   ② 가, 다
③ 나, 라   ④ 다, 라

【해설】 (가) 렌줄리의 심화학습 3단계 모형은 처음에는 영재 학생들을 위해 제안되었으나, 점차 일반 학생을 포함한 학교 전체 심화학습모형으로 발전하였다. (나) 이 모형은 주로 초등학생을 근거로 개발되었고, 중·고등학생에게도 효과적이다. (다) 수업의 전개는 일반적 탐색 -> 집단 훈련활동 -> 개인과 소집단의 실제문제 탐구활동으로 이루어진다. (라) 일반적 탐색 -> 집단 훈련활동까지는 일반 학생들을 참여시키지만 개인과 소집단의 실제문제 탐구활동은 소수의 영재들이 대상이 된다.

【정답】 ②

참고문헌

Chapter 1. 교육의 학문적 기초

Ⅰ. 교육의 본질적 기초
김병희·김형구·배재학·이기용·이영애·정길영·최병옥(2008). 『교육학개론』. 공동체.
김운삼(2003). 『교육학개론』. 창지사.
이정표·권영신(2008). 『교육학개론』. 교육과학사.
이형행(2007). 『교육학개론』(전정 2판). 양서원.
조영일(2003). 『새로운 접근의 교육학개론』. 교육과학사.
한방교 외(2000). 『교육의 이해』. 서울: 동문사.
한상길·김응래·박선환·박숙희·정미경·조금주(2007). 『교육학개론』. 공동체.
한용진·권두승·남현우·오영재·류지헌(2007). 『교육학개론』(2판). 학지사.
한은숙·김종두(2008). 『교육학개론』. 교육과학사.

Ⅱ. 교육의 철학적 기초
강갑원·박영진·안병환·이경희(2006). 『교육학개론』. 교육과학사.
김병희·김형구·배재학·이기용·이영애·정길영·최병옥(2008). 『교육학개론』. 공동체.
김운삼(2003). 『교육학개론』. 창지사.
김정환(1990). 『교육학개론』. 서울: 박영사.
이정표·권영신(2008). 『교육학개론』. 교육과학사.
한은숙·김종두(2008). 『교육학개론』. 교육과학사.

Ⅲ. 교육의 역사적 기초
강갑원·박영진·안병환·이경희(2006). 『교육학개론』. 교육과학사.
김병희·김형구·배재학·이기용·이영애·정길영·최병옥(2008). 『교육학개론』. 공동체.
김운삼(2003). 『교육학개론』. 창지사.
이정표·권영신(2008). 『교육학개론』. 교육과학사.
이형행(2007). 『교육학개론』(전정 2판). 양서원.
조영일(2003). 『새로운 접근의 교육학개론』. 교육과학사.
한상길·김응래·박선환·박숙희·정미경·조금주(2007). 『교육학개론』. 공동체.

Ⅳ. 교육의 심리학적 기초
강갑원·박영진·안병환·이경희(2006). 『교육학개론』. 교육과학사.
강응숙(1984). 「비고츠키의 사고 및 언어발달이론에 대한 고찰」. 한양대학교 석사학위논문.
권영창 외(2006). 『효과적인 교수-학습을 위한 교육방법론』. 형설출판사.
김병희·김형구·배재학·이기용·이영애·정길영·최병옥(2008). 『교육학개론』. 공동체.
김운삼(2003). 『교육학개론』. 창지사.
변영계(2005). 『교수·학습이론의 이해』. 학지사.

윤광보·김용욱·최병옥(2003). 『교육방법과 교육공학의 이해』. 양서원.

이성진(1996). 「교육심리학: 그 학문적 성격과 과제」. 『교육심리연구』, 10(1), 25–40.

이현수(1999). 『심리학의 원리』. 서울: 양서원.

이화여자대학교 교육공학과(2007). 『21세기 교육방법 및 교육공학』. 교육과학사.

조영일(2003). 『새로운 접근의 교육학개론』. 교육과학사.

한상길·김응래·박선환·박숙희·정미경·조금주(2007). 『교육학개론』. 공동체.

한은숙·김종두(2008). 『교육학개론』. 교육과학사.

V. 교육의 사회학적 기초

강갑원·박영진·안병환·이경희(2006). 『교육학개론』. 교육과학사.

김경식·안우환(2003). 「한국교육사회학의 연구동향 분석」. 『교육사회학연구』, 13(2), 47–64.

김병희·김형구·배재학·이기용·이영애·정길영·최병옥(2008). 『교육학개론』. 공동체.

김운삼(2003). 『교육학개론』. 창지사.

이종각(1996). 『교육사회학총론』. 서울: 동문사.

이형행(2007). 『교육학개론』(전정 2판). 양서원.

조영일(2003). 『새로운 접근의 교육학개론』. 교육과학사.

한상길·김응래·박선환·박숙희·정미경·조금주(2007). 『교육학개론』. 공동체.

한은숙·김종두(2008). 『교육학개론』. 교육과학사.

Parelius, A. P. & Parelius, R. J.(1978). The sociology of Education. Englewood Cliffs, New York Press.

Chapter 2. 교육 내용 및 방법의 기초

I. 교육목적

권낙원(1996). 「교육과정총론」. 한국교원대학교 대학원.

김운삼(2003). 『교육학개론』. 창지사.

김종서(1982). 『교육과정』. 서울대학교 출판부.

한용진·권두승·남현우·오영재·류지헌(2007). 『교육학개론』(2판). 학지사.

Gagne, R. M.(1977). The conditions of learning(3rd ed.). New York: Holt, Rinehard and Winston.

Mager, R. F.(1962). Preparing instructional objectives. Palo Alto, CA: Fearon Press.

II. 교육과정

강갑원·박영진·안병환·이경희(2006). 교육학개론. 교육과학사.

김병희·김형구·배재학·이기용·이영애·정길영·최병옥(2008). 『교육학개론』. 공동체.

김재춘 외(2001). 『교육과정과 교육평가』. 서울: 교육과학사.

이정표·권영신(2008). 『교육학개론』. 교육과학사.

이형행(2007). 『교육학개론』(전정 2판). 양서원.

한상길·김응래·박선환·박숙희·정미경·조금주(2007). 『교육학개론』. 공동체.

한은숙·김종두(2008). 『교육학개론』. 교육과학사.

III. 교육방법

김민경 외(2005). 『초등교육방법 탐구』. 교육과학사.

김신자・이인숙・양영선(1999). 『교육공학의 이론과 실제』. 서울: 문음사.

김진호 외(2002). 『실기・예비 교사를 위한 교육방법의 기초』. 문음사.

나일주・정인성(2000). 『교육공학의 이해』. 서울: 학지사.

노승윤(2000). 『실기교육방법론』. 서울: 양서원.

박숙희・염명숙(2007). 『교수-학습과 교육공학』. 학지사.

박재환 외(2003). 『실기교육방법론』. 형설출판사.

백영균 외(2006). 『유비쿼터스 시대의 교육방법 및 교육공학』. 학지사.

변영계 외(2000). 『교육방법 및 교육공학』. 서울: 학지사.

변영계(2005). 『교수・학습이론의 이해』. 학지사.

윤광보・김용욱・최병옥(2003). 『교육방법과 교육공학의 이해』. 양서원.

이화여자대학교 교육공학과(2007). 『21세기 교육방법 및 교육공학』. 교육과학사.

전성연(2001). 『교수-학습의 이론적 탐색』. 원미사.

조성일 외(2002). 『교육방법과 교육공학』. 동문사.

조성일・신재흡・최혜영(2006). 『지식기반사회에서 교육방법 및 교육공학의 이론과 실제』. 동문사.

주영주・이광희(2006). 『보건의료인을 위한 교육방법과 교육공학』. 남두도서.

최동근・양용칠・박인우(2000). 『교육방법의 공학적 접근』. 교육과학사.

허희옥 외(2003). 『컴퓨터교육방법 탐구』. 교육과학사.

황정규・이돈희・김신일(1998). 『교육학 개론』. 서울: 교육과학사.

Barrows, H.(1994). Practice-based learning: Problem-based learning applied to medical education. Springfield, IL: Southern Illinois University School of Medicine.

Bruner, J. S.(1966). Toward a Theory of Instruction, Cambridge: Harvard University Press.

Carroll, J. B.(1963). A model of school learning. Teachers College Record, 64.

Driscoll, M. P.(1994). Psychology for instruction. Needham Heights, MA: Allyn & Bacon.

Gagne, R. M. & Briggs, L. J.(1979). Principle of instructional design (2th ed.). N.Y.: Holt, Rinehart & Winston.

Rothwell, W. J. & Kazanas, H. C.(1992). Mastering the instuctional design process: A systematic approach. San Francisco: Jossey-Bass Publishers.

Slavin, R. E.(1990). Cooperative learning: Theory, research, and practice, Englewood Cliff, N. J. Prentice Hall Inc.

_____.(1995). Cooperative learning: theory, research, and practice(2nd ed.). A Simon & Schuster Company, Massachusetts.

IV. 교육공학

강이철(2000). 『코스웨어 설계를 위한 교육공학의 이론과 실제』. 학지사.

권성호(1998). 『교육공학의 탐구』. 서울: 양서원.

김현아(1998). 「유치원에서의 전기작동 교수매체 활용 방안」. 경북외국어테크노대학. 논문집. 4, 335-355.

박성익 외(2003). 『교육방법의 교육공학적 이해』. 교육과학사.

박숙희・염명숙(2007). 『교수-학습과 교육공학』(2판). 학지사.

배현기(2005). 『e-Learning, U-러닝 사회와 학교교육』. 세진사.

백영균 외(2003). 『교육방법 및 교육공학』. 서울: 학지사.

_____(2006). 『유비쿼터스 시대의 교육방법 및 교육공학』. 학지사.

서정후(2004). 『예비교사를 위한 교육방법 및 교육공학』. 한올출판사.

성은정(2005). 「미술교육에서 유아의 창의성 계발을 위한 매체 활용 연구」. 석사학위논문. 숙명여자대학교 교육대학원.

이칭찬·신민희(2000). 『신교육방법 및 교육공학』. 동문사.

이화여자대학교 교육공학과(2001). 『21세기 교육방법 및 교육공학』. 서울: 교육과학사.

조규락·김선연(2006). 『교육방법 및 교육공학 – 교육공학의 3차원적 이해 –』. 학지사.

조성일·신재흡·최혜영(2006). 『지식기반사회에서 교육방법 및 교육공학의 이론과 실제』. 동문사.

주영주·이광희(2006). 『보건의료인을 위한 교육방법과 교육공학』. 남두도서.

AECT(1977). The Definition of Educational Technology, Washington, D. C.: Association for Educational Communication & Technology.

Berlo, D. K.(1960). The process of communication: An instruction to theory and practice. New York: Holt, Rinehart and Winston.

Ely, D. P.(1968). Educational Technology as Instruction Design, Educational Technology, 8(January).

Seels, B. B. & Richey, R. C.(1994). Instructional technology: The definition and domains of the field. Washington, DC: Association for Educational Communications and Technology.

Ⅴ. 교육평가

강갑원·박영진·안병환·이경희(2006). 『교육학개론』. 교육과학사.

교육인적자원부(1999). 『'수행평가' 이렇게 한다』. 교육홍보자료.

김병희·김형구·배재학·이기용·이영애·정길영·최병옥(2008). 『교육학개론』. 공동체.

김운삼(2003). 『교육학개론』. 창지사.

김정숙(2001). 「탐구지향적 과학의 구체적 수행평가 모형 개발」. 석사학위논문. 연세대학교 교육대학원.

백순근(2002). 『수행평가: 이론적 측면』. 서울: 교육과학사.

이형행(2007). 『교육학개론』(전정 2판). 양서원.

한상길·김응래·박선환·박숙희·정미경·조금주(2007). 『교육학개론』. 공동체.

Chapter 3. 교육의 운영적 기초

Ⅰ. 학교 및 학급 경영

김명한 외(1988). 『교육행정 및 경영』. 서울: 형설출판사.

김봉수(1982). 『학교와 학급 경영』. 서울: 형설출판사.

김운삼(2003). 『교육학개론』. 창지사.

김종철(1983). 『교육행정의 이론과 실제』. 서울: 교육과학사.

문낙진(1993). 『학교·학급경영의 이론과 실제』. 풍운출판사.

주삼환 외(2004). 『교육행정 및 교육경영』. 서울: 학지사.

한상길·김응래·박선환·박숙희·정미경·조금주(2007). 『교육학개론』. 공동체.

Carter, V. G.(1973). Dictionary of Education. New York: McGraw-Hill Book Company.

Ⅱ. 생활지도 및 상담

강갑원·박영진·안병환·이경희(2006). 『교육학개론』. 교육과학사.

김계현 외(2000). 『학교상담과 생활지도』. 서울: 학지사.

김병희·김형구·배재학·이기용·이영애·정길영·최병옥(2008). 『교육학개론』. 공동체.

김성회(1997). 『특성·요인적 상담』. 이형득(편저). 『상담이론』. 서울: 교육과학사.

김운삼(2003). 『교육학개론』. 창지사.

박성수(1993). 『생활지도』. 서울: 정민사.

이병승·우영효·배제현(2006). 『쉽게 풀어 쓴 교육학』. 서울: 학지사.

이영덕·정원식(1994). 『생활지도의 원리와 실제』. 서울: 교육과학사.

이장호(1988). 『상담심리학 입문』. 서울: 박영사.

이재창(1995). 『생활지도』. 서울: 문음사.

이형행(2007). 『교육학개론』(전정 2판). 양서원.

조영일(2003). 『새로운 접근의 교육학개론』. 교육과학사.

한상길·김응래·박선환·박숙희·정미경·조금주(2007). 『교육학개론』. 공동체.

한용진·권두승·남현우·오영재·류지헌(2007). 『교육학개론』(2판). 학지사.

한은숙·김종두(2008). 『교육학개론』. 교육과학사.

한은숙·김종두(2008). 『교육학개론』. 교육과학사.

황응연·윤희준(1983). 『현대생활지도론』. 서울: 교육출판사.

Jones, A. J.(1970). Principles of guidance. New York McGRaw-Hill Book Co.

Patterson, C. H.(1971). An Introduction to Counseling in the School. New York: Harper Row.

Shertzer, Bruce, and Stone, S. C.(1994). Fundamentals of Guidance. Boston: Houghton Mifflin Co.

Wubbloding, W. E.(2000). Reality Therapy for the 21st Century. Muncie, IN: Taylor & Francis.

Ⅲ. 교육행정 및 장학

강영삼(1994). 『장학론』. 서울: 세영사.

김동일(1999). 「교내 수업장학에 대한 초등교사의 지각과 기대에 대한 연구」. 석사학위논문. 인천교육대학교 교육대학원.

김명대(1996). 「교사와 장학담당자를 통해서 본 장학의 효과성 평가」. 석사학위논문. 충남대학교 대학원.

김운삼(2003). 『교육학개론』. 창지사.

김윤태(1995). 『교육행정·교육신론』. 서울: 배영사.

김정한(2003). 『장학론-이론·연구·실제-』. 학지사.

김종철(1982). 『교육행정의 이론과 실제』(3정). 서울: 교육과학사.

윤보영(1999). 「교사의 장학활동 인식에 관한 연구」. 석사학위논문. 순천향대학교 산업정보대학원.

윤정일 외(1995). 『교육행정학원론』. 서울:학지사, 304-312.

이윤식(1999). 『장학론-유치원·초등·중등 자율장학론』. 서울: 교육과학사.

이형행(2007). 『교육학개론』(전정 2판). 양서원.

임호성(2002). 「중학교 교내 자율장학에 대한 교사들의 인식 및 개선방안 연구」. 석사학위논문. 경희대학교 교육대학원.

조영일(2003). 『새로운 접근의 교육학개론』. 교육과학사.

주삼환(1984). 『장학지도 방법과 절차의 합리화』. 교육행정학연구 2(1). 교육행정학연구회, 88.

차광숙(2003). 「교내 자율장학 활성화 방안에 관한 연구」. 석사학위논문. 경주대학교 교육대학원.

한상길·김응래·박선환·박숙희·정미경·조금주(2007). 『교육학개론』. 공동체.

한은숙·김종두(2008). 『교육학개론』. 교육과학사.

Campell, R. F., Bridges, E. M., and Nystrand, R. O.(1983). Introduction to Educational Administration, 6th ed. Boston: Allyn and Bacon Inc.

Gulick, L. & Urwick, L.(1937). Papers on the science of administration. New York: Institute of Public Administration, Columbia University.

Ⅳ. 교육제도 및 법규
이정표・권영신(2008). 『교육학개론』. 교육과학사.
이형행(2007). 『교육학개론』(전정 2판). 양서원.

Ⅴ. 교직과 교사
강갑원・박영진・안병환・이경희(2006). 『교육학개론』. 교육과학사.
김운삼(2003). 『교육학개론』. 창지사.
이형행(2007). 『교육학개론』(전정 2판). 양서원.
한국교육개발원(2004). 『교육통계핸드북』. 서울: 한국교육개발원.
한상길・김응래・박선환・박숙희・정미경・조금주(2007). 『교육학개론』. 공동체.
한은숙・김종두(2008). 『교육학개론』. 교육과학사.

Chapter 4.   교육의 형태적 기초

Ⅰ. 가정교육
김의석・이우언・정석환(2007). 『최신 교육학개론』. 양서원.
윤정일・허형・이성호・이용남・박철홍・박인우(2002). 『신교육의 이해』. 서울: 학지사.
정명화(2009). 『예비교사를 위한 교육학의 이해』. 공동체.
조영일(2003). 『새로운 접근의 교육학개론』. 교육과학사.
한은숙・김종두(2008). 『교육학개론』. 교육과학사.

Ⅱ. 학교교육
강명희・임병노(2002). 『미래를 준비하는 학교』. 서울: 학지사.
강영삼・이성흠・김진영・조상철(2007). 『새로운 교직과정을 위한 교육학개론』. 교육과학사.
권정숙・김청자・서재복・이석열・이정원・장선철(2008). 『교육학개론』. 태영출판사.
이정표・권영신(2008). 『교육학개론』. 교육과학사.
조영일(2003). 『새로운 접근의 교육학개론』. 교육과학사.
한용진・권두승・남현우・오영재・류지헌(2007). 『교육학개론』. 학지사.
한은숙・김종두(2008). 『교육학개론』. 교육과학사.

Ⅲ. 평생교육
강영삼・이성흠・김진영・조상철(2007). 『새로운 교직과정을 위한 교육학개론』. 교육과학사.
김범준・구병두(2007). 『교육학개론』. 공동체.
김병희・김형구・배재학・이기용・이영애・정길영・최병옥(2008). 『교육학개론』. 공동체.
김종서・김승한・황종건・정지웅・김신일(1992). 『평생교육원론』. 서울: 교육과학사.
윤정일・허형・이성호・이용남・박철홍・박인우(2003). 『신교육의 이해』. 서울: 학지사.
이정표・권영신(2008). 『교육학개론』. 교육과학사.
조영일(2003). 『새로운 접근의 교육학개론』. 교육과학사.
한용진・권두승・남현우・오영재・류지헌(2007). 『교육학개론』. 학지사.

Ⅳ. 특수교육

강영삼・이성흠・김진영・조상철(2007). 『새로운 교직과정을 위한 교육학개론』. 교육과학사.

정명화(2009). 『예비교사를 위한 교육학의 이해』. 공동체.

Eggen, P. D., & Kauchak, D.(2004). Educational psychology: Windows on classroom(6th ed.). Upper Saddle River, NJ: Prentice Hall; 신종오・김동민・김정섭・김종백・도승이・김지현・서영석(공역)(2006). 『교육심리학: 교육실제를 보는 창』. 서울: 학지사.

Ⅴ. 영재교육

강영삼・이성흠・김진영・조상철(2007). 『새로운 교직과정을 위한 교육학개론』. 교육과학사.

Eggen, P. D., & Kauchak, D.(2004). Educational psychology: Windows on classroom (6th ed.). Upper Saddle River, NJ: Prentice Hall; 신종오・김동민・김정섭・김종백・도승이・김지현・서영석(공역)(2006). 『교육심리학: 교육실제를 보는 창』. 서울: 학지사.

Renzulli, J.(1986). The three-ring conception of giftedness: A developmental model for creative productivity. In R. Sternberg & J. Davidsion(Eds.), Conceptions of gifteness. Cambridge, MA: Harvard University Press.

신재한 ───

경북대학교 교육학박사(교육방법 및 교육공학)
한국교육개발원(KEDI) 연구위원
숙명여대, 성신여대, 대전대, 대구대, 대구교육대학교 등 외래 교수
현) 교육과학기술부 연구사

교육학개론

초 판 인 쇄 | 2012년 12월 19일
초 판 발 행 | 2012년 12월 19일

지 은 이 | 신재한
펴 낸 이 | 채종준
펴 낸 곳 | 한국학술정보㈜
주　　　소 | 경기도 파주시 문발동 파주출판문화정보산업단지 513-5
전　　　화 | 031) 908-3181(대표)
팩　　　스 | 031) 908-3189
홈 페 이 지 | http://ebook.kstudy.com
E - m a i l | 출판사업부 publish@kstudy.com
등　　　록 | 제일산-115호(2000. 6. 19)

ISBN　　978-89-268-3958-4 93370 (Paper Book)
　　　　978-89-268-3959-1 95370 (e-Book)

이담 는 한국학술정보(주)의 지식실용서 브랜드입니다.